# श्रील प्रभुपाद
## की गौरवगाथा

# श्रील प्रभुपाद की गौरवगाथा

हरे कृष्णा मूवमेंट के संस्थापक आचार्य की प्रेरक जीवनी

हिंडोल सेनगुप्ता

*प्रकाशक*
**प्रभात प्रकाशन प्रा. लि.**
4/19 आसफ अली रोड, नई दिल्ली–110002
फोन : 011–23289777 • हेल्पलाइन नं. : 7827007777
इ–मेल : prabhatbooks@gmail.com ❖ वेब ठिकाना : www.prabhatbooks.com

*संस्करण*
प्रथम, 2024

*अनुवाद*
रमाशंकर सिंह



*पेपरबैक मूल्य*
छह सौ रुपए

*मुद्रक*
आर–टेक ऑफसेट प्रिंटर्स, दिल्ली

---

**SRILA PRABHUPADA KI GAURAVGATHA**
*by* Shri Hindol Sengupta
(Hindi translation of SING, DANCE AND PRAY)

Published by **PRABHAT PRAKASHAN PVT. LTD.**
4/19 Asaf Ali Road, New Delhi-110002
by arrangement with Penguin Random House India, Pvt. Ltd.

ISBN 978-93-5562-582-3

₹ 600.00 (PB)

# पुस्तक की अग्रिम प्रशंसा

'श्रील प्रभुपाद की गौरवगाथा' एक सूचनाप्रद एवं वर्णनात्मक विवरण है, जो हमें स्मरण कराता है कि किस प्रकार अभय चरणदास नामक कलकत्ता का एक बालक बड़ा होकर एक सुप्रसिद्ध गुरु एवं आध्यात्मिक पथ-प्रदर्शक श्री भक्तिवेदांत स्वामी और इससे भी अधिक बढ़कर प्रसिद्धतः श्रील प्रभुपाद के रूप में विख्यात हुआ। 'इंटरनेशनल सोसाइटी फॉर कृष्णा कॉन्शसनेस' (Iskcon) की कथा का समुचित वर्णन समिति के श्रद्धेय संस्थापक के विषय में पर्याप्त ज्ञान के बिना नहीं किया जा सकता है और हिंडोल सेनगुप्ता ने इस वांछित कथा का वर्णन अत्यंत सरल शब्दों में किया है। यह कथा उन समस्त लोगों को प्राप्य होगी, जो इस असाधारण एवं संतवत् व्यक्तित्व के बारे में अधिक जानकारी प्राप्त करने के इच्छुक हैं। यह पुस्तक वैश्विक परिदृश्य में हिंदुत्व के आगमन के अत्यंत महत्त्वपूर्ण क्षण का स्पष्ट विवरण उपलब्ध कराती है।

**—फ्रांसिस एक्स. क्लूनी, एस.जे. पार्कमैन,**
हार्वर्ड विश्वविद्यालय में धर्मशास्त्र के प्राध्यापक

यदि आप श्रील अभय चरण डे भक्तिवेदांत स्वामी प्रभुपाद को उस धार्मिक दृष्टिकोण से देखने के अभ्यस्त हैं, जिसने उनके जन्म के नाम के साथ अनेक अन्य नाम संपृक्त कर दिए हैं, तो आप आश्चर्यचकित हो जाएँगे। इस स्फूर्तिदायक स्वतंत्र पुस्तक में हम पढ़ेंगे कि जब उनके समर्थक माइक्रोफोन के आसपास होते हुए भी उनके निर्देशों का पालन नहीं कर रहे थे तो किस प्रकार श्रील प्रभुपाद ने उन्हें फटकार लगाई थी। 1960 के दशक में लोअर ईस्ट साइड में द ग्रेटफुल डेड, संताना एवं डब्ल्यू.एच.ओ. नामक संगीत समूहों की बड़ी ख्याति थी, जिनका विवरण हम उन्हें अपनी डायरी में अत्यंत गुप्त रूप से देते हुए पाते हैं—"सूर्योदय प्रातः 5.34 बजे, सूर्यास्त सायं 6.34 बजे, चंद्रोदय सायं 7.01 बजे···कोई आय एवं कोई व्यय नहीं।" उनके पीछे यहाँ भारत में उनकी पत्नी घर व परिवार के प्रति उनकी उपेक्षा के कारण इतनी अधिक रुष्ट थीं कि उन्होंने अपनी

चाय के साथ खाने के लिए बिस्कुट खरीदने हेतु उनके पवित्र 'भागवत' को गिरवी तक रख दिया था। एक दशक बाद जब वह न्यूयॉर्क पहुँच गए तो हम उन्हें अपने एवं उनके पास उपस्थित लोगों के लिए खाना बनाते देखते हैं। हिंडोल सेनगुप्ता हमें खिचड़ी, दाल एवं चपाती बनाने की विधि उपलब्ध कराते हैं। इस प्रकार, जो चीज अमेरिका में उनके प्रारंभिक दिनों के दौरान भूख मिटाने का सरलतम माध्यम थी, वह कालांतर में अलंकृत संस्कृत भाषा का शब्द-प्रसादम् बन गई। यहाँ हम प्रभुपाद को सभी ओर से लोगों से घिरा और जमीन पर बैठा हुआ पाते हैं। अब, जबकि मैं वृंदावन में उनकी सोने की चमकती हुई आवक्ष प्रतिमा को देखता हूँ, तो महसूस करता हूँ कि मैं इस सोने की मूर्ति के पीछे छिपे व्यक्ति को जानता हूँ।'

—**प्रो. जॉन स्ट्रैटन हॉवले**, क्लेयर टो, बर्नार्ड कॉलेज,
कोलंबिया विश्वविद्यालय में धर्मशास्त्र के प्राध्यापक

'अभय चरण (ए.सी.) भक्तिवेदांत' स्वामी प्रभुपाद का सांगठनिक (Iskcon) एवं लिखित ('भगवद्गीता', 'भागवत पुराण', 'चैतन्य चरितामृत', 'वापस भगवान् की ओर' के साथ उनके बँगला लेखनों)—दोनों का प्रभाव अत्यंत चकित करनेवाला था। उनके कार्यों की मान्यता के रूप में उनके जन्म की 125वीं वर्षगाँठ (1 सितंबर, 2021) के अवसर पर एक विशेष स्मारक सिक्का जारी किया गया। आश्चर्यजनक रूप से वह अवधि, विशेषतया वर्ष 1966 से 1977 तक उनके लिए अत्यंत लाभप्रद थी। अतीत में, उनकी जीवनी कुछ पाश्चात्य नागरिकों एवं इस्कॉन (अंतरराष्ट्रीय कृष्ण भावनामृत संघ) संगठन के भीतर कार्य करनेवाले लोगों द्वारा लिखी गई थी (जिसमें से एक जीवनी एक भक्त जोशू ग्रीने द्वारा भी लिखी गई थी)। एक बाह्य दृष्टिकोण संभवतः अधिक उद्देश्यपूर्ण एवं सदैव वांछित होता है। संकुचित मानसिकतावाला व्यक्ति कहे जाने का जोखिम उठाकर भी मैं सोचता हूँ कि किसी बँगला विद्वान् द्वारा भी इस पुस्तक की बारीकियों की सराहना किए जाने की आवश्यकता है। पश्चिम में इसी प्रकार का मार्ग अपनानेवाले स्वामी विवेकानंद पर लिखनेवाले हिंडोल सेनगुप्ता प्रमुखतः एक योग्य व्यक्ति हैं। अपनी अनुपम एवं आकर्षक शैली में हिंडोल सेनगुप्ता श्रील प्रभुपाद के भक्ति एवं जीवन के संदेश को जीवंत बना देते हैं।

—**विवेक देवराय**
अर्थशास्त्री और प्रधानमंत्री की आर्थिक सलाहकार परिषद् के अध्यक्ष

श्रील प्रभुपाद की कहानी सचमुच अत्यंत आश्चर्यजनक है। वह 70 वर्ष की आयु में भारत से अपनी जेब में मात्र 40 रुपए लेकर गए थे और उनकी यात्रा का अंत

'इंटरनेशनल सोसाइटी फॉर कृष्णा कॉन्शसनेस' (अंतरराष्ट्रीय कृष्ण संचेतना समिति—Iskcon) की स्थापना के साथ हुआ। आज दुनिया भर में इस्कॉन (अंतरराष्ट्रीय कृष्ण भावनामृत संघ) की दर्जनों शाखाएँ हैं, जिनके माध्यम से उन्होंने दुनिया भर के लाखों युवकों व युवतियों से भगवान् कृष्ण एवं राधा रानी का परिचय कराया था। वैसे, वह भारत में विशेष लोकप्रिय नहीं हैं, सिवाय इसके कि वह इस्कॉन (अंतरराष्ट्रीय कृष्ण भावनामृत संघ) के संस्थापक हैं। हिंडोल सेनगुप्ता की पुस्तक 'श्रील प्रभुपाद की गौरवगाथा' सचमुच एक प्रेरक पुस्तक है, जो श्रील प्रभुपाद के जीवन को अत्यंत रोचक एवं आकर्षक रूप में प्रस्तुत करती है। पुस्तक का शीर्षक भी अत्यंत उचित है; क्योंकि नृत्य, गान एवं उपासना की वैष्णव परंपरा महाप्रभु श्री चैतन्य से प्रारंभ होकर आज तक जारी है। मुझे एवं मेरी पत्नी को श्रील प्रभुपाद से मिलने का गौरव प्राप्त हुआ था, जो दो बार कृपापूर्वक हमारे घर पधारे थे। इस संदेश के माध्यम से मैं उन्हें अपनी श्रद्धांजलि अर्पित करता हूँ और हिंडोल सेनगुप्ता की पुस्तक के प्रति अपनी शुभकामना व्यक्त करता हूँ। जय श्री राधे!

—**कर्ण सिंह**, राजनीतिज्ञ एवं दार्शनिक

हिंडोल सेनगुप्ता ने भक्ति-वेदांत स्वामी प्रभुपाद के ऐतिहासिक व्यक्तित्व को मूर्तिमान करने का असंभव कार्य पूर्ण करने में सफलता प्राप्त की है, जिन्होंने अपनी हार्दिक बुद्धिमत्ता एवं व्यवहार के माध्यम से विश्व को कृष्ण चेतना से परिचित कराकर पूरे विश्व के परिदृश्य को परिवर्तित कर दिया है। हिंडोल के संस्मरण उनकी अद्वितीय लेखन-शैली के कारण पाठकों के मन को रोमांचित कर देते हैं। प्रभुपाद के जीवन से संबंधित यह सटीक विवरण सभी के लिए अनिवार्यत:, अवश्य पठनीय पुस्तक है।

—**लावण्या वेमसानी**

विशिष्ट प्राध्यापक,

शावनी स्टेट यूनिवर्सिटी, एवं सदस्य,

एक्जीक्यूटिव बोर्ड, ओहियो एकेडमी ऑफ हिस्टरी

इस सुरुचिपूर्ण ढंग से लिखित, व्यापक रूप से प्राप्य एवं व्यस्त रखनेवाली पुस्तक के साथ हिंडोल सेनगुप्ता ने ए.सी. भक्तिवेदांत स्वामी के लिए वही कार्य किया है, जो उन्होंने स्वामी विवेकानंद के लिए 'द मॉडर्न मंक' (आधुनिक संन्यासी) में और सरदार वल्लभभाई पटेल के लिए 'द मैन हू सेव्ड इंडिया' (व्यक्ति, जिसने भारत को बचा लिया) में किया था। वह इस महत्त्वपूर्ण एवं प्रभावशाली व्यक्तित्व को समकालीन पाठक के जीवन में लाए और वर्तमान विश्व में श्रील प्रभुपाद की प्रासंगिकता दर्शाई। मैं

वचन देता हूँ कि यदि आप इस पुस्तक का अध्ययन प्रारंभिक पंक्ति से करेंगे तो आप खुद को इसमें निरंतर व्यस्त पाएँगे और आपका मन इसे छोड़ने के लिए तैयार नहीं होगा। सेनगुप्ता को न केवल अपने विषयों को जीवंत बनाने का वरदान प्राप्त है, बल्कि उनके पास उस काल की रचना करने की व्यापक समझ है, जिसमें उन्होंने अपना जीवन जिया है। भारतीय स्वाधीनता आंदोलन के युग से लेकर 1960 के दशक की न्यूयॉर्क की प्रति-संस्कृति (काउंटर-कल्चर) के युग तक व्यक्ति ऐसी हवा में साँस लेता है, जिसमें प्रभुपाद ने साँस ली और उन तौर-तरीकों का अनुभव किया, जिसमें उन्होंने न केवल स्वयं को ढाला, बल्कि अपने संदर्भ में उन्हें आकारित भी किया। यह पुस्तक एक प्रेरणा है। जय श्रीकृष्ण!

**—जेफ्री डी. लॉन्ग**

कार्ल डब्ल्यू. जिगलर, धर्म,
दर्शन एवं एशियाई अध्ययन के प्राध्यापक,
एलिजाबेथ टाउन कॉलेज, पेनसिल्वेनिया

श्रील प्रभुपाद का जीवन गंभीर एवं बौद्धिक रूप से व्यस्त जीवनी की पात्रता रखता है। वेदांतीय एवं भक्ति-परंपराओं को समाहित करते हुए एक आंदोलन खड़ा करने का उनका प्रयास वास्तविक जगत् के लिए तात्त्विक रूप से अत्यंत महत्त्वपूर्ण है। प्रभुपाद द्वारा कृष्ण की वैश्विक उपासना का चयन निर्बाध रूप से भी असाधारण है और इसने जो ख्याति अर्जित की है, उसके प्रभाव के पैमाने पर महानतम ऐतिहासिक व धार्मिक वार्त्ताकारों को भी ईर्ष्या होती है। अंततोगत्वा, उन्हें हिंडोल सेनगुप्ता के रूप में एक ऐसा मेधावी जीवनी लेखक मिल गया है, जिसने प्रभुपाद के गहरे संदेश को गंभीरतापूर्वक आत्मसात् किया और उसे सहज व सुबोध शैली में प्रस्तुत किया।

**—गौतम सेन**

पूर्व व्याख्याता, लंदन स्कूल ऑफ इकोनॉमिक्स

गहनता एवं विवरण—दोनों के लिए एक दुर्लभ उपहार के साथ हिंडोल सेनगुप्ता श्रील प्रभुपाद को अप्रत्याशित रूप से जीवंत बना देते हैं। यह एक असाधारण व्यक्ति की असाधारण कथा है, जिसने सारी दुनिया में कृष्ण संचेतना के अमृत का प्रसार किया।

**—मकरंद आर. परांजपे**

प्राध्यापक, अंग्रेजी, जवाहरलाल नेहरू विश्वविद्यालय

सन् 1893 में शिकागो में दिए गए स्वामी विवेकानंद के व्याख्यान के बाद से ही भारतीय उपमहाद्वीप के बाहर धर्म के संदेश का प्रसार एक स्वप्न रहा था। उस स्वप्न

को श्रील प्रभुपाद ए.सी. भक्तिवेदांत द्वारा सफलतापूर्वक वास्तविकता में परिणत किया गया। उन्होंने कृष्ण चेतना को वैश्विक आंदोलन में परिवर्तित कर दिया, जिसने विश्व के अनेक भागों को स्पर्श किया। हालाँकि उनके कार्य, विशेषतया 'श्रीमद्‍भगवद्‍गीता' पर उनकी टिप्पणियाँ अधिक प्रसिद्ध हैं, फिर भी इस मार्गदर्शक हिंदू विद्वान् को बहुत कम महत्त्व दिया गया। हिंडोल सेनगुप्ता ने लोकप्रिय रूप से 'हरे कृष्ण आंदोलन' के नाम से विश्वविख्यात आंदोलन के संस्थापक की जीवनी लिखकर इस रिक्ति को भरने का प्रयास किया है। उन्होंने (सेनगुप्ता ने) उनके (प्रभुपाद के) उस आश्चर्यजनक जीवन की घटनाओं का दस्तावेजीकरण किया, जिन्होंने उन्हें प्रभावित किया, विशेषतया वह प्रेरणास्पद आख्यान कि वह किस प्रकार शांति एवं बंधुत्व के संदेश को विदेशों में ले गए। यह एक आश्चर्यजनक कथानक है, जो समकालीन हिंदुत्व के इतिहास के पृष्ठों में प्रमुख स्थान प्राप्त करने की पात्रता रखता है।

**—स्वपन दासगुप्ता**

सांसद, राज्यसभा

यद्यपि हिंदू परंपरा से अमेरिकी लोगों का संपर्क कई शताब्दियों पूर्व ही प्रारंभ हो गया था, परंतु वह केवल बीसवीं शताब्दी का द्वितीयार्द्ध ही था, जिसके दौरान यह संपर्क अमरबेल की तरह फैल गया और सारे देश के लोगों तक पहुँच गया। उस अवधि के दौरान पश्चिम में आनेवाले भारतीय आध्यात्मिक शिक्षकों के एक बड़े वर्ग ने हिंदू योग या बौद्ध मन-संकेंद्रण रीतियों की शिक्षा देने पर अपना ध्यान केंद्रित किया। श्री भक्तिवेदांत स्वामी (श्रील प्रभुपाद) अद्‍भुत थे, क्योंकि वह विशेष रूप से भगवान् श्रीकृष्ण की भक्ति की शिक्षा देने आए थे। वह जहाँ कहीं भी गए, उन्होंने वहाँ अपने व्याख्यानों एवं लेखों के माध्यम से एक बड़े अनुयायी वर्ग को आकर्षित किया। यद्यपि उन्होंने अपने शिष्यों से उन शिक्षकों की अपेक्षा अधिक जीवन-परिवर्तनकारी वचनबद्धता की माँग की, जो उनसे पूर्व वहाँ आए थे। इस प्रक्रिया में उन्होंने अगणित युवा अमेरिकियों पर और तत्पश्चात् सारी दुनिया में अपनी अमिट छाप छोड़ी, जिस किसी ने भी उनके जीवन, उनकी शिक्षाओं एवं दुनिया को बदलनेवाले उनके तौर-तरीकों के बारे में जानने की इच्छा व्यक्त की। इन सभी विषयों को हिंडोल सेनगुप्ता की पुस्तक 'श्रील प्रभुपाद की गौरवगाथा' में समाहित किया गया है। यह एक सूचनाप्रद एवं पठनीय पुस्तक है।

**—रामदास लैंब**

धर्मशास्त्र के प्राध्यापक, हवाई विश्वविद्यालय, मनोआ

'श्रील प्रभुपाद की गौरवगाथा' हमें श्रील प्रभुपाद एवं उनके संस्थान इस्कॉन (Iskcon) की रोमांचकारी कथा से अवगत कराती है। हिंडोल सेनगुप्ता का लेखन तरल और विवरणों से भरपूर है। इसमें न केवल प्रभुपाद के जीवन एवं व्यवसाय की खोज की गई है, वरन् यह पाठक को उन सामाजिक, राजनीतिक एवं सांस्कृतिक संदर्भों में भी डुबो देती है, जिन्होंने औपनिवेशिक भारत के एक बुर्जुआ राष्ट्रवादी के उत्साह से लेकर 1960 के दशक के उथल-पुथल भरे अमेरिकी जीवन के मध्य उनके जीवन को आकार दिया। यह धारा-प्रवाह रूप से कही गई एक प्रभावशाली कथा है।

**—शशि थरूर**

लोकसभा के सदस्य, सूचना प्रौद्योगिकी पर
संसद् की स्थायी समिति के अध्यक्ष और
ऑल इंडिया प्रोफेशनल्स कांग्रेस के अध्यक्ष

# जीने और मरने की कला

ग्रीष्म ऋतु, 1967।

सैन फ्रांसिस्को से रवाना होने के फौरन बाद ऐसा प्रतीत हुआ, मानो विमान दुर्घटनाग्रस्त हो जाएगा।

वह आसमान में लड़खड़ाया, भकभकाया और कलाबाजियाँ खाने लगा। विमान में एक ऐसा व्यक्ति बैठा था, जो अपने आप में कुछ बुदबुदा रहा था। यदि उस दिन उसकी मृत्यु हो जाती तो दुनिया भर के अखबारों में सुर्खियाँ बनतीं और उसके प्रशंसकों में शोक की लहर दौड़ जाती। उनसे पहले और बाद में भी कुछ कलाकारों ने प्रसिद्धि प्राप्त की थी, जिसे उन्होंने स्वयं अपने अनुयायियों के साथ पहले ही देख रखा था। वह व्यक्ति कई गुना बड़ा करोड़पति था।

प्रसिद्ध गायक, गीतकार, वादक और बीटल्स समूह के 'फैब फोर' की टोली में से एक जॉर्ज हैरिसन जैसे ही विमान में बैठे, उन्हें अपनी मृत्यु की संभावना दिखाई देने लगी और उन्होंने बार-बार 'हरे कृष्ण, हरे कृष्ण, कृष्ण-कृष्ण हरे-हरे/हरे राम, हरे राम, राम-राम हरे-हरे' का जाप करना प्रारंभ कर दिया।[1] यह कोई असामान्य बात नहीं थी।

अभी कुछ ही दिनों पूर्व हैरिसन ने अपने बीटल समूह के साथी जॉन लेनन के साथ यूनान के निकट एक नाव में जल पर तैरते हुए छह घंटे बिताए थे। उस नाव यात्रा के दौरान वह एक बार फिर गिटार बजाते और 'हरे कृष्ण, हरे कृष्ण, कृष्ण-कृष्ण हरे-हरे/ हरे राम, राम-राम, हरे-हरे'[2] गुनगुनाते रहे थे।

क्या विश्व के सर्वाधिक प्रसिद्ध गायकों में से एक एजियन सागर के तट पर प्रसन्न होकर कृष्ण मंत्र का जाप कर रहा था या सैन फ्रांसिस्को के ऊपर आकाश में उड़ते विमान में मारे जाने के भय से मंत्रोच्चार कर रहा था?

सन् 1967 तक बीटल्स विश्व का सर्वाधिक प्रसिद्ध संगीत समूह था और 6 अरब रिकॉर्डों की बिक्री का कीर्तिमान स्थापित करने की दिशा में आगे बढ़ रहा था, जिसकी बराबरी कभी कोई नहीं कर सका।

1960 के दशक के अंत तक बीटल्स संगीत समूह अनेक प्रकार की नशाखोरी (शराब व स्मैक इत्यादि) में लिप्त हो गया था और समूह के कुछ कलाकारों का व्यक्तिगत जीवन खतरे में पड़ गया था। उनका स्वास्थ्य निरंतर गिरता जा रहा था और ऐसा प्रतीत होने लगा था, मानो एक वाद्य समूह के रूप में बीटल्स का जीवन-चक्र समाप्त होने वाला था। सन् 1967 में इंग्लैंड में एक टेलीविजन साक्षात्कार, जिसकी रिकॉर्डिंग यू-ट्यूब पर उपलब्ध है, में जॉन लेनन यह कहते हुए दिखाई दे रहे हैं कि चूँकि उनके बैंड समूह को उसके गीतों के दुनिया भर में लोकप्रिय हो जाने के कारण हुई उनके रिकॉर्डों एवं एलबमों की बिक्री से अचानक बहुत सारा धन प्राप्त हो गया था और बैंड रातोरात अमीर हो गया था, इसलिए उसमें कुछ विकृतियाँ भी उत्पन्न हो गई थीं और अचानक वह अच्छा नहीं रह गया था।[3] उसी वीडियो में हैरिसन अपनी बात जोड़ते हुए कहते हैं, "अमीर हो जाने के बाद हमने पाया कि पैसा ही सबकुछ नहीं है, क्योंकि हमारे पास ढेर सारी भौतिक वस्तुएँ थीं। जिन्हें पाने के प्रयास में लोग अपना सारा जीवन बिता देते हैं, उन चीजों को पाने में हम बहुत कम समय में ही सफल हो गए थे और एक तरह से वह सचमुच अच्छा भी था, क्योंकि उस स्थिति में हम यह बात समझने लग गए थे कि धन ही सबकुछ नहीं था। हमारे पास अभी भी किसी चीज की कमी थी और वह वही चीज थी, जिसे लोगों को देने का प्रयास धर्म कर रहा है।"[4]

आध्यात्मिक खोज पहले ही प्रारंभ हो चुकी थी, क्योंकि बीटल्स समूह के कुछ कलाकारों ने ध्यान के साथ प्रयोग प्रारंभ कर दिया था और वे भारतीय गुरुओं के पास जाकर उनसे सितार-वादन सीख रहे थे। हैरिसन ने सितार का प्रयोग प्रसिद्धत: अपने गीत 'नॉर्वेजियन वुड' में किया था, जिसे उन्होंने बीटल्स के लिए सन् 1965 में बनाए गए एलबम 'रबर सॉल' में बजाया था। लेकिन वह एलबम सन् 1966 में अमेरिका में जारी किया गया था, जिसे लेनन एवं हैरिसन—दोनों ने सुनने के बाद कहा था कि इसने श्रोताओं पर हार्दिक प्रभाव डाला था।

उस रिकॉर्ड को 'कृष्णा कॉन्शियसनेस' का नाम दिया गया था।

रिकॉर्ड में साधुओं को 'कृष्ण' के नाम का उच्चारण करते दिखाया गया था—'हरे कृष्ण, हरे कृष्ण, कृष्ण-कृष्ण, हरे-हरे/हरे राम, हरे राम, राम-राम, हरे-हरे'। उन साधुओं का नेतृत्व 70 वर्षीय एक वृद्ध संन्यासी कर रहा था, जो पहली बार भारत से संयुक्त राज्य अमेरिका आया था।

वास्तव में, जिस व्यक्ति को रिकॉर्ड में साधुओं का नेतृत्व करते हुए दिखाया गया है, उसका नाम भक्तिवेदांत स्वामी था, जिसके नाम के साथ अनेक 'प्रथम' घटनाएँ जुड़ी थीं। 'कृष्ण भावनामृत' उनका पहला रिकॉर्ड था; वह उनकी पहली अमेरिका यात्रा थी

और उनके जीवन के सात दशकों में वह संभवत: भारत के बाहर उनकी पहली विदेश यात्रा थी।

उस समय उनकी पृष्ठभूमि एवं उपलब्धियों से ऐसा कुछ भी प्रतीत नहीं हुआ, जिससे वह बीटल्स का ध्यान अपनी ओर आकर्षित कर पाते। परंतु मात्र एक माह बाद कलकत्ता (अब कोलकाता) के इस वृद्ध व्यक्ति के मंत्र का उच्चारण जॉर्ज हैरिसन द्वारा उनके भयाकुल क्षणों में बारंबार बड़ी उत्सुकता से किया जा रहा था।

आगामी वर्षों में इस वयोवृद्ध संन्यासी के प्रभाव में इतनी वृद्धि हो गई कि हैरिसन अधिकाधिक दार्शनिक संगीत की धुनें तैयार करने लग गए। इसके साथ ही भारतीय आध्यात्मिकता के प्रति उनकी रुचि बढ़ती गई और उन्होंने 'इनर लाइट' (1968) जैसे गीत एवं 'लिविंग इन द मैटीरियल वर्ल्ड' (1973) नामक एक लोकप्रिय एलबम तैयार किया।

सन् 2001 में जब हैरिसन की मात्र 58 वर्ष की उम्र में मृत्यु हुई तो उनके सिरहाने खड़े भक्तिवेदांत स्वामी के शिष्यों—मुकुंद गोस्वामी एवं श्यामसुंदर दास—ने मरणासन्न गायक के कानों में महान् हिंदू ग्रंथ 'श्रीमद्भगवद्गीता' के श्लोकों का उच्चारण किया, जिसमें भगवान् विष्णु के अवतार श्रीकृष्ण धनुर्धर अर्जुन को कुरुक्षेत्र में गीता का उपदेश दे रहे थे।[5]

भक्तिवेदांत स्वामी सर्वाधिक शक्तिशाली एवं प्रभावशाली व्यक्ति बनकर उभरे थे। यदि वह अपने लिए सर्वाधिक शक्तिशाली एवं प्रभावशाली व्यक्ति नहीं थे तो कम-से-कम उस युग के सर्वाधिक प्रसिद्ध संगीतकार के जीवन में तो अवश्य बन गए थे।

हैरिसन (एवं असंख्य अन्य लोगों) ने भक्तिवेदांत स्वामी से क्या सीखा था? स्वामी ने स्पष्ट किया कि मनुष्य के जीवन में सर्वाधिक महत्त्वपूर्ण कार्यों में से एक कार्य मृत्यु के प्रति विचार करना अथवा मरने की कला सीखना है। इसे और अधिक स्पष्ट करते हुए स्वामी ने कहा कि व्यक्ति को मृत्यु की अपरिहार्यता के प्रति स्वयं को तैयार करना चाहिए। भौतिक मानव जीवन एक छलावा मात्र है, एक प्रकार का विकार है और आत्मा एवं ईश्वर के दैवीय संबंधों का विस्मरण है। आत्मा तथा ईश्वर के इस सम्मिलन को वस्तुत: 'योग' की संज्ञा दी जाती है। यह ऐसी प्रक्रिया है, जिसके माध्यम से 'ईश्वर-रहित' होकर व्यक्ति मात्र नश्वर बनकर रह जाता है। स्वामी के शब्दों में, ईश्वर से जुड़कर व्यक्ति 'ईश्वर-युक्त' या उसका कृपा-पात्र बन जाता है।[6]

यदि जीवन का कोई अपरिवर्तनीय सत्य है तो उसका अंत अनिवार्यत: मृत्यु के रूप में होगा। इस सच्चाई पर विचार करने के लिए, जीवन के वास्तविक उद्देश्य को परखने एवं समझने के लिए, यह विचार करने के लिए कि मानव जीवन ईश्वर को महसूस करने का सबसे बड़ा अवसर है, यही स्वामी का मूल संदेश था।

जब तक व्यक्ति अपने जीवन के पूर्ण यौवन में होता है, वह मृत्यु के उस नग्न सत्य को भुलाए रहता है, जिससे अंततोगत्वा उसे एक दिन मिलना ही होगा। इस प्रकार, एक मूर्ख व्यक्ति जीवन की वास्तविक समस्याओं के बारे में कोई प्रासंगिक पूछताछ नहीं करता है। प्रत्येक व्यक्ति यही सोचता है कि उसकी कभी मृत्यु नहीं होगी, यद्यपि इसका प्रमाण वह प्रतिपल अपनी आँखों के सामने देखता रहता है। पशुता एवं मानवता के मध्य यही मुख्य अंतर है। बकरे जैसे किसी पशु को अपनी आसन्न मृत्यु का कोई ज्ञान नहीं होता है। यद्यपि उसका बंधु बकरा उसकी आँखों के सामने काटा जा रहा होता है, फिर भी हरी घास से ललचाया हुआ बकरा बड़े आराम से खड़ा रहता है और काटे जाने की अपनी अगली बारी की प्रतीक्षा करता रहता है। दूसरी ओर, यदि कोई मनुष्य देखता है कि उसका साथी शत्रु द्वारा मारा जा रहा है, तो वह या तो उसे बचाने के लिए शत्रु से लड़ेगा या संभवतः अपना जीवन बचाने के लिए वहाँ से भाग जाएगा। किसी पशु और मनुष्य के बीच यही विशेष अंतर है।

एक बुद्धिमान व्यक्ति जानता है कि उसके अपने जन्म के साथ उसकी मृत्यु का जन्म भी हो जाता है। वह जानता है कि वह प्रतिपल मर रहा है और जैसे ही उसकी आयु समाप्त होगी, उसे अंतिम धक्का दे दिया जाएगा। इसलिए वह स्वयं को अपने अगले जीवन या बार-बार होनेवाले इस जन्म व मृत्यु के रोग से मुक्ति पाने के लिए तैयार करता है।

बहरहाल, किसी मूर्ख व्यक्ति को तो यह भी ज्ञात नहीं होता है कि जीवन का यह मानव स्वरूप जन्म व मृत्यु की अनेक श्रृंखलाओं के बाद अतीत में ही प्रकृति के नियमों के अनुसार लागू कर दिया गया होता है। वह नहीं जानता है कि एक जीवित इकाई वस्तुतः एक अनंत अस्तित्व है, जिसका कोई जन्म व मृत्यु नहीं है। जन्म, मृत्यु, वृद्धावस्था एवं रोग इत्यादि किसी जीवित तत्त्व पर बाह्य आरोपण हैं तथा ये सब उसके भौतिक प्रकृति के संसर्ग में आने और अपनी अनंत, ईश्वरीय प्रकृति के विस्मरण एवं संपूर्ण-समग्र ईश्वर के साथ एकात्मता के गुणवत्तात्मक अभाव के कारण होते हैं।

मानव जीवन हमें इस अनंत तथ्य या सत्य को जानने का अवसर उपलब्ध कराता है। इस प्रकार, 'वेदांत सूत्र' के प्रारंभ में ही यह परामर्श दिया गया है कि चूँकि हमारे पास मानव जीवन का सर्वोत्तम महत्त्वपूर्ण स्वरूप है, यह हमारा कर्तव्य है कि हम अभी इस तथ्य की पूछताछ करें कि ब्रह्म, यानी संपूर्ण सत्य क्या है ?

'जो व्यक्ति पर्याप्त बुद्धिमान नहीं है, वह मीमांसात्मक जीवन के विषय में पूछताछ नहीं करता। इसकी बजाय, वह अनेक अप्रासंगिक मामलों के विषय में प्रश्न करता है, जिनका उसके अनंत अस्तित्व से कोई सरोकार नहीं है। अपने जीवन के प्रारंभ से ही वह अपनी माँ, पिता, शिक्षकों, प्राध्यापकों, पुस्तकों तथा अनेक अन्य स्रोतों से जानकारी प्राप्त

करने का प्रयास करता है; परंतु उसे उसके वास्तविक जीवन के बारे में सही प्रकार की सूचना प्राप्त नहीं होती है।'[7]

इस संदेश, जीवन के सत्य को जानने की आवश्यकता ने अनेक अन्य लोगों की भाँति हैरिसन को भी जकड़ लिया था।

सन् 1965 में जब तक उस वृद्ध हिंदू संन्यासी का जहाज न्यूयॉर्क नहीं पहुँच गया, तब तक उसके जीवन में ऐसा कुछ नहीं था, जिसके बारे में वह संभवत: कह सकता कि उसके अंदर अमुक गुण या प्रभाव है। वास्तव में, सभी विवरणों से अभय चरण डे के संन्यासी जीवन में लौटने और 'भक्तिवेदांत स्वामी' का नाम धारण करने से पूर्व उन्होंने एक साधारण जीवन ही व्यतीत किया था।

उनका जन्म एक ऐसे माता-पिता के घर में हुआ था, जिन्हें आज मध्यम वर्गीय माता-पिता कहा जा सकता है; यद्यपि उनके पारिवारिक इतिहास में पर्याप्त मात्रा में धन उपलब्ध था।[8]

ऐसा प्रतीत होता है, मानो उनके भाग्य में एक नियमित एवं सामान्य जीवन व्यतीत करना लिखा था। डे औपनिवेशिक शासन वाले ब्रिटिश भारत में बड़े हुए थे और उन्होंने अपने समय के सभी सामान्य कार्य किए थे—एक गर्वान्वित करनेवाली ईसाई मिशनरी शिक्षा, अल्पायु में विवाह और एक उपयुक्त वाणिज्यिक व्यवसाय।

परंतु डे सदैव यही सोचा करते थे कि कहीं कुछ छूट गया था। वह एक भक्ति-परायण वैष्णववादी परिवार में जन्मे थे। वैष्णववाद हिंदुत्व की वह धारा है, जो विष्णु की पूजा करती है, जिन्हें हिंदू -'त्रयी' में पालनहार की संज्ञा दी जाती है। अनेक वैष्णवों द्वारा विष्णु के कृष्ण अवतार[9] को प्राथमिकता दी जाती है, जो महाभारत में कुरुक्षेत्र के युद्ध में दैवीय सारथि के रूप में दिखाई देते हैं और जो 'श्रीमद्भगवद्गीता' में धर्मोपदेशक हैं।

अभय चरण डे के परिवार में कृष्ण और उनकी अलौकिक प्रेमिका राधा की पूजा एक आनुवंशिक कर्म था। कृष्ण पारिवारिक देवता थे और जिस समय एक बालक के रूप में अभय चरण ने आध्यात्मिकता के प्रति अपनी गहन रुचि का प्रदर्शन किया था, उस समय यह बात समझ से परे थी कि वह एक दिन संन्यासी बन जाएँगे।[10]

तथापि, उनके आध्यात्मिक गुरु भक्तिसिद्धांत सरस्वती ठाकुर के साथ उनकी आकस्मिक भेंट ने उनके जीवन को रूपांतरित कर दिया और उन्होंने भारतीय संन्यास की युगों पुरानी परंपरा के अनुसार एक साधु के रूप में जीवन व्यतीत करने हेतु अपने परिवार एवं समस्त सांसारिक वस्तुओं का परित्याग कर दिया और जीवन-पर्यंत एक संन्यासी की भाँति श्रीकृष्ण की सेवा तथा उनके संदेश के प्रसार में लगे रहे।

यदि यह कहानी मात्र अभय चरण डे के साधु बनने और भारत में उपदेश देने के विषय में होती तो यह रोचक तो होती, परंतु कोई अग्रणी या विशिष्ट कहानी नहीं होती।

परंतु डे ने जिस समय 'भक्तिवेदांत स्वामी' का नाम धारण किया, उन्हें केवल 70 वर्ष की आयु में विलंबित जीवन के पुनर्जागरण की संज्ञा दी जा सकती थी। उन्होंने अपने गुरु के निर्देशानुसार कृष्ण के संदेश का अमेरिका एवं पश्चिम में प्रचार करने हेतु विशाल समुद्रों को पार किया।

जिस समय वह अमेरिका पहुँचे, उनके पास न तो नकदी थी और न ही संपर्क थे। वह न्यूयॉर्क की गलियों में श्रीकृष्ण के नाम का उच्चारण करते हुए इस आशा में भटकते रहे कि संभवतः वह अमेरिका की सत्ता में बैठे कुछ लोगों को भगवान् के नाम पर आकर्षित एवं सहमत कर सकें। उन्होंने केवल कुछ अनुयायी प्राप्त करने से अधिक कार्य किया।

उन्होंने वहाँ 'इंटरनेशनल सोसाइटी फॉर कृष्ण कॉन्शसनेस' (Iskcon—अंतरराष्ट्रीय कृष्ण भावनामृत संघ) की स्थापना की।

शीघ्र ही पूरे अमेरिका के शहरों व कस्बों में मुंडित सिरों तथा गेरुआ वस्त्र पहने पुरुषों और साड़ी पहने एवं गाती, नाचती व झाँझ बजाती तथा कंधों पर मृदंग व ढोल टाँगे स्त्रियों का समूह दिखाई देने लगा। उस कीर्तन समूह ने ऐसी लहर उत्पन्न की, जिसने अंततोगत्वा विश्व के प्रत्येक भाग को स्पर्श कर लिया और उसे 'हरे कृष्ण आंदोलन' के नाम से जाना जाने लगा। इसलिए, इसमें कोई संदेह नहीं है, क्योंकि हर्षित भक्त बार-बार 'हरे कृष्ण' मंत्र को दोहरा रहे थे।

लगभग वर्ष 1967-68 के आसपास उनकी ख्याति पश्चिम में फैलनी शुरू हुई और भक्तिवेदांत स्वामी उर्फ अभय चरण डे 'श्रील प्रभुपाद स्वामी' के रूप में विख्यात हो गए। वैष्णववाद एवं अन्य पूर्वी दर्शनों में उपनाम का विशेष महत्त्व है। संस्कृत भाषा में 'प्रभुपाद' का अर्थ है—वह व्यक्ति, जो ईश्वर के चरण-कमलों के प्रति समर्पित है। यहाँ 'ईश्वर' से आशय विष्णु से है। कमल का संदर्भ इस विचार से आता है कि यह फूल कीचड़ में उत्पन्न होता है और फिर भी अपने आसपास की गंदगी से अस्पृश्य रहता है। ईश्वर के पाँव इसलिए अत्यंत पवित्र बिंदु हैं, क्योंकि वे विश्व की धूल द्वारा स्पर्श किए जाने के बाद भी स्वच्छ बने रहते हैं, और इसलिए जो लोग ईश्वर के चरणों में स्वर्ग को खोजने का प्रयास करते हैं, उन सभी को वहाँ शरण प्राप्त होती है।[11] ईश्वर का आशीर्वाद प्राप्त करने का उपाय या एकमात्र मार्ग यही है कि व्यक्ति स्वयं को उनके चरण-कमलों में पूर्णरूपेण समर्पित कर दे।

भक्तिवेदांत स्वामी को दिया गया 'प्रभुपाद' नाम अपने पूर्ण अर्थ में भगवान् श्रीकृष्ण के समक्ष संपूर्ण समर्पण को प्रदर्शित करता है, अर्थात् व्यक्ति सदैव ईश्वर के चरणों में लीन रहता है। परंतु यह एकमात्र अद्भुत नाम नहीं था, जो उन्होंने प्राप्त किया। यद्यपि हिंदू दर्शन का अध्ययन करनेवाले लोगों को 'भक्तिवेदांत' नामक शब्द भी एक जिज्ञासु

मिश्रण के रूप में खटकेगा, जैसा कि वेदांत में सामान्यतया ईश्वर को एक निराकार, सर्वशक्तिमान, सर्वविद्यमान संपूर्ण सत्य के रूप में जाना जाता है, इसका ज्ञान प्राप्त करने के एक मार्ग के रूप में समझा (या गलत प्रकार से समझा जाता है, क्योंकि इस पर वैष्णव आचार्यगण वाद-विवाद करेंगे)। वैष्णव आचार्यों ने भी वेदांत पर बड़े विस्तार से सटीक टिप्पणियाँ लिखी हैं, जो विष्णु के अनुभवातीत स्वरूप को अंतिम एवं पूर्ण सत्य के रूप में स्थापित करती हैं अथवा यह आत्मज्ञान द्वारा ईश्वर को जानना है; क्योंकि 'बृहदारण्यक उपनिषद्' कहता है कि आत्मज्ञानी व्यक्ति ब्रह्मांड को जानता है। भक्ति का मार्ग व्यक्ति को सदैव ईश्वर की सगुण उपासना की ओर ले जाता है, जिसका विलोम निर्गुण या अनुभवातीत गुण अथवा गुण-रहित होना है।

हिंदू दर्शन में अधिकांशत: आमतौर पर यही समझा जाता है कि ईश्वर के विषय में सत्य की परिकल्पना में भक्ति व वेदांत दो अलग-अलग छोरों पर खड़े होते हैं।

दोनों शब्दों की संधि करके उसे 'भक्तिवेदांत' का रूप देकर चैतन्य परंपरा के वैष्णव विद्वान् कुछ महत्त्वपूर्ण कार्य को आगे बढ़ा रहे थे। यहाँ एक ऐसा व्यक्ति (श्रील प्रभुपाद) था, जो इन दोनों असंपृक्तणीय तत्त्वों को एक साथ लेकर आया। वास्तविक भक्ति या श्रद्धा कोई भावनात्मक चीज नहीं है, बल्कि यह दृढ़तापूर्वक वेदांत की समझ पर आधारित होती है। वेदांत मार्ग की प्राथमिकताओं की आलोचना किए बिना स्वामी यह दरशाते हुए प्रतीत होते हैं कि ये दोनों किस प्रकार भक्ति में पराकाष्ठा प्राप्त करती हैं। कहने का तात्पर्य यह कि वेदांत पर चिंतन का अंत ईश्वर की अनुभूति के रूप में होता है, जो गहनतम भक्ति या समर्पण उत्पन्न करता है।

यद्यपि इस विषय में पर्याप्त चर्चा नहीं की जाती है, अभिसरण का यह विचार विवादास्पद प्रतिध्वनित होता है, तथापि यह श्रील प्रभुपाद के धर्मशास्त्र के हृदय में अवस्थित है। स्वामी विवेकानंद, जिन्होंने सन् 1893 में शिकागो की धर्म संसद् में अपने भाषण से इतिहास रच दिया था, के बाद मैं जिस अगली महत्त्वपूर्ण तिथि को 'वैश्विक हिंदूवाद' के रूप में संदर्भित करना चाहूँगा, वह निश्चय ही 17 सितंबर, 1965 हो सकती है, अर्थात् वह तिथि, जिस दिन प्रभुपाद न्यूयॉर्क पधारे थे।

मात्र बारह वर्षों की छोटी सी अवधि में प्रभुपाद ने एक ऐसा वैश्विक आंदोलन खड़ा कर दिया, जिसने उनकी ख्याति विश्व के कोने-कोने में पहुँचा दी थी। उन्होंने अपने ही जीवनकाल में न केवल अमेरिका एवं यूरोप, बल्कि समस्त महाद्वीपों में अपने अनुयायियों की विशाल संख्या खड़ी कर दी। स्वामी विवेकानंद की भाँति वह भी निरंतर दुनिया भर के अनुयायियों को आकर्षित करना जारी रखे हुए हैं।

विश्व में कई पीढ़ियों के आर-पार हिंदुत्व के संदेश का प्रसार करने में इन दोनों लोगों ने जो प्रमुख भूमिका निभाई, उसकी तुलना करने के दो तरीके हैं—

इसके विश्लेषण का एक तरीका यह है कि विवेकानंद के विपरीत प्रभुपाद पश्चिम को एक प्रकार से कठोरतम संदेश देना चाहते थे। विवेकानंद ने एक सार्वभौमिक निर्गुण एवं निराकार दैवी चेतना का उपदेश दिया, जिसे विश्व भर के लोगों द्वारा स्वयं अपने बारे में गहन अनुभूति द्वारा प्राप्त किया जा सकता था।

एक निराकार व निर्गुण ब्रह्म, जो प्रत्येक मनुष्य के हृदय में निवास करता है, उसे समझना पश्चिम के लिए सरल एवं कम विशिष्ट है; जबकि उसकी अपेक्षा प्रभुपाद का संदेश यह है कि एकमात्र ईश्वरीय अस्तित्व केवल कृष्ण ही हैं।

इसे समझने का एक अन्य तरीका यह हो सकता है कि ईसाई श्रोता वर्ग के वर्चस्व वाले समाज में मीमांसात्मक आकार, रूप एवं गुण के रूप में वास्तविक ईश्वर को स्पष्ट करना आसान था और ईसाई श्रोता वर्ग इस वैयक्तिक रीति का अनुसरण करने का अभ्यस्त था।

इससे कोई अंतर नहीं पड़ता कि हम इसे किस रूप में देखते हैं; लेकिन इस बात से इनकार करना असंभव है कि विवेकानंद के बाद (1890 के दशक में) पश्चिम में (1960 के दशक में) सर्वाधिक प्रभावशाली हिंदू हस्ती श्रील प्रभुपाद ही थे। मात्र एक दशक की अवधि के भीतर सत्तर से अस्सी वर्ष की उम्र के मध्य सौ से अधिक कृष्ण मंदिरों की स्थापना के रूप में उनकी आध्यात्मिक उपलब्धियाँ निस्संदेह चौंकानेवाली हैं।

स्वामी विवेकानंद जिस समय अमेरिका गए थे, उस समय वह युवा थे और उनकी आयु मात्र 30 वर्ष थी। प्रभुपाद एक 70 वर्षीय वृद्ध थे और उनकी अदम्य ऊर्जा अधिक स्पष्ट थी।

प्रभुपाद के मिशन को, उसकी संभावना एवं आकार को दो अन्य चीजों पर विचार किए बिना कदापि नहीं समझा जा सकता है—चैतन्य महाप्रभु के संदेश की अद्भुत विधि से प्रतिकृति एवं उनकी प्रकाशन यात्रा, जिसने उन्हें अपने जीवन के अंतिम दशक में धार्मिक साहित्य के 60 खंडों का अनुवाद, जिसमें उनकी 'श्रीमद्भगवद्गीता' पर की गई परिभाषात्मक टिप्पणियाँ भी शामिल हैं, जिसे 'श्रीमद्भगवद्गीता यथारूप' कहा जाता है।

यद्यपि वर्तमान में इस तथ्य को अकसर विस्मृत कर दिया जाता है, परंतु श्रील प्रभुपाद ने दुनिया भर में अपने जिन नाचते, गाते, भजन करते भक्त-समूहों का नेतृत्व किया और जो सारी दुनिया में आज भी गलियों व मंदिरों में झूमते हुए आनंद मनाते दिखाई देते हैं, एक प्रकार से उन्होंने चैतन्य महाप्रभु की भक्ति की उस परंपरा को जीवंत बना दिया, जिसके अंतर्गत उनके अनुयायियों ने पंद्रहवीं शताब्दी के बंगाल[12] में भक्ति का तूफान मचा दिया था।

यह विचार कि पंद्रहवीं शताब्दी की धार्मिक प्रक्रिया इक्कीसवीं शताब्दी में भी कारगर हो सकती है, विश्वास की ऐसी छलाँग थी, जिसने यह सुनिश्चित कर दिया

कि हिंदुत्व के उपदेशकों के इतिहास में श्रील प्रभुपाद महान् नवोन्मेषकों एवं जोखिम उठानेवाले व्यक्तियों के रूप में स्मरण किए जाएँगे।

श्रील प्रभुपाद को संभवत: यह आभास नहीं था कि वह जो प्रयास करनेवाले थे, उसमें वह किसी रूप या आकार में सफल होंगे भी या नहीं! अमेरिका पहुँचने के बाद लिखी अपनी डायरी के पन्नों में स्वीकार करते हुए तथा श्रीकृष्ण को संबोधित करते हुए वे लिखते हैं—'मुझे नहीं मालूम कि आप मुझे यहाँ क्यों लाए हैं! अब आपकी जैसी इच्छा हो, वैसा मेरे साथ करें; लेकिन मेरा अनुमान है कि आपका यहाँ कोई प्रयोजन अवश्य है, वरना आप मुझे ऐसे भयानक स्थान पर लाते ही क्यों! मैं उन्हें कृष्ण भावनामृत के इस संदेश को कैसे समझा पाऊँगा? मैं अत्यंत अभागा, अयोग्य एवं पतित व्यक्ति हूँ। यही कारण है कि मैं आपके आशीर्वाद की याचना कर रहा हूँ, ताकि मैं उन्हें समझा सकूँ; क्योंकि यह कार्य करने में मैं स्वयं को अत्यंत अक्षम एवं अशक्त पाता हूँ।'[13] यहाँ 'आप' का उल्लेख निश्चय ही कृष्ण के संदर्भ में किया गया है।

प्रभुपाद को अग्रणी मानने का एक अन्य महत्त्वपूर्ण कारण भी है। वह कारण उनकी प्रकाशन की विरासत है।

प्रभुपाद अमेरिका पहुँचने के पहले से ही लेखन एवं प्रकाशन में लिप्त थे। यह बात अलग है कि उसका आकार छोटा था। अमेरिका में वह अपनी पुस्तकों की 200 प्रतियों के साथ पहुँचे थे। प्रभुपाद ने ऐसा विशाल प्रकाशन साम्राज्य स्थापित कर दिया था, जिसने लगभग 5 अरब पुस्तकों का विक्रय एवं वितरण किया था और इसमें करोड़ों प्रतियाँ 'श्रीमद्भगवद्गीता' एवं 'श्रीमद्भागवत' (जो 'भागवतपुराण' के नाम से भी ख्यात है, जिसमें श्रीकृष्ण की न्याय की पुनर्स्थापना की कथा का वर्णन किया गया है, जिसके अंतर्गत आसुरी शक्तियाँ दैवी शक्तियों पर अपना आधिपत्य स्थापित कर चुकी थीं) की थीं।

ऐसा प्रतीत होता है, मानो इतिहास में इन पुस्तकों के संवर्द्धन हेतु जितना कार्य श्रील प्रभुपाद ने किया था, उतना कार्य किसी अन्य ने नहीं किया था, जो मात्र हिंदू पाठ्य सामग्री के प्रसार हेतु लिखी गई थीं। उनकी विरासत गांधी की विरासत के समकक्ष खड़ी होती है, जो विश्व में 'श्रीमद्भगवद्गीता' के संदेश एवं उसके प्रसार के महत्त्व को समझते थे। गांधी 'श्रीमद्भगवद्गीता' को जीवन का पाठ सिखानेवाला सर्वश्रेष्ठ ग्रंथ मानते थे।

पुस्तकों, गीतों एवं नृत्य के माध्यम से उपासना और कुछ अत्यंत स्वादिष्ट शाकाहारी भोजन—ये सभी श्रील प्रभुपाद की विरासत के कुछ महत्त्वपूर्ण प्रतीक हैं। यद्यपि आज भी उदाहरणार्थ सर्वोत्तम शाकाहारी भोजन ऑक्सफोर्ड से जुड़े हिंदू अध्ययन केंद्र में पाया जाता है, जिसका संचालन इस्कॉन (Iskcon—अंतरराष्ट्रीय कृष्ण भावनामृत संघ) से

संबद्ध एक विद्वान् द्वारा किया जाता है। प्रभुपाद स्वयं भी एक उत्तम रसोइया थे और वह कृष्ण को सर्वोत्तम भोजन परोसने के लिए समर्पित थे, जिसे बाद में अगणित भक्तों को 'प्रसादम्'[14] के रूप में वितरित कर दिया जाता था, जिसके कारण उनके अनुयायियों की संख्या में भी वृद्धि होने लगी थी। आज दुनिया भर में इस्कॉन (Iskcon) की ओर से असंख्य भोजनालय संचालित किए जा रहे हैं, जो लोगों की भूख शांत करने के लिए किसी पशु की हत्या किए बिना केवल 'कर्म-मुक्त' भोजन परोसते हैं।

परंतु इनमें से कोई भी कृत्य उनकी उस प्रारंभिक उपलब्धि को आच्छादित नहीं कर पाता है, जिसके अंतर्गत उन्होंने कृष्ण की शिक्षाओं एवं ज्ञान को एक विश्व व्यापी आंदोलन बनाने और कृष्ण के विषय में जागृति लाने का प्रयास किया था। निश्चय ही, उन्होंने अपने आंदोलन को पुनर्गठित किया और उनकी महानतम उपलब्धि यह थी कि वह कृष्ण की मूर्ति अपने साथ लाए थे और उसे वैश्विक आध्यात्मिक प्रतिमा के रूप में स्थापित करना चाहते थे।

ब्रिटिश शासन वाले भारत में जन्मे किसी व्यक्ति की भाँति प्रभुपाद ने दृष्टि-परिवर्तन के महत्त्व को समझा और अपनी अंग्रेजी शिक्षा के विपरीत जीवन के विषय में पढ़ने और उपदेश देने लगे। उन्होंने अपने कार्य की जटिलता को समझते हुए भी उसे पूरा करने का चयन किया और अत्यल्प अवधि में अप्रतिम सफलता प्राप्त की।

श्रील प्रभुपाद आज हमसे इसलिए बात करते हैं, क्योंकि उनका संदेश स्थान एवं समय की सीमाओं से मुक्त है। वैश्वीकरण की आधुनिक संकल्पना के लोकप्रिय होने से बहुत समय पूर्व ही श्रील प्रभुपाद एक वैश्विक हस्ती एवं उपनिवेशोत्तर संत बन गए थे और बिना किसी किंतु-परंतु के पूर्व को पश्चिम के हृदय के निकट ले आए थे। निश्चय ही, यह सबकुछ श्रीकृष्ण की कृपा से ही संभव हुआ था।

**—हिंडोल सेनगुप्ता**

# अनुक्रम

# 1

# कलकत्ता का लड़का

वह एक ऐसा वर्ष था, जो भारत में ब्रिटिश राज की समाप्ति की शुरुआत सिद्ध हुआ। प्लेग, जो कुछ ही समय में अत्यंत भयावह सिद्ध हुआ, जिसने कुछ ही समय में बड़ी संख्या में लोगों की जानें ले ली थीं। यद्यपि प्लेग की शुरुआत बंबई (अब मुंबई) में 1896* की शरद् ऋतु में हुई थी, परंतु प्लेग का व्याकुल कर देनेवाला पहला लक्षण कलकत्ता में पहले ही शहर को हिलाए हुए था।

प्लेग की जो बीमारी उस समय आई थी, उसका संबंध एक बड़े अकाल से था, जो पूरे देश में—बुंदेलखंड से लेकर मद्रास तक और राजपूताना से लेकर हैदराबाद तक फैला हुआ था। अकसर इस बात का उल्लेख किया जाता है कि श्रील प्रभुपाद का जन्म सन् 1896 में ब्रिटिश भारत में हुआ था।

लेकिन यह एक अपूर्ण कथा कहने के समान है। वर्ष 1700 एवं 1900 के बीच में भारत में दर्जनों बड़े अकाल पड़े थे और प्रत्येक अकाल के साथ हैजा या अन्य घातक बीमारियाँ फैल जाती थीं। वह बंगाल का अकाल ही था, जिसने बंकिमचंद्र चट्टोपाध्याय के राष्ट्रवादी महाकाव्य 'आनंद मठ' की पृष्ठभूमि तैयार की। बंकिमचंद्र को उनके गीत 'वंदे मातरम्'† के साथ बँगला साहित्य का जनक माना जाता है। सन् 1866 में उड़ीसा‡ में ऐसा अकाल पड़ा, जिसने लगभग 10 लाख लोगों की जानें ले लीं। वह भारत के

---

* '…पहली चेतावनी सितंबर 1896 में दी गई थी। उस समय बड़ा बाजार के चूहों में एक सांयोगिक बीमारी फैल गई थी और पश्चावलोकन करें तो अब उसने महामारी का रूप धारण कर लिया था। सच्चाई जो भी हो, वे मामले निश्चय ही संदिग्ध थे…' श्रीलता चटर्जी की पुस्तक 'बंगाल में प्लेग एवं राजनीति', भारतीय इतिहास कांग्रेस, 2005-06 की काररवाइयाँ, खंड 66 (2005-2006), पृ. 1194-1201।

† 'वंदे मातरम्' उपनिवेशवाद-विरोधी आंदोलन में एक प्रसिद्ध क्रांतिकारी गीत के रूप में निरंतर लोकप्रिय होता गया और स्वतंत्रता के बाद उसे भारत का राष्ट्रीय गीत घोषित किया गया था।

‡ पूर्व में उड़ीसा के नाम से जाना जाता था।

राजनीतिक विकास में एक महत्त्वपूर्ण एवं निर्णायक मोड़ सिद्ध हुआ, जिसने भारत में गरीबी को लेकर राष्ट्रवादी चर्चाओं की वृद्धि कर दी।* इस विषय ने राष्ट्रवादी नेता दादाभाई नौरोजी को अत्यंत प्रभावशाली अनुसंधान संचालित करने हेतु प्रेरित किया कि किस प्रकार अंग्रेज भारत की समृद्धि एवं संसाधनों का दोहन कर रहे थे।†

यह जानना महत्त्वपूर्ण है कि जिस बंगाल में प्रभुपाद जन्मे थे, वह क्रांतिकारी उत्साह से ओत-प्रोत था। इसका कारण केवल यह नहीं था कि अंग्रेजों ने अकाल एवं हैजे सहित सभी परिस्थितियों में भारतीयों का उत्पीड़न किया था, बल्कि वह क्रांतिकारी शब्दों की शक्ति से धधक रहा था। उसके सर्वाधिक महत्त्वपूर्ण अगुआ बंकिमचंद्र चट्टोपाध्याय थे, जिन्होंने वर्ष 1885 एवं 1887 के मध्य अपना सर्वाधिक महत्त्वपूर्ण लेखन किया था। यह कार्य उन्होंने अभय चरण डे के जन्म से केवल एक दशक पूर्व किया था। जिस समय बालक अभय चरण का जन्म हुआ, तब तक चट्टोपाध्याय एवं अन्य लेखकों के शब्दों ने औपनिवेशिक शासन के अपने जीवंत अनुभवों के साथ बंगाल में उथल-पुथल मचा दी थी और क्रांतिकारी परिवर्तन का परिपक्व वातावरण निर्मित कर दिया था।

यह संदर्भ यह जानने के लिए महत्त्वपूर्ण है कि इससे श्रील प्रभुपाद के प्रारंभिक जीवन को समझा जा सकता है, ताकि कालांतर में राष्ट्रवाद एवं आध्यात्मिकता के वैश्वीकरण तथा सार्वभौमिक शांति के विषय में उनकी घोषणाओं को समाहित किया जा सके।

प्रभुपाद का जन्म एक ऐसे शहर में हुआ था, जो औपनिवेशिक गुरुओं की शक्ति से आप्लावित था; किंतु जहाँ राष्ट्रवाद की गूँज ने छिटकना प्रारंभ कर दिया था, अलबत्ता दबी हुई आवाज में ही सही। प्रभुपाद का जन्म ईश्वर-भक्त माता-पिता गौर मोहन डे एवं रजनी के घर हुआ था, जिन्होंने उनका नामकरण 'अभय चरण डे' के रूप में किया था, जिसका शब्दिक अर्थ है—'वह व्यक्ति, जो ईश्वर के चरणों में शरण पाता है।' वस्तुतः इस आधार पर कहा जा सकता है कि कृष्ण की चेतना उनके अपने नाम में ही सन्निहित थी।

व्यापारी डे परिवार (गौर मोहन डे एक वस्त्र विक्रेता थे) मल्लिक परिवार का अंकुर था, जो अपने समय का धनिकतम व्यापारिक परिवार था। डे उस परिवार का मूल उपनाम था और 'मल्लिक' शब्द 'मालिक' का अपभ्रंश रूप था, जिसके बारे में इस बात की प्रबल संभावना है कि इतिहास में किसी समय उनके पूर्वजों की कर्तव्यनिष्ठ

---

* दीनयार पटेल, 'अंग्रेजों ने किस प्रकार 10 लाख भारतीयों को अकाल में मरने दिया', बीबीसी.कॉम, 11 जून, 2016 https://www.bbc.com/news/world-asia-36339524।

† वही।

सेवा से प्रभावित होकर क्षेत्र के मुस्लिम शासकों द्वारा उन्हें 'मालिक' की उपाधि प्रदान की गई होगी।

जिस घर में डे परिवार निवास करता था और जहाँ नन्हा अभय चरण बड़ा हुआ, उसका पता था—151 हैरीसन रोड, जो उत्तरी कलकत्ता क्षेत्र के अंतर्गत आता था। मल्लिक परिवार और उनके वंशज सुवर्ण वणिक या स्वर्ण कारोबारी के रूप में ख्यात थे। यह बात अलग है कि वास्तव में उस गोत्र की वास्तविक कारोबारी रुचि केवल सोने के व्यापार से काफी आगे निकल गई थी। उनका पारंपरिक गृह पतुरियाघाटा स्ट्रीट में था, जिसे अधिक सही अर्थों में एक महल की संज्ञा दी जा सकती थी। यद्यपि उनका अपेक्षाकृत नया आवास हैरीसन रोड पर था, जो दोनों ओर से विशाल गलियों से घिरा हुआ था। मल्लिक परिवार इतना धनी था कि उनमें से एक व्यक्ति तरंग में आकर एक दिन कलकत्ता के चिड़ियाघर से दो जेब्रा (अफ्रीका का धारीदार घोड़ा) खरीद लाया और उन्हें रोजाना अपनी बग्घी में जोतने लगा। उसके इस कृत्य की पृष्ठभूमि में यह दिखाना था कि यदि सही तरह से प्रयास किया जाए तो जेब्राओं को भी कारगर ढंग से घोड़ों की तरह पालतू बनाया जा सकता है।* वह एक प्रकार से ऐसी सनकी चीज थी, जिसे सही अर्थों में केवल सचमुच धनी परिवार ही वहन कर सकते थे।

परंतु यह मल्लिकों की प्रसिद्धि का एकमात्र दावा नहीं था। वे ईश्वर-भक्त वैष्णव भी थे और एक अर्थ में कलकत्ता शहर में वे गौड़ीय वैष्णव परंपरा के संरक्षक भी थे। यद्यपि आज भी उन मंदिरों एवं धार्मिक स्थलों की सूची अत्यंत महत्त्वपूर्ण है, जिनका वर्षों तक मल्लिक परिवार द्वारा संरक्षण व संवर्धन किया गया। उनके नाना-नानी का टालीगंज क्षेत्र में कच्ची मिट्टीवाला दो कमरों का मकान था, जिसमें मीठे कटहल का एक पेड़ भी था, जिसकी छाया में 1 सितंबर, 1896 को अभय चरण डे का जन्म हुआ था। वह वृक्ष और उनके बचपन के घर से दो घर आगे बना राधा गोविंद का मंदिर† आज भी संरक्षित है, जहाँ बालक अभय चरण को प्रतिदिन ले जाया जाता था। यही स्थिति उत्तरी कलकत्ता के बाग बाजार में भक्तिसिद्धांत ठाकुर द्वारा शुरू किए गए मठ या तीर्थस्थल की भी थी।

ज्यों-ज्यों हमारी कहानी क्रमशः आगे बढ़ेगी, हम देखेंगे कि किस प्रकार इन दोहरे प्रभावों—क्रांतिकारी उत्साह एवं उनके परिवार द्वारा उत्पन्न किया गया कृष्ण की पूर्ण भक्ति का समानवत् प्रभाव—श्रील प्रभुपाद के प्रारंभिक जीवन को समझने की कुंजी होंगे।

समस्त साक्ष्य इस तथ्य की ओर इशारा करते हैं कि यदि उनका बचपन धन से भ्रष्ट नहीं था तो हर प्रकार से संपन्न एवं खुशियों से ओत-प्रोत अवश्य था। गौर मोहन कपड़े के व्यवसाय में थे, जिसमें वह सामान्य रूप से सफल थे। रजनी अपने परिवार

---

* देखें https://thegangeswalk.com/the-mullicks-of-pathuriaghata-episode-2.

† कृष्ण एवं उनकी आध्यात्मिक संगिनी राधा को समर्पित।

के प्रति समर्पित महिला थीं। वैष्णवों के रूप में वे अत्यंत धार्मिक जीवन व्यतीत करते थे और केवल शाकाहारी भोजन किया करते थे। वे चाय या कॉफी को कभी हाथ भी नहीं लगाते थे। बालक प्रभुपाद को प्रत्येक पग पर कृष्ण का उत्तम भक्त बनने के लिए भक्ति का पाठ पढ़ाने के साथ मृदंग या ढोल बजाना भी सिखाया जाता था। कम-से-कम एक उदाहरण ऐसा अवश्य था जब मलिक के एक रिश्तेदार ने युवा अभय चरण को अध्ययन हेतु इंग्लैंड भेजेने का सुझाव दिया था। लेकिन गौर मोहन ने उसकी एक भी न सुनी। उनका स्वप्न यह सुनिश्चित करना था कि उनका पुत्र कृष्ण के शब्दों का समर्पित प्रसारक बने और उनके संदेशों को संगीत एवं लेखन दोनों माध्यमों से उनके पवित्र संदेशों का प्रसार करे।[1] अभय चरण ने समुद्रों को पार तो किया, परंतु उन्हें ऐसा करने में कई वर्ष लग गए और जिस उद्देश्य के साथ वह विदेश गए, वह उनके पिता के हृदय को अत्यंत प्रसन्न करनेवाला था। वास्तव में, प्राचीनकाल से ही मल्लिक परिवार की कलकत्ता में सबसे बड़ी रथयात्रा निकालने की पुरानी परंपरा थी और उनका परिवार ही उसका आयोजन किया करता था।[*] प्रभुपाद अपने बचपन की भक्ति के आधार पर अपनी उम्र के बच्चों को एकत्रित करके अपनी निजी रथयात्रा[†] निकालते थे। यह बात सही है कि उनकी रथयात्रा उतनी दिव्य एवं भव्य नहीं होती थी, परंतु वह मोहक अवश्य होती थी।

ऐसा प्रतीत होता है कि जिस एक घटना ने बालक प्रभुपाद के मन पर गहरी छाप छोड़ी थी, वह थी सन् 1898 में कलकत्ता में फैली प्लेग की बीमारी। हैजे के प्रति प्राथमिक सार्वजनिक प्रतिक्रिया यह थी कि जनता को साफ-सफाई के प्रति जागरूक बनाने तथा दवाएँ उपलब्ध कराने के साथ-साथ उनमें आशा का संचार करने के लिए वैष्णवों के कीर्तनों, जुलूसों, गायन, नृत्य एवं मृदंग-वादन का सहारा लिया जाए और कलकत्ता की गलियों में पद-यात्राओं की लहर उत्पन्न की जाए। कलकत्ता में उस समय के जॉन निकोल फर्कुहर जैसे प्रसिद्ध मिशनरियों ने 'श्री गौरांग समाज' जैसे संगठनों के कार्यों का संज्ञान लिया और उपासना के प्रति समर्पित जगद्बंधु भद्रा जैसे लोगों ने इस कार्य में प्रमुख योगदान किया। इस कार्यक्रम की सबसे बड़ी विशेषता यह थी कि इसमें उन्होंने

---

* मल्लिक परिवार ने इस परंपरा को आज तक बनाए रखा है, जैसा कि समाचार-पत्र 'द टाइम्स ऑफ इंडिया' के इस लेख में कहा गया है—'ट्रस्ट द्वारा संचालित संगमरमर महल मस्जिद को जगन्नाथ को समर्पित कर दिया गया', 7 जुलाई, 2016।

† मूलत: इसका आयोजन उड़ीसा के पुरी मंदिर से किया जाता था, जिसमें भगवान् जगन्नाथ, उनके भाई बलभद्र एवं बहन सुभद्रा की मूर्तियों को एक विशाल रथ में रखकर उसे श्रद्धालुओं द्वारा शहर की सड़कों एवं गलियों में बड़े उत्साहपूर्वक खींचा जाता था। मुख्य रथयात्रा की प्रतिकृतियाँ असंख्य अन्य छोटे रथों में रखकर पूरे अंचल में घुमाई जाती थीं। यह त्योहार भारत के अनेक भागों में लोकप्रिय है।

सभी जातियों* के लोगों को शामिल किया और कलकत्ता की गलियों में मनोवैज्ञानिक एवं भक्तिमय सकारात्मकता का प्रसार करने का प्रयास किया। उनकी सक्रियता हमारे कोविड-19 के दौरान किए गए प्रयासों के विपरीत पूर्णतया भिन्न थी। उस समय शहर के प्रतिष्ठित बौद्धिक कुलीनों का समर्थन भी कीर्तन एवं प्रदर्शन कार्यक्रमों को प्राप्त था। उदाहरण के लिए, 'अमृत बाजार पत्रिका' के संस्थापक, स्वतंत्रता सेनानी एवं पत्रकार शिशिर कुमार घोष कीर्तन कार्यक्रमों का सहयोग एवं समर्थन करनेवाले शहर की प्रमुख हस्तियों में से एक थे। यद्यपि उन्होंने चैतन्य महाप्रभु के ऊपर एक पुस्तक भी लिखी थी।

कालांतर में श्रील प्रभुपाद ने भी उस समय की घटनाओं का वर्णन इस प्रकार किया था—'कलकत्ता में सन् 1898 में अत्यंत उग्र प्रकार की प्लेग की महामारी फैली थी। अतः कलकत्ता वीरान हो गया था। सभी लोग व्यावहारिक रूप से कलकत्ता छोड़कर चले गए थे। प्रतिदिन सैकड़ों व हजारों लोग मर रहे थे। उस समय मेरी आयु एक या डेढ़ वर्ष थी। एक बाबाजी† ने पूरे कलकत्ता में 'हरे कृष्ण' संकीर्तन का आयोजन किया‡ और उस संकीर्तन में हिंदुओं, मुसलमानों, ईसाइयों एवं पारसियों—सभी प्रकार के लोगों ने भाग लिया। वे लोग कीर्तन करते हुए प्रत्येक सड़क व गली से गुजर रहे थे और प्रत्येक घर में भी प्रवेश कर रहे थे। उनके उस कृत्य से प्लेग का प्रकोप थम गया। यह एक सच्चाई है। वह प्रत्येक व्यक्ति, जो कलकत्ता के इतिहास को जानता है, वह भलीभाँति जानता है कि संकीर्तन आंदोलन द्वारा प्लेग थम गया था।'[2]

यह उचित प्रतीत होता है कि जिस समय प्लेग के विरुद्ध वे संकीर्तन हो रहे थे, उस समय प्रभुपाद की आयु मात्र दो वर्ष थी और उनके लिए उस घटना को भलीभाँति स्मरण कर पाना शायद संभव नहीं था। निश्चय ही, उन घटनाओं को उनके समक्ष बार-बार दोहराया गया होगा, जिसके कारण बालक प्रभुपाद के मन पर उनका व्यापक प्रभाव पड़ा होगा।

विशेष रूप से ध्यान देनेवाली बात यह है कि कीर्तनों की भक्तिमय एवं प्रदर्शनकारी शक्ति सन् 1898 में महामारी के साथ समाप्त नहीं हुई। अगले वर्ष शहर ने बड़े पैमाने पर चैतन्य महाप्रभु का जन्म शताब्दी वर्ष मनाया। वास्तव में, सन् 1898 में, अर्थात् उन समारोहों से एक वर्ष पूर्व 'अमृत बाजार पत्रिका' ने सभी वैष्णवों, जिन्हें वह जनसंख्या

---

* वारुणी भाटिया नामक धर्म की इतिहासकार ने सन् 2017 में अपनी पुस्तक 'अनफॉरगेटिंग चैतन्य : वैष्णविज्म एंड कल्चर्स ऑफ डिवोशन इन कॉलोनियल बंगाल' में लिखा है कि भद्रा द्वारा डोमों एवं शवों को जलाने के कार्य में लगी अन्य नीची जातियों के लोगों को इन रथों को खींचने के कार्य में लगाया जाता था और वे ईश्वर के नाम का भजन करते हुए इस कार्य को संपन्न करते थे। उस युग में ऐसी 'जाति-विहीनता' अद्भुत थी।

† संन्यासी, यहाँ यह संदर्भ जगद्बंधु भद्रा के बारे में हो सकता है।

‡ कीर्तन के लिए एक अन्य शब्द।

का बहुमत* मानती थी, से अनुरोध किया था कि वे चैतन्य महाप्रभु के जन्मदिन को पूरे उत्साह के साथ मनाएँ। श्री घोष ने स्वयं भी अपने एक लेख के माध्यम से समारोह के आयोजन पर बल दिया था—"बंधुओ! आप सबसे यह हमारी विनम्र प्रार्थना है कि प्रत्येक वैष्णव† को पूरे भारत में गौरांग की विजय के प्रकाश को प्रतिध्वनित करना चाहिए। हमें सभी निवासियों के हृदय में कीर्तन की मधुर ध्वनियाँ अवश्य भरनी चाहिए। हम सबको मिलकर भगवान् चैतन्य के गीतों को अवश्य गाना चाहिए। हमें अनिवार्यत: अपने धार्मिक आनंद की शक्तियों के साथ न केवल स्वयं नाचना चाहिए, बल्कि अन्य लोगों को भी नाचने के लिए प्रोत्साहित करना चाहिए। आगामी वर्ष में कलकत्ता में गौरांग समाज द्वारा यह त्योहार बड़े पैमाने पर आयोजित किया जाएगा। हम अन्य राज्यों के भक्तों से भी कृतज्ञतापूर्वक अनुरोध करते हैं कि वे भी इसी प्रकार उत्सव मनाएँ।"‡

वे समारोह निश्चय ही निर्विवाद रूप से शहर के सभी वैष्णवों के लिए विशेष रूप से स्मरणीय थे और इसमें भी कोई संदेह नहीं कि अभय चरण ने भी उन कहानियों को बार-बार सुना होगा।

संस्कृत में धर्मग्रंथों, महाकाव्यों एवं निश्चय ही मंत्र 'हरे कृष्ण, हरे कृष्ण, कृष्ण-कृष्ण, हरे-हरे/हरे राम, हरे राम, राम-राम, हरे-हरे' की ध्वनियों के बीच नन्हे अभय चरण की दुनिया एक प्रकार से वैष्णव पावनता से ओत-प्रोत थी। कम-से-कम जहाँ तक गौर मोहन का संबंध था, वह विश्वास करने लगे थे कि उनके पुत्र को कृष्ण के संदेश का प्रसार करने के लिए पाल-पोसकर बड़ा किया जा रहा था।

वहाँ भोजन भी था—फलों की निर्बाध आपूर्ति की जा रही थी और विशेष रूप से वह आम का मौसम था, जो सभी को अत्यंत प्रिय है। प्रभुपाद की तो आम के विषय में एक विशेष दार्शनिक अंतर्दृष्टि थी। उन्होंने कहा, "अपनी बिना पकी अवस्था में किसी आम को आम माना जाता है और जब वह पूरी तरह पक जाता है और मनपसंद बन जाता है, तब भी वह आम ही रहता है। अत: जब कोई नवागंतुक 'हरे कृष्ण' का उच्चारण प्रारंभ करता है तो उसकी गतिविधियाँ ईश्वर के प्रेम की परिधि में होती हैं और कृष्ण को प्रसन्न करनेवाली होती हैं; परंतु कर्म, ज्ञान एवं योग की गतिविधियाँ जब तक भक्ति से ओत-प्रोत नहीं होती हैं, तब तक वे कृष्ण को प्रसन्न करने योग्य नहीं होती हैं।[3] शुद्ध देसी घी में बनाए गए सभी प्रकार के शाकाहारी व्यंजन, विशेषतया कचौड़ियाँ, अभय चरण द्वारा इतनी अधिक पसंद

---

* भाटिया, 'अनफॉरगेटिंग चैतन्य : वैष्णविज्म एंड कल्चर्स ऑफ डिवोशन इन कॉलोनियल बंगाल', 2017, पृ. 153।

† एक वैष्णव समान।

‡ भाटिया, 'अनफॉरगेटिंग चैतन्य : वैष्णविज्म एंड कल्चर्स ऑफ डिवोशन इन कॉलोनियल बंगाल', 2017, पृ. 154।

की जाती थीं कि उनकी माता एवं नानी ने उनका उपनाम 'कचौड़ी-मुखी' रख दिया था। अभय चरण को न केवल कचौड़ियाँ खाना अत्यंत प्रिय था, बल्कि वह उन्हें अपने साथ ले जाते थे और आसपास के लोगों में भी बाँटते थे। लोगों को खिलाने की उनकी यह इच्छा कुछ ही समय में उनके महान् लक्ष्य का प्रमुख तत्त्व बन गई। इस कथा में आगे चलकर हम देखेंगे कि यदि पुस्तकें श्रील प्रभुपाद के संदेश की एक महान् भौतिक स्तंभ थीं, तो निश्चय ही भोजन भी उतना ही महत्त्वपूर्ण तत्त्व था। यह थोड़े आश्चर्य की बात है कि इस्कॉन (Iskcon—अंतरराष्ट्रीय कृष्ण भावनामृत संघ) के पास अभी भी कचौड़ियाँ बनाने की अत्यंत स्वादिष्ट विधि है, जिसके बारे में हम इस पुस्तक में आगे चलकर उस समय चर्चा करेंगे, जब हम श्रील प्रभुपाद के पाक कला संबंधी जीवन की खोज के बारे में चर्चा करेंगे।"

भोजन ने अभय चरण के विद्यालयी जीवन में ही अपनी उपस्थिति दर्ज करा दी थी, यद्यपि वह उस घटना से प्रत्यक्षतः जुड़े हुए नहीं थे। जब उनकी आयु शिक्षा ग्रहण करने योग्य हो गई तो उन्हें मुट्टी लाल स्याल के फ्री स्कूल (निःशुल्क विद्यालय) में अध्ययन हेतु भेजा गया। इस संदर्भ में इस तथ्य का पुनः स्पष्टीकरण महत्त्वपूर्ण है कि उन्हें इसी विद्यालय में क्यों भेजा गया था? 'मुट्टी लाल स्याल' मोती लाल स्याल के उच्चारण का एक आंग्लीकृत अपभ्रंश रूप है। स्याल न केवल सर्वाधिक धनी सुवर्ण वणिकों में से एक थे और कलकत्ता के धनिकतम लोगों में से एक थे, बल्कि वह स्वयं एक धर्मनिष्ठ वैष्णव भी थे। उनका झुकाव भी स्वयं मल्लिकों की भाँति पवित्र वैष्णव उद्देश्य—दान देने की ओर था। स्याल न केवल रथ यात्राओं का समर्थन एवं सहयोग करते थे, बल्कि उन्होंने भगवान् जगन्नाथ एवं चैतन्य महाप्रभु के मंदिर भी बनवाए थे*, जो आज भी कार्य कर रहे हैं; बल्कि उन्होंने जरूरतमंदों के लिए निःशुल्क भोजन का कार्यक्रम भी शुरू किया था, जो आज तक जारी है।†

जिस विद्यालय में अभय चरण को शिक्षा प्राप्त करने के लिए भेजा गया था, वह अपने समय में एक अद्भुत संस्थान के रूप में प्रशंसित था। उसके निर्माण का उद्देश्य कलकत्ता निवासियों के बच्चों को एक साथ लाना और उन्हें पश्चिमी, अर्थात् आंग्लीकृत (अंग्रेजी) शिक्षा प्रदान करना था। उस युग के एक प्रमुख जर्मन अखबार 'अलजेमीन जीटुंग' ने प्रसन्नता व्यक्त करते हुए उसे 'मुक्त शिक्षा एवं सभ्यताओं के मिश्रण की दिशा में एक क्रांति की संज्ञा दी थी।'‡

प्रारंभ में विद्यालय का संचालन सेंट जेवियर्स के ईसाई मिशनरियों द्वारा किया जा रहा

---

* मंदिर को 'ठाकुरबाड़ी' कहा जाता है और यह कलकत्ता के बेलघोरिया क्षेत्र में स्थित है।

† http://www.motilalseal.com/msp/thakurbari/

‡ Seehttps://play.google.com/books/reader?id=W9hDAAAAcAaj&printsec=frontcover&output=reader&hl=en_GB&pg=GBS.PA2688-IA7, online recosds of the Allgemeine Zeitung from 1844.

था; परंतु मुट्टी लाल स्याल को जब इस बात की जानकारी मिली कि विद्यार्थियों को खाने के लिए वह भोजन दिया जा रहा था, जो उनके धर्म में निषिद्ध था, तो उन्होंने विद्यालय के साथ अपने सभी संबंध समाप्त कर लिये।* वह भोजन वास्तव में क्या था, इस विषय में कुछ संदेह था; परंतु इस बात की प्रबल संभावना थी कि वह मांस था। 'बंगाल कैथोलिक हेरॉल्ड' नामक अखबार ने मुक्त विद्यालय के सचिव किशन मोहन मल्लिक के माध्यम से ईसाइयों के नाम एक रोषपूर्ण पत्र प्रकाशित किया, जिसमें उसने लिखा—'आप लोगों को यह बात अनिवार्यत: ज्ञात होनी चाहिए कि यूरोपियाई खाद्य सामग्री† को हिंदुओं के बीच धार्मिक रूप से निकृष्ट माना जाता है और आप लोगों ने शपथपूर्वक वचन दिया था कि आप स्थानीय विद्यार्थियों को उनके अभिभावकों की इच्छा के विरुद्ध न तो कोई खाद्य नियम लागू करेंगे और न ही उसे प्रोत्साहित करेंगे। फिर भी, इस तथ्य की पूर्ण जानकारी होने के बावजूद सभी शिक्षक स्वयं इस कार्य में एक पक्षकार बन गए हैं और विद्यार्थियों के साथ अभद्र व्यवहार करते हुए उन्हें वे चीजें खाने और अपने साथ ले जाने के लिए कह रहे हैं, जिसका स्पर्श भी उनके सामाजिक संस्थानों में वर्जित था।'‡ पत्र ने आरोप लगाते हुए टिप्पणी की कि ऐसी घटनाएँ बारंबार हुई थीं, जिसके कारण स्याल के पास ईसाई शिक्षकों को स्कूल चलाने से रोकने के अतिरिक्त अन्य कोई विकल्प नहीं था।

इसलिए अभय चरण की दुनिया में सभी दिशाओं से पड़नेवाले प्रभाव पूर्णतया स्पष्ट थे। उत्साहपूर्ण ईश्वर-भक्ति, राष्ट्रवाद की प्रारंभिक लहरें, विचारों के प्रसार हेतु मुद्रित शब्द की प्रमुखता और भोजन सदैव पौष्टिक आहार की एक झलक के वाहन थे।

इनमें से प्रत्येक कृत्य अभय चरण के जीवन और उनके प्रभुपाद बनने की यात्रा का एक सोपान था। ज्यों-ज्यों हम आगे की ओर बढ़ेंगे, त्यों-त्यों इस कथा में इन तत्त्वों को भुला पाना कठिन होगा। प्रत्येक व्यक्ति, यद्यपि संत भी, अपने कालखंड की एक रचना है और अभय चरण भी वैसे ही थे; परंतु सामान्य जन के विपरीत ईश्वर-भक्त लोग अपनी संपूर्ण यात्रा के दौरान अपने अंदर समेकित धैर्य, उद्देश्य एवं संदेश की एकरूपता की समझ रखते हैं। संभवत: वही उनकी शक्ति का स्रोत होता है—एक परिवर्तनशील जगत् में यह सांत्वना की एक अपरिवर्तनीय शरण है। श्रील प्रभुपाद ने इनमें से किसी तत्त्व का परित्याग नहीं किया, उन्हें लेश मात्र नहीं छोड़ा, क्योंकि वे उनके जीवन में बहुत गहरे समाए हुए थे और वे उनके प्रिय कृष्ण की ध्वनि के साथ प्रतिध्वनित होते थे।

□

---

* See https://motilaiseal.com/,sp/seals-free-college/

† संभवत: इसे शब्द 'मांस' या मांस-आधारित व्यंजनों के लिए एक विकल्प के रूप में प्रयोग किया जाता है।

‡ देखें, 'बंगाल कैथोलिक हेरॉल्ड', खंड 7, पृ. 177।

# 2
# एक भिन्न क्रांतिकारी

अगस्त 1914,

जिस समय अभय चरण डे की आयु लगभग 18 वर्ष थी, उनका मन कलकत्ता शस्त्र डकैती की खबरों से धधक उठा था। संभवतः वह ब्रिटिश शासन वाले भारत में सर्वाधिक दुःसाहसिक कृत्य था। 'द स्टेट्समैन', जो अपने समय का सर्वाधिक सम्मानित अंग्रेजी समाचार-पत्र था और कलकत्ता से प्रकाशित होता था, ने उसे अपने 30 अगस्त, 1914 के संस्करण में 'दिन-दहाड़े हुई सबसे बड़ी डकैती'* की संज्ञा दी थी।

भारत की स्वतंत्रता के लिए लड़नेवाले युवा क्रांतिकारियों ने किसी तरह से पता लगा लिया था कि हथियारों की एक बड़ी खेप किस मार्ग से आने वाली थी और वह कलकत्ता के प्रमुख शस्त्र विक्रेता 'मैसर्स रोड्डा एंड कंपनी' को किस दिन हस्तांतरित की जाने वाली थी। उन्होंने कंपनी में कार्यरत एक कर्मचारी, जो खुद भी एक क्रांतिकारी था, को पकड़कर उससे जर्मनी में बनी हुई सी-96 माउजर की 50 पिस्तौलें और 46,000 राउंड गोलियाँ छीन ली थीं।

उस डकैती को तत्कालीन खूँखारतम क्रांतिकारी समूह अनुशीलन समिति के जुगांतर† गुट ने अंजाम दिया था। अपने समय के कुछ सर्वाधिक प्रभावशाली स्वतंत्रता सेनानी इन समूहों से संबद्ध थे—अरविंद घोष एवं उनके भाई वारींद्र, रास बिहारी बोस, शचींद्रनाथ सान्याल और यहाँ तक कि सुभाष चंद्र बोस जैसे लोग भी इस क्रांतिकारी समूह से जुड़े हुए थे। उस समय अंग्रेजों पर किया गया ऐसा एक भी हमला, हत्या, शस्त्र डकैती नहीं थी, जिसमें 'समिति' और 'जुगांतर' के सदस्यों का हाथ न रहा हो। समिति के सदस्य पूर्वी भारत के सर्वाधिक चतुर युवक थे। उस समय देश के सर्वाधिक प्रतिष्ठित कॉलेज—स्कॉटिश चर्च कॉलेज—के गलियारों में क्रांति की प्रतिध्वनियाँ सुनाई

---

* द स्टेट्समैन, कलकत्ता की 'दिन-दहाड़े हुई सबसे बड़ी शस्त्र डकैती', जिसे भुला दिया गया; 24 अगस्त, 2013।

† बँगला भाषा में इसका अर्थ 'नए युग का सूर्योदय' है।

दे रही थीं। यह कोई मामूली बात नहीं थी, क्योंकि क्रांतिकारियों की सर्वाधिक प्रभावशाली हस्तियों में संन्यासी विवेकानंद, साम्राज्य के लिए अभिशाप बन चुके सुभाष चंद्र बोस और अमरेंद्रनाथ चटर्जी जैसे सशस्त्र स्वतंत्रता सेनानी उसमें शामिल थे।

स्कॉटलैंड के मिशनरी अलेक्जेंडर डफ ने सन् 1830 में ब्रिटिश राज के लिए सक्षम अधीनस्थ कर्मचारी तैयार करने के लिए स्कॉटिश चर्च कॉलेज शुरू किया था (जिसे पहले 'जनरल असेंबली इंस्टीट्यूशन' कहा जाता था); परंतु शताब्दी के अंत तक उसके गलियारों में एक भिन्न प्रकार की बयार बहने लगी थी।

इन्हीं क्रांतिमय गलियारों में एक दिन अभय चरण डे ने कदम रखा। यदि उन्हें अंग्रेजी राज विरोध की भनक अपनी स्कूली शिक्षा के दौरान लग गई होती, तो निस्संदेह उन्हें पता चल जाता कि स्कॉटिश चर्च कॉलेज का वातावरण और अधिक विद्रोही था।

अभय चरण को स्कॉटिश चर्च कॉलेज के धर्मपरायणता से ओत-प्रोत वातावरण में आध्यात्मिक ज्ञान प्राप्त करने के लिए भेजा गया था; परंतु युवा अभय चरण ने वहाँ केवल 'बाइबल' एवं धार्मिक शिक्षा का ज्ञान ही प्राप्त नहीं किया, वह इतिहास के प्रेम के भी वशीभूत हो गए, जिनमें ऐतिहासिक कहानियाँ भी शामिल थीं। उन्हें वाल्टर स्कॉट एवं बंकिमचंद्र चट्टोपाध्याय की कहानियाँ अत्यंत प्रिय थीं। प्रभुपाद बंकिम को 'बंगाल का स्कॉट' मानते थे।*

वर्षों बाद भी उनकी बोली में स्कॉटलैंड के चिह्न एवं इतिहास के प्रति उनका लगाव शेष रह गए थे, जिसके बारे में एक वार्त्ताकार धनंजय ने बताया था कि मैं प्रभुपाद के कुछ शब्दों में स्कॉटिश भाषा के कुछ पुट खोज सकता था। बाद में, जब मैं एक दिन उनकी मालिश कर रहा था तो उन्होंने मुझसे पूछा कि मैं कहाँ से आया था? मैंने कहा, "स्कॉटलैंड।" और इतना सुनते ही वह कलकत्ता में स्कॉटिश चर्च कॉलेज में अपनी शिक्षा प्राप्त करने की स्मृतियों में खो गए और बताया कि किस प्रकार सभी शिक्षक स्कॉटलैंड के निवासी थे। उन्होंने वहाँ 'बाइबल' और धार्मिक शिक्षा की पढ़ाई की थी। उन्होंने मुझसे पूछा कि क्या मैं किसी स्कॉटिश लॉर्ड को जानता हूँ?

मैंने उत्तर दिया, "मैं किसी स्कॉटिश लॉर्ड को व्यक्तिगत रूप से नहीं जानता हूँ।"

उन्होंने कहा, "ओह, एक लॉर्ड जेटलैंड† कलकत्ता में हमारे कॉलेज में आए थे।" उन्होंने मुझसे पूछा कि क्या मैंने ब्रिटिश इतिहास का अध्ययन किया है? और मैंने उत्तर

---

* बी.बी.टी. अभिलेखागार, श्रीमती एवं श्री जेम्स विलियम्स के साथ कक्ष वार्त्तालाप; 23 जुलाई, 1973, लंदन।

† लॉरेंस जॉन लुमले डुंडास, जेटलैंड के द्वितीय अमीर, एक ब्रिटिश कंजर्वेटिव राजनेता, जिन्हें भारतीय मामलों का विशेषज्ञ माना जाता था। उन्होंने 1930 के दशक के अंतिम दिनों में भारत के लिए ब्रिटिश सेक्रेटरी के रूप में कार्य किया था।

दिया, "जी हाँ।" उसके बाद उन्होंने मेरी परीक्षा ली।

"ट्राफलगर की लड़ाई कब हुई थी?"

मैंने कहा, "सन् 1805 में।"

इसके बाद उन्होंने पूछा, "वाटरलू की लड़ाई कब हुई थी?"

मैंने उत्तर दिया, "सन् 1815 में।"

उन्होंने कहा, "जैसे मैं ब्रिटिश इतिहास को जानता हूँ, उसी तरह तुम भी ब्रिटिश इतिहास को जानते हो।"

उन्होंने मुझसे यह भी पूछा कि "लंदन से स्कॉटलैंड और ग्लासगो कितनी दूर हैं?

मैंने उन्हें बताया, "लगभग 400 मील।"

उन्होंने फिर प्रश्न किया, "वहाँ रेलगाड़ी से जाने में कितना समय लगता है?"

मैंने उत्तर दिया, "लगभग आठ घंटे।"

इस प्रश्नोत्तरी के माध्यम से उन्होंने मुझे थोड़ी राहत दे दी; क्योंकि जिस समय मैं उनकी मालिश कर रहा था, उस समय मुझे सचमुच नहीं मालूम था कि श्रील प्रभुपाद के साथ वार्त्तालाप कैसे शुरू किया जाए! इस प्रकार, उन्होंने मेरा भी दिल जीत लिया; क्योंकि वह मेरे साथ इस प्रकार जुड़ गए थे, जिसे मैं पसंद करता था और जिसका मैं उत्तर भी दे सकता था।*

उन वर्षों में वह धार्मिक नाट्य कला की पढ़ाई की ओर भी अग्रसर हुए, क्योंकि उन्होंने अपने बचपन में कलकत्ता की गलियों में अनेक नाटक देखे थे और उन्होंने चैतन्य महाप्रभु पर खेले गए एक नाटक में कलाकारों के उत्कृष्ट अभिनय को देखा था। उस नाटक से वह इतने प्रभावित हुए कि उन्होंने चैतन्य महाप्रभु के बारे में गहन अध्ययन शुरू कर दिया। इसके अतिरिक्त, वह कालिदास के 'कुमारसंभव'[1] से भी अत्यंत प्रभावित थे। युवा अभय चरण ने अपने कॉलेज के वातावरण में ही ब्रिटिश शासन के विरोध के कारणों एवं परिणामों को स्पष्ट देख लिया था। उदाहरण के लिए, उन्होंने प्रत्येक चीज में नस्लीय अलगाव एवं भेदभाव को महसूस किया था, चाहे अध्यापकों द्वारा प्रयोग किए जानेवाले सामान्य कमरों का मामला हो, जिसमें अंग्रेज एवं भारतीय शिक्षक दोनों शामिल थे। वह एक ऐसी दुनिया थी, जिसमें कलकत्ता की यूरोपीय जनसंख्या को चिह्नित रूप से अन्य समुदायों से अलग कर दिया गया था।[2]

यह विभेदन, यह दूरी, यह अपमान उस समय अधिक कठोरतापूर्वक सामने आया, जब अभय से केवल एक साल वरिष्ठ विद्यार्थी सुभाष चंद्र बोस को स्कूल से निकाल दिया गया था। बोस को स्कॉटिश चर्च स्कूल में इसलिए आने के लिए बाध्य होना पड़ा था, क्योंकि उन्हें उस समय कलकत्ता के सर्वाधिक कुलीन शैक्षणिक संस्थान प्रेसीडेंसी

---

* सिद्धांत दास द्वारा लिखित 'एक आधुनिक संत के स्मरणीय उपाख्यान', खंड-1।

कॉलेज से बाहर निकाल दिया गया था। हालाँकि वह एक शांत एवं अध्ययनशील विद्यार्थी थे, किंतु शेर अपने निशाने को कभी भी नहीं बदल सकता है। यद्यपि स्कॉटिश चर्च में राष्ट्रवादी प्रचार पर रोक थी, फिर भी बोस एवं उनके साथी राष्ट्रवादियों ने स्वाधीनता के सिद्धांत का उपदेश देने के उपाय खोज लिये थे। अभय के लिए वह उनकी शिक्षा का अविभाज्य अंग बन गया था।

कालांतर में वह बोस को बड़े प्रेमपूर्वक स्मरण करते और तर्क देते हुए कहते थे कि वह बोस द्वारा बनाई गई इंडियन नेशनल आर्मी (आई.एन.ए.) ही थी, जिसने अंग्रेजों के मन में यह भय उत्पन्न कर दिया था कि विद्रोही भारतीय सैनिक पूरे देश में विद्रोह कर देंगे; जिससे अंग्रेज भारत को छोड़ने के लिए विवश हो गए थे।

सन् 1977 में कुछ अतिथियों के साथ वार्त्तालाप करते हुए श्रील प्रभुपाद ने स्मरण करके बताया, "वे (अंग्रेज) जानते थे कि हम (भारत से) नहीं जा रहे हैं। जब तक वहाँ अहिंसा विद्यमान है, तब तक हम सुरक्षित हैं।" लेकिन सुभाष चंद्र बोस का विरोधपूर्ण तर्क यह था कि "यदि आप हिंसा नहीं करेंगे तो ये लोग भारत से कभी नहीं जाएँगे।" सुभाष चंद्र बोस और अहिंसक आंदोलन के मध्य विचारों का यही विरोधाभास था। उन्होंने भारत से बाहर सिंगापुर जाने का प्रबंध कर लिया और आई.एन.ए. का गठन किया।* अंग्रेजों ने जब देखा कि "भारतीय सैनिक अब राष्ट्रीय आंदोलन में शामिल होने लगे हैं तो हम भारत पर शासन नहीं कर सकते हैं।" इसके बाद उन्होंने निर्णय लिया कि "हमें भारतीयों के साथ कुछ समझौते करने चाहिए और उन्हें अधिकतम संभव हानि पहुँचानी चाहिए। उन्होंने तय किया कि इस भारत को भारत व पाकिस्तान नामक दो टुकड़ों में बाँट दो और उसके बाद यहाँ से चले जाओ।" यह एक तथ्य है। अतः उन्होंने निर्णय लिया कि सैनिकों एवं पुलिस के बिना वे भारत पर शासन कैसे कर सकते हैं? और वह भी तब, जबकि उन्होंने स्वयं सैनिकों को सुभाष चंद्र बोस के साथ शामिल होते हुए देख लिया था। अंग्रेजों को इस बात का पता चल गया था कि विद्रोही सैनिक इंफाल के रास्ते भारत आ रहे हैं। अतः उन्होंने समझ लिया कि "अब उनके (अंग्रेजों के) लिए भारत में रहना असंभव है। वे राजनीतिज्ञ थे। वे समझ सकते थे...वह सुभाष चंद्र बोस की आई.एन.ए. ही थी, जिसने अंग्रेजों को भारत से चले जाने के लिए विवश किया था।†"

अनिवार्यतः, श्रील प्रभुपाद जो तर्क दे रहे थे, उसका आशय यह था कि केवल

---

* 'इंडियन नेशनल आर्मी' एक सशस्त्र बल था, जिसकी स्थापना भारतीय विद्रोही सैनिकों एवं जापान के सहयोग से द्वितीय विश्व युद्ध के दौरान 1 सितंबर, 1942 को दक्षिण-पूर्व एशिया में की गई थी। उसका उद्देश्य ब्रिटिश शासन से भारत की स्वाधीनता प्राप्त करना था।

† बी.बी.टी. अभिलेखागार, कक्ष वार्त्ता; 27 जनवरी, 1977; जगन्नाथपुरी, ओडिशा।

गांधीवादी अहिंसा की नीति या तकनीक ही नहीं थी, जिसके कारण भारत में ब्रिटिश शासन का अंत हुआ। सुभाष चंद्र बोस जैसे क्रांतिकारियों की भूमिका, जिन्होंने औपनिवेशिक शासन से लड़ने के लिए सेना खड़ी कर दी थी, उसने भी ब्रिटिश शासकों को भयभीत कर दिया था, जिन्होंने सोच लिया था कि अब ब्रिटिश सरकार के भारतीय सैनिकों की निष्ठा पर अधिक भरोसा नहीं किया जा सकता।

जैसा कि उनके जोशीले शब्दों से प्रतीत होता था, श्रील प्रभुपाद के अंदर सदैव एक क्रांतिकारी भावना विद्यमान थी और वह क्षत्रियों* की बहुत प्रशंसा किया करते थे, जिसके लिए वह 'भावना' नामक शब्द का प्रयोग करते थे। परंतु उनके पास स्वयं अपनी स्वतंत्रता की प्राप्ति हेतु एक भिन्न माध्यम अथवा मार्ग था। उनकी स्वतंत्रता का उद्देश्य बहुत ऊँचा था। वह अपनी मुक्ति या स्वतंत्रता हेतु खुद को पूरी तरह कृष्ण को समर्पित कर देना चाहते थे। उनके मन में हिंदुओं की कर्म जैसी दार्शनिक संकल्पनाओं के प्रति सदैव अवहेलना का भाव था। उन्हें अपने ब्रिटिश अध्यापकों के बीच होनेवाली चर्चाओं एवं पाठ्यक्रमों से ज्ञात हुआ कि अंग्रेजों के भारत आने से पूर्व तक भारतीय संस्कृति और सभ्यता, जो वास्तव में हिंदू संस्कृति और सभ्यता थी, काफी पुरानी व अप्रासंगिक हो चुकी थी।

यह स्मरण करना महत्त्वपूर्ण है कि अभय चरण एवं उनके सहपाठियों को एक निश्चित पाठ्यक्रम की परछाईं के अंतर्गत पढ़ाया जा रहा था। उस समय उन्हें जेम्स मिल की 'हिस्टरी ऑफ ब्रिटिश इंडिया' (1818)† जैसी पुस्तकें पढ़ाई जा रही थीं। मिल, जो कभी भारत नहीं आए थे और जिन्हें किसी एक भी भारतीय भाषा का ज्ञान नहीं था, फिर भी वह यह दावा करने की सीमा तक चले गए कि 'कोई भी पूर्णतया योग्य व्यक्ति भारत के बारे में उनके निकट इंग्लैंड में रहकर उतना ज्ञान मात्र एक वर्ष में प्राप्त कर सकता है, जितना कि वह भारत में रहकर अपनी आँखों व कानों का प्रयोग करते हुए आजीवन निवास के दौरान नहीं प्राप्त कर सकता है।'[3] मिल की पुस्तक में हिंदुत्व का वर्णन एक भद्दे अंधविश्वास में डूबे हुए धर्म के रूप में किया गया है, जिसमें कोई सुधारात्मक तत्त्व नहीं था और औपनिवेशिक लोगों के लिए ज्ञान प्राप्त करने हेतु औपनिवेशिक चेतना में झाँकना आवश्यक था। इतिहासकार थॉमस ट्रॉटमैन ने लिखा है कि 'जेम्स मिल की अत्यंत प्रभावशाली पुस्तक 'हिस्टरी ऑफ ब्रिटिश इंडिया' (1818) विशेषतया 'हिंदुओं

---

* हिंदू जातियों की उच्चता क्रम में एक योद्धा जाति। यद्यपि प्रभुपाद ने इसका प्रयोग जाति विभाजन के वर्णन हेतु नहीं किया, बल्कि इसकी बजाय उन्होंने एक प्रकार से 'योद्धा की अदम्य शक्ति' के वर्णन हेतु किया।

† 'द हिस्टरी ऑफ ब्रिटिश इंडिया' स्कॉटलैंड निवासी इतिहासकार, अर्थशास्त्री, राजनीतिक सिद्धांतकार एवं दार्शनिक जेम्स मिल की तीन खंडों वाली एक पुस्तक है, जिसमें भारत में कंपनी शासन के इतिहास का उल्लेख किया गया है। वह पहली बार सन् 1818 में प्रकाशित हुई थी।

का' एक लंबा निबंध है, जिसमें दस अध्याय हैं। यह अंग्रेजों की भारत के प्रति घृणा और पूर्व के प्रति उनकी शत्रुता का एकल महत्त्वपूर्ण स्रोत है।[4] यही वह छाया है, जिसके नीचे सुभाष एवं अभय जैसे विद्यार्थियों पर औपनिवेशिक दृष्टि पड़ी।

युवा अभय इन भेदभावों के प्रति सचेत था और समझ चुका था कि चीजें केवल तभी परिवर्तित हो सकेंगी, जब स्वतंत्रता आएगी और विश्व द्वारा उनकी प्रिय 'श्रीमद्भगवद्गीता' के कोष का सम्मान करने के लिए आवश्यक है कि सबसे पहले भारत में सत्ता में बैठे लोगों द्वारा उसका सम्मान एवं संवर्धन किया जाए।[5]

उस समय उनसे पूर्व एक व्यक्ति पहले से ही मौजूद था, जो गीता के प्रति ऐसी श्रद्धा का प्रदर्शन कर रहा था। उस व्यक्ति का नाम महात्मा गांधी था। अभय ने बताया कि गांधी सदैव अपने साथ 'गीता' लेकर चलते थे और बताते थे कि उनके जीवन में 'गीता' का सर्वाधिक महत्त्वपूर्ण प्रभाव था। एक धार्मिक वैष्णव बालक के रूप में अभय गांधी की निजी आदतों—उनकी शाकाहारिता और सभी प्रकार के मादक पदार्थों[6] के सेवन से विरक्ति को स्वीकार करते थे। गांधी उन्हें एक अनुकरणीय व्यक्ति के रूप में दिखाई देते थे। अंततोगत्वा, अभय ने कल्पना की कि कृष्ण के सिद्धांतों के प्रति समर्पित कोई व्यक्ति गलत नहीं हो सकता था। क्यों, ठीक है न?

इस बीच, उनके माता-पिता ने उस समय की परंपराओं का पालन करते हुए उनके लिए एक उपयुक्त वधू की खोज शुरू कर दी, जो राधारानी दत्ता की प्राप्ति के रूप में समाप्त हुई। वह केवल इसलिए उपयुक्त नहीं थीं कि कृष्ण की प्रेमिका की तरह उनका नाम भी राधा था, बल्कि वह सामाजिक रूप से भी स्वीकार्य थीं, क्योंकि वह भी उसी सुवर्ण वणिक समुदाय से आती थीं। जिस समय दोनों का विवाह हुआ, राधा की आयु 11 वर्ष और अभय की आयु 22 वर्ष थी।

अभी उन्हें कॉलेज की पढ़ाई पूरी करने के लिए स्नातक की परीक्षा उत्तीर्ण करनी शेष थी। अभय ने दर्शा दिया था कि कितनी तेजी से क्रांतिकारी अग्नि उनके अंदर प्रज्वलित हो उठी थी। यद्यपि उन्होंने परीक्षा दी और उसमें वह उत्तीर्ण भी हो गए, परंतु जब उपाधि प्राप्त करने का समय आया तो अभय ने डिग्री लेने से इनकार कर दिया।

उन्हें इस बात से कोई अंतर नहीं पड़ा कि उनकी आजीविका के लिए वह उपाधि कितनी महत्त्वपूर्ण हो सकती थी; फिर भी, उन्होंने औपनिवेशिक स्वामियों से प्राप्त होनेवाली वैधानिकता (उपाधि) को स्वीकार नहीं किया। उन्होंने विरोध के लिए गांधी द्वारा उपदेशित अहिंसा एवं त्याग के मार्ग को आत्मसात् किया था।

इसकी बजाय अपने पिता के परामर्श पर उन्होंने डॉ. बोस की लैबोरेटरी (प्रयोगशाला) में प्रशिक्षु एवं प्रबंधक का पद प्राप्त कर लिया। डॉ. बोस की प्रयोगशाला अपने समय की प्रमुख दवा निर्माता कंपनी थी। अपने तरीके से डॉ. कार्तिक चंद्र बोस

स्वयं भी एक क्रांतिकारी थे। प्रफुल्ल चंद्र रे के साथ-साथ वह उन कुछ लोगों में से एक थे, जिन्होंने बंगाल केमिकल एंड फार्मास्युटिकल वर्क्स की स्थापना में सहायता की थी और वह कंपनी के पहले प्रबंध निदेशक बने थे।[7] इन लोगों ने रसायनों एवं दवा के कारोबार में अंग्रेजों के एकाधिकार को तोड़ दिया था।

अभय अब विवाहित हो चुके थे। समस्त आकलनों के अनुसार, उन्होंने अब एक अच्छी नौकरी की पात्रता प्राप्त कर ली थी। कालांतर में, अपने निजी विवरणों से अभय ने अपने कार्य में प्रारंभिक रुचि दरशाई।

उन्होंने कहा, "मैं बहुत बड़ा कारोबारी आदमी बनना चाहता था और उसके लिए मेरे पास अच्छा अवसर था। मैं भारत के रसायन उद्योग से बड़ी अच्छी तरह जुड़ा हुआ था। डॉ. बोस की प्रयोगशाला बंगाल केमिकल, बी.के. फर और उन सभी ने मेरे कारोबारी संगठन को बहुत पसंद किया था। उसके बाद मैंने लखनऊ में एक बड़ी प्रयोगशाला शुरू की। अत: वे हमारे लिए स्वर्णिम दिन थे। लेकिन शनै:-शनै: प्रत्येक चीज मृतप्राय हो गई और अंत में मेरा इलाहाबाद का कारोबार बंद हो गया। वह इसलिए बंद नहीं हुआ था, क्योंकि मुझे कुछ ऋण चुकाना था; मुझे उसे डॉ. कार्तिक चंद्र बोस के हवाले इसलिए करना पड़ा, क्योंकि मैं उनका एजेंट था।"[*] लेकिन केवल आर्थिक दुर्घटना उसका एकमात्र कारण नहीं थी। इसे इस रूप में समझा जा सकता है कि भौतिक जगत् के प्रति मेरी ऊब निरंतर बढ़ने लगी थी। उदाहरण के लिए, प्रभुपाद अपने बाद के जीवन के बारे में चर्चा करते हुए बताते हैं कि उस समय वह अपने कारोबारी लक्ष्यों को छोड़ रहे थे, संन्यास के प्रति उनकी संलिप्तता सर्वेस्व ब्रह्मचारी एवं अतुलानंद ब्रह्मचारी की भाँति अधिकाधिक बढ़ने लगी थी।[†] और उसी अनुपात में उनके मंदिर के प्रति भी मेरी आस्था बढ़ने लगी थी, जो मेरे घर के निकट ही था।[‡]

लेकिन शीघ्र ही वह अपने कार्य से बहुत थक गए और विवाह तथा पारिवारिक जीवन के प्रति भी उन्हें अरुचि हो गई। उनके पिता को शीघ्र ही यह स्पष्ट हो गया कि उनके पुत्र की वास्तविक रुचि कहीं अन्यत्र थी। गौर मोहन ने उसका बुरा नहीं माना। उनका पुत्र अपने प्रिय कृष्ण की भक्ति के प्रति अधिक निष्ठा दरशाने लगा था और उसकी इस प्रिय अभिलाषा का प्रदर्शन पुरी के महान् मंदिरों की यात्रा के दौरान होने लगा था, जहाँ चैतन्य ने एक बार प्रचुर मात्रा में नृत्य किया था और जहाँ अभय ने प्रतिदिन देवताओं—जगन्नाथ, बलभद्र एवं सुभद्रा—को चढ़ाए जानेवाले भव्य छप्पन भोग का स्वाद चखा था।

---

* बी.बी.टी. अभिलेखागार, मायापुर मंदिर उद्घाटन भाषण; 17 मार्च, 1973; मायापुर।

† वह ब्रह्मचारी या संन्यासी, जिसने ब्रह्मचर्य की शपथ ली हो।

‡ बी.बी.टी. अभिलेखागार, मायापुर मंदिर उद्घाटन भाषण; 17 मार्च, 1973; मायापुर।

उनके मन में एक भिन्न प्रकार की इच्छा अत्यंत प्रबलता से उभर रही थी और निस्संदेह उसे उनके मन में उठनेवाले विद्रोह से बल मिल रहा था। जिस समय गांधी ने उन वस्त्रों के बहिष्कार का आह्वान किया, जिन्हें ब्रिटेन की मिलों में बनाया जा रहा था, अभय को अपने कपड़ों को विरोध की होली में झोंक देने में पल भर की भी देर न लगी। उन्होंने तत्काल स्वाधीनता के परिचायक खादी के वस्त्रों को गले लगा लिया, जिसे स्वयं गांधी ने चरखे पर सूत कातकर लोकप्रिय बनाया था।

यद्यपि यह केवल राष्ट्रीय क्रांति की युक्ति नहीं थी, बल्कि यह अभय चरण के संसार को त्यागने और कृष्ण की ओर एक कदम आगे बढ़ने का अवसर था।

□

# 3

# अध्ययनशील संन्यासी

पुस्तकों के विषय में चर्चा किए बिना श्रील प्रभुपाद की कथा का वर्णन कर पाना असंभव है; परंतु लाखों पुस्तकें प्रकाशित करने के प्रति लगाव, जिसे उनके वर्ग के लोगों ने आज भी जारी रखा हुआ है, उसकी कहानी उन्हीं से शुरू नहीं होती है।

इस कहानी को भलीभाँति समझने के लिए हमें दो पीढ़ियों की छलाँग लगाते हुए उस महान् व्यक्तित्व तक पहुँचना होगा, जिसे 'भक्तिविनोद ठाकुर' कहा जाता है।

भक्तिविनोद ठाकुर (1838–1914) का जन्म केदारनाथ दत्ता के रूप में हुआ था, जो अपने समय के प्रमुख गौड़ीय वैष्णव सुधारकों एवं आध्यात्मिक प्रणेताओं में से एक थे। हिंदू कॉलेज (जिसे 'प्रेसीडेंसी कॉलेज' के नाम से भी जाना जाता था और जिसकी चर्चा हम एक क्रांतिकारी केंद्र के रूप में पहले कर चुके हैं) में शिक्षित दत्ता अपने समय की जानी-मानी साहित्यिक हस्तियों—ईश्वरचंद्र विद्यासागर, बंकिमचंद्र चट्टोपाध्याय और 'अमृत बाजार पत्रिका' की प्रसिद्ध पत्रकार हस्ती शिशिर कुमार घोष के निकट सहयोगी थे। ये लोग बंगाल के पुनर्जागरण के अग्रणी प्रकाश-पुंज थे। वह महान् सांस्कृतिक प्रगति का दौर था, क्योंकि उसकी पृष्ठभूमि में एक प्रौद्योगिक हस्तक्षेप-मुद्रण था।

भक्तिविनोद ठाकुर और तत्पश्चात् उनके पुत्र भक्तिसिद्धांत सरस्वती ठाकुर को समझने के लिए कि वास्तव में वह क्या उपलब्धि प्राप्त करने का प्रयास कर रहे थे, वह श्रील प्रभुपाद की उत्तेजनाओं को समझने की कुंजी है; क्योंकि उन्होंने उस निर्णायक आधार का निर्माण किया था, जिसकी रचना सर्वप्रथम भक्तिविनोद ठाकुर द्वारा की गई थी।

बंगाल के पुनर्जागरण के प्रमुख तत्त्वों में से एक तत्त्व वह प्रयास था, जो बौद्धिक कुलीनों द्वारा हिंदू चिंतन के विषय में अभिनव चर्चा के सूत्रपात द्वारा किया जा रहा था। बंगाल में प्रिंटिंग प्रेस (छापाखाना) के आगमन के साथ उसके विकास में कई गुना वृद्धि हो गई थी।

बंगाल में मुद्रण का आगमन सन् 1877 में तब हुआ जब एक साथ दो प्रिंटिंग प्रेस

की स्थापना हुई—एक कलकत्ता में जेम्स आगस्टस हिकी द्वारा (जो बाद में भारत के पहले अखबार 'हिकी'ज बंगाल गजट' के प्रकाशन के लिए प्रसिद्ध हुए) और दूसरी हुगली के छोटे कस्बे में नैथनेल ब्रासे हालहेड एवं चार्ल्स विल्किंस द्वारा ('ए ग्रामर ऑफ बंगाल लैंग्वेज' की प्रकाशन के लिए प्रसिद्ध)। यह पूर्णतया स्पष्ट नहीं है कि किस प्रेस की स्थापना पहले हुई।"*

परंतु जो चीज पूर्णतया स्पष्ट थी, वह यह थी कि मुद्रण ने अनेक चीजों का कायाकल्प कर दिया—बँगला भाषा में साहित्य, उदाहरण के लिए, लिखा एवं मुद्रित किया जाने लगा था, जिसकी शुरुआत बंकिम से हुई। प्रचार सामग्री के मुद्रण के साथ राजनीति भी तेजी से उभरने लगी और सबसे महत्त्वपूर्ण बात यह थी कि मुद्रण के माध्यम से धर्म-प्रचार में भी वांछित सहायता मिली। इन मुद्रणालयों में सर्वप्रथम जो चीज प्रकाशित की गई, वह थी स्थानीय भाषाओं में 'बाइबल' का अनुवाद, जिसे मिशनरियों द्वारा बड़ी उत्सुकता से प्रस्तुत किया जा रहा था। हिंदुओं के मध्य धार्मिक सुधारवादियों, जिनमें अधिकतर लोग उच्च शिक्षित थे, ने बड़े पैमाने पर मुद्रण कला का स्वागत किया, जिसे केवल एक सफल यात्रा की संज्ञा दी जा सकती थी।

लेकिन उन्नीसवीं शताब्दी के बंगाल में किसी भी अन्य चीज से अधिक भाषा और उसका लिखित साहित्य गहन पूछताछ का विषय बन गया था। बंगालियों एवं शासकों—दोनों के मध्य समान रूप से होनेवाली चर्चाएँ निगरानी का विषय बन गई थीं। ब्रिटिश नौकरशाही के लिए अपनी प्रशासनिक दक्षता और महत्त्वपूर्ण स्थानीय सूचनाओं की प्राप्ति हेतु भाषा का ज्ञान प्राप्त करना अत्यंत आवश्यक था; परंतु स्वदेशी बौद्धिक वर्ग के लिए वह भारतीयपन का वाहक बन गई, जो एक महत्त्वपूर्ण पहचान थी। पश्चिम के साथ संपर्क होने के बाद सक्रिय बौद्धिक वातावरण में उथल-पुथल मच गई थी और बँगला भाषा एक सचेत आत्माभिव्यक्ति एवं शहरी साहित्यिक वर्ग की अभिव्यक्ति का माध्यम बन गई। शिक्षित जनसंख्या के मध्य साहित्यकारों की बढ़ती संख्या के साथ-साथ विलक्षण मुद्रण एवं प्रकाशन उद्योग की बहुलता के कारण बड़े पैमाने पर पाठक-लेखक समूह भी बढ़ने लगे और उनमें जारी चर्चाओं के बीच अपनी पहचान बनाने की होड़ लग गई।†

इस प्रक्रिया में भाग लेनेवाले देशज बौद्धिक वर्ग में एक प्रमुख नाम केदारनाथ दत्ता का था, जिन्होंने अपने जीवन के अधिकतर भाग में ब्रिटिश सरकार के लिए कार्य किया

* See https://blogs.soas.ac.uk/archives/2019/06/28/the-first-printed-works-of-bengal/

† अनिंदिता घोष, 'रिविजिटिंग द बंगाल रेनेसा : लिटरेरी बंगाली एंड लो-लाइफ प्रिंट इन कॉलोनियल कलकत्ता', इकोनॉमिक एंड पॉलिटिकल वीकली, 19-25 अक्तूबर, 2002, खंड 37, सं. 42, पृ. 4,392।

था और वह मजिस्ट्रेट के पद तक पहुँचे थे, जिनकी आजीवन खोज का विषय चैतन्य महाप्रभु के जीवन एवं कार्यों का अन्वेषण करना था। उन्होंने भक्तिमय जीवन को गहराई से गले लगा लिया और अंततोगत्वा उन्होंने 'भक्तिविनोद ठाकुर' का नाम धारण कर लिया। उन्हें यह पदवी विशाल वैष्णववादी समुदाय की ओर से उनके द्वारा वैष्णववादी विचारों के संवर्धन और भक्तिमय एवं विद्वत्तापूर्ण योगदान हेतु प्रदान की गई थी। बौद्धिक वर्ग के अन्य लोगों की भाँति भक्तिविनोद ठाकुर ने ईश्वरीय संदेश को जन-जन तक पहुँचाने हेतु अपने अनुभव के आधार पर लेखन एवं प्रकाशन का मार्ग अपनाया।

उन्होंने 'कृष्ण-संहिता' (1880), 'चैतन्य-शिक्षामृत' (1886), 'जैव-धर्म' (1893), 'तत्त्व-सूत्र' (1893), 'तत्त्व-विवेक' (1893) एवं 'हरि नाम चिंतामणि' (1900) सहित लगभग सौ पुस्तकें लिखीं। वर्ष 1881 से 1909 के मध्य केदारनाथ दत्ता ने 'सज्जन तोशनी' (अर्थात् भक्तों को सुख देनेवाली) नामक बँगला भाषा में एक मासिक पत्रिका भी प्रकाशित की।*

भक्तिविनोद ठाकुर समझ गए थे कि चैतन्य के आंदोलन को पुनरुज्जीवित करने और वैष्णव मार्ग का ज्ञान प्राप्त करने के क्रम में उन्हें संभवत: बंगाल एवं निश्चय ही बंगाल के बाहर के कुलीनों से मान्यता की 'खरीद' या स्वीकार्यता प्राप्त करनी होगी। वह आंचलिक, राष्ट्रीय एवं वैश्विक पाठकों तक पहुँचने हेतु आधुनिकतम तकनीक—पुस्तकों का प्रकाशन एवं वितरण—के प्रयोग में अत्यंत कुशल थे।

उन्होंने न केवल बड़े पैमाने पर पुस्तकें लिखीं और प्रकाशित कीं, बल्कि निश्चय ही यह किसी वैष्णव अथवा उनसे पहले की हिंदू परंपरा के लिए एक अप्रत्याशित कार्य था। वह इस बात से भी सहमत थे कि उनका संदेश इतना शक्तिशाली था कि वह हिंदुओं के हृदय-स्थल से बहुत दूर तक जाएगा और उसका जादू लोगों के सिर चढ़कर बोलेगा।

परंतु वही सर्वस्व नहीं है। वह समझ गए थे कि लोग उन्हें एक प्रमुख वैष्णव के रूप में तभी गंभीरतापूर्वक लेंगे, जब वह अग्रणी संन्यासी बनेंगे और अपने संदेश के प्रभावशाली प्रसार हेतु उन्हें विश्वसनीयता एवं योग्यता के स्रोत की आवश्यकता होगी।

यह उन्होंने दो प्रकार से प्राप्त की—प्रथम, बंगाल के नवद्वीप क्षेत्र की तब तक परिश्रमपूर्ण सफाई की, जब तक कि उन्हें चैतन्य के जन्म-स्थल के रूप में मायापुर नहीं मिल गया और उन्होंने वहाँ एक मंदिर की इमारत के निर्माण की कार्यवाई शुरू कर दी† और दूसरा पुस्तकों के माध्यम से। उन्होंने न केवल बंगाल के, बल्कि भारत के

---

* रवि एम. गुप्ता (2014), रवि एम. गुप्ता (सं.), 'चैतन्य वैष्णव फिलॉसफी : ट्रेडिशन, रीजन एंड डिवोशन', बर्लिंगटन, वी.टी. : ऐशगेट।

† मायापुर में यह मंदिर एक प्रकार से नए गौड़ीय वैष्णववादी स्थल के पुनरुज्जीवन एवं पुनर्जागरण का केंद्र बन गया।

अन्य भागों के प्रबुद्ध वर्ग के लोगों के पास पुस्तकें भेजीं। इतना ही नहीं, उन्होंने इंग्लैंड, कनाडा, ऑस्ट्रेलिया जैसे देशों के पश्चिमी विद्वानों के पास भी अपनी पुस्तकें भेजीं, जिनमें दार्शनिक राल्फ वाल्डो एमर्सन और जर्मन प्राच्यवेत्ता रेनहोल्ड रॉस्ट जैसे लोगों के पास भी पुस्तकें भेजीं। उनकी पुस्तकें ऑक्सफोर्ड विश्वविद्यालय एवं कनाडा के मैकगिल में भी दिखाई पड़ीं। ऑक्सफोर्ड में संस्कृत विद्वान् सर मोनियर मोनियर-विलियम्स, संस्कृत के एक अन्य प्राध्यापक जोसेफ बॉडेन ने रॉयल एशियाटिक सोसाइटी की पत्रिका में भक्तिविनोद ठाकुर के कार्यों की समीक्षा भी की।*

हमारे समझने के लिए भक्तिविनोद ठाकुर एक महत्त्वपूर्ण व्यक्ति हैं, क्योंकि केवल वही एकमात्र व्यक्ति हैं, जिन्होंने पश्चिम की गलियों में प्रतिध्वनित करने के लिए चैतन्य के संदेश के लक्ष्य को परिभाषित किया। सन् 1882 में लिखते हुए उन्होंने कहा, "जबकि इंग्लैंड, फ्रांस, रूस, प्रूशिया और अमेरिका के सभी सौभाग्यशाली लोग खोला† और करताल‡ उठाकर चैतन्य महाप्रभु को अपने-अपने देशों में बार-बार स्मरण कर रहे हैं और संकीर्तन की लहरें तरंगायित कर रहे हैं, हमारे लिए वह दिन कब आएगा? अरे! वह दिन कब आएगा, जबकि गोरी त्वचावाले ब्रिटिश लोग एक ओर सच्चिदानंद§ की महिमा का गुणगान करेंगे और दूसरी ओर वे अन्य देशों के भक्तों को बाँहें फैलाकर अपने गले लगाएँगे। वह दिन कब आएगा?"¶

वह भक्तिविनोद ठाकुर ही थे, जिन्होंने सन् 1896 में पश्चिमी देशों के श्रद्धालुओं को संबोधित एक पुस्तक लिखी थी, जिसका नामकरण उन्होंने 'गौरांगलीला स्मरणमंगल'** या 'चैतन्य महाप्रभु : उनका जीवन एवं उपदेश' के रूप में किया था और वही वह व्यक्ति थे, जिन्हें इस बात का पूर्वाभास हो गया था कि एक समय ऐसा आएगा, जब विश्व चैतन्य महाप्रभु को विश्व-बंधुत्व के उपदेशक के रूप में मान्यता देगा और लिखेगा—'चैतन्य लोगों को समानता का उपदेश देते हैं। वह लोगों के मध्य वैश्विक भाईचारे और वैष्णवों के मध्य विशेष बंधुत्व का संदेश देंगे, जो उनके अनुसार

---

* फर्डिनांडो सर्डेल्ला (2013), 'मॉडर्न हिंदू पर्सनलिज्म : द हिस्टरी, लाइफ एंड थॉट ऑफ भक्तिसिद्धांत सरस्वती' (पुनर्मुद्रित सं.), न्यूयॉर्क, एनवाई : ऑक्सफोर्ड यूनिवर्सिटी प्रेस, पृ. 94-96।

† हाथ से बजाए जानेवाले ढोल।

‡ झाँझ (करताल)।

§ चैतन्य के लिए एक अन्य नाम।

¶ थॉमस जे. हॉपकिंस; डेविड ए. उट्ज एवं पीटर गैफके (सं.), 1984, 'आइडेंटिटी एंड डिवीजन इन कल्टफस एंड सेक्टफस पद साउथ एशिया सेमिनार', फिलाडेल्फिया, पी.ए. : डिपार्टमेंट ऑफ साउथ एशिया रीजनल स्टडीज, वर्जीनिया विश्वविद्यालय।

** लेखक द्वारा सन् 1896 में स्वयं प्रकाशित। देखें https://bit.ly/3443WDI

आध्यात्मिक आंदोलन के सर्वोत्तम एवं अग्रणी नेता हैं। वह उपदेश देते हैं कि कभी भी मानव विचार को क्षेत्रीय विचारों की बेड़ियों में जकड़ने की अनुमति नहीं दी जा सकती है। महाप्रभु द्वारा उपदेशित धर्म वैश्विक है, विशिष्ट नहीं है। अति शिक्षित, अत्यंत अज्ञानी लोग भी उसे गले लगाने के पात्र हैं। विश्व के भावी चर्च के रूप में कीर्तन का सिद्धांत सभी वर्गों एवं श्रेणियों के लोगों को बिना किसी भेदभाव, जाति एवं कुल का विचार किए इस भावना के उच्चतम संवर्धन हेतु आमंत्रित करता है।* इस कहानी में यह सब महत्त्वपूर्ण है, क्योंकि आगे हम देखेंगे कि किस प्रकार इन विचारों को भक्तिविनोद ठाकुर के पुत्र भक्तिसिद्धांत सरस्वती ठाकुर और श्रील प्रभुपाद—श्रील प्रभुपाद के दृष्टिकोण का स्रोत त्रुटिहीन है—ने एक झरने के रूप में प्रवाहित किया।

भक्तिविनोद ठाकुर स्वामी विवेकानंद (1863–1902) के समकालीन थे। लेकिन एक ओर जहाँ विवेकानंद की 'बीजीय अमेरिका यात्रा' एवं धर्म संसद् में दिया गया उनका भाषण अत्यंत विख्यात है, वहीं दूसरी ओर भारत में हिंदुत्व के विषय में जनमत को बदलने हेतु किए गए उनके योगदान के बारे देश में बहुत कम जाना जाता है, विशेषकर उनके प्रकाशनों के माध्यम से विदेशों में उन्हें अधिक ख्याति नहीं प्राप्त हुई थी।

जैसा कि हमने पूर्व में संकेत दिया था, भक्तिविनोद ठाकुर का एक पुत्र था और वह भी अपने पिता की भाँति संन्यासी बन गया था। गौड़ीय वैष्णव परंपरा के अनुसार, वह अपने पिता का एकमात्र उत्तराधिकारी था। बिमल प्रसाद दत्ता के रूप में जन्मे उनके उस प्रख्यात पुत्र को उसके संन्यासी नाम 'भक्तिसिद्धांत सरस्वती ठाकुर' के नाम से अधिक जाना जाता था।

अपने जीवन के प्रारंभिक काल में भक्तिसिद्धांत सरस्वती ने एक बीजीय घटना के माध्यम से आधुनिक गौड़ीय वैष्णववाद का स्वरूप परिवर्तित कर दिया था। इससे पूर्व कि हम उस घटना के बारे में आपको कुछ बताएँ, भक्तिविनोद ठाकुर और उनके पुत्र भक्तिसिद्धांत सरस्वती एवं श्रील प्रभुपाद—दोनों के जीवन के एक बीजीय तथ्य के बारे में जानकारी देना आवश्यक है कि इन लोगों में से कोई भी व्यक्ति ब्राह्मण नहीं था।

भक्तिविनोद ठाकुर एवं भक्तिसिद्धांत सरस्वती कायस्थ समुदाय से आते थे, जो हिंदू जाति प्रणाली के अंतर्गत एक समुदाय था, जिसे उसकी बौद्धिक योग्यता के कारण जाना जाता था (विवेकानंद भी एक कायस्थ थे)। परंतु जटिल धार्मिक व्यवस्था में उन्हें ब्राह्मणों या पुरोहित श्रेणी के लोगों से निम्न माना जाता था, जिसका धार्मिक ज्ञान के मामले में आधिपत्य था। श्रील प्रभुपाद का संबंध सुवर्ण वणिक समुदाय से था।

वैष्णववाद में, 8 सितंबर, 1911 को पारंपरिक वैष्णववादी विद्वानों की एक विशाल

---

* सर्डिला, फर्नांडो (2013), 'मॉडर्न हिंदू पर्सनलिज्म : द हिस्टरी, लाइफ एंड थॉट ऑफ भक्तिसिद्धांत सरस्वती' (पुनर्मुदित सं.), न्यूयॉर्क, एनवाई : ऑक्सफोर्ड यूनिवर्सिटी प्रेस।

सभा में सब कुछ बदलने वाला था। उस सभा में भक्तिसिद्धांत सरस्वती को छोड़कर शेष सभी विद्वान् जातीय ब्राह्मण थे। यद्यपि भक्तिसिद्धांत सरस्वती वास्तव में उन सब विद्वानों से योग्य ब्राह्मण थे, परंतु जाति के आधार पर नहीं। उस कार्यक्रम में भक्तिसिद्धांत ने ज्ञान के आनुवंशिक प्रसार की सर्वोच्चता को चुनौती दी कि विरासत से कहीं अधिक महत्त्वपूर्ण सच्ची भक्ति एवं आध्यात्मिक आचरण है। इस अवसर पर उन्होंने 'ब्राह्मण ओ वैष्णव' (ब्राह्मण एवं वैष्णव) शीर्षक से एक शोध-पत्र प्रस्तुत किया, जो उनके पिता द्वारा शुरू की गई पुनर्स्फूर्त गौड़ीव वैष्णव परंपरा का मार्गदर्शक दस्तावेज बन गया।

भक्तिसिद्धांत सरस्वती स्वयं एक बहुआयामी लेखक एवं प्रकाशक थे। अपनी मृत्यु से पूर्व उनके पिता भक्तिविनोद ठाकुर ने उन्हें निर्देश दिया था, "श्री मायापुर की सच्ची सेवा केवल मुद्रणालयों की अधिप्राप्ति, धार्मिक पुस्तकों एवं संकीर्तनों के उपदेश से संबंधित सामग्री के वितरण द्वारा ही की जा सकती है। केवल अपने निजी ऐकांतिक भजन के लिए श्री मायापुर की सेवा या उपदेश की उपेक्षा मत करो। मेरे मन में श्रीमद्भागवतम्, सत संदर्भ एवं वेदांत दर्शन जैसे ग्रंथों के महत्त्व के विषय में उपदेश देने की विशेष इच्छा थी।"*

भक्तिसिद्धांत सरस्वती (1874-1937) के नेतृत्व में गौड़ीय मठ ने अपने आकार में कई गुना वृद्धि की। उन्होंने न केवल व्यक्तिगत रूप से 30 पुस्तकें लिखीं, जिनमें से अनेक का आकार बहुखंडीय ग्रंथ के समान था, बल्कि उन्होंने प्रकाशनों की एक शृंखला भी शुरू की, जो समय-समय पर बँगला, अंग्रेजी, हिंदी, उड़िया एवं असमी जैसी अनेक भाषाओं में प्रकाशित होते थे।

भक्तिसिद्धांत सरस्वती ने बर्लिन, लंदन और यंगून (जिसे पहले 'रंगून' के नाम से जाना जाता था) में गौड़ीय मठ के केंद्र स्थापित करने का अद्भुत प्रयास भी किया। अपने पिता की भाँति भक्तिसिद्धांत सरस्वती अपने व्यक्तिगत तरीके से एक संन्यासी एवं समाज-सुधारक दोनों थे। वह वही व्यक्ति थे, जिसने उन परंपरागत सामाजिक जातीय नियमों की समाप्ति पर बल दिया, जिनमें निम्न जाति के लोगों का मंदिरों में प्रवेश निषिद्ध बनाया गया था। उन्होंने इस बात पर बल दिया कि कृष्ण के प्रेम-सरोवर में प्रत्येक व्यक्ति के स्नान करने का स्वागत है। व्यक्ति की श्रद्धा बड़ी होनी चाहिए (न कि उसके जन्म का कुल या विरासत)। किसी भक्त का पूर्ण गर्मजोशी से स्वागत किया जाना चाहिए और उसे प्रेमपूर्वक भक्ति को गले लगाना चाहिए। भक्ति या श्रद्धा ही वह कुंजी है, जो ईश्वर की अनुभूति के मार्ग में लगे ताले को खोलती है।

यह अवधारणा जितनी अमूल्य एवं महत्त्वपूर्ण उस समय थी, उतनी ही आज भी है;

---

* फिलिप मर्फी, रौल गॉफ (सं.), 'प्रभुपाद सरस्वती ठाकुर : श्रील भक्तिसिद्धांत सरस्वती का जीवन एवं उपदेश' (प्रथम संक्षिप्त संस्करण), 1997, यूजेन।

क्योंकि यह दुनिया भर के अनुयायियों को कृष्ण चेतना की दुनिया में आकर्षित करती है। किसी के लिए भी इसके द्वार बंद नहीं हैं। पवित्र मंत्र 'हरे कृष्ण, हरे कृष्ण, कृष्ण-कृष्ण, हरे-हरे/हरे राम, हरे राम, राम-राम, हरे-हरे' का जाप करते हुए कोई भी व्यक्ति इस दुनिया में प्रवेश कर सकता है। वास्तविकता यह है कि इसके माध्यम से भक्तिसिद्धांत सरस्वती ने स्वयं इस मंत्र का एक अरब बार जाप करके एक उदाहरण प्रस्तुत किया। यह ऐसा साहसिक कार्य था, जिसमें दस वर्ष लगे।

लेकिन अपने पिता की भाँति भक्तिसिद्धांत सरस्वती ने आधुनिकतावाद की उपयोगिता से इनकार नहीं किया। इसकी बजाय उन्होंने सिखाया कि प्रौद्योगिकी सहित कोई भी चीज, जो कृष्ण के असीम प्रेम के संदेश को बढ़ाने में उपयोगी हो, उसका प्रयोग कृष्ण के संदेश के प्रसार हेतु अवश्य किया जाना चाहिए। कोई भी माध्यम अपने यथावत् रूप में संदेश के विषय में दिग्भ्रमित नहीं होना चाहिए।

यह इन्हीं पिता-पुत्र युगल के प्रयासों के कारण हुआ था कि गौड़ीय मठ भी रामकृष्ण मिशन की भाँति प्रभावशाली एवं प्रसिद्ध हो गया, जिसकी स्थापना स्वयं रामकृष्ण परमहंस एवं विवेकानंद ने की थी। दोनों ही उस पुनर्जागरणवादी हिंदू आंदोलन के दोहरे स्तंभ थे, जो बंगाल के पुनर्जागरण से उभरा था और जिसने भारत की ब्राह्मणवादी सीमाओं की परिधि को पार किया और कृष्ण चेतना को यूरोप के हृदय-स्थल ले जाना प्रारंभ कर दिया।

एक प्रकार से, यह पीछे मुड़कर ब्रिटिश साम्राज्य के विषय में चर्चा करने के समान था। उपनिवेशवाद भारत में अंग्रेजी भाषा की शिक्षा सहित जो प्रौद्योगिकी एवं मुहावरे लाया था, उसका प्रयोग करते हुए इन बँगला आध्यात्मिक विद्वानों ने समूचे बंगाल के परिदृश्य को परिवर्तित कर दिया। यदि मिशनरी बंगाल में स्थानीय भाषाओं में 'बाइबल' का प्रकाशन कर रहे थे तो वे पश्चिम में हिंदू आध्यात्मिकता को उस प्रारूप एवं स्वर में ले गए, जिसे सरलतापूर्वक समझा जा सकता था।

यहाँ यह जानना महत्त्वपूर्ण है कि बंगाल के पुनर्जागरण में उनकी भूमिका मौलिक थी; क्योंकि उन्होंने उस मथानी का प्रयोग किया, जो ब्रिटिश शासन द्वारा रूढ़िवादिता (विशेषतया जातीय उच्चता एवं पक्षपात) की निकृष्ट बेड़ियों को उतार फेंकने के लिए लाई गई थी और उन्होंने ज्ञान एवं बौद्धिक शौर्य तथा नितांत श्रद्धा को ईश्वर की कृपा प्राप्त करने के प्राथमिक मार्ग की सर्वोच्चता के रूप में स्थापित किया।

यहाँ यह कथन भी प्रासंगिक है कि इन आंदोलनों के प्रारंभिक अनुयायी बंगाल में समाज के एक ऐसे वर्ग से आए थे, जिसे भद्रलोक या परिष्कृत जन के नाम से जाना जाता था। यद्यपि उसमें सदैव धनवान् ही नहीं होते थे, परंतु वे सदैव शिक्षित अवश्य होते थे और सामान्यतया अंग्रेजों द्वारा चलाए जानेवाले विद्यालयों एवं महाविद्यालयों में पढ़े-

लिखे होते थे। वे ऐसे सुधारवादी लोग थे, जो हमेशा किसी नई चीज का प्रयोग करने के इच्छुक होते थे; उन अभिनव विचारों को ग्रहण करने के इच्छुक होते थे, जो बंगाल के भविष्य को नया आकार दे सकते थे। परंतु वे अकसर केवल बंगाल अथवा भारत के बारे में नहीं, बल्कि संपूर्ण विश्व के विषय में विचार किया करते थे। उनकी शिक्षा ने उनके भीतर मानसिक खुलेपन और प्रगतिशील परिवर्तन का स्वभाव उत्पन्न कर दिया था।

स्वाभाविक रूप से उन्होंने ऐसे परिवर्तन, ऐसे सुधार और यद्यपि ऐसे धर्म की खोज की, जो उनके दैनिक जीवन का अत्यंत प्रभावशाली भाग था। उन्होंने अपने आसपास जो धर्म देखा था, वह अकसर भेदभावों एवं अंधविश्वासों में डूबा हुआ था और वह उनके नवगृहीत ज्ञान तथा बौद्धिक खोजों से मेल नहीं खाता था।

इसलिए, परिवर्तन के आग्रही अध्ययनशील प्रकृति के लोगों को ऐसे संन्यासियों की आवश्यकता थी, जो वह भाषा बोल सकते हों और उसका व्याकरण एवं मुहावरे लिख सकते हों। इस प्रकार, एक शक्तिशाली एवं नया कुलीन वर्ग एक साथ आ गया था (यद्यपि उनमें से अनेक लोगों के पास पुराना धन था, जिसका उन्होंने प्रकाशनों एवं शिक्षा सहित अनेक प्रगतिशील कार्यों में प्रयोग किया) और एक नए प्रकार का संन्यासी वर्ग खड़ा हो गया था, जो अधिक महत्त्वपूर्ण ढंग से नए औजारों के साथ शिक्षण एवं उपदेशन की नई पद्धतियों से लैस था।

इसी प्रकार के वातावरण में एक दिन अभय चरण डे एक ऐसे संन्यासी से मिलने के लिए गए, जिसके बारे में लोगों का कथन था कि वह अनेक मैले-कुचैले संन्यासियों से भिन्न था और उन्हीं के सान्निध्य में बड़ा हुआ था। वह श्रद्धेय संन्यासी भक्तिसिद्धांत सरस्वती थे।

□

4

# आपके चैतन्य के संदेश को कौन सुनेगा?

भारतीय राष्ट्रीय कांग्रेस वह मुख्य राजनीतिक आंदोलन था, जो ब्रिटिश उपनिवेशवाद से भारत की स्वतंत्रता के आंदोलन का नेतृत्व कर रहा था। सितंबर 1920 में संपन्न हुए अपने कलकत्ता अधिवेशन में कांग्रेस ने महात्मा गांधी के आह्वान पर ब्रिटिश राज के विरुद्ध अपना प्रथम विशाल असहयोग आंदोलन शुरू करने के लिए अपनी सहमति दी थी।

वह शांतिपूर्ण विरोध सत्याग्रह का शक्ति-प्रदर्शन बनने वाला था; परंतु सन् 1922 तक वह अनेक हिंसक विद्रोहों से आहत हो गया, जिसमें चौरी-चौरा की वह हिंसक घटना भी शामिल थी, जिसमें पुलिस के अनेक सिपाही मारे गए थे। गांधी ने आंदोलन को समाप्त करने की घोषणा कर दी। परंतु उस घटना ने एक महत्त्वपूर्ण परिवर्तन का संकेत दे दिया था—भारतीय स्वाधीनता के लिए होनेवाली लड़ाई एक व्यापक जन-आंदोलन बन गई थी। अब वह शिक्षित लोगों और उनके परिचर्चात्मक समाज के अतिथि कक्षों तक सीमित नहीं रह गई थी। गलियाँ 'वंदे मातरम्' के नारों से गुंजारित होकर जीवंत हो उठी थीं।

अभय चरण जिस व्यक्ति से मिलने वाले थे, वह स्वयं एक उत्साहपूर्ण अवधि से गुजर रहा था। भक्तिसिद्धांत सरस्वती ने स्वयं अपने ऊपर चैतन्य महाप्रभु के समानतावादी, परंतु गैर-समझौतावादी संदेश के प्रसार का दायित्व लिया था। वर्ष 1918 में उन्होंने संन्यास लिया और एक संन्यासी के वस्त्र धारण कर लिये। यद्यपि इसके बारे में आज बहुत कम चर्चा की जाती है, तथापि वह 400 वर्षों से अधिक पुरानी गौड़ीय वैष्णव परंपरा में किसी संन्यासी द्वारा उठाए जानेवाले कदम का पहला उदाहरण था। इस निर्णय के साथ भक्तिसिद्धांत सरस्वती ने एक नए गौड़ीय मठ की स्थापना की। यह एक ऐसी नई व्यवस्था थी, जो चैतन्य द्वारा परामर्शित कृष्ण की उपासना की पद्धतियों के प्रति समर्पित थी।

वर्ष 1920 में भक्तिसिद्धांत सरस्वती ने कलकत्ता के उल्टादंगा क्षेत्र में स्थित अपने

पहले आश्रम—भक्तिविनोद आश्रम का नाम बदलकर 'श्री गौड़ीय मठ' कर दिया। यही वह स्थान था, जहाँ उन्हें अपने सर्वाधिक प्रसिद्ध शिष्य से मिलना पूर्व निर्धारित था। एक अति सुव्यवस्थित पद्धतीय व्यवस्था, जिसमें किसी जीवित गुरु को प्रथम दृष्टया नहीं निहारा जा सकता था, उसने आकार ग्रहण करना प्रारंभ कर दिया था। सम्मान्य 'अमृत बाजार पत्रिका' ने लिखा—'सत्य के संबंध में उत्कट शोधार्थियों के प्रश्नों को बड़े चाव से सुना तथा ग्रहण किया जा रहा है और उनके सर्वाधिक उपयुक्त एवं उदारवादी दृष्टिकोण से समाधान भी सुझाए जा रहे हैं।'*

इस 'उपयुक्त एवं उदारवादी दृष्टिकोण' के प्रचार पर विचार करने हेतु महत्त्वपूर्ण है बंगाल का पुनर्जागरण, जिसने बीसवीं शताब्दी के प्रारंभिक वर्षों में अँगड़ाई ली थी। वह बंगाल के शिक्षित हिंदुओं के मध्य गंभीर पुनश्चिंतन की अवधि थी।

'…सर्वव्यापी हिंदू सांस्कृतिक पहचान, जिसका पुनर्निर्माण उन्नीसवीं शताब्दी के उत्तरार्द्ध एवं बीसवीं शताब्दी के पूर्वार्द्ध में बंगाल में हुआ था, वह औपनिवेशिक चर्चा के साथ अनेक अंतर्संवादों का परिणाम था। पश्चिमी शिक्षा के साथ भारत के स्वर्णिम अतीत के प्रति प्राच्यवादी आकर्षण ने इस सांस्कृतिक पहचान के निर्माण में भूमिका निभाई और उसके वर्तमान के साथ संपृक्त होने तथा ख्यात अतीत के प्रति निकट समानता दरशाने का प्रयास किया। प्राचीन युग में निहित उनकी पहचान के सार को स्वीकार करते हुए स्पष्टतावादी मध्य वर्ग ने अनेक प्राच्यवादी विचारों को महत्त्वपूर्ण ढंग से रूपांतरित कर दिया। इस प्रकार, बंगाल के इस वर्ग की अपने लिए निर्मित पहचान ने हिंदुत्व की एक सार्वभौमिक अवधारणा ग्रहण की, जिसने हिंदुओं के श्रेणियों, युगों एवं भौगोलिक क्षेत्र के आर-पार फैले मतभेदों को मिटा दिया। यह सांस्कृतिक पहचान बंगालियों के लिए विशिष्ट थी; यद्यपि कई बार उसके निर्माताओं ने 'बंगालीपन' के अवयवों के साथ इस अखिल भारतीय हिंदू पहचान को सम्मिश्रित कर दिया था।†

इस पुनर्निर्माण को प्रमुखता से 'ब्राह्म समाज' जैसे सुधारवादी आंदोलनों में देखा गया और कालांतर में श्री रामकृष्ण परमहंस एवं विवेकानंद के अनुयायियों ने 'रामकृष्ण मिशन' की स्थापना की। भक्तिविनोद ठाकुर एवं भक्तिसिद्धांत सरस्वती का नया गौड़ीय मठ अभी अपने सृजन की प्रक्रिया में था। उन्होंने एक मृतप्राय एवं गहन सांप्रदायिक नीति अपनाई और उसका परिचय चैतन्य के सच्चे मार्ग के प्रकाश से कराया, जिसमें कृष्ण

---

* सर्डेला फर्डिनांडो (2013), 'मॉडर्न हिंदू पर्सनलिज्म : द हिस्टरी, लाइफ एंड थॉट ऑफ भक्तिसिद्धांत सरस्वती' (पुनर्मुदित सं.), न्यूयॉर्क, एनवाई : ऑक्सफोर्ड यूनिवर्सिटी प्रेस, पृ. 92।

† इंदिरा चौधरी सेनगुप्ता, 'कॉलोनियलिज्म एंड कल्चरल आइडेंटिटी : द मेकिंग ऑफ ए हिंदू डिस्कोर्स बंगाल 1867-1905', स्कूल ऑफ ओरिएंटल एंड अफ्रीकन स्टडीज, लंदन डिपार्टमेंट ऑफ हिस्टरी, 1993।

के प्रेम की खोज में लगे प्रत्येक व्यक्ति को हार्दिक रूप से गले लगाने का संदेश दिया गया था।

अतः, जब अभय चरण के एक मित्र द्वारा उन्हें एक नए संन्यासी से मिलने के लिए राजी कर लिया गया तो उन्होंने उस संन्यासी के साथ अत्यंत क्रांतिकारी उत्साह में डूबकर मुलाकात की; परंतु जिस संन्यासी से वह मिल रहे थे, वह अत्यंत दृढ़ संकल्पित मन वाला व्यक्ति भी था। भक्तिसिद्धांत सरस्वती अपने उस विरोध से परिचित थे, जो स्वयं उन्हीं के समुदाय द्वारा किया गया था। उनके अभिनव क्रांतिकारी विचारों का विरोध रूढ़िवादियों की ओर से भी किया गया था। वह गौड़ीय मठ को सारी दुनिया में ले जाने के कार्य को अति शीघ्र शुरू करने वाले थे। प्रचारक उत्साह उनके सिर चढ़कर बोल रहा था।

जब बिना किसी उत्प्रेरणा के प्रथम दृष्टया भक्तिसिद्धांत सरस्वती ने उनसे कहा कि तुम अपनी शिक्षा का उपयोग चैतन्य महाप्रभु के संदेश के प्रसार हेतु करो, तो अभय चरण चकित रह गए। परंतु उन्होंने अपना उत्तर पहले से ही तैयार कर रखा था—चैतन्य के संदेश को फैलाने का क्या लाभ, जबकि चैतन्य की भूमि पर विदेशी शासकों का अधिकार था!

यह कोई अनुचित प्रश्न नहीं था। युवा अभय चरण जैसे ईश्वरभक्त को उस समय केवल यही उचित प्रतीत हुआ कि आध्यात्मिक उत्थान की कोई भी चर्चा केवल तभी की जानी चाहिए, जबकि औपनिवेशिक शासन से मुक्ति का आधारभूत कार्य पूरा हो जाए। यदि शारीरिक तंत्र को निरंतर कुचला जा रहा हो तो ऐसी परिस्थितियों में आध्यात्मिक आनंद का क्या लाभ?

लेकिन भक्तिसिद्धांत सरस्वती का दृष्टिकोण भिन्न था। उन्होंने तर्क दिया कि ईश्वर का संदेश केवल जीवधारियों की राजनीति की प्रतीक्षा नहीं कर सकता था। कृष्ण की शिक्षाओं को भारत की राजनीतिक परिस्थितियों द्वारा पीछे नहीं धकेला जा सकता है। ईश्वर का संदेश केवल भारत के लोगों के लिए सीमित नहीं है; वह सबके लिए था। दुनिया के सभी लोग इसे सुनने एवं अपने जीवन को समृद्ध बनाने के पात्र हैं। कस्बों में शहरों की प्रतिमावलियाँ और पश्चिम के शहर मृदंगों* एवं झाँझों के स्वरों से गूँज रहे हैं और यह आंदोलन, जिसे अभय चरण डे और तत्पश्चात् श्रील प्रभुपाद ने इसका सृजन किया, अत्यंत लोकप्रिय हो गया। इसे देखना क्यों अत्यंत सरल है—यह छवि, यह रेखांकन, यह सुंदर चित्र आदि सबकुछ उन्हें उनके गुरु से उपहार में मिला था।

अतः भक्तिसिद्धांत सरस्वती ने प्रश्न किया कि वह कौन सी चीज है, जो अभय चरण जैसे शिक्षित वैष्णव को श्रीकृष्ण के प्रेम के संदेश को सारी दुनिया में फैलाने से रोक रही है?

---

* एक प्रकार का पारंपरिक आयताकार ढोल, जिसे गले में टाँगकर उसके दोनों सिरों पर चोट करके बजाया जाता है।

यदि आप भक्तिसिद्धांत सरस्वती के चित्र को देखेंगे तो आपके लिए यह समझना आसान हो जाएगा कि किस प्रकार उनका व्यक्तित्व और यहाँ तक कि उनकी भौतिक उपस्थिति ही युवा अभय चरण के लिए आश्चर्यजनक, परंतु ग्रहणीय रही होगी! आज विद्यमान अपने लगभग प्रत्येक चित्र में वह कैमरे के समक्ष भेदक एवं प्रश्नाकुल नेत्रों से अपने चश्मे के भीतर से देखते हुए दिखाई देते हैं। वह एक प्रोफेसर की भाँति अविचल नेत्रों से घूरते हुए दिखाई देते हैं और इस बात से कुछ असंतुष्ट दिखाई देते हैं कि उनके शिष्य उनके बनाए हुए मानकों पर पूरी तरह खरे नहीं उतर रहे हैं। सामान्यतया वह अपने चित्रों में खड़े होते हैं या किसी बंदूक की नली के समान सीधे बैठे दिखाई देते हैं। वह किसी विनम्र व्यक्ति की भाँति दिखाई देते हैं; यद्यपि उनका सिर मुंडित है और कोई भी देख सकता है कि उनके मन में सिंह जैसे संदर्भ कहाँ से आते हैं।

जिस समय वह भक्तिसिद्धांत सरस्वती अभय चरण से मिले, वह पहले ही अपने पिता के कार्य को पूरा करने में लगे हुए थे। उन्होंने अपने मुद्रणालयों (प्रिंटिंग प्रेसों) को गौड़ीय मठ के बृहत् मृदंग अथवा भीमकाय ढोल बना दिए थे, जिसके माध्यम से वह कृष्ण एवं चैतन्य के संदेश को न केवल देश में, बल्कि संपूर्ण विश्व में प्रसारित कर सकते थे।

हम पिछले अध्याय में पहले ही लिख चुके हैं कि भक्तिसिद्धांत सरस्वती एवं उनके पिता ने धार्मिक विद्वानों को पूरे देश में और संपूर्ण विश्व में पुस्तकें भेजने में प्रमुख भूमिका निभाई थी। वही पुस्तकें अब उनके और उनके नए शिष्य अभय चरण के बीच सेतु बन गईं।

अभय चरण जैसे सुशिक्षित व्यक्ति के लिए इन पुस्तकों ने नए गौड़ीय मठ की दुनिया में तेजी से गोता लगाने का मार्ग प्रशस्त कर दिया; परंतु उद्देश्य के प्रति पूर्ण समर्पण अभी भी कुछ समय की दूरी पर था, क्योंकि उनके ऊपर अपने परिवार के भरण-पोषण का दायित्व भी था।

1920 के दशक तक वह एक पिता बन गए थे और सभी युवा अभिभावकों की भाँति अभिभावकत्व की अनियमितताओं एवं गृहस्थी चलाने की कठिनाइयों से जूझ रहे थे। एक गृहस्थ के रूप में अभय चरण ने कल्पना की थी कि शायद अब वह अपने कारोबार को आगे बढ़ाने में अधिक ध्यान केंद्रित कर सकेंगे और जब वह प्रचुर मात्रा में धन अर्जित कर लेंगे तो उसे भक्तिसिद्धांत सरस्वती की इच्छानुसार श्रीकृष्ण एवं चैतन्य महाप्रभु के संदेशों के प्रसार हेतु उपलब्ध करा देंगे और बृहत् मृदंग के स्वर की भाँति उसकी गूँज चारों ओर सुनाई देगी।

अपने कारोबार को विस्तार देने के लिए अभय चरण अपने परिवार को इलाहाबाद ले गए, जहाँ उन्होंने एक दवा वितरण एवं बिक्री केंद्र शुरू करने के लिए एक स्थानीय डॉक्टर के साथ अनुबंध कर लिया। राधा रानी एवं अभय चरण अब दो बच्चों के माता-

पिता थे, जिनमें से एक लड़की थी और दूसरा लड़का था। उनके वृद्ध पिता गौर मोहन सहित उनके विस्तारित परिवार के कुछ सदस्य दंपती के पुराने इलाहाबाद शहर स्थित घर में रहने के लिए आ गए।

अभय चरण ने 'प्रयाग फार्मेसी' नामक एक दवाखाना खोलने के लिए एक स्थानीय डॉक्टर के साथ अनुबंध कर लिया। परिवार के लिए जब उन्होंने अपने कारोबार एवं आय में वृद्धि करने पर अपना ध्यान केंद्रित किया तो अभय चरण को अपने कारोबार के सिलसिले में पूरे उत्तरी भारत की यात्राएँ करनी पड़ीं।

ऐसा नहीं था कि उन्होंने भक्तिसिद्धांत सरस्वती की बातों को विस्मृत कर दिया था; परंतु उनके निकट परिवार में, विशेषतया उनकी पत्नी के अतिरिक्त, अन्य कोई नहीं था, जिसे वह अपने मन की बात बता सकते कि अब उनके मन में आध्यात्मिक जीवन के प्रति उनकी अभिलाषा पहले की अपेक्षा कई गुना बढ़ गई थी।

कारोबार के सिलसिले में उनकी यात्राएँ एक दिन उन्हें कृष्ण उपासना के हृदय-स्थल वृंदावन ले गईं और वहाँ उन्होंने खूब आनंद मनाया। लेकिन 1920 के दशक की उनकी प्रारंभिक एव माध्यमिक दुनिया एक कर्तव्यनिष्ठ गृहस्थ का दायित्व निभाते-निभाते समाप्त हो गई।

किंतु, ईश्वर की इच्छा को अधिक समय तक दूर नहीं रखा जा सका। वर्ष 1928 में संन्यासियों का एक छोटा समूह अभय चरण से उनकी दुकान पर मिलने आया। कालांतर में, श्रील प्रभुपाद ने उस घटना को इस रूप में स्मरण किया—वर्ष 1922 से 1933 तक मैं व्यावहारिक तौर पर दीक्षित नहीं किया गया था; लेकिन मुझे चैतन्य महाप्रभु के पंथ का उपदेश देने का आभास मिल गया था।* उस विषय में मैं कुछ इसी प्रकार सोच रहा था और वह मेरे गुरु महाराज द्वारा मेरी दीक्षा थी। तत्पश्चात्, मैं औपचारिक तौर पर वर्ष 1933 में दीक्षित किया गया, क्योंकि 1923 में मैंने कलकत्ता छोड़ दिया और इलाहाबाद में अपना कारोबार शुरू कर लिया था। इलाहाबाद में भी मैं हमेशा अपने गुरु महाराज के बारे में सोचता रहता था कि तभी एक दिन मेरी भेंट एक अच्छे साधु से हो गई। यद्यपि मैं कारोबार कर रहा था, फिर भी मैं उसे कभी नहीं भूला। उसके बाद सन् 1928 में गौड़ीय मठ के वे लोग कुंभ मेले के दौरान इलाहाबाद आए।† उन दिनों वे लोग इलाहाबाद में अपनी शाखा खोलने आए थे। जैसा कुंभ मेला इस वर्ष होने जा रहा था,

* यहाँ इसे अनिवार्यतः स्मरण रखना चाहिए कि सन् 1976 में श्रील प्रभुपाद जब 'पंथ' शब्द का प्रयोग कर रहे थे, उस समय उसका लक्ष्यार्थ उतना नकारात्मक नहीं था, जितना कि आज है। उस समय उसका अर्थ मात्र धार्मिक पुनर्समूहन से था।

† एक बड़ा हिंदू त्योहार, जो प्रत्येक बारह वर्षों में एक बार आता है और इसका आयोजन निस्संदेह भारत के किसी उच्च पावन स्थल पर किया जाता है।

इसी प्रकार का भव्य कुंभ मेला सन् 1928 में भी लगा था। उन दिनों वे लोग इलाहाबाद में अपने मठ की शाखा खोलने आए थे और किसी व्यक्ति ने उन्हें सुझाव दिया कि 'आप उनके पास जाइए…' उस समय मैं एक बड़ी फार्मेसी चला रहा था और मैं उस फार्मेसी का स्वामी होने के नाते इलाहाबाद में बहुत प्रसिद्ध था। अतः किसी ने उन्हें सुझाव दिया कि "आप तो अभय* बाबू के पास जाएँ। वह अत्यंत धार्मिक व्यक्ति हैं। वह आपकी सहायता अवश्य करेंगे।" इसलिए, जब उन लोगों ने मेरी दुकान में प्रवेश किया तो मैं अत्यंत प्रसन्न हो गया, क्योंकि मैं उन लोगों से वर्ष 1922 में मिला था और अब वे हमारे पास आ गए थे। इस प्रकार, मैं उनसे दोबारा जुड़ गया।†

गौड़ीय मठ के वे संन्यासी इलाहाबाद में अपना नया केंद्र खोलने आए थे और वहाँ अभय चरण के अतिरिक्त उनकी अच्छी सहायता करनेवाला और कौन व्यक्ति हो सकता था! जिस गुरु से उन्होंने खुद को दूर कर लिया था—भक्तिसिद्धांत सरस्वती की अनवरत यात्राओं और उनकी अपनी घरेलू परेशानियों के कारण एक प्रकार से वह हमारे द्वार पर आ गए थे। अब उनके लिए बचने का कोई रास्ता नहीं था। अब आध्यात्मिक आह्वान का उत्तर देना अनिवार्य हो गया था।

इलाहाबाद का केंद्र शीघ्र ही अभय चरण के घर के काफी निकट आ गया और प्रसन्नतापूर्वक उनके दैनिक जीवन का अनिवार्य अंग बन गया। इस प्रकार, अभय चरण ने बड़ी फुरती से अपनी दिनचर्या में उस दुनिया को प्रवेश करने का अवसर दे दिया और अब यह समझना सरल हो गया कि शायद इसी चीज को वह लंबे समय से भूले हुए थे—यह गायन, यह मृदंग वादन, 'हरे कृष्ण, हरे कृष्ण, कृष्ण-कृष्ण, हरे-हरे/हरे राम, हरे राम, राम-राम, हरे-हरे' का यह उच्चारण। अपनी जिस ऊर्जा को अपने कारोबार और अपने परिवार की दिशा में मोड़ने के कारण उनके जीवन में एक रिक्तता आ गई थी, वह अब बूँद-बूँद करके भरने लगी थी; यद्यपि उनके भावी गुरु भक्तिवेदांत सरस्वती शारीरिक रूप से वहाँ उपस्थित नहीं थे।

वर्ष 1930 में अभय चरण के रुग्ण पिता गौर मोहन का देहावसान हो गया। उनकी अंतिम गतिविधि गौड़ीय मठ के संन्यासियों द्वारा किए जानेवाले मंत्रोच्चार का बार-बार श्रवण करना था।

अपने पिता की मृत्यु के कारण दुःखी अभय चरण ने संभवतः महसूस किया कि एक और सांसारिक बंधन, जो उन्हें उनकी आजीविका से दूर रखे हुए था, वह टूट गया था। □

---

* अभय, स्वयं अपने संदर्भ में।

† बी.बी.टी. अभिलेखागार, 'परम पूज्य श्रील भक्तिवेदांत सरस्वती गोस्वामी प्रभुपाद का अदर्शन दिवस संभाषण', हैदराबाद, 10 दिसंबर, 1976।

# 5

# वृक्ष जैसी सहिष्णुता, तृण जैसी विनम्रता

इस कथा के साथ हम ज्यों-ज्यों आगे बढ़ेंगे, हम पाएँगे कि एक ओर जहाँ इस कहानी का संबंध श्रील प्रभुपाद के निजी जीवन से है और जिसकी चर्चा हम पूर्ववर्ती अध्यायों में कर चुके हैं, आगे की कथा गौड़ीय वैष्णव संप्रदाय के सुधार एवं पुनरन्वेषण से संबंधित है।

वैष्णव आख्यानों से लिये गए अधोलिखित श्लोक पर ध्यान दें—

*कर्म, तप, योग, ज्ञान, विधि-भक्ति, जप, ध्यान।*
*इह हैति माधुर्य दुर्लभा॥*
*केवला ये रागा मार्गे, भजे कृष्णे अनुरागे।*
*तरे कृष्ण-माधुर्य सुलभा॥**

इसका अनुवाद श्रील प्रभुपाद द्वारा लिखित पुस्तक 'चैतन्य चरितामृत'† में मिलता है। गोपियों एवं कृष्ण के मध्य हुए रास के माध्यम से जो मीमांसात्मक माधुर्य उत्पन्न किया गया है, उसका स्वाद दैनिक गतिविधियों, योगियों की तपस्याओं, चिंतनशील ज्ञान, नियामक धार्मिक सेवा, मंत्र-योग अथवा ध्यान के माध्यम से नहीं चखा जा सकता है। इस मधुरिमा का स्वाद केवल सहज उन्मुक्त व्यक्तियों के माध्यम से लिया जा सकता है, जो उनके नामों का उच्चारण अत्यंत उल्लसित प्रेम सहित करते हैं।

तपस्या की शक्ति एवं महत्त्व पर ध्यान दीजिए। तपस्या सदैव गौड़ीय वैष्णव परंपरा का मुख्य बिंदु रही है। चैतन्य महाप्रभु द्वारा एक संन्यासी का जीवन व्यतीत करने हेतु सांसारिक जीवन का त्याग किए जाने के बाद उनकी पत्नी विष्णुप्रिया ने

---

* देखें, https://flowingnectarstream.wordpress.com/2017/07/29/the-essence-of-gaudiya-vaishnavism/

† 'ए.सी. भक्तिवेदांत स्वामी प्रभुपाद', सत्रह खंडों वाली शृंखला, भक्तिवेदांत बुक ट्रस्ट द्वारा सन् 1976 में प्रकाशित।

उदाहरणार्थ उन्हें एक 'जीवित विभूति'* की संज्ञा दे दी थी। वह स्वयं निरंतर तपस्या के उच्च मानकों का पालन करती रहीं, जिसने आंदोलन के भक्तों को अत्यंत प्रभावित किया। 'अद्वैत-प्रकाश' (अध्याय 21) में चैतन्य के शिष्य जगदानंद उनसे विष्णुप्रिया की दैनिक दिनचर्याओं का उल्लेख करते हुए बताते हैं—वह प्रतिदिन प्रातःकाल सूर्योदय से पूर्व गंगा-स्नान हेतु शची (अपनी पुत्री) के साथ जाग जाती हैं; परंतु उसके बाद वह सारा दिन घर के अंदर बनी रहती हैं। वह अपने ऊपर यद्यपि कभी सूर्य या चंद्रमा का प्रकाश भी नहीं पड़ने देती हैं। भोजन के लिए आने से पूर्व कोई भी व्यक्ति उनका मुख नहीं देख पाता है और किसी ने उन्हें आज तक किसी से बोलते हुए भी नहीं सुना है। वह शची के खाने के बाद शेष बची जूठन को खाती हैं और सारा दिन उनके चित्र के सामने बैठकर ईश्वर के पवित्र नाम का उच्चारण करती रहती हैं तथा सांसारिक जीवन को त्यागने से पूर्व लिये गए उनके चित्र के सामने बैठकर ध्यान करती हैं।†

जैसा कि श्रील प्रभुपाद स्वयं वर्णन करते हैं—'भगवान् अपने भक्त की प्रवृत्ति को स्वीकार करते हैं और देखते हैं कि वह उनकी सेवा करने के लिए कितना तैयार है! भक्त को यह स्वतंत्रता प्राप्त है कि वह ईश्वर की सेवा स्थूल रूप में करे अथवा सूक्ष्म रूप में। महत्त्वपूर्ण बिंदु यह है कि यह सेवा भगवान् के सर्वोच्च व्यक्तित्व से संबंधित होनी चाहिए। इसकी पुष्टि 'श्रीमद्भगवद्गीता' (9.26) में की गई है—

*पत्रं पुष्पं फलं तोयं यो मे भक्त्या प्रयच्छति।*
*तदहं भक्त्युपहृतमश्नामि प्रयतात्मनः ॥*‡

अर्थात् जो कोई भक्त मेरे लिए प्रेम से पत्र, पुष्प, फल, जल आदि अर्पण करता है, उस शुद्ध बुद्धिवाले निष्काम प्रेमी भक्त का प्रेमपूर्वक अर्पण किया हुआ वह पत्र-पुष्प आदि मैं सगुण रूप से प्रकट होकर प्रीति सहित खाता हूँ। वास्तविक तत्त्व भक्ति है। शुद्ध भक्ति भौतिक प्रकृति के दोषों से सदैव अप्रदूषित रहती है। अहेतुकी अप्रतिहताः निष्काम धार्मिक सेवा पर किसी भौतिक स्थिति का अंकुश नहीं लगाया जा सकता है। इसका तात्पर्य यह है कि भगवान् के सर्वोच्च स्वरूप की सेवा करने के लिए व्यक्ति का बहुत धनी होना आवश्यक नहीं है। यदि उसके मन में ईश्वर की शुद्ध भक्ति हो तो भगवान् के सर्वोच्च स्वरूप की सेवा कोई निर्धनतम व्यक्ति भी समान रूप से कर

---

* देखें, https://www.harekrishna.de/woman-saints.htm#19

† वही।

‡ संस्कृत में 'पत्रं पुष्पं फलं तोयं यो मे भक्त्या प्रयच्छति। तदऽहं भक्त्युपहृतमश्नामि प्रयतात्मनः'।

सकता है। यदि कोई निहित उद्देश्य न हो तो धार्मिक सेवा पर किसी भौतिक परिस्थिति द्वारा अंकुश नहीं लगाया जा सकता है।"*

परंतु जब भक्तिसिद्धांत सरस्वती गौड़ीय वैष्णववाद को एक उर्वर वैश्विक आंदोलन के रूप में खड़ा करने के लिए तैयार हुए तो उनकी महान् अंतर्दृष्टि यह थी—ऐसे सुधार प्रारंभ करना, जिसमें भक्ति के साथ उपयुक्त मात्रा में तपस्या का मिश्रण हो और जिसका अभ्यास वैश्विक श्रोता समूह द्वारा किया जा सकता हो।

उनका लक्ष्य विश्व-व्यापी उपदेश पर आधारित था और वह जानते थे कि गोस्वामियों जैसा त्याग एवं तपस्या पाश्चात्य निवासियों के लिए संभव नहीं थी। इसलिए, वह एक ऐसे अभिनव विचार का प्रादुर्भाव करना चाहते थे, जिसके अंतर्गत भक्तगण एक बड़े महल सरीखे मंदिर में रह सकें। उन्होंने एक धनी वैष्णव व्यापारी से एक विशाल दान-राशि स्वीकार की थी और सन् 1930 में कलकत्ता के बागबाजार क्षेत्र में संगमरमर के एक भव्य मंदिर का निर्माण कराया था। उसी वर्ष वह अपने अनेक अनुयायियों के साथ उल्टादंगा स्थित किराए के एक छोटे से कमरे से निकलकर मठ के विशाल नए मुख्यालय में चले गए थे।[1]

वहाँ प्रत्येक चीज कृष्ण की थी। व्यक्ति के पास वहाँ जो कुछ था और उसे जो कुछ करना था, वह सब कृष्ण को समर्पित सेवा के रूप में करना था। वहाँ गले लगाने अथवा त्यागने के लिए क्या था? प्रभु चैतन्य के महान् भक्तों में से एक रूप गोस्वामी ने लिखा था—'मनुष्य समस्त सांसारिक उलझनों से तब पूर्णरूपेण पृथक् नहीं होता है, जब वह सबकुछ त्याग देता है; बल्कि वह तब अलग होता है, जब वह अपना सर्वस्व भगवान् श्रीकृष्ण के चरणों में अर्पित कर दे[†]।"[2]

इस विचार का प्रतिपादन एक प्रकार से भक्तिसिद्धांत सरस्वती द्वारा बड़ी दक्षतापूर्वक एवं भक्तिपूर्वक प्रारंभ कर दिया गया। उनकी अंतर्दृष्टि अत्यंत स्पष्ट थी। सारी दुनिया में कृष्ण के संदेश को पहुँचाने से उन्हें क्या चीज पीछे खींच रही थी? क्या वह उसके गायन से रोक रही थी, जो यथावत् रूप से पहले ही प्रत्येक गली के नुक्कड़ पर गाया जा रहा था? स्पष्ट था कि उसमें प्रवेश करने के मार्ग में अनेक कठोर सांस्कारिक अवरोध थे। इसलिए, उन अवरोधों को समाप्त करना अनिवार्य था। कृष्ण सौंदर्य, कृपा एवं प्रेम की साक्षात् प्रतिमूर्ति थे। इस विचार को अनिवार्यतः शीर्ष पर पहुँचाना था। श्रील भक्तिसिद्धांत[‡] इसके लिए अत्याधुनिक मुद्रणालयों का उपयोग

---

* 'श्री चैतन्य-चरितामृत', मध्य लीला, अध्याय-1।

† कृष्ण।

‡ भक्तिसिद्धांत सरस्वती का एक अन्य उपनाम उन्हें 'भक्तिसिद्धांत सरस्वती ठाकुर' के रूप में भी संदर्भित किया जाता है।

करना चाहते थे। वह दिव्य व भव्य मंदिरों में कृष्ण-कथा सुनने के लिए सांसारिक जीवों को आमंत्रित करना चाहते थे और वह चाहते थे कि उनके उपदेशों के लिए भक्तों को सर्वोत्तम वाहनों में सवार होने, सिले हुए कपड़े पहनने अथवा भौतिक भव्यता के मध्य रहने से नहीं झिझकना चाहिए।[3]

इसी भावना के साथ भक्तिसिद्धांत सरस्वती ने कृष्ण एवं राधा के जीवन को प्रदर्शित करने के लिए परंपरागत गुड़ियों अथवा चित्रावलियों के प्रदर्शन में प्रवीणता प्राप्त की और बड़े पैमाने पर उनका प्रदर्शन करने लगे। उन गुड़ियों का निर्माण पारंपरिक रूप से, परंतु वैष्णव भावना के साथ किया गया था। भक्तिसिद्धांत ने उनका उपयोग अपने उद्देश्य की पूर्ति हेतु किया।

आगे बढ़ने के क्रम में हम पाएँगे कि ये सभी लक्षण—सुंदर मंदिरों का निर्माण, प्रवेशात्मक अवरोधों को घटाना, कृष्ण की सेवा में धन व ऐश्वर्य का प्रयोग और देवता की खड़ी पारदर्शी एवं रंगीन मूर्ति का प्रदर्शन इत्यादि सभी चीजें, जो आज श्रील प्रभुपाद के आंदोलन में पाई जाती हैं—उनकी जड़ें उनके गुरु के कार्यों में निहित थीं।

जैसे ही 1930 का दशक प्रारंभ हुआ, भक्तिसिद्धांत सरस्वती के कार्यक्षेत्र का दायरा भी अत्यधिक विस्तारित हो गया। अब उनके आंदोलन के पास न केवल उन्होंने प्रकाशन आवश्यकताओं की पूर्ति हेतु तीन प्रिंटिंग प्रेस थे, बल्कि उन्होंने कलकत्ता से 'नादीय प्रकाश' नामक एक दैनिक समाचार-पत्र का प्रकाशन भी प्रारंभ कर दिया था। वहाँ 'द हार्मोनिस्ट' नामक अंग्रेजी भाषा की एक मासिक पत्रिका भी थी।

यह अभय चरण के जीवन की ऐसी अवधि थी, जब वह शनैः-शनैः, किंतु दृढ़तापूर्वक भक्तिसिद्धांत सरस्वती के आंदोलन के साथ जुड़ते जा रहे थे। वह जिस किसी भी धार्मिक समूह की बैठक में भक्तिसिद्धांत सरस्वती को अपना प्रवचन करते देखते थे, उसमें शामिल हो जाते थे और उस कार्यक्रम से बाहर जानेवाले वह अंतिम श्रोता होते थे। एक समय ऐसा भी आया, जब उन्होंने सुना कि भक्तिसिद्धांत सरस्वती अपने नए मंदिर के उद्घाटन हेतु उनके शहर इलाहाबाद में पधार रहे हैं। वह समझ गए कि उनकी पत्नी की आपत्तियों के बावजूद उनके वैष्णव परंपरा में औपचारिक रूप से दीक्षित होने का समय आ गया है।

दवा विक्रेता अभय चरण अब एक सामान्य भक्त से आगे बढ़कर प्रखर उपदेशक बनने के इच्छुक थे। यह परिवर्तन बहुत सरल होने वाला नहीं था।

यह कोई मामूली बात नहीं थी कि भक्तिसिद्धांत सरस्वती स्वयं युवाओं, भावी उपदेशकों, को उनके मार्ग में आनेवाली कठिनाइयों से अवगत कराते रहते थे। यही वह बिंदु है, जहाँ कहानी अत्यंत रोचक हो जाती है और इस बात की जानकारी भी देती

है कि इन महान् व्यक्तियों—भक्तिविनोद ठाकुर, भक्तिसिद्धांत सरस्वती एवं कालांतर में श्रील प्रभुपाद ने क्या-क्या नई उपलब्धियाँ प्राप्त कीं?

प्रभुपाद ने स्मरण करके बताया कि भक्तिसिद्धांत सरस्वती ने उन्हें बताया था कि कुछ लोगों ने उनकी (सरस्वती की) हत्या करने का षड्यंत्र रचा था।[4] लेकिन क्यों? प्रभुपाद के अनुसार, इसका कारण यह था कि भक्तिसिद्धांत सरस्वती पुराने वैष्णव धर्म का संचालन करनेवाले ब्राह्मण समूहों की खामियों को उजागर करने में कोई समझौता नहीं करते थे। उनके अनुसार, इनमें से कुछ गुटों ने धन एकत्र करके एक सिपाही को दिया और उससे कहा कि जब वे लोग उनके ऊपर हमला करें तो वह (सिपाही) अपनी दृष्टि दूसरी ओर फेर ले। उस सिपाही ने भक्तिसिद्धांत सरस्वती को उस षड्यंत्र के बारे में बता दिया और उनकी जान बच गई।[5]

स्पष्ट वक्ता भक्तिसिद्धांत सरस्वती को पुरानी गौड़ीय वैष्णव व्यवस्था में कुछ लोगों द्वारा पसंद नहीं किया जाता था। इसलिए नहीं, क्योंकि वह ज्ञान में उनसे श्रेष्ठ थे, बल्कि इसलिए कि धर्म-चर्चाओं के दौरान होनेवाले वाद-विवाद में उन्हें अपने विरोधियों को कठोरतापूर्वक धूल चटाने में विशेष रुचि थी।

उनकी इस कठोर प्रकृति को समझने हेतु भक्तिसिद्धांत सरस्वती ने अपने शिष्यों को एक कहानी सुनाई थी, जो दोहराने योग्य है—

"एक राजा ने अपने पुत्रों के मनोरंजन हेतु बंदरों के एक समूह को पालतू बना रखा था। उन बंदरों को प्रतिदिन अत्यंत मूल्यवान् एवं स्वादिष्ट पकवान खिलाए जाते थे। बंदरों के अगुआ को शुक्राचार्य, बृहस्पति एवं चाणक्य जैसी बुद्धिमान विभूतियों द्वारा लिखित धर्मग्रंथों का अच्छा ज्ञान था और वह अन्य बंदरों को उन धार्मिक पुस्तकों के बारे में पढ़ाया करता था।

"राजा के महल में भेड़ों का भी एक झुंड था और नन्हे राजकुमार एवं राजकुमारियाँ अपने मनोरंजन के लिए उनके ऊपर सवारी किया करते थे। कुछ भेड़ों को महल की रसोई से खाना चुराकर खाने की आदत थी, और रसोई में खाना बनानेवाले रसोइए अकसर उनके इस छलपूर्ण व्यवहार को रोकने के लिए भेड़ों की पिटाई करने हेतु विवश हो जाते थे।

"बंदरों के नेता ने एक दिन सोचा कि भेड़ों का आचरण और उस आचरण के विरुद्ध रसोइए की प्रतिक्रिया आगे चलकर बंदरों के विनाश के रूप में सामने आ सकती है। उसने सोचा, 'ये भेड़ें अत्यंत पेटू एवं भुक्खड़ हैं और दूसरी ओर रसोइए अपने हाथ लगनेवाली किसी भी वस्तु से उनकी पिटाई करने के प्रति अडिग हैं। यदि किसी दिन उन रसोइयों ने जलती हुई लकड़ी से भेड़ों की पिटाई कर दी तो भेड़ों का ऊनी शरीर अवश्य जलना प्रारंभ कर देगा।...यदि कोई जलती हुई भेड़ किसी दिन

बदहवास होकर इधर-उधर भागना शुरू कर देगी और संयोगवश घोड़ों के निकटवर्ती अस्तबल में चली जाएगी तो उसके अंदर रखी हुई सूखी घास में सबसे पहले आग लगेगी और घोड़ों सहित पूरा अस्तबल देखते-ही-देखते भस्म हो जाएगा।...एक प्राचीन विशेषज्ञ शलिहोत्र, जो पशु कृषि-कर्म (एनिमल हसबेंड्री) में अत्यंत निपुण थे, उनका परामर्श था कि अश्वों की त्वचा में जले हुए स्थान पर यदि बंदरों की चरबी लगाई जाए तो उनका घाव भर सकता है। उसी परामर्श के अनुसार राजा को एक दिन बंदरों की हत्या करनी पड़ेगी।'

"खतरे की आशंका को देखते हुए बुद्धिमान वृद्ध कपि नेता ने सभी बंदरों को बुलाया और उनसे गुप्त रूप से बोला, 'ऐसे स्थान पर, जहाँ भेड़ों एवं रसोइयों के बीच निरंतर मुठभेड़ होती रहती है, निकट भविष्य में हम बंदरों का विनाश से सामना होना निश्चित है। अतः हमें चाहिए कि हम लोग नष्ट किए जाने से पूर्व ही किसी निकवर्ती जंगल में सुरक्षित जाकर शरण ले लें।'

"परंतु घमंडी युवा बंदरों के मन में वृद्ध एवं बुद्धिमान बंदर के परामर्श के प्रति कोई सम्मान नहीं था। उन्होंने बड़ी आसानी से बूढ़े बंदर की सलाह को हँसी में उड़ा दिया और उससे कहा, 'आपकी बढ़ती आयु के कारण आपको अवश्य ही कोई भ्रम हो गया है, इसलिए आप पागलों जैसी बातें करने लगे हैं। हम जंगल के जीवन हेतु इस महल को छोड़ने के इच्छुक नहीं हैं, क्योंकि जंगल में हमें खाने के लिए केवल स्वादरहित आहार मिलेगा। यहाँ हमें इस महल में प्रतिदिन अमृत* जैसे सुस्वादु व्यंजन खाने को मिलते हैं और वह भोजन हमें स्वयं राजकुमारियों द्वारा खिलाया जाता है।'

"घमंडी युवा बंदरों का उत्तर सुनने के बाद बूढ़े बंदर ने अपनी आँखों में आँसू भरकर कहा, 'अरे मूर्खो! तुम अपने अस्थायी सुखों के भावी दुष्परिणामों को नहीं समझ पा रहे हो! तुम्हारी यही इच्छाएँ अंततोगत्वा एक दिन तुम्हारे विनाश का कारण बनेंगी! मैं अकेले ही जंगल के लिए रवाना हो जाऊँगा, क्योंकि मैं तुम्हारी मौतों का गवाह नहीं बनना चाहता हूँ।'

"इतना कहते हुए बंदरों के नेता ने अन्य सभी बंदरों को पीछे छोड़कर जंगल के लिए प्रस्थान कर दिया।

"वह मनहूस घड़ी जल्द ही आ गई। एक लालची भेड़ ने रसोई में प्रवेश किया और रसोइए ने उसके ऊपर जलावन की एक जलती हुई लकड़ी से प्रहार कर दिया। अपने ऊन में आग लगी देखकर भेड़ ने जोर-जोर से मिमियाना शुरू कर दिया और बदहवास होकर सीधे घोड़ों के निकटवर्ती अस्तबल में जा घुसी। जैसे ही भेड़ ने अपने शरीर में लगी आग को बुझाने के प्रयास में अस्तबल के अंदर रखे सूखे चारे (भूसे)

---

* अमृत के समान, स्वादिष्ट।

पर लोटना शुरू किया, समूचे अस्तबल में आग लग गई, जिससे कई घोड़े जलकर मर गए। अन्य घोड़े पागल होकर इधर-उधर भागने लगे और पूरे महल में इस घटना से सनसनी फैल गई।

"राजा ने तत्काल जीवित बचे घायल घोड़ों का उपचार करने हेतु अपने पशु शल्य चिकित्सक को बुलवा लिया। चिकित्सक ने शालिहोत्र के परामर्श का उल्लेख किया और कहा कि घोड़ों के घावों को शीघ्र भरने के लिए बंदरों की चरबी का प्रयोग करना अनिवार्य है। राजा ने तुरंत आदेश दिया कि घोड़ों को बचाने के लिए परामर्शित चिकित्सा प्रारंभ की जाए। इसके साथ ही राजा ने बंदरों की चरबी इकट्ठा करने के लिए उन्हें मारने का निर्देश भी जारी कर दिया।

"बंदरों के नेता को जब यह समाचार प्राप्त हुआ तो वह अत्यंत व्यथित हो गया।

"इस कथा की नैतिक शिक्षा : कोई भी व्यक्ति, जो अपने आध्यात्मिक गुरु के अनुदेशों का सत्य-निष्ठापूर्वक पालन करता है, वह असंदिग्ध रूप से स्वयं को ईश्वर की भक्तिमय सेवा में संलिप्त कर लेता है और निश्चय ही उसे ईश्वर की कृपा प्राप्त होती है। जो लोग यह सोचते हैं कि वृद्ध परामर्शदाता (आध्यात्मिक गुरु) भ्रम के वशीभूत हो सकता है और उसे किसी सामान्य व्यक्ति से अधिक ज्ञान नहीं रह जाता, इस आधार पर अपने शुभचिंतकों की सलाह नहीं मानते हैं, उन्हें निस्संदेह भयानक परिणामों का सामना करना पड़ता है।"*

भक्तिसिद्धांत सरस्वती को न तो उनके विरोधियों द्वारा उन पर आक्रमण किए जाने का भय विचलित कर सका और न ही उनकी शिक्षाओं की दृढ़ता अभय चरण को रोक पाई, जिसने एक फार्मेसिस्ट के रूप में अपनी आजीविका एवं एक धार्मिक उपदेशक—दोनों भूमिकाओं में संतुलन बनाए रखा और अपने साथ दीक्षित साथियों के सहयोग से भक्तिसिद्धांत सरस्वती के लिए अधिकाधिक उपदेश देना तथा कार्य करना जारी रखा।

अभय चरण के इलाहाबाद स्थित अपनी फार्मेसी से दूर भागने के लिए आंशिक रूप से यह असंतुलन भी उत्तरदायी था। बेची गई दवाओं का मूल्य एकत्रित करने में विफलता और दवाओं की आपूर्ति करनेवाले उनके आपूर्तिकर्ता का ऋण बढ़ते जाने के कारण उन्हें अपनी फार्मेसी को अपने आपूर्तिकर्ता के हाथों बेच देना पड़ा। अभय चरण, जो अब तक तीन बच्चों के पिता बन चुके थे, कोई बड़ा उद्यम स्थापित करने हेतु अपनी पत्नी एवं बच्चों को पीछे इलाहाबाद में छोड़कर बंबई चले गए। उनका लक्ष्य अपने परिवार के लिए अधिकाधिक धन अर्जित करना था।

लेकिन बंबई में भी उनका सामना भक्तिसिद्धांत सरस्वती के साथी शिष्यों से हो

---

* देखें, https://www.isconbangalore.co.in/a-wise-old-monkey/

गया और एक उपदेशक के जीवन ने उन्हें पहले से भी अधिक दृढ़ता से जकड़ लिया। उन्होंने अंग्रेजी में कविताएँ लिखनी प्रारंभ कर दीं, जो 'द हार्मोनिस्ट' में प्रकाशित होती थीं। अपने बंबई-प्रवास की उसी अवधि में अभय चरण ने अपने कौशल का प्रथम प्रदर्शन किया, जो एक दिन उन्हें सुदूर अमेरिका ले गया और उसके बाद उन्होंने संपूर्ण विश्व में भ्रमण किया। वह अंग्रेजी भाषा में प्रवचन करनेवाले अत्यंत प्रभावशाली उपदेशक बन गए थे।

कोई भी व्यक्ति समझ सकता था कि किस प्रकार अभय चरण के जीवन की पहेली के टुकड़े धीरे-धीरे एक साथ आते जा रहे थे और एक-दूसरे से भलीभाँति जुड़ते जा रहे थे।

लेकिन भक्तिसिद्धांत सरस्वती के समर्थकों के अंदर वर्चस्व की महत्त्वाकांक्षा जोर पकड़ने लगी थी और जैसा कि भौतिक समृद्धि आने के साथ अकसर स्वाभाविक होता है, मठ के संसाधनों तक अपनी पहुँच को लेकर उनके बीच भवनों एवं मंदिरों पर अधिकार करने हेतु आंतरिक कलह प्रारंभ हो गई। यह स्थिति आचार्य भक्तिसिद्धांत सरस्वती के लिए तनावपूर्ण थी, जिन्होंने अभय चरण को बताया कि उनका सपना किसी भी भौतिक संपत्ति से बढ़कर उनकी पुस्तकें थीं। वह अधिकाधिक पुस्तकें प्रकाशित करने के इच्छुक थे, ताकि विश्व को उनके संदेश से अवगत कराया जा सके।

भक्तिसिद्धांत सरस्वती ने अभय चरण से बँगला भाषा में कहा, "आमार इच्छा छिला किछु बाइ करना। (मैं कुछ और पुस्तकें लिखना चाहता था)।"[6]

उनके गुरु का यह वाक्य उनके लिए गुरु मंत्र बन गया और अभय चरण ने उस कार्य को कभी विस्मृत नहीं किया।

इसके साथ-साथ एक पक्ष के रूप में इस कथा में यह भी जोड़ा जाना चाहिए कि शायद भक्तिसिद्धांत सरस्वती की चिंता का एक कारण यह भी था कि गौड़ीय वैष्णव धर्म के सर्वोच्च विद्वान् के रूप में वह संस्थान की आंतरिक कलह को लेकर अत्यंत चिंतित थे और उन्हें ज्ञात था कि कुछ ऐसी ही घटनाएँ उस समय भी हुई थीं, जब चैतन्य महाप्रभु अदृश्य हो गए थे। चैतन्य के अदृश्य होने के तत्काल बाद जब उनके समर्थक कई गुटों में बिखर गए तो उनके वास्तविक अनुयायियों का नेतृत्व नित्यानंद, अद्वैत, नरहरि सरकार एवं छह गोस्वामियों* जैसे भक्तों द्वारा किया गया, जिन्हें पहले ही कृष्ण की गतिविधियों के खोए हुए स्थलों की खोज करने हेतु वृंदावन† भेज दिया गया था।[7]

इसलिए, भक्तिसिद्धांत सरस्वती ने अभय चरण से जिस कार्य का उल्लेख किया

---

* चैतन्य के आंदोलन के महान् उपदेशकगण।

† वृंदावन।

था, वह इस विचार में निहित था कि भौतिक वस्तुओं हेतु होनेवाली कहा-सुनी से अधिक महत्त्वपूर्ण कार्य कृष्ण के प्रेम के संदेश को संपूर्ण विश्व में फैलाना था और भक्तिसिद्धांत सरस्वती एवं भक्तिविनोद ठाकुर—दोनों द्वारा जो सुधार कार्य प्रारंभ किए गए थे, उन्हें निर्बाध रूप से केवल पुस्तकों के माध्यम से ही प्रसारित किया जा सकता था।

लेकिन इसके साथ-साथ उन्होंने एक चेतावनी भी दी थी। वर्ष 1936 के अंत में भक्तिसिद्धांत सरस्वती की मृत्यु से केवल एक सप्ताह पूर्व अभय चरण ने अपने गुरु को एक पत्र लिखकर पूछा था कि वह आंदोलन के लिए इससे अधिक और क्या कर सकते थे?

"आपके पास अनेक शिष्य हैं और मैं भी उनमें से एक हूँ; परंतु वे लोग आपकी प्रत्यक्ष सेवा कर रहे हैं। उनमें से कुछ ब्रह्मचारी हैं और कुछेक संन्यासी हैं; किंतु मैं एक गृहस्थ हूँ। कभी-कभार मैं आपको आर्थिक सहायता देता हूँ, जबकि मैं आपकी कोई प्रत्यक्ष सेवा नहीं कर पाता हूँ। क्या मेरे लिए ऐसी कोई विशेष सेवा है, जो मैं कर सकूँ?"[8]

भक्तिसिद्धांत सरस्वती ने उत्तर दिया, "अंग्रेजी में उपदेश दो। यदि तुम इस भाषा में उपदेश दोगे तो यह हमारे उद्देश्य की महानतम सेवा होगी।" उन्होंने अभय चरण से कहा, "मुझे इस बात की पूरी आशा है कि यदि तुम भगवान् चैतन्य की छवि को अपने मन में आत्मसात् कर लोगे तो तुम उनकी शिक्षाओं को सामान्य जनता के साथ-साथ दार्शनिकों एवं धर्मवादियों के मध्य स्वयं को एक अच्छे अंग्रेजी उपदेशक के रूप में परिवर्तित कर सकते हो।"[9]

कुछ ही दिनों के भीतर, वर्ष 1937 के प्रथम दिवस को भक्तिसिद्धांत सरस्वती इस संसार से विदा हो गए। उनके शिष्यों के बीच वितरित किए जानेवाला उनका प्रमुख संदेश था, "तुम्हें किसी-न-किसी प्रकार से एक-दूसरे से लड़ाई किए बिना इस नश्वर संसार में—समस्त खतरों, आलोचनाओं एवं असुविधाओं के बावजूद—केवल भगवान् की सेवा हेतु प्रेमपूर्वक रहना चाहिए। तुम्हें धैर्यपूर्वक तथा 'वृक्ष जैसी सहिष्णुता एवं तृण जैसी विनम्रता' के साथ ईश्वर के अनुभवातीत नाम का उच्चारण तथा उनका कीर्तन करना चाहिए। आप लोगों के मध्य अनेक सुशिक्षित एवं योग्य कार्यकर्ता हैं। मेरे मन में इसके अतिरिक्त अन्य कोई भी इच्छा नहीं है।"[10]

उनके ये शब्द एक प्रकार से भविष्यवाणी सिद्ध हुए।

उनके पिता जा चुके थे, उनके गुरु जा चुके थे; परंतु अभय चरण ने आश्चर्यजनक रूप से स्वयं को अकेला नहीं महसूस किया। उनके शोक के बावजूद किसी अदृश्य चीज ने उनके हृदय को भरना प्रारंभ कर दिया था।

□

# 6
# मीठी गोली

यदि आप श्रील प्रभुपाद के लेखन का अध्ययन करेंगे तो आपका सामना 'अज्ञानता' नामक शब्द से होगा। इस पुस्तक के लेखन के दौरान जब मैं इस शब्द पर आया तो अत्यंत चकित हो गया कि क्या यह कोई सामान्य शब्द था अथवा दो शब्दों का सम्मिश्रण था, जिससे मैं परिचित नहीं था?

ऐसा प्रतीत हुआ कि वास्तव में यह एक शब्द है, जिसका अर्थ मरियम वेब्सटर शब्दकोश* के अनुसार, 'ज्ञान अथवा जानकारी का अभाव या अज्ञानता' है। यह शब्द उस पत्रिका के आदर्श वाक्य में था, जिसे अभय चरण डे ने भक्तिसिद्धांत सरस्वती के निधन के बाद शुरू किया था।

लेकिन उनके मन को इतनी बुरी तरह व्यथित करनेवाला विचारणीय प्रश्न यह था कि अज्ञानता का विचार लोगों को भगवान् के प्रेम एवं प्रकाश से दूर क्यों रख रहा था? इसका कारण भक्तिसिद्धांत सरस्वती की मृत्यु के बाद गौड़ीय मठ में हुई घटनाओं में निहित था।

मठ के विभिन्न समूहों एवं उप-समूहों में आपसी विवाद इस सीमा तक बढ़ गया था कि उनके बीच लंबे मुकदमे शुरू हो गए, जिसमें विभिन्न समूह मठ की संपत्तियों एवं भौतिक संसाधनों पर नियंत्रण प्राप्त करने हेतु लड़ रहे थे। यह भक्तिसिद्धांत सरस्वती के उन सिद्धांतों के विपरीत था, जिनका पालन करने का अनुरोध उन्होंने अपने शिष्यों को दिए अपने अंतिम संदेश में किया था। किसी विवाद के बिना एक साथ रहने के अपने गुरु के संदेश के विपरीत उनके अनुयायियों ने समूचे आंदोलन को संपत्ति की एक बड़ी लड़ाई में परिवर्तित कर दिया था।

जो कुछ वहाँ हो रहा था, वह प्लेग की बीमारी के समान था, जो तेजी से विकसित होते हुए अनेक आध्यात्मिक संगठनों में फैल गई थी। किसी संगठन का विस्तार तभी

---

* https://www.merriam-webster.com/dictionary/nescience

होता था, जब उसके पास धन होता था। जब अनेक शाखाओं के साथ संस्थान की प्रतिष्ठा बढ़ती है, तब सदैव उसमें समस्याएँ खड़ी हो जाती हैं। प्रारंभिक दिनों में सभी भक्त अत्यंत गंभीरतापूर्वक अपनी साधना में लीन रहते थे—अपने आध्यात्मिक जीवन के प्रति अत्यंत गंभीर बने रहते थे। कालांतर में, यद्यपि धर्मोपदेश जारी था, वे लोग अनेक भवनों का निर्माण कर रहे थे और अनेक अन्य कार्य कर रहे थे; परंतु भावना पूर्णतया भिन्न थी। उनके मध्य विवाद इस बिंदु तक बढ़ गया कि वे लोग बाग बाजार स्थित गौड़ीय मठ के भवन में इस बात को लेकर आपस में विवाद करने लगे कि उन्हें किस कमरे पर अपना अधिकार करना चाहिए।[1] मठ में संघर्ष इस सीमा तक बढ़ गया कि कलकत्ता में अतीत में भक्तिसिद्धांत सरस्वती द्वारा शुरू किए गए मुद्रणालय (प्रिंटिंग प्रेस) को बेचने तक की नौबत आ गई।

मठ के आसपास जो कुछ हो रहा था, उससे व्यथित होकर अभय चरण ने उनके अंतिम निर्देशों को स्मरण करना प्रारंभ कर दिया, जो उन्हें अपने गुरु से प्राप्त हुए थे, "अंग्रेजी में उपदेश दो।" भक्तिसिद्धांत सरस्वती ने उन्हें कृष्ण प्रेम के संदेश के प्रसार हेतु अंग्रेजी भाषा में बोलने व लिखने के लिए प्रोत्साहित किया था और अभय चरण उसकी ओर मुड़े तथा कृष्ण के प्रेम के महत्त्व से संबंधित अपने प्रारंभिक विचारों को अंग्रेजी में लिखना प्रारंभ कर दिया। प्रारंभ में उन्होंने सबसे पहले 'श्रीमद्भगवद्गीता' की भूमिकाएँ लिखीं, जिनमें कृष्ण के प्रेम तथा उनकी महान् शिक्षाओं को स्थान दिया गया था; परंतु शीघ्र ही यह एक बड़े स्वप्न में परिवर्तित हो गया और उन्होंने 'श्रीमद्भगवद्गीता' पर एक संपूर्ण अनुवाद एवं भाष्य की रचना कर डाली। इस प्रकार के लेखन एवं प्रकाशन कार्य का आयोजन अभय चरण को स्वयं करना पड़ता था। वास्तव में, इन कार्यों के वित्त-पोषण का दायित्व भी उन्हीं पर था; क्योंकि मठ की अनेक शाखाएँ आपसी विवादों में उलझी हुई थीं और उसके अनेक संघर्षरत गुट टूटकर बिखर गए थे और उनसे किसी प्रकार की आर्थिक सहायता की आशा बहुत कम थी।

लेकिन एक चीज अवश्य हुई। प्रारंभ में उन्होंने जिस उत्साह के साथ कृष्ण-भक्ति के स्पष्टीकरण एवं अंग्रेजी भाषा में उसके अनुवाद का जो प्रमुख कार्य अपने हाथ में लिया था, जब उसका प्रसार हुआ तो उनकी गहन भक्ति एवं विद्वत्ता एक कलाकार के दृष्टिकोण से लोगों की दृष्टि में आने लगी और उन्होंने 'भक्तिवेदांत'* की सम्मानजनक उपाधि अर्जित की। 'भक्तिवेदांत' उस व्यक्ति को कहते हैं, जिसने वेदांत के अध्ययन की पांडित्यपूर्ण कठिनाइयों का सामना किया हो और जो भक्ति के सागर में पूरी तरह डूबा हुआ हो।

---

* यही कारण है कि इस्कॉन (ISKCON) की सभी वस्तुओं में यद्यपि आज भी ए.सी. को अभय चरणारविंद के लिए संदर्भित क्यों किया जाता है।

यह सबकुछ मठ के अंदर और बाहर ऐतिहासिक संघर्ष की पृष्ठभूमि के विरुद्ध हो रहा था। मठ के अंदर संघर्ष इतना उग्र हो गया था कि ऐसा प्रतीत होता था, मानो ब्रिटिश भारत द्वितीय विश्व युद्ध के दौरान जर्मनी के विरुद्ध युद्ध करने गया हो; क्योंकि उसने भारत को भी आच्छादित कर लिया था। अन्न एवं कागज जैसी अन्य चीजों की कमी पूरे कलकत्ता में फैल गई थी। अभय चरण ने पहले अपने परिवार एवं अपने कर्मचारियों के लिए राशन प्राप्त करने के लिए संघर्ष किया और उन्होंने भूख का प्रभाव तब देखा, जब कलकत्ता की गलियाँ भिखारियों से भर गईं। उन्होंने यह भी देखा कि जापानियों द्वारा शहर पर रात-दर-रात बमों की वर्षा की जा रही थी।

लेखिका यूजेनी फ्रेजर ने 'ए होम बाय द हुगली' में लिखा—'अगले दिन प्रातःकाल हम अपने जुड़वाँ बच्चों के साथ यह देखने के लिए कलकत्ता गए कि बम वर्षा से कितनी क्षति हुई थी! रास्ते में हमें एक ऐसा आश्चर्यजनक दृश्य दिखाई दिया, जिसमें कलकत्ता से बड़ी संख्या में लोग पलायन कर रहे थे। स्त्रियाँ, पुरुष एवं बच्चे, कारें, सभी प्रकार की लॉरियाँ, बंदर एवं बकरियाँ बैलगाड़ियों में रस्सियों से बँधे थे। लॉरियों की छतों पर पिंजरों के अंदर तोते रखे हुए थे। मानवता का एक भारी समूह ट्रंक रोड की ओर बढ़ा चला जा रहा था। सब-के-सब सहमे हुए थे और अपनी बुद्धि के अनुसार शीघ्रातिशीघ्र कलकत्ता से बाहर, कहीं भी किसी सुरक्षित स्थान पर पहुँचने का प्रयास कर रहे थे।[2]

कलकत्ता में की जानेवाली बम-वर्षा उसके निवासियों के साहस को तोड़नेवाला आघात थी। प्रसिद्ध इतिहासकार जयदीप सरकार ने लिखा था कि लगभग 15 लाख लोग शहर से पलायन कर गए थे। गोदी (बंदरगाह) क्षेत्रों में, जहाँ विशेष रूप से सर्वाधिक भीषण बमबारी की गई थी, में कार्यरत अनेक कर्मचारियों और कलकत्ता की ब्रिटिश सरकार का अनुमान था कि लगभग 2,50,000 लोग सड़क मार्ग से कलकत्ता छोड़कर चले गए थे और अन्य 1,00,000 लोग रेल मार्ग से निकल भागे थे।[3] यहाँ इस तथ्य पर अनिवार्य रूप से ध्यान दिया जाना चाहिए कि वह सबकुछ दिसंबर 1942 में हुआ और उसके कारण खाद्यान्न का जो संकट उत्पन्न हुआ, उसकी दशा अत्यंत दयनीय होती चली गई। कलकत्ता में भुखमरी की वह स्थिति बंगाल के कुख्यात अकाल में परिवर्तित हो गई, जिसमें 10 लाख से लेकर 40 लाख की संख्या तक लोगों के मारे जाने का अनुमान था; क्योंकि अंग्रेजों ने सबसे पहले भूखे भारतीयों को भोजन उपलब्ध करने की बजाय अपनी सेना को आहार उपलब्ध कराने को प्राथमिकता दी थी।

युद्ध, भूख और उनके आसपास सभी चीजों की बेहद कमी को संदर्भ में लिया जाए

तो श्रील प्रभुपाद के संघर्ष के विवरण के अनुसार, युद्ध एवं अन्य आपदाओं से प्राणिमात्र की रक्षा कौन कर सकता था?

प्रभुपाद ने लिखा : 'दावानल का अर्थ है—जंगल की आग। क्या आपने इस जंगल की आग को कभी देखा या अनुभव किया है? आप लोगों ने संभवत: कभी-न-कभी जंगल की आग को अवश्य देखा होगा। जंगल में आग लगाने कोई भी व्यक्ति नहीं जाता है, फिर भी आग लग जाती है। हरेक व्यक्ति यह तथ्य जानता है। इसी प्रकार, इस भौतिक जगत् के अंदर कोई भी व्यक्ति दु:खी नहीं होना चाहता है। प्रत्येक व्यक्ति अत्यंत प्रसन्न रहने का प्रयास कर रहा है; परंतु उसे अप्रसन्नता को स्वीकार करने के लिए विवश किया जा रहा है। आज यही स्थिति है, इसलिए इसे 'दावानल' कहा जा सकता है। 'दावानल' का तात्पर्य यह है कि कोई भी व्यक्ति जान-बूझकर आग नहीं लगाता, फिर भी जंगल में आग लग जाती है। इसी प्रकार, इस भौतिक जगत् में अनादि काल से—यद्यपि वर्तमान क्षण में भी—प्रत्येक व्यक्ति यही करने का प्रयास कर रहा है। कई बार कुछ आकस्मिक युद्ध हो जाते हैं, विश्व युद्ध होते हैं और वे कुछ कारणों का निर्माण करते हैं। हमारे समय में, जब हम युवा थे, उस समय 'लीग ऑफ नेशंस' (राष्ट्रों का समूह) था। शायद आप लोगों में से कुछेक को इसकी जानकारी हो। वर्ष 1919 में जब प्रथम विश्व युद्ध समाप्त हुआ तो युद्ध में भाग लेनेवाले देशों ने 'संयुक्त राष्ट्र संघ' की स्थापना की थी। 'संयुक्त राष्ट्र संघ' का अर्थ मात्र यह व्यवस्था करना है कि राष्ट्रों के मध्य लोग शांतिपूर्वक रहें। इसलिए, वहाँ एक बार पुन: जंगल की आग दिखाई पड़ी। कोई भी व्यक्ति युद्ध नहीं चाहता था, परंतु उसके बावजूद द्वितीय विश्व युद्ध हुआ। बार-बार वे लोग लीगों के निर्माण का प्रयास कर रहे हैं; लेकिन उसका परिणाम क्या हुआ? संयुक्त राष्ट्र, लेकिन युद्ध फिर भी जारी हैं! विएतनाम का युद्ध जारी है, पाकिस्तान का युद्ध जारी है और अनेक अन्य युद्ध भी जारी हैं। अत: आप अपनी ओर से शांतिपूर्वक रहने का सर्वोत्तम प्रयास कर सकते हैं। परंतु प्रकृति आपको ऐसा करने की अनुमति नहीं देती है। युद्ध अवश्य होगा। यह असंभव नहीं है। इतिहास में, खासतौर से यूरोपीय इतिहास में, अनेक युद्ध हुए थे—कार्थेजीनियन युद्ध, यूनानी युद्ध, रोमन युद्ध, इंग्लैंड व फ्रांस के मध्य सात वर्षीय युद्ध और ये युद्ध सैकड़ों वर्षों तक जारी रहे। हमने इतिहास में अनेक युद्धों के बारे में अध्ययन किया है और युद्ध की यह भावना निरंतर जारी है, न केवल एक राष्ट्र एवं दूसरे राष्ट्र के मध्य, बल्कि व्यक्ति एवं व्यक्ति के मध्य, पड़ोसी एवं पड़ोसी के मध्य, पति एवं पत्नी के मध्य, पिता एवं पुत्र के मध्य यह युद्ध जारी है। इसे ही दावानल, अर्थात् 'जंगल की आग' कहा जाता है। जंगल की आग का तात्पर्य यह है कि उसमें कोई व्यक्ति आग लगाने नहीं जाता है; परंतु वह स्वयमेव, आपसी संघर्षण, सूखे बाँसों के आपसी घर्षण से चिनगारी उत्पन्न

होती है और वह आग का रूप धारण कर लेती है। इसी प्रकार, यद्यपि हम कदापि अप्रसन्न होना नहीं चाहते हैं, फिर भी हम अपने व्यवहार से अपने शत्रुओं एवं मित्रों का निर्माण कर लेते हैं और उनके बीच लड़ाई शुरू हो जाती है, युद्ध होने लगता है। ऐसा होना जारी रहेगा। इसे संसार का दावानल* कहा जाता है। इसे समझने का प्रयास कीजिए। अतः, गुरु का अर्थ वह आध्यात्मिक गुरु है, जो व्यक्ति को इस जंगल की आग से, इस दावानल से बचा सकता है। ठीक उसी प्रकार, जैसे जंगल में आग लगने पर सर्वाधिक व्यथित पशु होते हैं और उनमें से अधिकतर मर जाते हैं। सर्प तो तत्काल मर जाते हैं। इसलिए यह जंगल की आग, संसार का दावानल निरंतर जारी है और व्यक्ति या अधिकृत व्यक्ति, जो आपको इस दावानल के भौतिक अस्तित्व से बचा सकता है, उसे गुरु अथवा आध्यात्मिक गुरु कहा जाता है।[4]

केवल गुरु, केवल भगवान् आपके बचाव के लिए आगे आएगा और यही उनके आवर्ती प्रकाशन की लय है, जिसे उन्होंने इस अवधि के दौरान शुरू किया। उसे अनाश्चर्यजनक रूप से वापस भगवान् की ओर जाना कहा गया था। यही कारण था कि अभय चरण डे ने खुद को तथा अपने पाठकों को इस संघर्षपूर्ण दुनिया से निकालकर वापस धर्म की दुनिया की ओर ले जाने का प्रयास किया, जिसमें सर्वाधिक महत्त्वपूर्ण चीज भक्ति थी।

अभय चरण ने लिखा—'वर्तमान सभ्यता का दोष कुछ इसी प्रकार का है। वास्तविक रूप से यह अज्ञानता या भ्रामक सभ्यता का दोष है। इसलिए सभ्यता को सैन्यीकरण में परिवर्तित कर दिया गया है। प्रत्येक व्यक्ति पूरी तरह से शरीर के सुखों को लेकर चिंतित है और उस हर चीज के प्रति चिंतित है, जो शरीर से जुड़ी हुई है। कोई भी व्यक्ति आत्मा के प्रति चिंतित नहीं है, जो शरीर को संचालित करती है। यद्यपि एक बालक भी इस बात को समझ सकता है कि यदि कार में चालक न हो तो मोटर-कार यांत्रिकी का कोई महत्त्व नहीं है। मानवता की यह खतरनाक अज्ञानता बड़े पैमाने पर जारी है और इसी अज्ञानता ने सैन्यीकरण की खतरनाक सभ्यता को जन्म दिया है। यह सैन्यीकरण, कोमल भाषा में कहें तो राष्ट्रीयकरण है, जो मानव संबंधों को समझने के लिए एक बाह्य अवरोधक है। उस लड़ाई का कोई अर्थ नहीं है, जिसमें दोनों पक्ष केवल भिन्न प्रकार के रंगोंवाले परिधानों के लिए लड़ाई करते हैं। अतः यह आवश्यक है कि भौतिक पद अथवा रंगीन वस्त्रों का विचार किए बिना हमारे पास अनिवार्यतः मानव संबंधों की समझ होनी चाहिए।[5]

यहाँ यह जानना रोचक है कि अभय चरण ने अपने लेखन के माध्यम से जो प्रभाव डाला था, वह तत्काल समाप्त नहीं हुआ, बल्कि अपने समय की आवाज बन गया।

---

* ऐसी अनेक जंगल ज्वालाएँ।

उदाहरण के लिए, उन्होंने केंटरबरी के आर्कबिशप (मुख्य पादरी) को उद्धृत करते हुए लिखा कि विश्व के प्रत्येक कोने में लोगों की यही इच्छा है कि उन्हें युद्ध के अभिशाप से बचाया जाए और वे किसी ऐसी दुनिया में जाने के इच्छुक हैं, जहाँ उनके लिए वर्तमान दुनिया से इतर शांति एवं राहत की साँस लेना संभव हो और जिसमें आज जैसी कठोरता एवं विकृति न हो। वे अकसर स्वर्ग के राजा के बिना उसके राज्य की कामना करते हैं, अर्थात् ईश्वर के राज्य में ईश्वर-विहीन होकर जाना चाहते हैं, जो वह उन्हें कभी प्राप्त नहीं होगा।

'हमारा संकल्प अनिवार्यतः वापस भगवान् की ओर' होना चाहिए। हम राष्ट्रों के मध्य भविष्य के लिए शांति और घर में नागरिक सुरक्षा की योजनाएँ बनाते हैं; परंतु जब तक हम ईश्वरोन्मुख नहीं होंगे, तब तक हमारी सभी योजनाएँ मानव स्वार्थ की चट्टानों से टकराकर टूट जानेवाले किसी जहाज की भाँति सिद्ध होंगी। आज इंग्लैंड एवं विश्व के प्रत्येक अन्य राष्ट्र की मुख्य आवश्यकता ईश्वरोन्मुख होना है।[6]

अभय चरण अकेले व्यक्ति नहीं हैं, जिन्होंने इंग्लैंड से औपनिवेशिक रूप से शासित देश के नागरिकों की भाँति यह संकेत दिया है, जहाँ उनका मुख्य सामाजिक प्रभाव है। ऐसा ही उस समय की सभी प्रमुख हस्तियों—जैसे महात्मा गांधी, जवाहर लाल नेहरू और यद्यपि उनसे भी पूर्ववर्ती राममोहन राय एवं विवेकानंद के लेखों में बंगाल के पुनर्जागरण के दौरान दिखाई पड़ा था।

ठीक उन्हीं की भाँति अभय चरण ने उनके मुहावरे और शैली तो ग्रहण की, परंतु संदेश नहीं। संदेश—गांधी की भाँति—उनका और केवल उनका अपना था।

प्रत्येक प्रकाशन के मुद्रण चिह्न (लोगो) में उनके गुरु के चित्र की उपस्थिति ने उनके इतिहास एवं मार्ग को प्रमाणित किया है। वह भक्तिसिद्धांत सरस्वती के शिष्य थे और उनका मार्ग अपने गुरु की शिक्षाओं द्वारा आलोकित था।

यह कोई हलकी एवं फेनिल शिक्षा सिद्ध होनेवाली नहीं थी, जैसा कि अभय चरण ने लिखा (चेतावनी दी ?)—'पित्त के रोग से पीड़ित लोगों के लिए मीठी गोली कभी भी मीठी नहीं होती है, परंतु वही मीठी गोली पित्त रोगियों के लिए औषधि भी है; परंतु यदि पित्त रोगी व्यक्ति अपने रोग के उपचार हेतु नियमित तौर पर मीठी गोली खाता रहेगा तो धीरे-धीरे उसका स्वाद वापस लौट आएगा। हम इसी प्रक्रिया का प्रस्ताव 'बैक टु गॉडहेड' (वापस भगवान् की ओर) के पाठकों के लिए भी करते हैं।[7]

BACK-TO-GODHEAD

AN INSTRUMENT FOR TRAINING THE MIND AND EDUCATING HUMAN NATURE TO RISE UP TO THE PLANE OF THE SOUL SPIRIT

*First Appearance on the Vyas Puja Day 1944*

PARTS I, II, III & IV

*Edited & Founded under direct order of*

His Divine Grace Sri Srimad Bhakti Siddhanta Saraswati Goswami Prabhupada

BY

ABHAY CHARAN DE

THACKER, SPINK & CO. (1933) LTD.

3, ESPLANADE, CALCUTTA

*वापस भगवान् की ओर का मुखपृष्ठ, 1944*

अपनी 44 पृष्ठों वाली पत्रिका के लिए यदि कागज (जिसकी युद्ध के दौरान बड़े पैमाने पर राशनिंग कर दी गई थी) की प्राप्ति हेतु संघर्ष एवं प्रबंधन हमें अभय चरण के संकल्प और उद्यमी प्रकृति की एक झलक देता है तो उनकी महत्त्वाकांक्षा भी पूर्णतया असंदिग्ध है।

जब उनकी पत्रिका के द्वितीय व तृतीय संस्करण के लिए उन्हें कागज के अभाव का सामना करना पड़ा तो उन्होंने ब्रिटिश उदाहरण का उल्लेख करते हुए सरकारी अधिकारियों को एक पत्र लिखा—'जबकि बड़े पैमाने पर कागज का अपव्यय हो रहा है, क्या ऐसी स्थिति में हम मानवता के बृहत्तर लाभ हेतु कागज की कुछ रिमों का बलिदान

नहीं कर सकते हैं? मैं सरकार से निवेदन करता हूँ कि उसे इस विशेष विषय को उस आध्यात्मिकता के आलोक में देखना चाहिए, जो कि भौतिक परिकलन के अधीन नहीं है। यद्यपि ग्रेट ब्रिटेन में भी सरकार ने इसी प्रकार के 'द मोरल रि-आर्मामेंट मूवमेंट' नामक आंदोलन को कागज की कमी पर विचार किए बिना व्यापक रूप से समर्थन दिया है, जिसकी यहाँ की अपेक्षा वहाँ भारी कमी है।'[8]

अंततोगत्वा, यह कोई साधारण प्रकाशन नहीं था। इसके ठीक प्रारंभ से ही अभय चरण का दृष्टिकोण एवं वचन एक वैश्विक आंदोलन का था। यह सभी नस्लों, जातियों एवं प्रकार के लोगों को एक साथ लाने का आंदोलन था, जो यह सुनिश्चित करने के लिए चलाया जा रहा था कि कृष्ण को केंद्र में रखते हुए संघर्ष को समाप्त किया जा सकता है।

इस भविष्यवाणी के माध्यम से हम आशा कर सकते हैं कि संकीर्तन का पंथ शीघ्र ही एक धार्मिक आंदोलन का सार्वभौमिक स्वरूप ग्रहण कर लेगा और यह सार्वभौमिक धर्म—जिसमें न तो ईश्वर के नाम का उच्चारण करने में कोई हानि है और न ही इसमें किसी प्रकार के विवाद का कोई प्रश्न है—वर्षों तक जारी रहेगा और इसका ज्ञान हम अधिकृत धर्मग्रंथों के पृष्ठों से प्राप्त कर सकते हैं।[9]

और यही सबकुछ नहीं था।

पत्रिका के प्रकाशन के साथ ही उसके अंतिम आवरण पृष्ठ पर उसके विशेषांक—'श्रीमद्भगवद्गीता' के विस्तृत विवरण—हेतु अग्रिम आदेशों की घोषणा पहले ही की जा चुकी थी। रॉयल आकार के लगभग 1,200 पृष्ठों वाला तीन भागों में फैला यह विशेषांक रंगीन चित्रों और गीता पर विस्तृत टिप्पणियों एवं प्रथम श्रेणी की मोरक्को जिल्दसाजी[13] (बाइंडिंग) से परिपूर्ण था। केवल इतना ही नहीं, समानवत् उत्पादन मूल्य के व्यय वाले एक अन्य कार्य—दो खंडों वाले चैतन्य महाप्रभु का जीवन-चरित भी प्रकाशन एवं अग्रिम आदेश हेतु रखा गया था।

अभी अभय चरण ने इन कार्यों को पूरा नहीं किया था; परंतु वह ऐसे कौशलों का प्रदर्शन करने लगे थे, जो उन्हें गौड़ीय मिशन को एक दिन संपूर्ण विश्व में ले जाने हेतु सहायक होने वाले थे। ये कौशल उन बड़ी परियोजनाओं से बड़े पैमाने पर जुड़े थे और सुनिश्चित करते थे कि उनका वचन स्वयं एक सफल वितरण की ओर अग्रसर हो।

अभय चरण ने पत्रिका के प्रकाशन के साथ एक अन्य अधिक महत्त्वपूर्ण कार्य किया, जो तत्कालीन विचारों के इतिहास में अत्यंत चौंकानेवाला था, जिसके ऊपर अत्यल्प टिप्पणी की गई थी। उन्होंने गांधी और उनके संपूर्ण अहिंसा के विचार को आत्मसात् कर लिया था।

□

# 7

# सड़ी हुई राजनीति

अभय चरण डे, कालांतर में श्रील प्रभुपाद, एक संघर्ष की संतान थे। इस कथन के पीछे हमारा यह आशय है कि उनका जन्म एक ऐसे समय में हुआ था, जब संघर्ष लगभग अपनी प्राकृतिक दशा में था। वह एक ऐसे औपनिवेशिक भारत के युग में पले-बढ़े थे, जब राष्ट्रवादी आंदोलन अपनी जड़ें जमा रहा था और तेजी से विस्तारित हो रहा था। उन्होंने राष्ट्रवादी ध्रुवीकरण के प्रभावों को देखा था। उन्होंने हिंसक एवं अहिंसक दोनों प्रकार के हमले और हड़तालें देखी थीं। उन्होंने युद्ध देखा था। वह अत्यंत अशांत समय था।

लेकिन जिस एक चीज पर बहुत कम टिप्पणी की गई थी, वह थी अभय चरण की प्रतिक्रियाएँ। अभय चरण ने एक दार्शनिक के रूप में अपने आसपास उस हिंसा और धार्मिक उत्तेजना को देखा था, जिसे उसने हवा दी थी।

उनमें से एक है हिंसा/अहिंसा के द्वैत पर उनके विचार। यह निश्चय ही अपने समय की सर्वाधिक प्रबल विषय-वस्तु थी; क्योंकि उसका कारण एक व्यक्ति—महात्मा गांधी—का हस्तक्षेप था।

गांधी ने अहिंसा को भारतीय राष्ट्रीय कांग्रेस का निर्णायक सिद्धांत बना दिया था। राष्ट्रीय आंदोलन में अहिंसा की स्वीकार्यता एवं प्रचार ने उसमें अद्‍भुत आभा उत्पन्न कर दी थी। इस नीति के लिए अनेक क्रांतिकारियों द्वारा गांधी की आलोचना की गई थी, जिनमें अभय चरण के कॉलेज के वरिष्ठ साथी सुभाष चंद्र बोस भी शामिल थे, जिन्होंने ब्रिटिश साम्राज्यवाद से लड़ने के लिए गांधी की युक्तियों को चुनौती दी थी; और यद्यपि उन्होंने कांग्रेस के नेतृत्व के लिए भी गांधी को चुनौती दी थी, परंतु अभय चरण की व्यस्तता राजनीति के स्तर पर नहीं थी। वह अधिक सौम्य, अधिक आध्यात्मिक थी।

जापानियों की बमबारी की भयावहता को देखते हुए अभय चरण ने उसे इस प्रकार प्रतिबिंबित किया, "जापानी बमों के हमलों से वचने के लिए भयभीत कलकत्ता निवासियों का अन्य स्थानों पर भारी पलायन उसी अविनाशी अस्तित्व की प्रवृत्ति के

कारण हो रहा था। परंतु जो लोग इस प्रकार बाहर जा रहे थे, उन्हें संभवतः यह स्मरण नहीं था कि वे कलकत्ता से पलायन करके खुद को जापानी बमों के हमलों से तो बचा सकते थे, किंतु वे अपने अविनाशी शरीरों को भौतिक जगत् के किसी भी भाग में उस समय नहीं सुरक्षित रख पाएँगे, जब भौतिक प्रकृति के बमों से उन पर तिगुनी मुसीबत लानेवाला आक्रमण किया जाएगा। जापानी भी—कलकत्ता के लोगों के जमीन के टुकड़े पर अधिकार के माध्यम से जो खुशी प्राप्त करने के लिए निर्मम हवाई हमले कर रहे थे, वे इस तथ्य से अनभिज्ञ थे कि उनकी प्रसन्नता भी अस्थायी एवं नश्वर थी; क्योंकि इसका अनुभव उन्होंने बार-बार अपनी निजी मातृभूमि पर किया था। दूसरी ओर, जीवधारी, जिनका अंत होना निश्चित है, वे प्रकृति से ही अनंत, अभेद्य एवं अदृश्य इत्यादि हैं। अतः समस्त जीवित इकाइयाँ, जो मारे जाने की आशंका से भयभीत हैं, उनके साथ-साथ वे लोग, जो उन्हें जीतने की धमकी दे रहे हैं। दोनों ही 'माया' की शक्तिशाली मुट्ठी में समान हैं। अतः दोनों ही अँधेरे में हैं।"[1]

अभय चरण क्या कह रहे हैं? वह युद्ध की लपटों में घिरे किसी व्यक्ति की भाँति कह रहे हैं कि इस बात से कोई फर्क नहीं पड़ता कि वे कौन हैं। अंततोगत्वा विजेता एवं पराजित दोनों ही इसमें घाटे में रहेंगे, क्योंकि ये दोनों प्रकार के लोग ईश्वर को खोजकर उसे अपनी भक्ति अर्पित करने की बजाय क्षणभंगुर जीवन को प्राथमिकता देते हैं।

संसार माया की मुट्ठी में है; विजेता एवं विजित दोनों ही भ्रम की कैद में हैं। अभय चरण उस अंतर्दृष्टि को जाग्रत् करने का प्रयास कर रहे हैं कि युद्ध के मूलभूत तत्त्व ही दोषपूर्ण हैं; क्योंकि युद्ध का निष्पादन मनुष्य कर रहे हैं। विजय में भी पराजय है और ऐसा ही पराजय के मामले में भी है।

ज्ञान के प्रकाश के बिना मानव मन का किसी भी मात्रा का अनुमान (जो स्वयमेव भौतिक प्रकृति की एक रचना है) कभी भी जीवधारियों की स्थायी प्रसन्नता को पुनर्स्थापित नहीं कर सकता है। उस अंधकारपूर्ण वातावरण में विश्व में शांति लाने की कोई भी पद्धति केवल अस्थायी संतोष या तनाव ला सकती है, जैसा कि हम बाह्य शक्ति की समस्त रचनाओं से देख सकते हैं। अंधकार में अहिंसा भी उतनी ही अधिक निरर्थक है, जितनी कि हिंसा; जबकि प्रकाश में न तो हिंसा की कोई आवश्यकता है और न ही अहिंसा की।[2]

अभय चरण संभवतः उन कुछेक लोगों में से एक हैं—यदि एकमात्र नहीं—जो आसन्न विश्व युद्ध का देखते हुए तर्क दे रहे हैं और गांधीवादी अहिंसा ने भारत के स्वतंत्रता आंदोलन में प्राथमिकता प्राप्त कर ली है।

एक युवा अभय चरण गांधी की प्रतिभा के प्रति अत्यंत जिज्ञासु, यद्यपि अत्यंत आकर्षित भी थे। वह आधुनिक युग के ऐसे संत थे, जो न केवल 'श्रीमद्‌भगवद्‌गीता' का आदर करते थे, बल्कि प्रत्येक उदाहरण में 'गीता' को उद्‌धृत भी करते थे। यहाँ

अंततोगत्वा उन्हें कोई तो दिखाई देता था, जो उन नीतियों का अक्षरश: पालन कर सकता था, जिनका वह उपदेश देता था; लेकिन समय एवं अपनी निजी आध्यात्मिक यात्रा के साथ-साथ अभय चरण चीजों को आंशिक तौर पर भिन्न रूप में देखने लगे थे।

उन्होंने उस समय उन्हें पहचान लिया था, जब सुभाष चंद्र बोस ने भक्तिसिद्धांत सरस्वती से कहा कि "आपने अनेक लोगों को बंधक क्यों बना रखा है? वे लोग राष्ट्रवाद के लिए कुछ भी नहीं कर रहे हैं।" संन्यासी भक्तिसिद्धांत सरस्वती ने उत्तर दिया, "अच्छी बात है, तुम्हें अपने राष्ट्रीय प्रचार हेतु अत्यंत बलवान् लोगों की आवश्यकता है; परंतु ये लोग अत्यंत दुर्बल हैं। तुम खुद देख सकते हो कि वे अत्यंत दुर्बल हैं, इसलिए उन पर अपनी दृष्टि मत डालो। उन्हें कुछ खाकर जीवित रहने दो और हरे कृष्ण का कीर्तन करने दो।[3]

अभय चरण समझ गए थे कि राजनीतिक स्वतंत्रता अपने आप में पर्याप्त नहीं थी। पूछा जानेवाला प्रश्न था—वे कौन लोग थे, जो इस प्रकार की राजनीतिक स्वतंत्रता जैसी चीज प्राप्त कर रहे थे और उस स्वतंत्रता का वे क्या करनेवाले थे? उनकी नीतियाँ एवं नैतिकताएँ किस धरातल पर टिकेंगी? उनके जीवन के अंत:स्तल में क्या निवास करेगा?

'प्रकाश के बिना मानव मन की कोई भी कल्पना (जो भौतिक प्रकृति की भी एक रचना है) कभी भी जीवों को स्थायी सुख नहीं दिला सकती। अँधेरे में दुनिया में शांति लाने का कोई भी तरीका···केवल अस्थायी राहत या संकट ला सकता है, जैसा कि हम बाहरी शक्ति की सभी रचनाओं में देख सकते हैं। अँधेरे में अहिंसा उतनी ही बेकार है, जितनी कि हिंसा; जबकि प्रकाश में हिंसा या अहिंसा की कोई जरूरत नहीं है,' उन्होंने लिखा।[4]

अभय चरण भारत के स्वाधीनता आंदोलन के विरुद्ध नहीं थे। लेकिन वे एक अधिक प्रभावशील जीवन की खोज में थे, जो उनके अनुसार केवल ईश्वर के प्रति संपूर्ण समर्पण एवं भक्ति के माध्यम से आ सकती था। उन्हें यह समझ थी कि समर्पण के बिना हिंसा एवं अहिंसा राजनीतिक मोल-भाव के साथ केवल राजनीतिक द्वैत बनकर रह जाएँगे। उन लोगों को निर्मूल करने के लिए केवल अहिंसा ही पर्याप्त नहीं होगी, जो उसका अभ्यास करते थे। जब तक सैद्धांतिक रूप से अहिंसा के तर्क के पीछे छिपे ऐसे लोगों को (चाहे इसके लिए हिंसा का सहारा ही क्यों न लेना पड़े) जड़ से नहीं उखाड़ फेंका जाएगा, तब तक हमारे स्वाधीनता आंदोलन का उद्‌देश्य पूर्ण नहीं होगा। यह विचार सचमुच समझने योग्य है कि मात्र हमारा कृत्य ही महत्त्वपूर्ण नहीं है, बल्कि जीवन का ईश्वरीय प्रवाह भी महत्त्वपूर्ण है।

इसका सारगर्भित एवं संक्षिप्त सार उस आलेख में पाया जा सकता है, जो अभय चरण ने चर्चिल के एक सुंदर विश्व बनाने की टिप्पणी के आलोक में लिखा था—'हमें

यह जानकर प्रसन्नता है कि विश्व राजनीति के चर्चिल* जैसे नेताओं ने आजकल एक दयालुतापूर्ण जगत् के निर्माण के विषय में सोचना शुरू किया है और वह घृणा के भयावह राष्ट्रीय उन्माद से मुक्ति पाने का प्रयास कर रहे हैं। घृणा के उन्माद का विलोम पक्ष प्रेम का उन्माद है। अपने देशवासियों के प्रति हिटलर के प्रेम के उन्माद के साथ दूसरों के प्रति घृणा का उन्माद भी जुड़ा हुआ था, जो स्वयं उसी ने उत्पन्न किया था और वर्तमान युद्ध उन्माद का द्विपक्षीय परिणाम है, जिसे प्रेम एवं घृणा कहते हैं। अतः जब हम घृणा के उन्माद से मुक्ति पाने की इच्छा करते हैं तो हमें तथाकथित प्रेम के उन्माद से भी मुक्त होने के लिए तैयार रहना चाहिए। उन्होंने लिखा कि प्रेम एवं घृणा से मुक्ति के संतुलन की स्थिति केवल तभी प्राप्त की जा सकती है, जब लोग पर्याप्त रूप से शिक्षित हों।'

यह स्मरण रखना महत्त्वपूर्ण है कि ये टिप्पणियाँ ऐसे समय में की गई थीं, जब फासिस्टवादी शक्तियाँ विश्व का संपूर्ण विनाश करने की धमकी दे रही थीं। यह समझने और प्रचारित करने के लिए कि कोई भी दिशाहीन कृत्य सदैव निरर्थक होता है और वैश्विक युद्ध-कला के परिप्रेक्ष्य में आंतरिक आध्यात्मिकता की शक्ति महत्त्वपूर्ण थी, और एक कदम आगे जाकर गांधी को इसका उपदेश देना यद्यपि अधिक चौंकानेवाला था।

'एक शुभेच्छु मित्र के रूप में मैं आपको परामर्श देता हूँ कि यदि आप एक अपमानजनक मौत मरने के इच्छुक न हों तो आपको सक्रिय राजनीति से फौरन रिटायर हो जाना चाहिए। यदि आपकी जीने की इच्छा हो तो बेशक, आप 125 वर्ष जीवित रह सकते हैं, परंतु एक अपमानजनक मृत्यु का कोई लाभ नहीं है। आपने अपने वर्तमान जीवन की अवधि में जितना सम्मान एवं प्रतिष्ठा अर्जित की है; वह सजीव स्मृति में किसी अन्य के लिए प्राप्त कर पाना संभव नहीं था; परंतु आपको यह बात भलीभाँति समझ लेनी चाहिए कि ये सारे सम्मान एवं प्रतिष्ठाएँ व्यापक रूप से झूठे थे; क्योंकि इनकी रचना ईश्वर की उस अवास्तविक शक्ति द्वारा की गई थी, जिसे 'माया' कहते हैं। इस असत्यता के माध्यम से मेरे कहने का यह अर्थ कदापि नहीं है कि आपके इतने सारे मित्र आपके प्रति झूठे नहीं थे और आप भी उनके लिए झूठे नहीं थे। इस असत्यता से मेरा तात्पर्य उस भ्रम से है अथवा दूसरे शब्दों में, आपको प्राप्त ये सम्मान एवं झूठी मित्रता केवल माया की रचना थे। इसलिए आप चाहें तो उन्हें सदैव अस्थायी या असत्य कह सकते थे, परंतु आप में से कोई भी, न तो आपके मित्र इस सत्य को जानते हैं और न ही आप स्वयं।[5] ये बातें अभय चरण ने गांधी को 7 दिसंबर, 1947 को लिखे अपने प्रथम पत्र में लिखी थीं।

गांधी के लिए यह गौरव का पल नहीं था। धार्मिक दरार के आधार बनाए जा चुके

---

* विंस्टन चर्चिल ब्रिटेन के प्रधानमंत्री थे।

थे। यह ऐसा कृत्य था, जिसे गांधी ने कभी स्वीकार नहीं किया। उनके दो सबसे बड़े समर्थकों—जवाहरलाल नेहरू एवं वल्लभभाई पटेल ने उनके उस आदेश की अवज्ञा कर दी थी, जिसके अंतर्गत उन्होंने विभाजन को अस्वीकार कर दिया था। उन दोनों नेताओं ने एक स्वतंत्र यद्यपि विभाजित भारत के निर्माण को स्वीकार कर लिया था। यद्यपि कांग्रेस के अंदर भी गांधी की राजनीतिक शक्ति मंद पड़ रही थी, यह बात अलग है कि उनकी नैतिक शक्ति यथावत् मजबूत थी, परंतु उसका उपयोग वह उपवास (अनशन) के माध्यम से आत्महत्या करने की धमकी के रूप में किया करते थे। स्वतंत्र भारत की नई सरकार में प्रधानमंत्री नेहरू और उनके उपप्रधानमंत्री पटेल के बीच निरंतर संघर्ष जारी था। गांधी अहिंसा के जिस भवन का निर्माण दशकों से करते आ रहे थे, वह ढह रहा था। हिंदुओं एवं मुसलमानों के बीच जिन दंगों को उन्होंने रोकने का प्रयास किया था, वे निरंतर बढ़ते जा रहे थे। विभाजन के दौरान हुए नर-संहार में लगभग 10 लाख लोग मारे गए थे। किसी नागरिक संघर्ष के इतिहास में हुई मौतों की यह सबसे बड़ी संख्या थी। भारत के अहिंसक स्वतंत्रता आंदोलन के जनक अपने आसपास होनेवाली हिंसा के दौर से प्रकटतः घेरे और खदेड़े जा रहे थे।

अभय चरण ने उन्हें लिखा—'तो आप भी अपने विरोधियों द्वारा निर्मित वर्तमान राजनीतिक संकट का उचित समाधान खोजने की गंभीर उलझन से गुजर रहे हैं। इसलिए आपको अपने मुझ जैसे मामूली शुभचिंतक की इस चेतावनी को ध्यान में रखना चाहिए कि जब तक आप समय रहते राजनीति से अवकाश ग्रहण नहीं करेंगे और खुद को शत-प्रतिशत 'श्रीमद्भगवद्गीता' के प्रचार कार्य में लिप्त नहीं करेंगे, जो कि महात्माओं का वास्तविक कार्य है, आपको भी मुसोलिनी एवं हिटलर की भाँति एक अपमानजनक मौत का सामना करना पड़ेगा...अथवा जिससे लॉयड जॉर्ज का सामना हुआ था। आप इस तथ्य को आसानी से समझ सकते हैं कि किस प्रकार आपके कुछ राजनीतिक शत्रुओं ने मित्रों की आड़ में (भारतीय एवं अंग्रेज दोनों ने) जान-बूझकर आपके साथ विश्वासघात किया और उन्हीं दुष्कृत्यों के माध्यम से उन्होंने आपका दिल तोड़ दिया है, जिनके विरुद्ध आप इतने वर्षों से संघर्ष करते आ रहे थे। आप भारत में मुख्यतः हिंदू-मुस्लिम एकता के इच्छुक थे और उन्होंने पाकिस्तान एवं भारत नामक दो अलग देशों के निर्माण की कुटिलतम युक्तियों से आपके सभी प्रयासों को विफल कर दिया है। आप भारत के लिए स्वतंत्रता चाहते थे, परंतु उन्होंने आपको भारत की स्थायी निर्भरता दे दी है। आप भारत में भंगियों* की दशा सुधारने और उनके उत्थान हेतु कुछ करना चाहते थे; परंतु वे लोग अभी भी भंगी की तरह सड़ रहे हैं, यह बात अलग है कि आप किसी भंगी कॉलोनी में निवास कर रहे हैं। अतः वे सब भ्रम थे और

* उस युग की एक 'अस्पृश्य' जाति।

जब ये सारी चीजें अपने यथावत् रूप में प्रस्तुत की जाएँगी तो आपको उन्हें ईश्वरीय देन मानकर स्वीकार करना होगा। आप जिस भ्रम में भटक रहे थे और उसी भ्रम के आधार पर उन विचारों को परम सत्य मान रहे थे, उस भ्रम को नष्ट करके ईश्वर ने आपके साथ उपकार किया है।'[6]

अभय चरण ने अपने पत्र में जिस स्वर को अपनाया था, वह अत्यंत कटु एवं कठोर, परंतु विनम्र था। जाति के बारे में की गई उनकी टिप्पणी यद्यपि खासतौर से चुभनेवाली थी। उससे उस आलोचना की प्रतिध्वनि सुनाई पड़ रही थी, जो भीमराव रामजी 'बाबासाहब' आंबेडकर* ने गांधी के द्वार पर की थी। उन्होंने कहा था कि आपकी भव्य भावना एवं तुच्छ बातों ने वास्तव में जातिगत भेदभाव मिटाने के लिए कुछ खास नहीं किया।

उन्होंने तो इस तथ्य पर भी प्रश्नचिह्न लगाया था कि गांधी ने किसी को अपने आध्यात्मिक शिक्षक अथवा गुरु के रूप में स्वीकार नहीं किया था। 'मैं जानता हूँ कि आप कभी भी शिक्षण के ऐसे मीमांसात्मक दौर से नहीं गुजरे, सिवाय इसके कि आपने कुछ कठोर प्रायश्चित्त अवश्य किए थे, जिन्हें आपने कुछ उसी प्रकार खोज लिया था, जैसे कि आपने संबद्ध सत्यों का प्रयोग करने के सिलसिले में खोज लिये थे। यदि आपने उपर्युक्तानुसार किसी योग्य गुरु से संपर्क किया होता तो आप उन निरर्थक चीजों को संभवत: आसानी से अनदेखा कर सकते थे।

लेकिन तपस्या इत्यादि के माध्यम से आपके कुछ देव-तुल्य गुण प्राप्त करने के सदिच्छ प्रयासों ने निश्चय ही आपको एक ऊँचे मंच पर ला खड़ा किया है, जिसका भलीभाँति उपयोग आप संपूर्ण सत्य के उद्‌देश्य हेतु कर सकते हैं; तथापि यदि आप अपनी वर्तमान अस्थायी स्थिति से संतुष्ट बने रहना चाहते हैं और संपूर्ण सत्य को जानने का प्रयास नहीं करेंगे तो प्रकृति के नियमों के अंतर्गत आपका निश्चय ही अपने कृत्रिम उच्च पद से नीचे गिरना अनिवार्य है। परंतु यदि आप वास्तव में संपूर्ण सत्य से साक्षात्कार करने के इच्छुक हैं और सामान्यतया सारी दुनिया के लोगों की भलाई के लिए कोई अच्छा काम करना चाहते हैं, जिसमें आपके एकता, शांति एवं अहिंसा के विचार भी शामिल होने चाहिए, तो आपको यह सड़ी हुई राजनीति तत्काल त्यागनी होगी और 'श्रीमद्‌भगवद्‌गीता' के दर्शन एवं धर्म का उपदेश देने हेतु आगे आना होगा, बशर्ते कि आप उसमें कोई अनावश्यक सिद्धांत और नई व्याख्या न जोड़ें। मैं आपसे केवल इतना ही अनुरोध करना चाहूँगा कि आप कम-से-कम एक माह के लिए राजनीति से अवकाश ग्रहण कर लें और हम दोनों एक साथ बैठकर 'भगवद्‌गीता' पर संवाद करें। मुझे पूर्ण विश्वास है कि इसके माध्यम से हमारे संवाद के परिणामस्वरूप आपको एक नई ज्योति प्राप्त होगी और इस परिचर्चा से केवल आपको ही नहीं, विश्व

---

* एक विशिष्ट विद्वान् एवं भारत के संविधान के लेखक, जो स्वयं एक निम्न जाति से आते थे।

को भी व्यापक लाभ प्राप्त होगा; क्योंकि मैं जानता हूँ कि आप सदिच्छ, ईमानदार एवं एक नैतिकतावादी व्यक्ति हैं।[7]

किसी अज्ञात वैष्णववादी ने गांधी को ऐसा पत्र लिखने का साहस कैसे प्राप्त किया? उसके इस आत्मविश्वास को किसने प्रेरित किया? यद्यपि इसके कुछ उपलब्ध उत्तर दिए जा सकते हैं, परंतु सत्य यह है कि यह संभवत: अभय चरण जैसे सहज बुद्धि वाले व्यक्ति के 50 वर्ष की आयु में एक नए जीवन की शुरुआत थी। यद्यपि उन्होंने अपने उत्कर्ष काल में अपने व्यवसाय को दूसरी प्राथमिकता दी थी और इसलिए, अकसर वह अपने उस वैष्णववादी विश्वास की उत्साहजनक लपटों को शमित करने का प्रयास करते रहते थे, जिसने उनके अंदर अपने उद्देश्य के प्रति निश्चित आत्मविश्वास भर दिया था।

गांधी ने उनके पत्र का कभी उत्तर नहीं दिया और उसके तत्काल बाद एक उग्र हिंदू चरमपंथी द्वारा उनकी हत्या कर दी गई थी। वह अपने जीवन का बलिदान करके भी जिस सांप्रदायिक सौहार्द को लाने का प्रयास कर रहे थे, उसने तथ्यात्मक रूप से अंतत: उनकी ही जान ले ली थी। जिस समय उनकी हत्या की गई, उस समय वह एक प्रार्थना सभा में भाग लेने जा रहे थे। जैसी कि अभय चरण ने चेतावनी दी थी, राजनीति के प्रति उनकी निकटता उन्हें अपने विनाश की ओर ले गई।

□

8

# उदासीन दवा विक्रेता

गौड़ीय मठ की विभिन्न शाखाओं में जिस समय एक लेखक के रूप में अभय चरण की ख्याति बढ़ रही थी, उस समय एक दवा विक्रेता के रूप में उनके जीवन में क्या हो रहा था?

वह नदी के घुमाव की तरह घूम रहा था। उन्होंने लखनऊ में जो कारखाना लगाया था, उसने प्रारंभ में अच्छा लाभ दिया, परंतु उसके बाद वह बंद हो गया। इलाहाबाद में उनकी दवा की दुकान (फार्मेसी) का भी वही हाल हुआ। कुछ भी ठीक नहीं चल रहा था।

केवल एक ही चीज, जो उन्हें लगातार गौड़ीय मठ एवं श्रीमद्भगवद्गीता का प्रवचन देने के प्रति निरंतर आकर्षित कर रही थी, वह था उनका कृष्ण के प्रति प्रेम।

उनके परिवार, विशेषतया उनकी पत्नी, को इस बात का धुँधला-सा अभास था कि वह अपने पारिवारिक उत्तरदायित्वों की अवहेलना कर रहे थे और धीरे-धीरे पूर्णकालिक प्रचारक बनने की दिशा में आगे बढ़ रहे थे।

परंतु अभय चरण तेजी से अपने पारिवारिक संबंधों के अंतिम अवशेषों को भी त्यागते जा रहे थे। उन्हें न तो अपने भावनात्मक लगाव या ब्लैकमेल की कोई चिंता थी और न ही पारिवारिक जीवन की दैनंदिन नीरसता से कोई सरोकार रह गया था। जिस समय (मार्च 1952) तक अभय चरण ने अपनी पत्रिका 'बैक टु गॉडहेड' का द्वितीय संस्करण प्रकाशित किया, तब तक उन्हें प्रतिनिधि के रूप में कलकत्ता स्थित ठक्कर, स्पिंक एंड कंपनी* मिल गई थी। यह संस्था एक ऐसा कार्य कर सकती थी, जो हमेशा अभय चरण का स्वप्न रहा था—यह यूरोप एवं अमेरिका में पुस्तकें बेचने का स्वप्न था।

लेकिन अभी अभय चरण को वास्तविक रूप से विदेशी धरती पर कदम रखने

---

* उसकी बर्मा (अब म्याँमार) और वर्तमान बांग्लादेश में शाखाएँ थीं। कुछ समय के लिए उसका स्वामित्व दरभंगा के महाराजा के पास था।

में दो दशकों का समय और लगने वाला था। इस बीच जब तक वह अपने जीवन के उत्तरार्द्ध में पहुँचे, भक्तिवेदांत अभय चरण पूरे इस्कॉन (ISKCON) में 'ए.सी. भक्तिवेदांत' के रूप में ख्यात एक पूर्णकालिक उपदेशक के रूप में विख्यात हो गए थे। आप कह सकते हैं कि जिस समय उन्होंने अपने मध्य जीवन को स्पर्श किया, उन्होंने अपने जीवन का एक अत्यंत प्रिय लक्ष्य प्राप्त कर लिया था और वह लक्ष्य था—कृष्ण के प्रेम का सारी दुनिया में पूर्णकालिक उपदेशक बनने का। उन्होंने जिस सांत्वना का प्रस्ताव दिया और जो सांत्वना उन्हें प्राप्त हुई, वह सांत्वना कृष्ण थे।

जिस प्राथमिक स्थान पर अभय चरण भक्तिवेदांत को अनुयायी प्राप्त हुए, वह स्थान झाँसी था। इसे संभवतः एक महत्त्वपूर्ण प्रियतम स्थान के रूप में देखा जा सकता था। उन्होंने प्रचार के लिए मथुरा या वृंदावन जैसे पारंपरिक वैष्णव केंद्रों का चयन क्यों नहीं किया? लेकिन झाँसी को कृष्ण की उपासना से जोड़ने का एक प्रसिद्ध इतिहास था। जिन चंदेल राजपूतों ने झाँसी नामक राज्य की स्थापना की थी, उन्होंने अपने गोत्र को चंद्रवंशी के रूप में अथवा चंद्रमा के कुल का या कृष्ण के गोत्र के रूप में खोजने का दावा किया था।

केवल इतना ही नहीं, शायद झाँसी के इतिहास में सर्वाधिक प्रमुख पात्र उसकी दुःसाहसिक रानी लक्ष्मीबाई थी, जिसने ब्रिटिश औपनिवेशिक शासकों से अपने राज्य की स्वतंत्रता सुनिश्चित करने हेतु सन् 1858 में युद्ध किया था। उसने युद्ध की पूर्व संध्या पर घोषणा की थी कि "हम अपनी स्वतंत्रता हेतु लड़ेंगे। भगवान् श्रीकृष्ण के शब्दों में, यदि हम विजयी होंगे तो हम अपनी विजय के फलों का स्वाद चखेंगे और यदि युद्ध में पराजित होकर मारे गए तो निश्चय ही वीरगति के रूप में अनंत गौरव एवं मुक्ति प्राप्त करेंगे।"[1]

अतः, झाँसी ही वह पहला स्थान था, जहाँ पर उपदेशक अभय चरण भक्तिवेदांत ने सर्वप्रथम कृष्ण के आंदोलन के लिए अपने सपने को आकार देना प्रारंभ किया था। परंतु इस प्रक्रिया में जो कुछ हुआ, वह एक उपदेशक के रूप में ए.सी. भक्तिवेदांत के प्रारंभिक संघर्षों की एक झाँकी मात्र है। उनकी पावन गंभीरता ने उन्हें कुछ प्रारंभिक भक्त आसानी से सुलभ करा दिए और वह जहाँ कहीं भी उनके साथ कीर्तन गाने एवं उपदेश देने गए, उनका स्वागत किया गया। कस्बों व गाँवों दोनों के अनेक घरों में उनसे पुनः आने का अनुरोध किया गया और भगवान् के एक भक्त के रूप में उनका स्वागत किया गया।

उन्हें एक भवन में प्रवेश करने का अधिकार दे दिया गया, जिसे उन्होंने अपने भक्तों के संघ को ठहराने के लिए उपयुक्त पाया।

लेकिन एक स्थानीय उपदेशक के रूप में वह चाहे जितने सफल रहे हों, फिर

भी वह अभी अपने उस स्वप्न के निकट नहीं पहुँचे थे, जो उनके गुरु उनके लिए छोड़कर गए थे—और वह कृष्ण के संदेश को दुनिया भर में अंग्रेजी भाषा में पहुँचाने का स्वप्न था। उन्होंने कई वर्षों तक अनेक सरकारी संस्थाओं से अपने उद्देश्य का समर्थन करने का बार-बार अनुरोध किया था, परंतु उन्हें कोई सकारात्मक प्रतिक्रिया कभी नहीं प्राप्त हुई।

उनका निजी कारोबार भी डगमगाते हुए लगभग बंद होने के निकट पहुँच चुका था और घर में उन्हें निरंतर गलत समझा जा रहा था। अपने परिवार के लिए कुछ अच्छा करने और पारिवारिक जीवन को हमेशा के लिए छोड़कर अपना शेष जीवन ईश्वर की सेवा में अर्पित करने के द्वैत के मध्य वह उलझकर रह गए थे।

दो परस्पर विपरीत घटनाएँ हुईं।

झाँसी में जिस इमारत में उन्होंने कथित तौर पर अपने भक्तों के संघ का आधार बनाया था और जिसे वह उपहार के रूप में प्राप्त स्थान समझ रहे थे, वह वैसा नहीं सिद्ध हुआ। भवन के स्वामी ने उनसे कहा कि आप इस संपत्ति को खरीद लीजिए; परंतु भक्तिवेदांत वैसा नहीं कर सके, क्योंकि उनके पास न तो धन था और न ही साधन। कई वर्षों तक अपने उपदेश कार्य के लिए भुगतान करने और उसके बाद अपने प्रकाशनों हेतु रुक-रुककर धन निकालने के कारण उनके सफल कारोबार ने उन्हें दरिद्रता की स्थिति में ला खड़ा किया था।

उधर घर में, विवाद उस समय सिर के ऊपर पहुँच गया, जब उनकी पत्नी राधा रानी ने अपने पवित्र भागवत (मंगल सूत्र), जिसके प्रति उनका बहुत लगाव था, को अपनी चाय के साथ खाने के लिए बिस्कुट खरीदने हेतु गिरवी रख दिया। तूफान अधिक देर तक चाय की प्याली में टिका नहीं रह सका।

अभय चरण भक्तिवेदांत घर से चले गए। उन्होंने झाँसी छोड़ दिया। सबसे पहले वह झाड़ग्राम और उसके बाद मथुरा व वृंदावन गए, जहाँ उन्हें भक्तिसिद्धांत सरस्वती के एक अन्य शिष्य के यहाँ शरण मिली और उन्होंने लेखन एवं संपादन में अपने कौशल का प्रदर्शन जारी रखा—हमेशा किसी उच्च वैष्णव विद्वान् की तरह नहीं, बल्कि सर्वोत्तम संभव तरीके से। वह एक कथावाचक बन गए, और कृष्ण के प्रेम का प्रसाद प्राप्त करने का इच्छुक कोई भी व्यक्ति उनके पास आ सकता था। उनकी यह गृह-निकासी अंततोगत्वा उनकी उस महत्त्वाकांक्षा की पूर्ति के परिणाम के रूप में सामने आई, जिसकी तैयारी वह अपने संपूर्ण जीवन में करते आ रहे थे—वह एक संन्यासी के रूप में संन्यास आश्रम की प्रतिज्ञा लेने के इच्छुक थे। अब उन्हें दोहरा जीवन व्यतीत करने की कोई आवश्यकता शेष नहीं रह गई थी। उनकी पारिवारिक नौका पलट गई थी; लेकिन उन्हें कृष्ण के रूप में एक लंगर (खूँटा) मिल गया था।

शीघ्र ही भक्तिवेदांत लगभग 60 वर्ष की आयु में 'सज्जन तोशनी' का संचालन सँभालने हेतु दिल्ली आ गए। यह एक अर्द्ध-शैक्षणिक पत्रिका थी, परंतु उन्होंने उसे अपने समय की पसंदीदा भारतीय पत्रिका 'इलेस्ट्रेटेड वीकली' जैसी अथवा अमेरिका के सुंदरतम प्रकाशनों 'टाइम' या 'लाइफ' जैसी पत्रिका के रूप में प्रकाशित करने का स्वप्न देखा था। यद्यपि धरातलीय वास्तविकता उनके पक्ष में नहीं थी। दिल्ली में उन्हें गौड़ीय मठ में एक गहनतम विभाजित घर मिला और प्रकाशन कार्यक्रम को बेहतर बनाने तथा उसे विस्तार देने की उनकी महत्त्वाकांक्षा उन्हें अंततोगत्वा इस मकान में ले आई। उसे उनके निष्कासन के अतिरिक्त अन्य कोई संज्ञा न तो दी जा सकती थी और न ही लिखी जा सकती थी।

गहनतम विभाजित गौड़ीय मठ के भीतर वह अपने समकालीनों अथवा वरिष्ठों की दृष्टि में अत्यंत चतुर, अत्यंत चिकने, अत्यंत महत्त्वाकांक्षी और यहाँ तक कि अत्यंत भक्तिमय थे। उनके कारोबार चलाने के इतिहास और अकसर समाज की आर्थिक सहायता करने के कारण उन्हें अप्रत्यक्ष रूप से इतनी समझ तो अवश्य थी कि उन्हें मठ के छितराए गुटों से सहायता की सचमुच कोई आवश्यकता नहीं थी।

परंतु यह सत्य से बहुत दूर था। अपने पारिवारिक जीवन को पीछे छोड़ने के बाद अभय चरण भक्तिवेदांत लगभग कंगाली की अवस्था में पहुँच गए थे। यद्यपि उनकी विश्व में पहुँचने की महत्त्वाकांक्षा यथावत् बनी रही, परंतु फिलहाल वह अपने रहने के लिए भी कोई उपयुक्त स्थान नहीं खोज सके।

एक संलग्न पक्ष के रूप में यह स्मरण रखना महत्त्वपूर्ण है कि भक्तिवेदांत स्वयं भी स्वतंत्रता के पश्चात् भारत के बड़े भागों में अत्यंत गरीबी में जीवन व्यतीत करते रहे थे। 'वर्ष 1950 से 1980 के मध्य अर्थव्यवस्था लगभग प्रति व्यक्ति प्रतिवर्ष 1 प्रतिशत की दर से आगे बढ़ी थी। अनाश्चर्यजनक रूप से गरीबी में अधिक गिरावट नहीं आई। वर्ष 1951-52 में नेशनल सैंपल सर्वे (एन.एस.एस.) के प्रथम वर्ष की कुल गणना में भारत में प्रति व्यक्ति गरीबी का अनुपात जनसंख्या के 45 प्रतिशत के निकट अनुमानित किया गया था। लगभग 32 वर्षों बाद सन् 1983 में भी गरीबी का अनुपात 43 प्रतिशत पर 'लगातार' स्थिर रहा था।'[2]

लेकिन शहर के धनिकतम आध्यात्मिक संस्थानों में से एक—बिड़ला मंदिर में भक्तिवेदांत ने अपने अथक प्रयासों के माध्यम से एक जनसभा आयोजित की, जिसने धीरे-धीरे उनके स्वप्न को पुनः आलोकित करना प्रारंभ कर दिया।

बिड़ला मंदिर की सभा कुछ छोटी-मोटी आर्थिक सहायता प्राप्त करने का प्रारंभिक उत्साहजनक स्रोत थी, जिसके माध्यम से वह अपना कार्य, विशेषतया प्रकाशन, शुरू करने में समर्थ हो गए। यहाँ इसे समझना क्यों महत्त्वपूर्ण है ? बिड़ला मंदिर का निर्माण

सन् 1933 के बाद जुगल किशोर बिड़ला द्वारा करवाया गया था, जिसके बनने में पाँच वर्ष लगे थे। जुगल किशोर बिड़ला अपने समय में भारत के सबसे बड़े व्यापारिक घराने से आते थे, जिनका राष्ट्रीय आंदोलन के साथ घनिष्ठ लगाव था। जुगल किशोर बिड़ला के छोटे भाई घनश्याम दास (जी.डी.) बिड़ला सरदार पटेल एवं महात्मा गांधी के मित्र थे। वह परिवार का मध्य दिल्ली स्थित भवन बिड़ला हाउस ही था, जहाँ गांधी अपनी प्रार्थना सभा में कीर्तन कर रहे थे और उसी दौरान उनकी हत्या कर दी गई थी।

बिड़ला भारत के सर्वाधिक धनी व्यक्तियों में से एक थे और मंदिर उनके आध्यात्मिक संस्थान निर्माण का पहला बड़ा कार्य था। इसीलिए वह देश भर के प्रमुख हिंदुओं के लिए देश की राजधानी में धार्मिक शरण-स्थली था। यही वह स्थान था, जहाँ पर भक्तिवेदांत अपने शुभचिंतकों का एक छोटा सा समूह बनाने में सफल हो गए थे।

चार वर्षों की नीरवता के बाद उनकी पत्रिका 'बैक टु गॉडहेड' (वापस भगवान् की ओर) ने पुनः बोलना प्रारंभ कर दिया, अर्थात् उसका प्रकाशन प्रारंभ हो गया। भक्तिवेदांत पत्रिका के पुनः प्रकाशन हेतु पर्याप्त धन एकत्रित करने में सफल हो गए थे। कई बार उनके अपने भोजन एवं वस्त्र के लिए भी पर्याप्त धन नहीं होता था; लेकिन वह जितना भी धन एकत्रित कर पाते थे, वह उनके प्रकाशन कार्य की भेंट चढ़ जाता था।

यहाँ यह तथ्य जानने योग्य है कि गांधी की भाँति भक्तिवेदांत औद्योगिक समाज की यांत्रिक प्रगति के प्रति मुग्ध नहीं थे। उन्हें ऐसा प्रतीत होता था कि औपनिवेशिक प्रक्रियाएँ एवं ढाँचे अंग्रेजों के भारत से चले जाने के बावजूद जारी थे। यद्यपि उसके निर्माता चले गए थे, तथापि भवन अपने स्थान पर यथावत् बना रह गया था।

भक्तिवेदांत एवं गांधी के लिए इसका यह अर्थ था कि भारतीय सभ्यता की आत्मा, जो उनकी सोच के अनुसार धार्मिक धरोहर में निहित थी, का स्थान एक अंतहीन एवं निरर्थक भौतिकता की खोज ने ले लिया था। भले ही प्रत्येक व्यक्ति इस तथ्य को भूल गया था, लेकिन भक्तिवेदांत उन्हें स्मरण कराने के प्रति दृढ़ प्रतिज्ञ थे।

'बैक टु गॉडहेड' के लिए काम करनेवाला उनके अतिरिक्त अन्य कोई भी नहीं था। वह सामग्री तैयार करते, कागज खरीदते, उसे मुद्रक के पास ले जाते (कई बार तो उनके पास कागज का भुगतान करने हेतु भी धन नहीं होता था) और छप जाने के बाद उसे स्वयं बेचने हेतु गलियों व सड़कों पर चक्कर लगाते तथा उसे खरीदने के इच्छुक व्यक्ति को बेच देते थे। वह ग्राहकों को बताते थे कि पत्रिका उनके लिए क्यों महत्त्वपूर्ण थी! उनके पास जो कुछ भी थोड़ा-बहुत धन होता था, उसे वे पत्रिका को भारत में और विश्व में डाक के माध्यम से भेजने के लिए इस आशा में खर्च कर देते थे कि कभी-न-कभी कोई उसे पढ़ेगा और उनकी बात सचमुच सुनेगा।

इस अवधि के दौरान, जबकि वह किसी तरह अपना काम चला रहे थे, भक्तिवेदांत

ने अपने समय को दिल्ली एवं वृंदावन के बीच विभाजित कर दिया। वृंदावन में वह पहले-पहल वंशी गोपाल मंदिर की छत पर बने एक छोटे से कमरे में रहे, जहाँ से यमुना उन्हें साफ दिखाई देती थी—वह यमुना, जिसके जल ने स्वयं कृष्ण को पालने की भाँति झुलाया था। उसके बाद वह राधा-दामोदर मंदिर में रहने लगे। अभय चरण भक्तिवेदांत राधा-दामोदर मंदिर में छह वर्षों तक रहे और संभवतः उनके अमेरिका के लिए प्रस्थान करने से पूर्व वह भारत में उनकी अंतिम शरण-स्थली था।

इस मंदिर का इतिहास जानने योग्य है। कृष्ण की पवित्र भूमि वृंदावन में बने सर्वाधिक महत्त्वपूर्ण सात मंदिरों में राधा-दामोदर मंदिर भी एक था। वृंदावन के साथ-साथ उससे जुड़ा मथुरा भी समान रूप से पवित्र स्थान था। ऐसा कहा जाता है कि चैतन्य महाप्रभु के अपने शिष्य रूप गोस्वामी ने राधा-दामोदर मंदिर के देवी-देवताओं की मूर्तियाँ अपने हाथों से बनाई थीं। रूप गोस्वामी ने उन मूर्तियों को एक अन्य उत्साही शिष्य जीव गोस्वामी को दे दिया, जो सन् 1542 में मंदिर के निर्माण हेतु प्रस्थान कर गए। मंदिर बनने के बाद से आज तक मंदिर में निर्बाध रूप से पूजा जारी है। बीच में छोटी सी अवधि के लिए खूँखार मुगल बादशाह औरंगजेब के आक्रमण के भय से उसमें कुछ बाधा अवश्य आई थी। मंदिर के देवी-देवताओं को सुरक्षित रखने हेतु जयपुर स्थानांतरित कर दिया गया था। सन् 1739 में उन्हें मंदिर को वापस लौटा दिया गया।

इसी मंदिर के भूतल स्थित एक कमरे में, जो आज भी संरक्षित है और जिसका द्वार मुख्य वेदी की ओर खुलता है, अभय चरण भक्तिवेदांत ने 'श्रीमद्भागवत' की अपनी विस्तृत टीका लिखनी प्रारंभ की थी—सभी 18 हजार श्लोकों की व्याख्या इसी कमरे में लिखी गई थी। इसी मंदिर की छोटी सी रसोई में वह शुद्ध शाकाहारी भोजन बनाते थे, जो कालांतर में उनके आंदोलन का मुख्य प्रसाद बन गया।

उन्होंने परिकलन के आधार पर अनुमान लगाया कि इतना बड़ा अनुवाद कार्य एवं उसकी टीका 60 खंडों में समा जाएगी! कृपया स्मरण रखें कि यह व्यक्ति, जिसके पास समस्त व्यावहारिक उद्देश्यों हेतु एक भी पैसा नहीं था और उस समय वह अकसर अपनी पत्रिका को नियमित रूप से प्रकाशित करने के लिए संघर्ष कर रहा था।

इसके बाद प्रश्न यह था कि साठ खंडोंवाली इतनी विशाल श्रृंखला के प्रकाशन हेतु पैसा कौन लगाएगा, कौन उसे खरीदेगा और कौन उसे पढ़ेगा? परंतु ये सारी चिंताएँ भक्तिवेदांत के लिए व्यर्थ एवं अकल्पनीय थीं। कोई भी व्यक्ति अंततोगत्वा ईश्वर के संदेश के साथ समझौता कैसे कर सकता था?

इस प्रयास को मूर्तिमान करने के लिए भक्तिवेदांत वृंदावन स्थित राधा-दामोदर मंदिर से निकलकर जामा मस्जिद के निकट दिल्ली की गलियों में छीपीवाड़ा नामक स्थान पर आ गए। यह ऐसा स्थान था, जो न केवल बाजारों से भरा-पूरा था, बल्कि

अनेक ऐतिहासिक इमारतों से भी घिरा हुआ था। वह स्थान छोटे प्रकाशकों का एक मिला-जुला केंद्र था। उन्हीं प्रकाशकों में से एक से अभय चरण भक्तिवेदांत ने प्रारंभिक दान के रूप में थोड़ा धन एकत्रित किया और अपनी प्रकाशन की प्रक्रिया प्रारंभ कर दी। यहीं से रुकते-रुकते उनके 60 खंडों वाले 'भागवत' के अनुवाद एवं टीका के प्रकाशन की मैराथन यात्रा प्रारंभ हो गई।

प्रथम खंड के प्रथम संस्करण के मुखपृष्ठ का डिजाइन एक स्थानीय डिजाइनर द्वारा भक्तिवेदांत के निर्देशों का पालन करते हुए बनाया गया था।

*'श्रीमद्भागवत' के पूर्व-संस्करण 1965 के प्रथम खंड का आवरण पृष्ठ का डिजाइन*

जैसे ही प्रथम खंड प्रकाशित हुआ, अभय चरण भक्तिवेदांत ने अपने लिए एक कार्य-योजना तैयार की, जिसका अनुसरण एक प्रकार से उनके पंथ के संन्यासियों द्वारा यद्यपि आज भी किया जा रहा है—पुस्तकों की अवधारणा तैयार करो, पुस्तकों का प्रकाशन करो और उसके बाद स्वयं उन पुस्तकों की बिक्री करो। कई बार कीमती कागज के बंडलों को उधार खरीदने के लिए उन्हें प्रकाशकों की खुशामद करनी पड़ती थी। उनके पास धन या धैर्य समाप्त हो जाता था, परंतु वे सभी चुनौतियों को पार कर आगे बढ़ गए।

अपनी पुस्तकों को समीक्षा हेतु वह स्वयं भेजते थे। वह उन्हें ऐसे लोगों के पास भेजते थे, जो शायद प्रभावित होकर भावी खंडों के लिए कुछ दान दे सकें। उन्होंने अपनी पुस्तकों को अनेक राय निर्माताओं के पास भी भेजा, जिनमें भारत के तत्कालीन उपराष्ट्रपति डॉ. जाकिर हुसैन भी शामिल थे, जिन्होंने उत्तर देते हुए लिखा—'मैंने आपकी पुस्तक 'श्रीमद्भागवतम्' का अध्ययन अत्यंत रुचि एवं अत्यंत लाभ के साथ किया है।'[3]

इन सभी कार्यों के लिए उद्यमीय ऊर्जा की आवश्यकता थी और अभय चरण पहले ही अपनी आयु के साठवें वर्ष में प्रवेश कर चुके थे। परंतु क्या यह उन्मत्त लेखन, प्रकाशन और विशेषतया बिक्री इत्यादि का कार्य एक संन्यासी के लिए उपयुक्त था? भक्तिवेदांत ने इस प्रश्न का पूर्वानुमान 'श्रीमद्भागवत' के द्वितीय खंड का अनुवाद एवं टीका शुरू करने से पूर्व ही लगा लिया था। उन्होंने स्पष्ट किया कि कई बार लोग गलती से यह निष्कर्ष निकाल लेते हैं कि हम भी वही कार्य (व्यापार) संन्यासियों के वेश में कर रहे हैं! लेकिन वास्तव में दोनों प्रकार की गतिविधियों के बीच अंतर की एक बड़ी खाड़ी है। उन्होंने कहा कि यह कोई ऐसा व्यापार नहीं है, जो किसी संस्थान के भौतिक मनोरंजन हेतु किया जा रहा है। इसके विपरीत, यह ईश्वर के गौरव-गान का एक विनम्र प्रयास है, जिसकी आधुनिक समय में लोगों को बहुत आवश्यकता है। इसलिए, भले ही हम किसी तपस्वी की भाँति हिमालय में नहीं हैं, भले ही हम व्यापार के विषय में चर्चा करते हैं, भले ही हम रुपए-पैसे में लेन-देन करते हैं, हम यह कार्य सरलता से इसलिए कर पाते हैं। क्योंकि हम ईश्वर के सेवक हैं और उनकी महिमा के गुणगान के उद्योग में शत-प्रतिशत लगे हुए हैं, हम लोग निश्चय ही माया के दुर्गम गतिरोध से आगे जाएँगे और ईश्वर के दीप्तिमान लोक में पहुँचेंगे।[4]

यही वह भावना थी, जिसने अभय चरण को भारतीय प्रधानमंत्री लाल बहादुर शास्त्री से यह अनुरोध करने के लिए प्रेरित किया कि वे उनके अनुवाद की प्रतियों को खरीद लें; और प्रधानमंत्री ने उस वयोवृद्ध संन्यासी की सदिच्छा से मोहित होकर सुनिश्चित किया कि भक्तिवेदांत ने अभी तक जिन दो खंडों को प्रकाशित करने की व्यवस्था की थी, उनमें से प्रत्येक खंड की 50-50 प्रतियाँ खरीद ली जाएँ और उनकी यही अथक भावना उन्हें बंबई स्थित सिंधिया स्टीम नेविगेशन कंपनी की जहाजरानी कंपनी की उत्तराधिकारी सुमति मोरारजी के पास ले गई।

हमेशा की तरह उनका प्रारंभिक विचार यही था कि अधिक खंडों के प्रकाशन हेतु चंदा इकट्ठा किया जाए; लेकिन शीघ्र ही उनकी सुषुप्त महत्त्वाकांक्षा जाग उठी। उन्होंने सोचा कि क्या वह अंततोगत्वा अपने गुरु के सपनों को पूरा कर पाएँगे और उनके पवित्र संदेश को विदेशी तटों, विशेषतया अमेरिका तक ले जा पाएँगे?

उनके जापान में अपने पवित्र संदेश का उपहार ले जाने के पूर्व प्रयास में पहले ही रोक लगाई जा चुकी थी। उन्हें सन् 1961 में मानव भावना के उत्थान हेतु टोक्यो में आयोजित एक सम्मेलन में आमंत्रित किया गया था। उस कार्यक्रम में शामिल होने के लिए धन एकत्रित करने के लिए अभय चरण भक्तिवेदांत के सभी प्रयास विफल हो गए थे; यद्यपि उन्होंने इस प्रकार के प्रयास हेतु सारी तैयारियाँ पहले ही कर ली थीं और वह व्यक्तिगत रूप से सहायता माँगने के लिए तत्कालीन भारतीय राष्ट्रपति सर्वपल्ली

राधाकृष्णन के पास व्यक्तिगत तौर पर पहुँच गए थे। किंतु उन्हें किसी कोने से कोई सहायता नहीं मिली।

वर्ष 1965 के अंत तक उन्होंने न केवल 'भागवत' पर अपने अनुवादों एवं टीकाओं के तीन खंड तैयार कर लिये थे, बल्कि उन्होंने पेनसिल्वेनिया में गोपाल अग्रवाल नामक एक प्रायोजक भी खोज लिया था, जिसने अपने पिता के अनुरोध पर* उनके नाम एक निमंत्रण-पत्र भी जारी कर दिया था और यहाँ तक कि उनके लिए पासपोर्ट भी खरीद लिया था। अपनी यात्रा का शेष प्रबंध करने का दायित्व उनके ऊपर था। सिंधिया स्टीम नेविगेशन कंपनी लि. के पास अच्छे समुद्री जहाज थे, लेकिन उनके प्रत्येक पग पर बाधाएँ खड़ी थीं। अभय चरण भक्तिवेदांत को बताया गया कि वह अत्यंत गरीब और वृद्ध थे। यदि विदेशी धरती पर अथवा यात्रा के दौरान उनकी मृत्यु हो गई तो क्या होगा? उनके पास कोई सही एवं समुचित प्रायोजक भी नहीं था (केवल एक निजी व्यक्ति था और कोई संस्थान नहीं था)। इसके अतिरिक्त, उनके पास सही कागजात भी नहीं थे। एक विचारणीय प्रश्न यह भी कि क्या एक हिंदू संन्यासी के लिए यह उचित था कि वह अनेक समुद्रों को पार करे? क्या यह यद्यपि स्वीकार्य भी था?

इनमें से कोई भी बाधा भक्तिवेदांत को नहीं रोक सकी। उस समय उनकी आयु लगभग 70 वर्ष थी और उन्होंने अपने संन्यासी जीवन में अनेक आघात एवं अपमान सहन किए थे। उन सभी पर उन्होंने भगवान् कृष्ण की कृपा से मुक्ति पा ली थी और अब अंततोगत्वा उन्हें अपना मार्ग स्पष्ट दिखाई देने लगा था। उन्होंने अनिवार्यतः विदेश जाने का मन बना लिया।

उनकी विदेश जाने की बहुप्रतीक्षित इच्छा पूरी होने का समय आ गया था। सिंधिया नेविगेशन कंपनी लि. की ओर से उपलब्ध कराए गए जहाज 'जलदूत' पर उनकी सीट आरक्षित हो चुकी थी। एक शुभचिंतक ने उनके लिए कुछ गरम कपड़े खरीद दिए थे। उनके पास उनके मिशन का विवरण देनेवाले 500 परचे और 'श्रीमद्भागवत' के अनुवाद एवं टीका के प्रथम तीन खंडों की लगभग 300 मुद्रित प्रतियाँ थीं, जो 60 खंडों के उनके लक्ष्य से बहुत दूर थीं।

लेकिन अगस्त 1965 के उस सुखद वातावरण में भक्तिवेदांत स्वामी अपने मिशन से अत्यंत उद्वेलित थे और यद्यपि उन्होंने मान लिया था कि वह आंदोलन खड़ा करने में विफल हो गए थे, फिर भी उन्होंने कृष्ण की भक्ति को भारत से बाहर ले जाने का अपना इरादा नहीं छोड़ा; यद्यपि उन्होंने एक व्यापक आंदोलन शुरू करने का विचार किया था, जिसने उन्हें दिग्भ्रमित कर दिया था। उनके लिए करने हेतु अब केवल एक ही कार्य शेष था कि वह अपने गुरु के निर्देशों का पालन करें और अपने भूगोल को बदल डालें।

---

* उसके पिता मथुरा में एक कारोबारी थे और भक्तिवेदांत से परिचित थे।

भक्तिवेदांत स्वामी जब अपने इस मिशन पर रवाना हुए तो उनके मन में 'फॉरेन' (विदेश) के प्रति एक अत्यंत अस्पष्ट विचार था। उन्होंने वास्तव में अपने संपूर्ण जीवन में केवल भारत को देखा था और उनके मन में इस बात की बहुत कम समझ थी कि संयुक्त राष्ट्र में उनकी प्रतीक्षा कौन कर रहा होगा या कौन कर सकता था? वह इस बात से सचमुच भिज्ञ थे कि उनके गुरु ने उनके मन में इस विचार को अंकुरित करने का प्रयास किया था; परंतु उन्हें इस बात का भी ज्ञान होना चाहिए था कि इनमें से कोई भी विचार वास्तव में दीर्घकालिक नहीं बना था और न ही उसने अभी अपनी जड़ें जमाई थीं। उनके जीवन में उस बिंदु तक ऐसा कुछ भी नहीं था, जिसने उन्हें ऐसे कठिन कार्य का सामना करने का आत्मविश्वास या ऊर्जा दी होती। इस तथ्य को अनिवार्यत: समझ लेना चाहिए कि अभी तक उन्होंने केवल अपने गृह देश में अनेक अनुयायियों, शिष्यों या दानी महानुभावों को प्रभावित करने में सफलता प्राप्त की थी। एक भक्तिमय एवं उत्साही उपदेशक के अपने यथावत् रूप में उनका रिकॉर्ड उस समय अत्यंत अपूर्ण था। इन सब चीजों को यहाँ रेखांकित करना इसलिए महत्त्वपूर्ण है, क्योंकि यह हमें उन अभिप्रेरणों की सुस्पष्ट तसवीर देता है, जो इस वयोवृद्ध एवं दुर्बल संन्यासी को अमेरिका ले गया। उनकी शक्ति या आत्मविश्वास, यदि कोई था भी तो, वह पूर्णतया अपने प्रिय कृष्ण के प्रति व्यक्तिगत निष्ठा और अपने गुरु की वाणी से प्रेरित था। एक बंगाली होने के नाते उन्हें यह प्रसिद्ध बँगला कहावत ज्ञात होनी चाहिए थी—'बिषाषे मिलाए बोस्तु, तोरके बोहू दुर'। इसका हिंदी भाषा में एक शिथिल अनुवाद यह है कि वाद-विवाद में जो चीज असंभव दिखाई देती है, वह पूर्ण निष्ठा के माध्यम से वास्तविक बन जाती है। यह कहावत उनकी यात्रा पर पूरी तरह सटीक बैठती थी।

हमेशा की तरह वह अपने प्रयास की ऐतिहासिकता के प्रति निश्चिंत थे और वह यद्यपि समाचार-पत्रों के कार्यालयों में अपनी भावी क्षणिक यात्रा की सूचना देने भी गए थे। अधिकतर ने उन्हें अनदेखा कर दिया; केवल एक अखबार ने एक छोटी सी खबर प्रकाशित की।

कोई बात नहीं।

एक सूटकेस में कुछ कपड़े, एक छाता, कुछ सूखे अनाज (क्या उन्हें वह भोजन मिलेगा, जिसे वह अमेरिका में खा सकेंगे?) और अभय चरण भक्तिवेदांत नामक एक मुंडित संन्यासी संन्यासियों का भगवा वस्त्र पहनकर बेरोक-टोक काले मालवाहक पोत में सवार हो गया।

संपूर्ण विश्व में कृष्ण की महिमा के प्रसार का उनके जीवन का असंभव मिशन शुरू हो चुका था।

□

9

# शहरी संन्यासी

ए. सी. भक्तिवेदांत द्वारा सन् 1965 में 'जलदूत' नामक समुद्री जहाज पर सवार होकर समुद्रों के पार जाने की उनकी अपेक्षाकृत नाटकीय यात्रा का विवरण देने से पूर्व उनकी यात्रा के संदर्भ को जानना महत्त्वपूर्ण है। स्वामी विवेकानंद द्वारा की गई ऐसी ही कठिन समुद्री यात्रा के 72 वर्षों बाद भी उनकी यात्रा अनूठी थी।

यूनाइटेड किंगडम (यू.के.-इंग्लैंड) एवं उत्तरी अमेरिका के लिए आव्रजन की शुरुआत भारत में औपनिवेशिक शासन के दौरान हुई थी। फिर भी, आव्रजकों की संख्या दोनों मामलों—भारत से जानेवालों और विदेशों से भारत आनेवालों में कोई विशेष उल्लेखनीय नहीं थी। वर्ष 1820 एवं 1900 के बीच 700 से अधिक व्यक्ति भारत से संयुक्त राज्य (अमेरिका) नहीं गए। आगामी 30 वर्षों में यह संख्या बढ़कर 8,700 हो गई; परंतु यह अभी भी कोई खास महत्त्वपूर्ण नहीं थी। विदेश जानेवालों में अधिकतर लोग पंजाबी सिख थे, जिन्होंने यहाँ से जाकर कैलिफोर्निया के खेतों में काम किया था। वर्ष 1917 एवं 1924 में आए एशिया-विरोधी अधिनियम ने दक्षिण या भारत सहित दक्षिण-पूर्व एशिया से आव्रजन पर प्रतिबंध लगा दिया था और उस कानून में यह सुनिश्चित किया गया था कि एशियाई लोग देशीयकरण या भू-स्वामित्व के पात्र नहीं होंगे।[1]

अमेरिकी समुद्र-तटों को स्पर्श करने से बहुत पहले ही ए.सी. भक्तिवेदांत के लिए वह यात्रा अत्यंत विस्मयकारी थी। पिछले अध्याय में हमने बताया था कि भक्तिवेदांत ने अपने संपूर्ण जीवन में सचमुच केवल भारत को ही देखा था। इतना अधिक कि यद्यपि कोचीन में 'जलदूत' के आगमन ने भी उन्हें एक नया दृष्टिकोण प्रदान किया, लगभग कुछ इस तरह कि मानो वह केरल को विदेशी आँखों से देख रहे हों।

अनेक द्वीपों के समूह में से दो बड़े द्वीपों को लोहे के एक ऊपरी पुल (ओवर-ब्रिज) से जोड़ा गया था, जिन्हें कोचीन एवं एर्नाकुलम के नाम से जाना जाता था। लोहे के उस ऊपरी पुल का निर्माण अंग्रेजों द्वारा बड़े सुंदर ढंग से रेलवे लाइन के साथ-साथ किया गया था। रेलवे की उस लाइन को कोचीन के बंदरगाह तक विस्तारित किया गया

है। वहाँ अनेक फलती-फूलती विदेशी कंपनियाँ एवं बैंक हैं। उस दिन रविवार था और बाजार बंद था। वहाँ मैंने देखा कि देश के इस भाग में एक विचित्र प्रकार के केले जैसा, परंतु उससे बड़ा एवं कम मीठा फल उपलब्ध था। कोचीन के नाम से ज्ञात द्वीप कोई आधुनिक शहर नहीं है। वहाँ की सड़कें पतली गलियों के समान हैं। शहर के जिस भाग में विदेशी लोग रहते हैं, वह अच्छे स्थान पर स्थित है। इमारतें, फैक्टरियाँ इत्यादि सभी बड़ी एवं सुव्यवस्थित हैं। जैसा कि अन्य भारतीय शहरों में सामान्यतया होता है, वहाँ मुसलमानों एवं हिंदुओं के घर दूर-दूर तथा अलग थे। जो भाग एर्नाकुलम के नाम से जाना जाता है, वह सभी दृष्टिकोणों से आधुनिक है। वहाँ खाड़ी के तट पर एक खूबसूरत उद्यान (पार्क) है, जिसे 'सुभाष बोस पार्क' का नाम दिया गया है। यह अच्छी बात है कि सुभाष बाबू (सुभाष चंद्र बोस) देश के इस भाग में लोकप्रिय हैं। मैंने केरल उच्च न्यायालय एवं अन्य सार्वजनिक इमारतें देखीं। उच्च न्यायालय के एर्नाकुलम में स्थित होने के कारण ऐसा प्रतीत होता है, मानो यह शहर केरल की राजधानी है। देश का यह भाग बंगाल के परिदृश्य के समान परिलक्षित होता है। एर्नाकुलम शहर और कोचीन मुझे कलकत्ता के पुराने कालीघाट या टॉलीगंज क्षेत्र के समान दिखाई पड़े। उस क्षेत्र की संस्कृति सामान्यतया भारतीय है।[2]

अंतिम वाक्य चौंकानेवाला है। शेष विश्व के लिए प्रभुपाद (श्रील प्रभुपाद) बिल्कुल नए थे। उसकी तुलना यदि उनकी परिचित उत्तर भारतीय सत्ता से की जाए तो केरल की 'भारतीय संस्कृति' उनके लिए स्मरण रखने योग्य थी।

ऐसा व्यक्ति समुद्री जहाज से अमेरिका की यात्रा कर रहा था और रास्ते में बार-बार बीमार पड़ रहा था। केवल इतना ही सबकुछ नहीं था, यात्रा के दौरान उन्हें दो बार दिल का दौरा भी पड़ा। यद्यपि उनके बंबई से रवाना होने से पूर्व भी उनके एक शुभचिंतक ने उन्हें चेतावनी दी थी कि संभव है कि अपने असंभव स्वप्न को पूर्ण करने के प्रयास में उनकी मृत्यु हो जाए और अमेरिका पहुँचने से पूर्व उन्हें पहले ही उनके मृत्यु के निकट होने का अनुभव हो गया था। यद्यपि वह अनुभव भी उन्हें उस देश में रहने लायक पूर्णतया तैयार नहीं कर सका, जिसमें वे उतरे थे।

यह समझने हेतु कि ए.सी. भक्तिवेदांत के साथ अमेरिका में क्या हुआ और उन्होंने वहाँ क्या किया, सबसे पहले हमें अमेरिका की उस दशा को समझना होगा, जब एक भारतीय संन्यासी वहाँ पहुँचा था।

जिस समय भक्तिवेदांत बोस्टन के बंदरगाह पर उतरे थे, विएतनाम का संघर्ष पहले ही लगभग एक दशक, अर्थात् 1950 के दशक से घिसटता चला आ रहा था। 1960 के दशक के प्रारंभ में अमेरिकी राष्ट्रपति जॉन एफ. केनेडी ने विएतनाम युद्ध में अत्यधिक संसाधन झोंक दिए थे और किसी सफल विजय की विफलता का केवल एक ही अर्थ

था कि उनके अपने देश में बड़े पैमाने पर चिंता एवं विरोध बढ़ने लगा था। सन् 1961 में आक्रमण की विफलता और क्यूबाई मिसाइल संकट ने तीसरे विश्व युद्ध की संभावनाएँ बढ़ा दी थीं अथवा कम-से-कम अमेरिका एवं सोवियत संघ के मध्य परमाणु अस्त्रों का प्रयोग एक वास्तविक संभावना तो बन ही गई थी। इस समय विश्व-शांति के लिए खतरा इतना अधिक बढ़ गया था कि 1960 के पूरे दशक के दौरान एक व्यापक शांति आंदोलन विकसित हो गया और इसे खासतौर से युवकों व विद्यार्थियों के हस्तक्षेप के माध्यम से विकसित किया गया था। युवक स्वायत्तता एवं आत्म-निर्णय का अधिकार चाहते थे। वे ऐसे विश्व में रहने के इच्छुक नहीं थे, जो भयानक सशस्त्र संघर्ष में लिप्त हो।[3]

अमेरिका के अंदर इस युद्ध-लोलुप वातावरण की प्रतिक्रिया अनेक उप-संस्कृतियों के उदय के रूप में सामने आ रही थी, जो पूर्वी रहस्यवाद से लेकर नशीली दवाओं (ड्रग्स), कविता, संगीत और सर्वाधिक महत्त्वपूर्ण रूप से युद्ध के विरुद्ध शांति के लिए व्यापक विरोध-प्रदर्शनों इत्यादि सभी चीजों को आजमाने के लिए तैयार थी।

यदि हम उन समस्त आंदोलनों, जो विभिन्न नामों के साथ हो रहे थे, के संदेश का सार निकालें तो उन्हें 'बीट' से लेकर 'हिप्पी' तक के नाम दिए जा सकते थे, जिनमें से कुछ तात्कालिक तौर पर स्पष्ट दिखाई दे रहे थे। उनके अंदर एक भिन्न प्रकार की जीवन-पद्धति की इच्छा उत्पन्न होने लगी थी। वे अलग प्रकार से चिंतन करना चाहते थे; समाज एवं सरकार से और यहाँ तक कि आर्थिक प्रणाली से भी मुक्ति चाहते थे। वहाँ की जनता में सरकार द्वारा प्रायोजित हिंसा को स्वीकार करने से इनकार करने का दृढ़ निश्चय था (यद्यपि विडंबनात्मक रूप से कुछ प्रदर्शनकारियों की पुलिस से झड़प भी हो गई थी और वे अत्यंत उग्र हो गए थे)। वहाँ एक 'गैर-वाणिज्यिक दुनिया' के गुट बनाने के प्रयास भी होने लगे थे। लोगों का ध्यान 'टाई एंड डाई' (कपड़े में गाँठें लगाकर उनकी रँगाई करने जैसी अन्य भारतीय प्रणालियों के ग्रहण) जैसी चीजों पर केंद्रित होने लगा था। लोगों का रुझान शाकाहारिता एवं प्राकृतिक जन्म (सामान्य प्रसव) की ओर बढ़ने लगा था। वे भारतीय ध्यान और आध्यात्मिकता की गैर-इब्राहीमी पद्धतियों एवं सर्वाधिक महत्त्वपूर्ण ढंग से संगीत की ओर अपना ध्यान केंद्रित करने लगे थे।

यदि आप इन सभी चीजों को ध्यानपूर्वक देखेंगे तो स्वतः समझ जाएँगे कि कुछ तो ऐसा है, जिसे ए.सी. भक्तिवेदांत के विषय में बहुत कम कहा जाता है। वह कई मामलों में विवेकानंद की भाँति एक उपयुक्त व्यक्ति, उपयुक्त समय और उपयुक्त स्थान पर थे। विवेकानंद ने मैक्समूलर एवं अन्य पाश्चात्य विद्वानों से उन्नीसवीं शताब्दी के अंत में प्रेरणा प्राप्त की थी, जिनकी पूर्वी दर्शनों में अत्यंत रुचि थी। यही कारण था कि उनके संदेश को कुछ प्रभावशाली एवं शैक्षणिक रूप से कुलीन श्रोता प्राप्त हुए, जिन्होंने अंग्रेजी-भाषी जगत् में उनके संदेशों का प्रसार किया। उनके कुछ प्रमुख

प्रारंभिक शुभचिंतकों में शिक्षित, धनवान् और हार्वर्ड विश्वविद्यालय के एक प्रोफेसर भी शामिल थे, जिन्होंने धर्म संसद् में उनका परिचय कराया था। ए.सी. भक्तिवेदांत के मामले में उनके प्रारंभिक अनुयायियों में बेरोजगार हिप्पी थे, जो इस सुरीले संन्यासी की ओर इसलिए आकर्षित हुए थे, ताकि उन्हें उनके आसपास होनेवाली उथल-पुथल और उनके सिर पर लटकती हिंसा की तलवार से उन्हें मुक्ति तथा एक संन्यासी के पास शरण मिल सके।

संयुक्त राज्य अमेरिका में भक्तिवेदांत के प्रारंभिक जीवन का वर्णन वस्तुतः उन कठिनाइयों के संदर्भ में किया जाता है, जो उन्होंने अपने रहने के लिए कोई उचित स्थान खोजने में उठाई थीं। अकसर उन्हें उन लोगों के साथ स्थान साझा करना पड़ता था, जो पूरी तरह उनकी जरूरतों एवं संदेशों को नहीं समझते थे। लेकिन इस कथा के विषय में वास्तविक रूप से विचार करने के लिए यह समझना जरूरी है कि वह सही लोगों को सही संदेश देने के लिए सही समय पर वहाँ पहुँचे थे।

उनके प्रारंभिक कुछ दिन गोपाल अग्रवाल एवं उनकी अमेरिकी पत्नी सैली के साथ बटलर काउंटी, पेनसिल्वेनिया में गुजरे थे, जहाँ सन् 1940 में प्रसिद्ध चौपहिया ड्राइव 'जीप' की खोज की गई थी। इस वाहन को अमेरिकी सेना के लिए ऊबड़-खाबड़ रास्तों में प्रयोग करने हेतु निर्मित किया गया था। वह ऐसा समय था, जब ए.सी. भक्तिवेदांत को इस बात का आभास हुआ था कि वह अमेरिका में संभवतः एक माह रहेंगे। यद्यपि वह अपने पश्चिम के मिशन के बारे में पूर्णतया स्पष्ट थे—कृष्ण के उत्तम संदेश का प्रचार करना। उनके कुछ प्रारंभिक मेजबानों ने कल्पना की थी कि वह अपनी पुस्तकों के प्रकाशन हेतु मात्र धन एकत्रित करने आए थे और शीघ्र ही वापस लौट जाएँगे।

लेकिन पेनसिल्वेनिया की बटलर काउंटी का यही वह स्थान था, जहाँ पर ए.सी. भक्तिवेदांत को अपने प्रारंभिक श्रोता मिले। यही वह स्थान था, जहाँ आधुनिक युग की बहुलिखित आध्यात्मिक विभूति को स्थानीय अमेरिकी मीडिया में स्थान दिया गया। 'बटलर ईगल'[4] ने लिखा—एक भारतीय 'स्वामी' अमेरिका में 'भक्ति योग' की शिक्षा देने आया है। यद्यपि उसी प्रथम लेख में इस बात के स्पष्ट संकेत दे दिए गए थे कि ए.सी. भक्तिवेदांत ने अमेरिका में समर्थकों को क्यों आकर्षित करना प्रारंभ किया।

किसी ऐसे देश में, जो उस समय युद्ध या शांति के प्रति अत्यधिक लालायित था, पहली बार भक्तिवेदांत यह कहने के लिए खड़े हुए कि उनके संदेश के प्रसार के लिए यह एक निरर्थक प्रश्न था।

स्वामीजी शारीरिक असुविधाओं (कष्टों) अथवा युद्धों के प्रति समानवत् दार्शनिक हैं—उन्होंने कंधे उचकाते हुए कहा, "लड़ना मनुष्य का स्वभाव है। हमें इन सब चीजों

के साथ तालमेल बैठाना होगा; समुद्र की भाँति जीवन में लहरें आती हैं और चली जाती हैं।"[5] उनका संदेश भी अनाशंकित था, "उनका धर्म हिंदू है। वह अपने श्रोताओं को अपनी धार्मिक प्रतिबद्धताएँ परिवर्तित करने के लिए नहीं कहते हैं; परंतु वह इतना अवश्य कहते हैं कि 'अच्छे यहूदी या अच्छे ईसाई अवश्य बनो'।" मुख्यत: उनका ईसाई श्रोता वर्ग उनसे यह जानने का इच्छुक था कि क्या वह ईसा मसीह को ईश्वर के पुत्र के रूप में स्वीकार करते हैं? उन्होंने उत्तर दिया—हाँ, सचमुच! और इसके साथ ही उन्होंने बड़ी चतुराई से यह भी जोड़ दिया कि वह स्वयं भी ईश्वर के पुत्र थे।[7] उनका वह उत्तर सभी लोगों के विश्वासों एवं उद्देश्यों के अनुकूल और पूर्णतया उपयुक्त था। अपने श्रोताओं को राहत देने के लिए ए.सी. भक्तिवेदांत अपनी विश्वास-प्रणाली के मूलभूत नियमों से एक पग भी विचलित नहीं हुए।

यह भी कि जिस दर्शन का ताना-बाना उन्होंने इतनी सूक्ष्मता से बुना था, उसकी उनके श्रोताओं के विकासात्मक सिद्धांत से पर्याप्त समानता थी, जिसे उनके श्रोता भलीभाँति जानते थे। इसीलिए उनकी बात उन्हें अच्छी तरह समझ में आ गई। उन्होंने अपने उन प्राथमिक श्रोताओं को अग्रवाल दंपती के घर में सिखाया कि 'उनके सिद्धांत का सरलीकृत रूप यह है कि जीवन एक जलचर से पौधे, सरीसृप से पक्षी और पक्षी से पशु और पशु से पशुवत् मनुष्य और अंतत: एक सभ्य मनुष्य के रूप में विकसित होता है। आगंतुक संन्यासी ने भविष्यवाणी करते हुए कहा, "इस जीवन के बाद यद्यपि इससे भी अधिक सुंदर जीवन अन्य ग्रहों पर है।" उनका विश्वास है कि सर्वोच्च संभव स्थिति ईश्वर के पास अथवा अनंत जीवन में जाना है।[8]

भक्तिवेदांत बटलर काउंटी में केवल लगभग 21 दिनों तक रहे थे; परंतु इस अवधि के दौरान अपनी अनेक स्मृतियों में से एक का विवरण उन्होंने बाद में सन् 1976 में एक वार्त्तालाप के दौरान दिया था, जो प्रकाश डालने योग्य है··· 'एक बार उन्होंने एक बाँस पर तार का एक टुकड़ा लटकता हुआ देखा था और उससे कुछ दूरी पर दूसरे बाँस पर तार का दूसरा टुकड़ा लटका हुआ था और उन दोनों के बीच सूखे कुम्हड़े का खोल पड़ा हुआ था। उन सभी टुकड़ों को किसी बुद्धिमान व्यक्ति ने एकत्रित कर लिया। इस प्रकार, कुम्हड़े का वह सूखा खोल एक वाद्य यंत्र बन गया, जिसे 'तंबूरा' कहते हैं···

हरि शौरी (उनका वार्त्ताकार) ने कहा कि उसके बारे में मैं कुछ नहीं जानता हूँ। वह किसी ध्वनि कक्ष जैसा है। आप उसे क्या कहते हैं?

श्रील प्रभुपाद : उसे ध्वनि कक्ष भी कहा जा सकता है। इस तरह उस व्यक्ति ने उस सूखे कुम्हड़े का एक ध्वनि कक्ष बना दिया। उसने उसके ऊपर उस बाँस के टुकड़े को लगा दिया और वह एक टिन, टिन, टिन, टिन···बन गया (हँसते हुए)। हमारा संगठन भी उसी के समान है। मैं गली में भटक रहा था। कोई आदमी यहाँ था, कोई आदमी वहाँ था।

दोनों एक साथ संयुक्त नहीं थे। अंतरराष्ट्रीय समाज एक तार वाद्य के समान है। जी हाँ। अलग-अलग हम सब अर्थहीन हैं। क्यों, ऐसा ही है न ?[9]

इस कहानी में हम जैसे-जैसे आगे बढ़ेंगे, हम देखेंगे कि हाजिर-जवाब भक्तिवेदांत ने उन दिनों वस्तुत: किया क्या था! उन्होंने गलियों में भटकनेवाले लोगों के साथ रिश्ते बनाए, उन्हें कृष्ण के प्रेम के साथ पिरोया और एक नए प्रकार का संगीत तैयार किया—उनका अपना कृष्ण भावनामृत का कीर्तन!

यह उस समय की बात है, जब वह अद्वैत वेदांत के एक अनुयायी डॉ. राम मूर्ति मिश्र के घर रहने हेतु पहली बार न्यूयॉर्क गए। उनके घर पहुँचकर भक्तिवेदांत ने वास्तव में उनके अद्वैत मत पर आपत्ति की और अपने मेजबान को उसके विरुद्ध तर्क दिए। उन्होंने कहा कि उनके गायन पर जब पहली बार टिप्पणी की गई थी तो उसे उन्होंने उसे एक संन्यासी के सर्वाधिक उद्दीप्त पक्षों में से एक मान लिया था।

चाहे कोई उनसे सहमत था या नहीं, उनके संपूर्ण भक्तिमय सांगीतिक गायन की शक्ति का विरोध केवल कुछ ही लोग कर सके। उनके गायन में विचित्र आनंद था, जो वातावरण को आप्लावित कर देता था। यहाँ तक कि मिश्र के अद्वैत वेदांत के विद्यार्थियों ने भी जब भक्तिवेदांत के गायन की अत्यंत मधुर ध्वनि सुनी तो वे खुद को खड़े होकर नाचने एवं गाने से नहीं रोक पाए।[10]

यद्यपि कुछ लोगों ने उनके भजन (प्रार्थना) सत्रों में भी आना प्रारंभ कर दिया, उस अवधि के अधिकतर भाग के दौरान ए.सी. भक्तिवेदांत पूर्णतया अकेले एवं लगभग कंगाल होते थे। वह अपनी पुस्तकों की कुछ उन प्रतियों की बिक्री से होनेवाली आय पर जीवित थे, जो क्रेताओं तक पहुँच चुकी थीं। उन्होंने अपने गौड़ीय मठ के पुराने संन्यासी साथियों और एक जहाज पर बैठकर अमेरिका पहुँचने की व्यवस्था करनेवाली अपनी शुभचिंतक सुमति मोरारजी को और अनेक अन्य लोगों को पत्र लिखे थे, परंतु किसी से उन्हें वांछित उत्तर नहीं मिला था।

उन पत्रों की ध्वनि एवं उत्साह ऐसी मासूमियत से ओत-प्रोत थे, जिन्हें लिखने का साहस कोई बालक अथवा एक संन्यासी ही कर सकता था। भक्तिवेदांत अपनी इस तर्कणा से सहमत दिखाई देते थे कि वह कृष्ण भावनामृत को समर्पित एक अंतरराष्ट्रीय केंद्र की स्थापना हेतु न्यूयॉर्क में एक भवन खरीदने के इच्छुक थे, जिसे लोग दिल खोलकर गले लगाएँगे। वहाँ इसकी संभावना एवं आवश्यकता दोनों थी और यह प्रत्येक भारतीय, विशेषतया भगवान् कृष्ण के भक्तों, का कर्तव्य था कि वह इस मामले को उठाएँ।[11] मोरारजी को संबोधित एक पत्र में उन्होंने लिखा था—'यह प्रत्येक कृष्ण-भक्त का कर्तव्य है कि वह सब प्रकार से मेरी सहायता करे।'[12] लेकिन भारत के प्रधानमंत्री सहित प्रत्येक राजनीतिक हस्ती और भारत के कुछ सर्वाधिक धनवान् लोगों ने उनके

अनुरोध को ठुकरा दिया था।

कहीं से कोई सहायता नहीं आई। जिस किसी को भी उन्होंने पत्र लिखा, उनमें से भी प्रत्येक उत्तर या तो खामोशी में था या उसने विनम्रतापूर्वक इनकार कर दिया था। इस बीच ए.सी. भक्तिवेदांत राममूर्ति मिश्र के आवास से निकलकर एक योग स्टूडियो के छोटे से कमरे में चले गए और उसके बाद उसके निकट ही किसी अन्य कमरे में। यद्यपि इसका अर्थ यह था कि उन्होंने कुछ गोपनीयता बनाए रखने की व्यवस्था कर ली थी। उन दिनों शायद उनकी कंगाली अत्यधिक बढ़ गई थी।

न्यूयॉर्क के कुख्यात ब्लैकआउट प्रारंभ हो गए। पूर्वी तट पर आए बर्फीले तूफानों ने शहर को जमा दिया था और उसकी गंदी गलियों में उधार का एक कोट एवं धोती पहने एक आदमी नितांत अकेला भटक रहा था, जो अभी भी अपने कृष्ण के लिए आशान्वित व महत्त्वाकांक्षी था।

1960 के दशक वाला न्यूयॉर्क अत्यंत अपराधग्रस्त और कचरे से बजबजा रहा था। 1960 के दशक में यदि आप न्यूयॉर्क की गलियों में असावधानीपूर्वक घूम रहे होते तो पहले आपको तेज हवा का सामना करना पड़ता और उसके कुछ देर बाद अचानक आपके चेहरे पर मुट्ठी भर मोटी रेत की परत आकर चिपक जाती। यह भी संभव था कि आवारागर्दी करते हुए आगे बढ़ने पर आप पाते कि कुत्ते के मल की दुर्गंध आपका पीछा कर रही है। यदि आप रुककर आसपास देखते तो अकसर आपको अपने जूतों पर भी कुत्ते का मल लगा हुआ दिखाई दे जाता। आपने अनजाने में कुछ गज पहले रुककर पूरे रास्ते में उसे देखा होगा। कभी-कभी आपके पाँव किसी प्रकार की गोंद जैसी चीज पर पड़ जाते और आप महसूस करते कि आपके पाँव प्रत्येक कदम पर चिपक रहे हैं।[13] श्रील प्रभुपाद ने भी इसी प्रकार की टिप्पणियाँ की थीं।

वह न्यूयॉर्क के इतिहास में एक ऐसा समय था, जब लोग वायु को स्पर्श कर सकते थे और कोई भी व्यक्ति अधिकतर जल-मार्गों में अपना कदम नहीं रखता था। व्यापक स्वच्छता अभियान शुरू होने से पूर्व न्यूयॉर्क में अनेक परित्यक्त खंड थे, जो उसके क्षेत्र को मोहक बनाते थे और 1970 के दशक के दौरान उसका बड़ा भाग शहरी एकरूपता एवं स्वयं जीवन के सादृश्य से रिक्त था। 1960 के दशक के दौरान तेजी से बढ़ती मौतों का एक बड़ा कारण फेफड़ों में होनेवाला वायुस्फीति रोग था। वहाँ कूड़ा जलाने के कारण राख के ढेर लग गए थे और उनसे रद्दी के छोटे-छोटे कण निकलते रहते थे। शहर के अनेक विद्युत् संयंत्रों को कोयले के ईंधन से चलाया जाता था, जिससे भारी मात्रा में विषाक्त धुआँ उत्सर्जित होता था।[14]

1960 के दशक में न्यूयॉर्क इतना अधिक गंदा था कि उसके स्वच्छता विभाग ने अपनी निजी त्रैमासिक पत्रिका 'स्वीप' प्रकाशित करनी शुरू कर दी थी।[15] यह स्मरण

करने योग्य है कि जिन रास्तों पर प्रभुपाद भटके थे, वहाँ की हवा भी यद्यपि साँस लेने लायक नहीं थी, जैसा कि उस समय के एक लेखक ने लिखा था—'1960 के दशक में जब जले हुए कूड़े के ढेर से बर्फ जैसी सफेद राख निकलने लगती थी तो मैं और मेरे साथी खिलाड़ी सभी काम बंद कर देते थे। हम हवा में उड़नेवाले कागज के उन जले हुए छोटे टुकड़ों को इस तरह पकड़ने का प्रयास करते थे, मानो वे काले हिमकण हों! वर्ष 2001 में प्रकाशित एक अध्ययन रिपोर्ट के अनुसार, सेंट्रल पार्क झील की तलछट में शीशे की मात्रा कई गुना बढ़ गई थी, क्योंकि उसमें बीसवीं शताब्दी में मैनहट्टन में जलाए गए कचरे से बड़ी मात्रा में निकले कण भी जुड़ गए थे। अध्ययन में पाया गया कि शहर में चलाई जानेवाली कूड़ा जलानेवाली 32 भट्ठियाँ और 17,000 घरेलू चूल्हे थे। शहर के कई विद्युत् संयंत्रों को कोयले और उच्च श्रेणी के तेल से चलाया जाता था, जिनसे हानिकारक धुएँ का उत्सर्जन होता था।[16]

वर्ष 1970 में पर्यावरणीय सुरक्षा अभिकरण (एजेंसी) की स्थापना से पूर्व न्यूयॉर्क दुनिया के सबसे गंदे शहरों में से एक था। वह केवल पर्यावरणीय पतन ही नहीं था, शहर में सर्व-समावेशी सामाजिक व आर्थिक गिरावट भी आ रही थी। जिस विद्युत् संकट का सामना भक्तिवेदांत ने अत्यंत निर्लिप्त भाव से किया था, वह भी बड़े ऊर्जा संकट का एक भाग था। उस दिन 9 नवंबर, 1965 को जब भक्तिवेदांत अमेरिका पहुँचे थे और उनके आगमन के केवल कुछ ही महीनों बाद उन्हें पूरे उत्तरी एवं पूर्वी अमेरिका में व्यापक ब्लैकआउट का सामना करना पड़ा था, जो इतना अधिक कुख्यात था कि उसने 'व्हेयर वर यू व्हेन द लाइट्स वेंट आउट?' नामक एक फिल्म के निर्माण की प्रेरणा दे डाली थी।

वह एक ऐसा समय था, जब न्यूयॉर्क को अपनी दोनों राष्ट्रीय लीग बेसबॉल टीमों से हाथ धोना पड़ा था। दोनों ही टीमें 'द डॉजर्स' एवं 'द जॉयंट्स' कैलिफोर्निया चली गई थीं।

जिस वर्ष भक्तिवेदांत अमेरिका पहुँचे थे, देश ने कुख्यात राष्ट्रीय मूल कोटा समाप्त कर दिया था और इस प्रकार शहर में विशाल एशियाई-अमेरिकी समुदाय के लिए आधार तैयार कर दिया गया था। जैसे ही जनसंख्या बढ़ी और उपनगरों की ओर जाने लगी, वस्त्र उद्योग जैसे अनेक पुराने उद्योग बंद होने शुरू हो गए तथा अपने पीछे अनेक समीपवर्ती बंजर भूमि छोड़ गए, जो प्रदूषित, नशाग्रस्त एवं अपराधग्रस्त थी।

लेकिन न्यूयॉर्क में केवल वही एक चीज नहीं थी, जो उस समय वहाँ हो रही थी। वह महान् रचनात्मक समृद्धि की अवधि भी थी, विशेषतया कविता एवं संगीत के क्षेत्र में। वह एक ऐसा समय था, जबकि पॉल सिमोन, नील डायमंड एवं लाउ रीड जैसे कलाकार शहर में अपना भाग्य आजमा रहे थे। उनमें से अनेक ने ग्रीनविच विलेज (ग्राम) एवं

ईस्ट विलेज, कॉफी हाउसों और मदिरालयों में अपनी संगीतमय प्रस्तुतियों के माध्यम से प्रतिष्ठा अर्जित करनी शुरू कर दी थी। ग्रीनविच विलेज तथा अन्य रचनात्मक स्थल लेखन, संगीत, कविता एवं अन्य रचनात्मक रूपों को एक साथ लाए और इसके कारण युद्ध-विरोधी विरोध ने नवोदित कलात्मकता एवं राजनीति को एक साथ ला खड़ा किया। वह बॉब डैलन, एंडी वारहोल और एलन गिंसबर्ग का युग था, महान् विचारों एवं मंथन का युग था।

हमारी कहानी के अगले भाग को समझने के लिए यह पृष्ठभूमि आवश्यक है। यह हमें इस तथ्य को समझने में सहायता करती है कि केवल संदेश ही नहीं, बल्कि ए.सी. भक्तिवेदांत द्वारा प्रयुक्त रूप भी स्वागत हेतु अत्यंत परिपक्व हो चुका था।

□

## 10

# हिप्पियों के बीच एक स्वामी

हम न्यूयॉर्क की कथा को वहाँ नहीं छोड़ सकते हैं। अब हम अनिवार्यतः लोअर ईस्ट साइड नामक एक निकटवर्ती स्थान (पड़ोस) के बारे में चर्चा करेंगे, क्योंकि हम शीघ्र ही देखेंगे कि यह ए.सी. भक्तिवेदांत के लिए अमेरिका के मन एवं हृदय को जीतनेवाला सब प्रकार से निश्चयात्मक भूगोल बनेगा।

1950 के दशक के अंत तक लोअर ईस्ट साइड की आवासीय शर्तें और उसके निवासियों की वर्गीय, नस्लीय एवं जातीय बनावट उन सजातीय आवासीय उपनगरीय कस्बों से पूरी तरह विपरीत थी, जिसने उत्तरी न्यू जर्सी, न्यूयॉर्क एवं कनेक्टीकट जैसे दूरस्थ क्षेत्रों का कायाकल्प कर दिया था। पूरे उत्तर-पूर्वी संयुक्त राज्य (अमेरिका) में उपनगरीय विकास की वृद्धि ने संतृप्ति का संकेत देना प्रारंभ कर दिया था। इस बीच, आंतरिक शहरों ने अपनी मध्यम वर्गीय जनसंख्या को खोना जारी रखा और शेष बचे निवासियों (नए व पुराने दोनों) में गरीबी का स्तर बदतर होता जा रहा था। लोअर ईस्ट साइड में पूर्वी यूरोपियाइयों की पहली एवं दूसरी पीढ़ी ने सीमित घरों की सीमाओं में रहना सीख लिया था; जबकि उन्होंने अपने नस्लीय रेस्तराँओं, बेकरियों, कसाई की दुकानों, चर्चों एवं पुस्तक भंडारों को सुरक्षित बनाए रखा था। 1950 के दशक में रोजगार के सीमित अवसर, सामुदायिक आधारभूत ढाँचा तंत्र (स्कूलों, खेल के मैदानों एवं पार्कों के निर्माण के इन्फ्रास्ट्रक्चर) में गिरावट और किशोर अकर्मण्यता जैसी अनेक सामाजिक समस्याएँ सामने आईं, जिन्होंने 1960 के दशक तक लोअर ईस्ट साइड को व्यथित करना जारी रखा। वर्ष 1965 आते-आते लोकप्रिय मीडिया ने लोअर ईस्ट साइड की गलियों व मुहल्लों को ईस्ट विलेज की हॉस्टन स्ट्रीट से ऊपर संदर्भित किया था। 'ईस्ट विलेज' उस क्षेत्र को कहा जाता है, जहाँ हिप्पी समुदाय के लोग रहते हैं, न कि नस्लीय पुराने गोरे और प्यूरोटिरिकन निवासियों को। वर्ष 1966 तक अनेक हिप्पी अपने धार्मिक संस्कारों हेतु या तो पश्चिमी तट पर स्थित हैत-ऐशबरी की तीर्थयात्रा पर जाते थे या फिर वे ईस्ट विलेज जाते थे। उत्तरी हॉस्टन स्ट्रीट की उत्तरी दिशा में स्थित गलियों व मुहल्लों ने बुर्जुआई

अपसंस्कृति को अपनी ओर आकर्षित किया, जहाँ मुख्यधारा के समाज को अनेक प्रकार की सामाजिक, राजनीतिक एवं सांस्कृतिक चुनौतियाँ दी जाती थीं। लोअर ईस्ट साइड का वर्णन एक भिन्न, वास्तविक, उपनगर-विरोधी, भ्रष्टाचार-मुक्त क्षेत्र के रूप में किया जाता था, जिसने अनेक युवा आंदोलनों को अपनी ओर आकर्षित किया, जिसे समग्रत: एक लचर 'हिप्पी आंदोलन' कहा जाता था। ईस्ट विलेज में सेंट मार्क का स्थान हिप्पी संस्कृति का केंद्र था। फुटपाथों पर चलते हुए हिप्पी लोग अनेक करतब दिखाते जाते थे, कविताएँ गाते थे अथवा 'अंदर आते' और 'बाहर जाते' रहते थे। इस सम्मिलन या विलगन में प्रदर्शन, विरोध, मनोरंजन एवं श्रोता सहभागिता के तत्त्व शामिल होते थे। 'हैपनिंग' नामक कार्यक्रम में दर्शक गण किसी अभिनयात्मक कार्य-प्रदर्शन में शामिल होते थे। लाफायत स्ट्रीट स्थित फिल्म निर्माताओं का फिल्म संग्रह केंद्र अकसर इन कार्यक्रमों का निष्पादन स्थल होता था, जहाँ अन्य लोगों के अतिरिक्त क्लेस ओल्डनबर्ग और रॉबर्ट राशेनबर्ग जैसे कलाकार इन कार्यक्रमों में अपनी कला का प्रदर्शन करते थे। सक्रिय अभिनयात्मक कृत्यों में किसी प्रायोगिक फिल्म का प्रदर्शन भी शामिल होता था। 'द ग्रेटफुल डेड', 'संताना' और 'द डब्ल्यू.एच.ओ.' जैसे अनेक संगीतमय कार्यक्रम थे, जिनका प्रदर्शन फिल्मोर ईस्ट के सेकंड एवेन्यू में किया जाता था। एंडी वारहॉल ने सेंट मार्क प्लेस स्थित 'डॉम' नामक पोलिश मीटिंग क्लब का एक प्रायोगिक क्लब के रूप में कायाकल्प कर दिया था।[1]

उपर्युक्त संक्षिप्त ऐतिहासिक विवरण की विषय-वस्तुओं पर ध्यान दीजिए—उसमें गरीबी थी, गंदगी थी; किंतु उसके साथ-ही-साथ संगीत कला, खोज और यहाँ तक कि ऐतिहासिक रचनात्मकता भी थी। इस सामीप्य को स्पष्टत: यह जानने के लिए समझना जरूरी है कि उसके बाद भक्तिवेदांत के जीवन में क्या हुआ था? उनका पहला अनुयायी रॉबर्ट नेल्सन नामक एक बेरोजगार नौजवान था, जो खैरात पर जीवित था और जिसकी ईश्वर में प्रगाढ़ आस्था थी।

नेल्सन ने ए.सी. भक्तिवेदांत के आगे-पीछे चक्कर काटना शुरू कर दिया, जो उस समय न्यूयॉर्क की गलियों में लगभग 10,000 डॉलर की कोई इमारत खोजने हेतु ऊपर-नीचे भटक रहे थे, जबकि उनके पास अपने सपनों के मंदिर की स्थापना के लिए बड़ी मुश्किल से उनकी जेब में मात्र कुछ ही पैसे थे!

कोई भी देख सकता था कि किस प्रकार नेल्सन और भक्तिवेदांत से मिलनेवाले लोग उन्हें 'स्वामी' कहकर संबोधित करते थे। जीवन जीने का वैकल्पिक उपाय खोजने के प्रयास में अनेक लोग 'द पैराडॉक्स' नामक रेस्तराँ में एकत्र होते थे, जो ऐसे लोगों के लिए सामान्य विश्राम एवं सम्मिलन स्थल था।

'द पैराडॉक्स' के दो बड़े लाभ थे। उसमें सस्ता भोजन मिलता था और उसके साथ

चाय मुफ्त मिलती थी। वह खुद को विश्व के प्रथम दीर्घजीवी रेस्तराँ[2] के रूप में विज्ञापित करता था; यहाँ 'दीर्घजीवी' को कृपया 'शाकाहारी' पढ़ें।

वहाँ कौन आया था?

उस रेस्तराँ में अन्य लोगों के अतिरिक्त योको ओनो नामक महिला आती थी, जो आगे चलकर जॉन लेनन की जोड़ीदार बनी। उल्लेखनीय है कि जॉन लेनन 'द बीटल्स' के प्रसिद्ध गायक व गीतकार थे। ओनो और लोक गायक लॉउडन वेनराइट तृतीय वहाँ काम किया करते थे। ऐबी हॉफमैन उसे साफ-सुथरा एवं सस्ता स्वास्थ्य केंद्र कहकर पुकारते थे और यदि आप मटर छीलने या बरतन साफ करने में सहायता करें तो आपको मुफ्त खाना मिल सकता था। योको ओनो 'द पैराडॉक्स' में अपना प्रसिद्ध संकल्पनात्मक गीत प्रस्तुत करती थी। रेस्तराँ के अंदर लोग अपनी पीठों पर बड़े एवं टाट के काले बैग लादे हुए अकेले या अपनी प्रेमिका के साथ आते थे और रेस्तराँ में ब्राउन राइस अथवा अंकुरित सलाद का आनंद लेनेवाले ग्राहकों के लिए फर्श पर अपनी इच्छानुसार कोई मनोरंजक कार्यक्रम प्रस्तुत करते थे।[3]

हार्वे कोहेन और बिल एप्सटीन नामक दो लोग 'द पैराडॉक्स' में नियमित रूप से आते थे। इन लोगों ने अतीत में भक्तिवेदांत को डॉ. राममूर्ति मिश्र के घर व्याख्यान देते सुना था और उनसे लोअर ईस्ट साइड में अपना ठिकाना बनाने का अनुरोध किया था।

यदि वहाँ एक छोटी सी चोरी न हुई होती तो शायद भक्तिवेदांत वहाँ से आने के लिए तैयार न होते। भक्तिवेदांत के पास एक छोटा सा टेप रिकॉर्डर और एक टाइपराइटर था, जो एक दिन उनके कमरे से चुरा लिया गया था। इस प्रकार, इस घटना के कारण, जिसने उन्हें चकित व आशंकित कर दिया था, बिल एवं हार्वे के परामर्श पर वह बावेरी नामक स्थान पर चले गए, जो कलात्मक गतिविधियों का एक विशाल केंद्र था, परंतु आध्यात्मिक रूप से दिग्भ्रमित था। कोहेन वहाँ अपने पैतृक धन से एक दोमंजिला मकान खरीदने आए थे और उन्होंने उसे डेविड एलन को किराए पर दे दिया था। डेविड एक अत्यंत प्रसन्नचित्त युवक था और नशीली दवाओं के प्रयोग के बारे में उसके विचार अत्यंत अस्थिर थे। जब वह इस 70 वर्षीय भारतीय भिक्षु के साथ अपना कमरा साझा करने के लिए राजी हो गया तो कोहेन ने उसे किराए पर दे दिया।

इस प्रकार, हुआ यह कि वृंदावन का विद्वान् और कृष्ण का एक भक्त उस 21 वर्षीय युवक का गृह मित्र बन गया, जो स्वयं को खोजने का प्रयास कर रहा था।

कोई इसका वर्णन कैसे करेगा कि बावेरी क्या है? शायद इसे सन् 1913 में थियोडोर रूजवेल्ट की इस उक्ति से समझा जा सकता है। बावेरी मानवता के महानतम महामार्गों में से एक है। यह उबलते जीवन का महामार्ग है, जो विभिन्न रुचियों से ओत-

प्रोत है। इसमें आनंद है, काम करने का वातावरण है, घटिया और भयानक त्रासदी है। यह बुरे राक्षसों का डेरा है—उतने ही बुरे राक्षसों का, जिनका विवरण 'इन्फर्नो' के पृष्ठों में मिलता है।[4]

इस विषय में ऐसी ही एक समान कविता 'ए ट्रिप टु चाइनाटाउन' में भी मिलती है—

*खेत, खेत!*
*वे ऐसा ही कुछ कहते हैं,*
*और कुछ अनोखी चीजें करते हैं*
*खेत में! उसी खेत में!*
*मैं वहाँ कभी नहीं जाऊँगा!*[5]

उसे बोवेरी (खेत) कहना उचित दिखाई देता था, क्योंकि वह निराश्रित, पियक्कड़ या बेचैन लोगों से भरा हुआ था और ऐसे ही लोगों के साथ ए.सी. भक्तिवेदांत ने बोवेरी में रहना शुरू किया था। वह बड़ी सावधानी से रास्ते में पड़ी गंदगी और नशे में बेहोश लोगों के शरीरों को बचाते हुए चलते थे।

न्यूयॉर्क में उनके निवास के प्रारंभिक दिनों के दौरान उनके जीवन का एक तत्त्व ध्यान देने लायक है, विशेषतया इसलिए कि उसका उल्लेख अधिक नहीं किया गया है; और वह तत्त्व यह था कि—ए.सी. भक्तिवेदांत इस संपूर्ण अवधि के दौरान धन के विषय में कितने सचेत रहते थे!

एक उदाहरण के रूप में, यहाँ तीन दिनों के लिए डायरी जॉटिंग हैं—

रविवार, 3 अप्रैल

सूर्योदय प्रातः 5.38 बजे। सूर्यास्त सायं 6.30 बजे। चंद्रास्त प्रातः 5.08 बजे।

चतुर्दशी

आनंद आश्रम से वापस न्यूयॉर्क आया। अपने कमरे में रात बिताई। डॉ. मिश्र ने मुझे एक टेप रिकॉर्डर दिया, जो काम नहीं कर रहा है।

कोई आय नहीं, कोई व्यय नहीं।

सोमवार, 4 अप्रैल

सूर्योदय प्रातः 5.36 बजे। सूर्यास्त सायं 6.31 बजे। चंद्रास्त प्रातः 5.46 बजे।

पूर्णिमा

आज मैं मि. बोगार्ट से मिलने गया। उनके प्रकाशक मि. लाफ्टन की 'श्रीमद्भागवत' के प्रकाशन में रुचि थी। मि. बोगार्ट ने मुझे एक टाइपराइटर एवं एक टेप रिकॉर्डर दिया। मैंने दोनों ले लिये। टाइपराइटर अच्छा था। टेप रिकॉर्डर खराब था।

आज मैंने राष्ट्रपति के दौरे के संबंध में विदेश विभाग के पत्र का जवाब दिया है।

उसके बाद मैं पॉल के घर आ गया।

वहाँ एक बैठक और कीर्तन के साथ हरि कथा थी।

कोई आय नहीं। व्यय 30 पेंस।*

मंगलवार, 5 अप्रैल

सूर्योदय प्रातः 5.34 बजे। सूर्यास्त सायं 6.34 बजे। चंद्रोदय सायं 7.01 बजे।

प्रभुपाद : सारा दिन मैं पॉल के घर पर था। वह एक अच्छा लड़का है। मैंने पराँठा बनाया, जिसे खाकर वह प्रसन्न हुआ। वह वैष्णव धर्म के सिद्धांतों का अनुसरण करने हेतु व्याकुल है। मैं अपनी ओर से उसकी सर्वोत्तम सहायता करूँगा। शाम को हम दोनों ने एक साथ कीर्तन किया। वह आशान्वित है।

कोई आय और कोई व्यय नहीं।[6]

जून के माह में एक दिन का संग्रह जब 19 डॉलर तक पहुँच गया तो उसे पिछली सभी कक्षाओं से सर्वोत्तम संग्रह कहा गया।[7]

---

* 30 पेंस।

यद्यपि रॉबर्ट नेल्सन ने याद करके बताया कि रोटी या चपाती बनाने की विधि सीखने के लिए उसे दान देने की जरूरत पड़ी थी। उस समय बेरोजगार नेल्सन 100 डॉलर नहीं एकत्रित कर सका था। फिर भी, भक्तिवेदांत ने उसे किसी प्रकार उसकी विधि (recipe) सिखा दी और उससे कहा कि वह खाने से पहले अपने हाथों को अच्छी तरह साफ करे और केवल अपने दाएँ हाथ से ही खाना खाए।[१]

वह सब उसी प्रकार चलता रहा। उससे बचने का कोई उपाय नहीं था। ए.सी. भक्तिवेदांत यद्यपि भौतिक आराम के प्रति अधिक आग्रही नहीं थे, किंतु वह इस तथ्य से भलीभाँति परिचित थे कि धन के बिना उनका मिशन शायद अधूरा ही रह जाए। उनके लिए सबसे बड़ी चुनौती धन एकत्रित करने की थी। उनका उद्देश्य अपने जीवन को सरल बनाना नहीं था। ऐसा प्रतीत होता था, मानो भक्तिवेदांत अपने समक्ष उत्पन्न प्रत्येक अवस्था में दृढ़तापूर्वक रह सकते थे; परंतु कृष्ण के लिए मंदिर-निर्माण करने का उनका इरादा कभी भी धुँधला नहीं हुआ।

बोवेरी में अपनी रचनात्मकता का प्रदर्शन करते हुए क्षणिक तौर पर केवल उदासीन चेहरों पर चमक लाने के लिए उन्होंने उसे देवत्व का स्पर्श दे दिया। कीर्तन के साथ संगीत का स्वर सदैव सुनाई देता रहता था। जलती हुई अगरबत्तियों की सुगंध वातावरण में फैली हुई थी। उन्होंने सिखाया, प्रवचन किया और खाना बनाया। उस समय ऐसा प्रतीत होता था, मानो पेट की भूख मिटाए बिना शांति नहीं मिल सकती थी और शांति एवं संगीत के बिना कृष्ण की भक्ति प्राप्त करने की कल्पना करना भी असंभव था। यह एक ऐसा पाठ था, जिसे उनके श्रोताओं ने अच्छी तरह पढ़ लिया था।

यहाँ एक अन्य महत्त्वपूर्ण तथ्य है, जिसे रेखांकित करना आवश्यक है। प्रारंभ से ही ए.सी. भक्तिवेदांत ने न्यूयॉर्क के सर्वाधिक असुरक्षित स्थानों में एक 'सुरक्षित स्थान' खोज लिया था। वह सुरक्षित स्थान कलाकारों के लिए था, बेघर लोगों एवं खोए-पाए व्यक्तियों के लिए था। अगरबत्ती की सुगंध से महकती अपनी प्रार्थना सभाओं में, कृष्ण के प्रेम की चर्चाओं में, कीर्तनों के दौरान भक्ति संगीत की सहभागिता में उन्होंने कीर्तिमान स्थापित किया था और इसके लिए उन्हें शायद ही कभी श्रेय दिया गया। वह एक बहु-नस्लीय सुरक्षित स्थान था, जहाँ कोई भी आ सकता था और इस बात से कोई अंतर नहीं पड़ता था कि आगंतुक की त्वचा का रंग क्या था! वहाँ तब तक सभी का स्वागत था, जब तक कि वे लोग कृष्ण के प्रेम के महत्त्व पर ए.सी. भक्तिवेदांत के संदेश के प्रति आग्रही थे।

पीछे मुड़कर देखें तो वह एक चौंकानेवाला कृत्य था—एक 70 वर्षीय भारतीय संन्यासी न्यूयॉर्क के निर्धनतम एवं हिंसक क्षेत्रों में बहु-नस्लीय भीड़ का नेतृत्व कर रहा था! वह ऐसा दशक था, जब नस्लीय हिंसा न्यूयॉर्क के चीथड़े कर रही थी। 'वर्ष 1964

एवं 1971 के बीच नागरिक विक्षोभ की 700 से अधिक घटनाएँ हुई थीं, जिनमें अनेक लोगों की मृत्यु हो गई थी, सैकड़ों लोग घायल हुए थे और अनेक लोगों को गिरफ्तार किया गया था। इसके साथ-साथ मुख्यत: काले* लोगों की बस्ती को निशाना बनाकर बड़े पैमाने पर संपत्ति को नुकसान पहुँचाया गया था। यद्यपि संयुक्त राज्य अमेरिका ने अपने पूरे इतिहास में नस्ल संबंधी नागरिक विक्षोभों का अनुभव किया था, 1960 के दशक की घटनाएँ अपनी बारंबारता एवं संभावना में अभूतपूर्व थीं। विधिक कार्यान्वयन प्राधिकरणों ने दंगों को समाप्त कराने के लिए असाधारण कदम उठाए थे और कई बार इन उपायों में नेशनल गार्ड यूनिट्स की गश्त भी शामिल होती थी। सर्वाधिक बीभत्स दंगे थे डेट्रॉइट (1967), लॉस एंजेलेस (1965) और नेवार्क (1967) के। दंगों की भयावहता का अनुमान लगाते हुए, जिनमें गिरफ्तारियाँ, घायल होने की घटनाएँ और आगजनी भी शामिल थीं, ने इस सूची में वाशिंगटन (1968) को भी जोड़ लिया था। विशेषतया अप्रैल 1968 में मार्टिन लूथर किंग की मृत्यु के बाद दंगों ने सावधानी से चलाए जा रहे अहिंसक नागरिक अधिकार आंदोलन की समाप्ति का संकेत दिया था।[10]

इस हिंसा का अंतर्निहित कारण अन्य पक्षपातों के अतिरिक्त गहरे पैठी असमानता थी, जो द्वितीय विश्व युद्ध के समय से ही रिसती आ रही थी। 1960 के दशक के प्रारंभ से ही पूरे देश के शहरों में अफ्रीकी-अमेरिकी नागरिक बड़े पैमाने पर असंतुष्ट दिखाई देते थे, क्योंकि उनके समुदायों में गरीबी का स्तर काफी बढ़ता जा रहा था। द्वितीय विश्व युद्ध (1939-45) के तत्काल बाद के वर्षों में मध्यम वर्गीय गोरे लोग अमेरिकी उपनगरों के समीप वाले शहरों में रहते आ रहे थे। जो उद्योग कभी शहरों में नौकरियाँ उपलब्ध कराने और कर निधीयन में सहायक थे, वे भी वहाँ से छोड़कर जा रहे थे। ठीक उसी समय नौकरियों की तलाश कर रहे लगभग 20 लाख अफ्रीकी अमेरिकी दक्षिणी शहरों से उत्तर व पश्चिम के शहरों की ओर प्रस्थान कर गए थे। बड़े पैमाने पर बड़े शहरों के केंद्रीय कस्बे निम्न आयवाले अल्पसंख्यकों का आश्रय बन गए। उनमें अनेक दक्षिणी काले लोग थे। अफ्रीकी अमेरिकियों के मध्य बेरोजगारी राष्ट्रीय औसत से काफी ऊपर थी और (एक बटा पाँच गोरों के विपरीत) सभी काले अमेरिकियों का आधा भाग गरीबी रेखा से नीचे जीवन-यापन कर रहा था। इसमें आश्चर्य की कोई बात

---

* 'काले' नामक शब्दावली का प्रयोग कुछ समुदायों द्वारा और कई बार इस वर्ण के सभी लोगों द्वारा अपनी पहचान बताने के लिए किया जाता था। यह एक ऐसी शब्दावली है, जिसका अब एक दीर्घकालिक इतिहास बन चुका था और बड़े पैमाने पर इसका प्रयोग इस रंग के मुख्यधारा के लोगों द्वारा किया जाने लगा था। इस अध्याय में किया गया इस शब्द का प्रयोग न तो किसी को नीचा दिखाने के लिए किया गया है और न ही किसी व्यक्ति, समुदाय, लोगों के समूह, नस्ल, जाति अथवा धर्म को अपमानित करने के लिए किया गया है।

नहीं थी कि काले समुदायों में बड़े पैमाने पर तनाव बढ़ता जा रहा था। जो बड़े दंगे हुए थे, वे बर्मिंघम, अल्बामा, 1963 में; न्यूयॉर्क शहर 1964 में; लॉस एंजेलेस, कैलिफोर्निया के वाट्स में 1965 में और शिकागो व इलिनॉइस में 1966 में हुए थे। अकेले 1967 में टांपा, फ्लोरिडा; सिनसिनाटी, ओहियो; अटलांटा, जॉर्जिया; नेवार्क, प्लेनफील्ड एवं न्यू ब्रंसविक, न्यू जर्सी और डेट्रॉइट, मिशिगन सहित सभी बड़े शहरों में दंगे हुए थे। 4 अप्रैल, 1968 की रात में नागरिक अधिकार नेता मार्टिन लूथर किंग जूनियर (1929–1968) की हत्या कर दी गई थी। उनकी हत्या से उपजे जनाक्रोश के कारण अमेरिका के 110 से अधिक शहरों में दंगे भड़क उठे थे।[11]

यह रक्तपात केवल तभी सुलझाया जा सका, जब लिंडन जॉनसन (1963–69) अपने साथ राष्ट्रपति भवन में एक ऐसे देश का विचार लेकर आए, जो अमीर व गरीब के बीच, काले व गोरे के बीच, शक्तिहीन व शक्तिशालियों के बीच विभाजित नहीं होगा। जॉन एफ. केनेडी की हत्या के बाद उपजी निराशा के बीच जॉनसन ने ऐसे कार्यक्रमों का उद्घाटन किया, जो अमीर व गरीब के बीच की खाई को कम करने के प्रति लक्षित थे। इसके साथ ही, उन्होंने समन्वित रूप से गोरे व काले अमेरिकियों के मध्य गरीबी-उन्मूलन हेतु अंतिम युद्ध छेड़ दिया। उनके अमेरिकी अवसर अधिनियम में 'अपवार्ड बाउंड' एवं 'हेडस्टार्ट' जैसे कार्यक्रम शामिल थे, जो आज भी अमेरिकी शिक्षा में संलग्नक बने हुए हैं। जॉनसन की योजना का एक भाग स्थानीय कार्य पहल या सी.ए.पी. (कम्युनिटी एक्शन प्रोग्राम) के सशक्तीकरण पर केंद्रित था, ताकि वैयक्तिक समुदायों में गरीबी से लड़ा जा सके। स्थानीय काले नेताओं को (संघीय भत्तों की सहायता से) ऐसे कार्यक्रमों के कार्यान्वयन का प्रभारी बनाने के कारण कई बार स्थानीय गोरे राजनीतिज्ञों और विधि कार्यान्वयन समुदाय में नाराजगी उत्पन्न हुई। यह नाराजगी कई बार कानूनों की औपचारिक सहिष्णुता काले लोगों पर अत्याचार के रूप में सामने आती थी और ऐसे निंदनीय एवं एकजुट कृत्य के बावजूद उन्हें बिना दंडित किए छोड़ दिया जाता था। चूँकि शत्रुता की भावना लगातार बढ़ती जा रही थी, अमेरिका के शहरों की पहले से ही असंतुष्ट एवं क्रुद्ध काली जनसंख्या उस अनौचित्य की भावना को हिंसक रूप से प्रदर्शनों, लूट एवं संपत्ति के विध्वंस के रूप में अमेरिकी शहरों और गलियों में ले गई।[12]

लेकिन भक्तिवेदांत की छोटी व मधुरिम आध्यात्मिक सेवाओं ने ईर्ष्या की इस खाई को क्षणिक तौर पर भर दिया और एक उच्च शक्ति सक्रिय हो गई। सेवा की इस भावना एवं संवेदी उपासना ने उन रेखाओं को धुँधला कर दिया, जो बड़ी निर्ममता से गलियों में खींची गई थीं। तथ्यात्मक रूप से, उनकी यात्रा के इस महत्त्वपूर्ण चरण में उनके कुछ प्रारंभिक अनुयायी काले अमेरिकी थे, जिनमें ब्रॉन्क्स निवासी 30 वर्षीय काला कार्नेलियाई छात्र कार्ल इयरजेंस भी शामिल था।

वह कार्ल इयरजेंस का ही घर था, जिसे इयरजेंस ने अपने भागीदार के साथ साझा किया था, जिसमें ए.सी. भक्तिवेदांत ने उस समय शरण ली थी, जब उनका पहले वाला कक्ष-भागी डेविड एलन नशे में धुत्त होकर अत्यंत आक्रामक हो गया था। इयरजेंस जैसे लोगों एवं छात्रों तथा अन्य कलाकारों की उपस्थिति में पहली बार भक्तिवेदांत के बारे में प्रभावशाली 'प्रतिसंस्कृति' पत्रिका 'द विलेज वॉयस' में लिखा गया था। यहाँ उन्हें अपने 'अमेरिकी चर्च' के सपने के बारे में कुछ बोलने का अवसर मिला था।

मई के अंत तक, ए.सी. भक्तिवेदांत एवं उनके अनुयायी 'दि इंटरनेशनल सोसाइटी फॉर कृष्णा कॉन्शसनेस' (ISKCON—अंतरराष्ट्रीय कृष्ण भावनामृत संघ) के समावेशन हेतु राजी हो गए थे।[13] जून में 'द विलेज वॉयस' ने भक्तिवेदांत के बारे में लिखे गए अपने लेख में उनकी इस महत्त्वाकांक्षा के विषय में लिखा था। इस प्रकार, यह स्पष्ट हो गया कि किसी के भी प्रति अपने स्वाभाविक स्नेह के कारण ए.सी. भक्तिवेदांत अपने तरीके से अनजाने ही उस समय अमेरिका की प्रति-संस्कृति का अंग बन गए और अपने शिष्यों को यह शिक्षा देने लगे कि कुरुक्षेत्र का युद्ध विएतनाम में होनेवाले युद्ध के समान नहीं था। ये जटिल सैद्धांतिक विचार थे—अर्जुन केवल एक योद्धा या सैनिक नहीं था। उसका लक्ष्य अधिक साहसिक एवं पवित्र था, क्योंकि वह उस युद्ध को कृष्ण के लिए लड़ रहा था। इसे उन्हें अपने लोअर ईस्ट साइड के अनुयायियों को समझा पाना सरल नहीं था; परंतु भक्तिवेदांत किसी के कंधे पर नहीं, बल्कि स्वयं अपने कंधों पर टिके थे।

एक महत्त्वपूर्ण चीज हो रही थी—उन्हें एक नए सांस्कृतिक परिप्रेक्ष्य में अपनी कृष्ण-भक्ति को प्रस्तुत करना था और ऐसे शब्दों एवं उदाहरणों का चयन करना था, जो उनके शिष्यों को इस विदेशी धरती पर आसानी से समझ में आ सकें। वहाँ परोसा जानेवाला भोजन निस्संदेह महत्त्वपूर्ण गोंद था, जो उनके समर्थकों को उनसे चिपकाए रख सकता था। भक्तिवेदांत के मन में मनुष्य के प्रति संवेदना स्वाभाविक रूप से कृष्ण के प्रति उनके प्रेम एवं उत्साह के कारण थी। उन्होंने लिखा था—'मैंने वहाँ उपस्थित सभी सोलह स्त्रियों व पुरुषों के लिए बारह तरह का भिन्न-भिन्न भोजन बनाया था, जिसे उन्होंने बड़े आनंद से खाया।'[14] लोगों को इस तरह खाना खिलाने की उनकी लत उनके संपूर्ण मिशन में जारी रही थी। उनकी सबसे बड़ी विशेषता और विरासत यह थी कि वह किसी को भूखे पेट नहीं लौटाते थे। भक्तिवेदांत के लिए भोजन न केवल ईश्वर एवं मनुष्य के मध्य सेतु के समान था, अपितु लोगों के मध्य भी था। अकसर वह भोजन के माध्यम से ऐसी खाइयों को पाटने का प्रयास करते थे, जो उन दिनों अमेरिका में दृश्यत: अत्यंत विषम होती थीं। उनके प्रभाव की छाप यद्यपि अभी छोटी थी, परंतु उन्होंने अपने अनुयायियों की संख्या के अभाव को बड़े अनोखे ढंग से पूरा किया था, जिसकी सचमुच कभी कल्पना भी नहीं की जा सकती थी!

यद्यपि कई महीनों तक उन्हें भारत के किसी भी कोने से सहायता नहीं मिली थी, जिसके कारण उन्हें उस स्थान को छोड़ना पड़ा, जहाँ एक उपदेशक के रूप में उनका कार्य अपनी जड़ें जमाने लगा था; परंतु उनकी आशा अभी भी स्पष्ट दिखाई देती थी।

'द विलेज वॉयस' का लेख प्रकाशित होने के कई दिनों बाद भक्तिवेदांत को उनके कुछ चयनित वाक्पटु विद्यार्थियों एवं अनुयायियों ने उन्हें बताया कि उनके कार्य हेतु एक नया स्थान मिल गया है और उसके साथ उनके लिए एक नया घर भी है।

यह घर दुमंजिला था, जिसमें एक भंडार अथवा अमेरिकियों की भाषा में—घर के आगे की दुकान थी, जिसमें यादगार उपहारों की बिक्री की जाती थी और ईस्ट मैनहट्टन के सेकंड एवेन्यू में सड़क के पार एक घर था। यह उनके प्रवचन का पहला औपचारिक स्थल होने वाला था, जिसमें उनके घर का दोहरा काम नहीं लिया जा सकता था।

इस समय तक उनके पास केवल आकस्मिक श्रोताओं से अधिक लोग आने लगे थे और अंततोगत्वा अब उन्हें ऐसे लोग भी मिलने लगे थे, जो उनके इस उद्यम में धन लगाने के इच्छुक थे; परंतु अभी वह अमेरिका में कोई सोसाइटी पंजीकृत कराने हेतु क़ाफी छोटा था। जून के अंत में, उन्होंने अपनी डायरी में लिखा कि 'उनके एक भक्त ने वैष्णव बनने तथा अपनी प्रेमिका से विवाह करने का प्रस्ताव दिया था।'[15] वह यहाँ किसी का धर्म-परिवर्तन करने नहीं आए थे। वास्तव में, उनके प्रारंभिक अनुयायियों में सभी प्रकार के लोग थे—ईसाई, यहूदी, गैर-संप्रदायवादी, संशयवादी और यहाँ तक कि नास्तिक लोग भी थे। फिर भी, उनकी उपस्थिति के कुछ ही महीनों के अंदर उनके मार्ग के लिए अनिवार्य एक गुरु के रूप में उनकी भूमिका को महत्त्व दिया जाने लगा था। यह बात अलग थी कि उनकी संख्या अभी बहुत कम थी।

वह स्थान उनके घर के अतिरिक्त और भी बहुत कुछ होने जा रहा था। वह इस्कॉन (अंतरराष्ट्रीय कृष्ण भावनामृत संघ) का पहला घर बन गया था।

□

# 11

# सामी कृष्ण

इस्कॉन (ISKCON—अंतरराष्ट्रीय कृष्ण भावनामृत संघ) की स्थापना के साथ ए.सी. भक्तिवेदांत ने उसके लिए सात आधारभूत सिद्धांत परिभाषित किए थे—

समाज में सुव्यवस्थित रूप से बड़े पैमाने पर आध्यात्मिक ज्ञान का प्रचार करने तथा सभी लोगों को आध्यात्मिक जीवन की तकनीकों के बारे में शिक्षित करने के लिए, ताकि उनके आध्यात्मिक जीवन के असंतुलन पर अंकुश लगाया जा सके और विश्व में वास्तविक एकता एवं शांति स्थापित करने के प्रचार के लिए।

'श्रीमद्‍भगवद्‍गीता' एवं 'श्रीमद्‍भागवत' में किए गए वर्णन के अनुसार कृष्ण के भावनामृत का प्रचार करने के लिए।

समाज के सभी सदस्यों को एक साथ लाने और उन्हें एक-दूसरे एवं कृष्ण के निकट लाने हेतु और इस प्रयास के माध्यम से समाज, विशेषतया व्यापक रूप से मानव जाति के अंदर यह विचार विकसित करने के लिए कि प्रत्येक आत्मा उस सर्वशक्तिमान ईश्वर का एक अंश व पिंड है।

संकीर्तन आंदोलन की शिक्षा देने एवं प्रोत्साहित करने तथा ईश्वर के नाम का सामूहिक उच्चारण करने और भगवान् चैतन्य महाप्रभु की शिक्षाओं को उद्‍घाटित करने हेतु।

सदस्यों तथा व्यापक रूप से समाज के लिए एक ऐसे स्थान का निर्माण, जो मीमांसात्मक मनोरंजन हेतु ईश्वर के अस्तित्व को समर्पित एवं पवित्र हो।

अपने जीवन को सरल एवं अधिक प्राकृतिक रूप से जीने की शिक्षा देने के उद्‍देश्य से सदस्यों को एक-दूसरे के समीप लाने के लिए।

उपर्युक्त उद्‍देश्यों की प्राप्ति की दिशा में आवधिक पत्रिकाओं, पुस्तकों और अन्य लिखित सामग्री का प्रकाशन एवं वितरण।[1]

यद्यपि अपने गृह-देश भारत में उन्हें जितनी उपलब्धियाँ प्राप्त हुई थीं, उसकी तुलना में वह इनमें से कोई भी लक्ष्य नहीं प्राप्त कर सके; लेकिन जैसे-जैसे हमारी कहानी

आगे बढ़ेगी, हम देखेंगे कि वह अमेरिका पहुँचने के बाद 24 महीनों से भी कम अवधि में अपने निर्धारित लक्ष्यों में से कम-से-कम आधे लक्ष्य पूरे करने में सफल रहे थे।

ए.सी. भक्तिवेदांत के लिए यह मनोरंजन का विषय हो सकता था कि सेकंड एवेन्यू, लोअर ईस्ट साइड में वह उपासना के लिए जो स्थान प्राप्त करने जा रहे थे, वहाँ कभी 'मैचलेस गिफ्ट' (अप्रतिम उपहार) की दुकान थी और वह मानते थे कि वह अमेरिका में उसके निवासियों के लिए कृष्ण की उपासना का वही अप्रतिम उपहार लेकर आए थे।

भक्तिवेदांत के इस अप्रतिम उपहार के प्रारंभिक प्राप्तकर्ताओं में कार्ल इयरजेंस, बिल एप्सटीन, हार्वे कोहेन एवं हॉवर्ड व्हीलर जैसे नौजवान और उनके कक्ष-सहभागी कीथ एवं वाल्ली तथा उनके जैसे अन्य लोग थे। इन सभी लोगों में जो एक चीज सामान्य थी, वह यह थी कि ये सब-के-सब नौजवान थे और अपनी आयु के 20वें या 30वें वर्ष में प्रवेश कर रहे थे और उससे अधिक प्राप्त करने हेतु लालायित थे, जो उस समय उनका निकटतम क्षेत्र अथवा संस्कृति उन्हें दे सकती थी। वस्तुतः, वह एक संकेंद्रिता की तलाश में थे, जिसे संभवतः 'सर्वोत्तम रूप से प्रेम' कहा जाता है।

यह आवश्यकता क्यों उत्पन्न हुई?

इसलिए, क्योंकि जैसा हमने पहले कहा है, अमेरिका उन वर्षों में प्रति-संस्कृति के पुनरुत्थान का अनुभव कर रहा था, यहाँ यह परिभाषित करना महत्त्वपूर्ण है कि वास्तव में यह प्रति-संस्कृति है क्या? विद्वान् पॉल ओलिवर ने लिखा था—'प्रति-संस्कृति की शब्दावली का प्रयोग उन अर्थों में किया जाता था, जिसके अंतर्गत एक उप-संस्कृति विकसित होती थी, जो महत्त्वपूर्ण रूप से मूल्यों, रीतियों एवं आचरणों के मामले में पारंपरिक समाज से भिन्न थी। इस प्रकार की प्रति-संस्कृति समाज के स्थापित संस्थानों के प्रति अपनी ईर्ष्या एवं उपेक्षा का प्रदर्शन करती थी। यह तर्क दिया जा सकता है कि समाज के अस्तित्व में आने के साथ ही प्रति-संस्कृतियाँ भी अस्तित्व में आ गई थीं और चूँकि केवल उन्हीं के माध्यम से मौजूदा सत्ता तंत्र को आवधिक चुनौतियाँ दी जा सकती थीं और केवल उसी के माध्यम से समाज में परिवर्तन आ सकता था, वास्तव में संभवतः कोई अगला तर्क यह दे सकता है कि यह उस प्रति-संस्कृति की संकल्पना का एक भाग था, जो मौजूदा समाज को परिवर्तित कर सकता था। 1960 के दशक के प्रारंभ में स्वतंत्रता, समानता और जीवन के अनेक क्षेत्रों में स्वायत्तता की माँग बढ़ती जा रही थी। जहाँ मौजूदा सामाजिक ढाँचे में असमानताओं की जड़ें गहरे पैठी हुई थीं, उदाहरणार्थ नस्ल एवं लिंग संबंधी असमानताएँ जहाँ अधिक थीं, आनेवाले दशक में उन मौजूदा सांस्कृतिक नियमों को अधिक मजबूत चुनौती दी जाने वाली थी।[2]

लेकिन हितों में आई इस प्रकार की उछाल, जिसका उल्लेख हम करते आए हैं

और जैसा कि हिंदुत्व के एक अमेरिकी विद्वान् ने भी संकेत दिया था, उसका एक पूर्व आयाम था—उन्नीसवीं शताब्दी के अंतिम और बीसवीं शताब्दी के प्रारंभिक वर्षों में अनेक अमेरिकी नागरिक हिंदुत्व में गहरी रुचि लेने लगे थे। यहाँ तक कि उन्होंने भारत के स्वाधीनता आंदोलन में भी सहभागिता की थी और संन्यासी बनने की शपथ ली थी या दोनों कार्य एक साथ किया था...पूर्ववर्ती अवधि—उन्नीसबीं शताब्दी के अंतिम एवं बीसवीं शताब्दी के प्रारंभिक वर्षों के दौरान हुए प्रति-संस्कृति आंदोलनों में मुख्य अंतर यह था कि 1960 के दशक के आंदोलन का स्वरूप बड़े पैमाने पर एक ही स्तर का था। पश्चिम के लोग, उदाहरणार्थ, विवेकानंद की 'वेदांत सोसाइटी' की ओर आकर्षित थे... संगठन के प्रारंभिक दशकों में उनकी संख्या 1,000 और सर्वाधिक 10,000 के आसपास थी। 1960 के दशक की प्रति-संस्कृति के प्रति आकर्षित हुए पश्चिमवासियों की संख्या यद्यपि 10 लाख से भी अधिक थी।[3]

और इस संख्या में अधिक वृद्धि करनेवाले प्रमुख लोगों में से एक व्यक्ति ए.सी. भक्तिवेदांत और उनका संगठन इस्कॉन (ISKCON—अंतरराष्ट्रीय कृष्ण भावनामृत संघ) था।

सेकंड एवेन्यू स्थित प्रथम वास्तविक उपासना केंद्र में आए अनेक युवा अतिथि भक्तिवेदांत द्वारा प्रवाहित 'शीतल शांति' को देखकर मंत्रमुग्ध हो गए थे।[4] हिंसा, इसे सही अर्थों में 'अस्थायित्व' कहना उचित होगा, के विस्मयकारी एवं विक्षोभग्रस्त विश्व में स्वामी ने स्थायित्व का संदेश दिया था। यह ऐसी चीज थी, जिसे अन्य सभी चीजों के बदल जाने के बावजूद कोई परिवर्तित नहीं कर सकता था।

बेघर और आवारा, एल.एस.डी. के नशे में बेसुध और कुछ शराबियों ने यद्यपि उनकी कुछ प्रार्थना सभाओं में व्यवधान उत्पन्न किया, परंतु ए.सी. भक्तिवेदांत की मधुर वाणी उन उपद्रवियों के शोरगुल पर भारी पड़ी डॉन या राफेल जैसे कुछ लड़कों, जिनके पास रहने का कोई ठिकाना नहीं था, को स्वामी के घर में शरण मिली। कोई खर्च न उठा पाने की स्थिति में वे घर की साफ-सफाई एवं खाना बनाने में सहायता करते और उनके प्रवचन की व्यवस्था करते थे। उनसे कैमस, नीत्जे, काफ्का एवं 'तिब्बतन बुक ऑफ द डेड' (मुर्दों की तिब्बती पुस्तक) और यहाँ तक कि बॉब डायलान के बारे में प्रश्न किए जाते थे और उन सभी प्रश्नों के बीच भक्तिवेदांत ने स्पष्ट किया कि वह केवल कृष्ण के उपदेशों की 'श्रीमद्‍भगवद्‍गीता' और उसके दैनंदिन जीवन में उपयोग के बारे में बोलना चाहते थे, ताकि वे अपने संघर्षपूर्ण एवं अभावग्रस्त जीवन में प्रयोग कर सकें।

उनसे प्रश्न किया गया कि "बुद्ध के विषय में आपका क्या विचार है?"

"क्या तुम उनका अनुसरण करते हो?" उन्होंने प्रश्नकर्ता से पूछा।

"जी नहीं।" उसने उत्तर दिया।

"नहीं, आप लोग केवल बातें करते हैं।" भक्तिवेदांत ने रोषपूर्ण स्वर में कहा, "आप लोग उनका अनुसरण क्यों नहीं करते हैं? कृष्ण का अनुसरण करो। यीशु का अनुसरण करो, बुद्ध का अनुसरण करो, लेकिन केवल बातें मत करो।"[5]

'गीता' में कृष्ण की भाँति ए.सी. भक्तिवेदांत ने अपने अनुयायियों को कर्म एवं पूर्ण सत्य का उपदेश दिया, जो वास्तव में कुछ करने—प्रार्थना करने, गाने एवं नाचने—से संबद्ध था, केवल बातें करने के लिए नहीं।

एक युवा यहूदी वकील स्टीफन गोल्डस्मिथ को एक समिति का पंजीयन और उसे कर-मुक्त कराने हेतु अनुबंधित किया गया और उनके आसपास रहनेवाले लोगों, अर्थात् हिप्पियों को उसमें शामिल किया गया, जिनमें से अनेक लोग संस्था के न्यासी बन गए और वही लोग अब इस्कॉन (ISKCON) का एक हिस्सा हैं।

इस प्रक्रिया के माध्यम से ए.सी. भक्तिवेदांत ने अस्थायी मंदिर 26, सेकंड एवेन्यू में अपना प्रवचन सत्र जारी रखा। कभी उनसे फ्रांसीसी चित्रकार कैमस के बारे में पूछा जाता, कभी सेक्स के बारे में और कभी नशे में झूमते नशेड़ियों के बारे में पूछा जाता; परंतु भक्तिवेदांत उन सभी प्रश्नों को अनसुना करके अपने मुख्य कार्य—कृष्ण के संदेश के प्रसार—पर अपना ध्यान केंद्रित करते थे, कृष्ण के लिए मंदिरों का निर्माण करने और पुस्तकें प्रकाशित करने पर ध्यान देते थे। अपने खाली समय में वह अपना उत्साहपूर्ण अनुवाद कार्य जारी रखते थे। 60 खंडों के अनुवाद का उनका लक्ष्य यथावत् बना हुआ था।

मंदिर के रूप में परिवर्तित दुकान को भारतीय कलाकृतियों से सजाया गया था, जिसमें हनुमान की एक मूर्ति भी थी। फर्श पर कालीन और दीवारों पर चित्र लगाए गए थे।[6] मैनहट्टन के उस ध्वस्त क्षेत्र के निकट इस्कॉन (अंतरराष्ट्रीय कृष्ण भावनामृत संघ) के प्रथम लघु समुदाय के निर्माण हेतु वह स्वयं खाना बनाते, साफ-सफाई करते और उपदेश देते थे। एक ऐसे न्यूयॉर्क, जो कि असंतुष्ट युवकों से भरा हुआ था, में ए.सी. भक्तिवेदांत ने उन्हीं में से कुछ निष्ठावान् सहायक खोज लिये थे, जो उनके प्रथम अनुयायी बन गए थे।

अपनी कहानी में हम यहाँ इस संबंध में भी थोड़ी चर्चा करेंगे कि ए.सी. भक्तिवेदांत अपने अनुयायियों को आध्यात्मिक एवं सांगीतिक मार्गदर्शन के अतिरिक्त और क्या दे रहे थे—वह उन्हें भोजन उपलब्ध करा रहे थे और 'प्रसादम्' का वितरण कर रहे थे। ऐसा व्यक्ति (ए.सी. भक्तिवेदांत), जो पहले इस बात की चिंता कर रहा था कि उसे अमेरिका में मांस या मांस-आधारित आहार के अतिरिक्त खाने को और क्या मिलेगा, वह खुद को एक आहार क्रांति के बीच पाकर अत्यंत प्रसन्न भी थे।

जैसा कि हम पहले ही 'पैराडॉक्स' रेस्तराँ के बारे में बता चुके हैं, वैकल्पिक

अहिंसक जीवन-पद्धति के आंदोलन के साथ शाकाहारी भोजन की माँग भी बढ़ती जा रही थी। भक्तिवेदांत यह देखकर सुखद आश्चर्य में थे कि वहाँ उनकी समस्त प्रारंभिक सामग्रियाँ—बासमती चावल से लेकर उनकी शाकाहरी थालियों के लिए मसाले तक और नैतिक रूप से उचित भारतीय पद्धति वाला मसालेदार स्वादिष्ट दलिया भी उपलब्ध था।

यह समझने के लिए कि वह क्या पका रहे थे और क्यों इतने सारे लोग उसकी ओर आकर्षित थे, उनकी तीन सर्वाधिक सामान्य थालियों में प्रयोग की जानेवाली सामग्रियों को साझा करना आवश्यक प्रतीत होता है। ए.सी. भक्तिवेदांत पकाते थे—खिचड़ी, दाल और चपाती। यही उस थाली का विवरण है, जो आज भी इस्कॉन (ISKCON) द्वारा प्रयोग में लाई जाती है।

## खिचड़ी

खिचड़ी एक पोषक आहार है, जिसे दाल एवं चावल मिलाकर बनाया जाता है। इसकी दो मुख्य किस्में हैं—पतली (गीली खिचड़ी) और मोटी (सूखी खिचड़ी)। आप खिचड़ी को चाहे जिस किसी भी रूप में बनाएँ, यह शीघ्र ही आपकी स्वादिष्ट एवं प्रिय भोजन बन जाएगी। अधोलिखित पाक विधि मोटी किस्म के लिए है। खिचड़ी नाश्ते के रूप में खाया जानेवाला एक आदर्श आहार है और जब इसे घी एवं ताजा सिंकी हुई गरम पूड़ियों के साथ खाया जाता है तो यह और भी अद्‌भुत बन जाती है। खिचड़ी को हमेशा नीबू की किल्ली के साथ परोसें। इससे न केवल स्वाद में नयापन आ जाएगा, बल्कि इससे पोषक गुणों में भी वृद्धि हो जाती है। खिचड़ी में पड़ी दाल एवं सब्जियाँ लौह (आयरन) का अच्छा स्रोत हैं और नीबू का रस विटामिन 'सी' से भरपूर होता है, जो उसे हजम करने, अर्थात् उसके पाचन में शरीर की सहायता करता है। अधोलिखित पाक विधि में हलके मसालों का प्रयोग किया गया है। आप चाहें तो अपनी जरूरत के अनुसार मसालों की मात्रा में बढ़ोतरी या कमी कर सकते हैं।

- तैयारी का समय : 5 मिनट
- पकाने का समय : 30 से 40 मिनट
- परिणाम : 6 से 8 लोगों के लिए पर्याप्त।
- 1/3 कप (85 मि.ग्रा.) मूँग की कटी हुई फलियाँ, अर्थात् दाल
- 1 कप (250 मि.ग्रा.) बासमती या लंबे दानेवाला कोई अन्य चावल
- 3 बड़े चम्मच (60 मि.ली.) घी या तेल
- 1/3 कप (85 मि.ग्रा.) कच्चे काजू के टुकड़े या आधे काजू
- 2 चाय के चम्मच (10 मि.ग्रा.) जीरा

- 1 बड़ा चम्मच (20 मि.ग्रा.) ताजा तीखी पिसी हुई हरी मिर्च
- 2 बड़े चम्मच (40 मि.ग्रा.) पिसा हुआ ताजा अदरक
- 1 चाय का चम्मच (5 मि.ग्रा.) हल्दी
- 1 चाय का चम्मच (5 मि.ग्रा.) पीला हींग चूर्ण
- 1 छोटी फूल गोभी (लगभग 400 ग्राम या 14 औंस) छोटे टुकड़ों में कटी हुई
- 5-6 कप (1.5 लीटर) पानी
- 1.5 चाय का चम्मच (7 मि.ग्रा.) नमक
- 1 बड़ा चम्मच (20 मि.ग्रा.) मक्खन
- 2/3 कप (175 मि.ग्रा.) उबली हुई हरी मटर
- 1 कप (250 मि.ग्रा.) छिलका उतारकर काटा गया टमाटर
- 1/2 कप (125 मि.ग्रा.) ताजा धनिया की कटी हुई पत्तियाँ।

1. एक बरतन में चावल और दाल को अच्छी तरह धोकर उसका सारा पानी निकाल दें।
2. घी को भारी पेंदे वाले बिना चिपकनेवाले (नॉन-स्टिक) भगोने में मद्धिम आँच में गरम कर लें। गरम घी में काजू को तब तक तलते रहें, जब तक कि उसका रंग सुनहरा भूरा न हो जाए। उसके बाद उसे एक-एक खोंचदार चम्मच से निकालकर उन्हें एक तरफ रख दें। इसके बाद जीरे को घी में तलें। जब उसका रंग सुनहरा भूरा हो जाए तो उसमें मिर्चियाँ और अदरक डाल दें। उन्हें कुछ सेकंड तक हलकी आँच में तलें। उसके बाद उसमें हल्दी और हींग मिला दें। उसमें फूल गोभी के टुकड़े डालें और अच्छी तरह हिला-हिलाकर उसे एक मिनट तक तलें। अंत में, उसमें दाल व चावल डाल दें और मसालों तथा सब्जियों के साथ उसे एक मिनट तक हिलाएँ।
3. बरतन में अतिरिक्त पानी डालकर तेज आँच में पूरी तरह उबाल लें। उसके बाद आँच को कम करके बरतन को आधा ढक दें और धीरे-धीरे पकने दें। 30-40 मिनट तक उसे समय-समय पर तब तक हिलाते रहें, जब तक कि दाल व चावल अच्छी तरह मुलायम न हो जाए। यदि खिचड़ी अधिक सूख जाए तो उसमें एक कप (250 मि.ली.) गरम पानी मिला दें। खिचड़ी को आँच पर से उतारने से पूर्व उसमें उबली हुई हरी मटर, कटे हुए टमाटर, सिंके हुए काजू एवं कटी हुई धनिया की पत्तियाँ डाल दें और उन्हें एक मिनट तक गरम होने दें। आपकी खिचड़ी तैयार है। उसे गरम परोसें।[7]

## दली हुई मूँग (फलियाँ) दाल

इसका उपयोग बड़े पैमाने पर सूप, चबैना और भारतीय शाकाहारी व्यंजनों में चटनी के साथ किया जाता है। मूँग की दली हुई दाल शाकाहारी प्रोटीन, आयरन और विटामिन 'बी' से समृद्ध होती है। जब आप दाल को ऐसे अन्न के साथ मिला देते हैं, जिसमें अनुपूरक प्रोटीन (दाने, बीज, फलियाँ या दुग्ध उत्पाद) हो तो दाल की उपयोगी प्रोटीन की मात्रा नाटकीय रूप से बढ़ जाती है। इस सादी गुनगुनी दाल को आप पश्चिमी देशों के सूप की तरह भी परोस सकते हैं और पारंपरिक भारतीय भोजन की तरह उबले हुए चावल में पोस्ता के बीज मिलाकर, उत्तर भारतीय कढ़ी जैसी बंद गोभी एवं आलू मिलाकर तार पर सिंकी हुई डबल रोटी, मिली-जुली सब्जी और दही-युक्त सलाद, क्रीम-युक्त गाढ़े दूध में मिश्रित चावल की पुडिंग और नीबू, पुदीना तथा मीठी लस्सी के साथ परोस सकते हैं।

- तैयारी का समय : 10 मिनट
- पकाने का समय : लगभग 1 घंटा
- परिणाम : 4 लोगों के लिए पर्याप्त।
- 3/4 कप (185 मि.ग्रा.) दली हुई मूँग दाल (छिलका-रहित)
- 6 कप (1.5 लीटर) पानी
- 1/2 चाय का चम्मच (2 मि.ग्रा.) हल्दी
- 1 चाय का चम्मच (5 मि.ग्रा.) पिसा हुआ धनिया
- 2 चाय का चम्मच (10 मि.ग्रा.) पिसा हुआ ताजा अदरक
- 1 चाय का चम्मच (5 मि.ग्रा.) ताजा तीखी पिसी हुई हरी मिर्च
- 2 बड़े चम्मच (40 मि.ली.) घी या तेल
- 1.5 चाय का चम्मच (7 मि.ग्रा.) जीरा
- 1/4 चम्मच (1 मि.ग्रा.) पीला हींग पाउडर
- 1 चाय का चम्मच (5 मि.ग्रा.) नमक
- 2 बड़े चम्मच (40 मि.ग्रा.) कटा हुआ ताजा अजवाइन या धनिया।

1. किसी बरतन में मूँग की दली हुई दाल को धो लें और उसका पानी गिरा दें।
2. मूँग की दाल, पानी, हल्दी, पिसा हुआ धनिया और पिसे हुए अदरक एवं हरी मिर्च को 3 लीटर वाले एक बरतन, भगोने अथवा कुकर में डालकर समय-समय पर हिलाते रहें और तेज आँच पर अच्छी तरह उबालें। कुछ समय बाद आँच को हलकी कर दें, बरतन को ढक्कन से ढक दें और एक घंटे तक या जब तक दाल गल न जाए, उसे उबालते रहें।

3. एक छोटे बरतन में घी या तेल को गरम करें। जीरे को गरम तेल या घी में तब तक तलते रहें, जब तक कि वह सुनहरा भूरा न हो जाए। उसके बाद उसमें हींग का पाउडर मिलाकर क्षणिक तौर पर हिलाएँ। तड़के को दाल में डाल दें। उसमें नमक मिलाकर सूप को आँच से उतार दें और मसाले को कुछ मिनट तक उसमें सोखने दें। पिसी हुई ताजा वनस्पतियों को उसमें मिलाकर अच्छी तरह हिलाएँ। गरम परोसें।[8]

## चपाती

चपातियाँ भारत की सर्वाधिक लोकप्रिय रोटियों में से एक हैं। उन्हें खासतौर से भारत के उत्तरी एवं मध्यवर्ती अंचलों में बड़े चाव से खाया जाता है। उन्हें आंशिक तौर पर किसी गरम तवे पर और आंशिक तौर पर खुली आँच के स्रोत (चूल्हे) पर पकाया जाता है। चपातियाँ चोकर-युक्त आटे से बनाई जाती हैं, जो भारतीय परचून विक्रेताओं के यहाँ उपलब्ध होता है। यदि उपलब्ध न हो तो वैकल्पिक तौर पर छना हुआ आटा प्रयोग में लाया जा सकता है। रोटियाँ बन जाने के बाद आप उन पर पिघला हुआ मक्खन या घी लगा सकते हैं। चपातियाँ आमतौर पर लंच या डिनर में परोसी जाती हैं तथा ये तब और स्वादिष्ट लगती हैं, जब इन्हें पाँच प्रकार के डिनर या सिर्फ सादी दाल व सलाद के साथ परोसा जाता है।

- तैयारी का समय : 5 से 10 मिनट
- सना हुआ आटा रखने का समय : 1/2-3 घंटे
- पकाने का समय : 25 से 35 मिनट
- परिणाम : 12 चपातियाँ।
- 2 कप (500 मि.ग्रा.) सना हुआ चपाती का आटा
- 1/2 चाय का चम्मच नमक (वैकल्पिक)
- पानी
- पैथन के लिए अतिरिक्त आटा
- पिघला हुआ मक्खन या घी (वैकल्पिक, चपातियाँ बनने के बाद उनमें चुपड़ने के लिए)।

1. एक फेंटने योग्य बरतन में आटे व नमक को मिला लें। उसमें 2/3 कप (165 मि.ली.) पानी तब तक डालें, जब तक कि वह गूँधने योग्य मुलायम आटा न बन जाए। उसके बाद उसे एक स्वच्छ बड़ी थाली में या इसी प्रकार के अन्य बरतन में पलट दें और लगभग 8 मिनट तक या मुलायम होने तक अच्छी तरह

गूँधें। एक उलटे बरतन से ढक दें और 1/2 से 3 घंटे के लिए छोड़ दें।

2. आटे को एक बार फिर एक मिनट तक गूँधें। आटे को एक दर्जन भागों में विभाजित कर दें। उन्हें चिकनी गेंद के रूप में घुमाएँ और किसी गीले कपड़े से ढक दें।
3. किसी तवे या न चिपकनेवाले (नॉन-स्टिक) भारी फ्राई पैन को मद्धिम आँच पर 3-4 मिनट तक गरम करें। आटे की गेंद को चपटा करें। उसे सूखे आटे में लपेटें और उसे एक पूर्णतया समतल व चिकने चकले पर बेलकर लगभग 15 सें.मी. (6 इंच) की चकरी (रोटी) बना लें।
4. चपाती को सावधानीपूर्वक उठाएँ और उसे अपने दोनों हाथों से थपकी देकर अतिरिक्त आटे को झाड़ दें। इसके बाद झुर्रियाँ बचाते हुए उसे तवे पर सरका दें। लगभग 1 मिनट तक उसकी पहली साइड को पकाएँ। चपाती के ऊपरी हिस्से पर छोटे बुलबुले दिखाई देना शुरू कर देंगे। चिमटे से चपाती को पलट दें। उसे लगभग 1 मिनट तक सेंकें, जब तक नीचे की ओर छोटे भूरे धब्बे न दिखाई देने लगें।
5. यदि आप गैस का प्रयोग कर रहे हैं तो दूसरे चूल्हे की आँच तेज कर दें। चपाती को अपने चिमटे से उठाएँ और चूल्हे की लपटों के लगभग 5 सें.मी. (2 इंच) ऊपर रोके रखें। वह एक फूले हुए गुब्बारे की तरह फूल जाएगी। चपाती को तब तक पकाना जारी रखें, जब तक कि उस पर काली चित्तियाँ न बन जाएँ। पकाई हुई चपाती को किसी बरतन या टोकरी में रखें और उसे साफ चाय के तौलिए या कपड़े से ढक दें और शेष चपातियों को बनाना जारी रखें। जब सभी चपातियाँ पका ली जाएँ और उनकी तह लग जाए तो शायद आप उन पर मक्खन लगाना चाहेंगे। उत्तम परिणाम हेतु चपातियों को गरम परोसें या उन्हें पहले से गरम भट्ठी (ओवन) में आधा घंटा रखें।[9]

उनके अनुयायियों की संख्या बढ़ने के साथ ही न्यूयॉर्क में उनके संपर्कों की संख्या भी बढ़ने लगी। शीघ्र ही एक परिचित के माध्यम से भक्तिवेदांत और उनके समूह के पास एक शांति मार्च में भाग लेने हेतु आमंत्रण आया। यह शांति मार्च युद्ध के विरोध-प्रदर्शन के एक अंग के रूप में संयुक्त राष्ट्र मुख्यालय पर आयोजित किया गया था। यह कार्यक्रम 6 अगस्त, 1966 को हिरोशिमा परमाणु बम वर्षा की वर्षगाँठ के परिप्रेक्ष्य में आयोजित किया गया था।[10] एक आध्यात्मिक नेता के रूप में भक्तिवेदांत उस समय सही स्थान एवं सही समय पर थे। यद्यपि इस अवसर पर भक्तिवेदांत एवं उनके अनुयायी कीर्तन गाने में सफल नहीं हो सके, जिसे वे अपने प्रिय कार्यक्रम के रूप में करना चाहते

थे। यद्यपि उस शांति मार्च ने भी उन्हें और उनके समर्थकों को एक समुदाय के रूप में सार्वजनिक सैर का अवसर उपलब्ध कराया था। गाने की बजाय ए.सी. भक्तिवेदांत ने अपने अनुयायियों से कहा कि वे अत्यंत कोमल स्वर में 'हरे कृष्ण' मंत्र का उच्चारण करें और बाद में उन्होंने टिप्पणी की कि यदि सभी लोग केवल इस मंत्र का उच्चारण करेंगे तो उन्हें कृत्रिम तौर पर शांति के लिए प्रयास नहीं करना पड़ेगा।[11]

उनके प्रयासों को 'न्यूयॉर्क पोस्ट' में सराहा गया था। यह बात अलग है कि उस समाचार में भक्तिवेदांत को स्वामी की बजाय 'सामी कृष्ण'[12] लिखा गया था।

भक्तिवेदांत अपना अधिकतर समय भजन करने, लिखने और प्रवचन देने में व्यतीत करते थे। धीरे-धीरे उनके आसपास एक पूरी मंडली जमा हो गई। उन लोगों ने उनके पास पहले एक जिज्ञासु के रूप में आना प्रारंभ किया था और उनमें रुचि लेने लगे थे, लेकिन अब उन्होंने दीक्षित होने की इच्छा प्रकट की। उनमें से अधिकतर लोगों को तो यह भी नहीं ज्ञात था कि वस्तुतः गुरु बनाने का अर्थ क्या होता था! अपने प्रारंभिक शिष्यों को दीक्षित करने के लिए ए.सी. भक्तिवेदांत ने संस्कारों की समूची शृंखला तैयार की और उन्हें गुरु का महत्त्व बताया (ईश्वर के बाद केवल गुरु)।

उन्होंने उनसे अनुरोध किया था कि पूरे संस्कार या उत्सव के दौरान वे लोग हलके स्वर में 'हरे कृष्ण' मंत्र का जाप करते रहें। अब वह मंत्रोच्चार मुख्य वैदिक पुजारी की रहस्यात्मक गतिविधियों को देखते-देखते निरंतर आलस्य में परिवर्तित होता जा रहा था।

उन्होंने दर्जन भर सुगंधित अगरबत्तियाँ जलाकर कार्यक्रम की शुरुआत की। इसके बाद उन्होंने जल से शुद्धीकरण किया। अपने बाएँ हाथ में एक छोटा सा चम्मच लेकर अपनी दाईं हथेली पर जल की कुछ बूँदें गिराईं और उन्हें पी गए। यह क्रिया उन्होंने तीन बार दोहराई। चौथी बार उन्होंने जल पीने की बजाय अपने पीछे फर्श पर गिरा दिया। इसके बाद उन्होंने चम्मच एवं जल के पात्र को चारों ओर दीक्षितों के लिए घुमाया, जिन्होंने अपने गुरु को जो कुछ करते देखा था, उसकी नकल करने की कोशिश की। जब उनमें से कुछ ने जल को गलत हाथ में लिया या गलत तरीके से पिया तो स्वामीजी ने धैर्यपूर्वक उन्हें सही विधि बताई।

उन्होंने कहा, "अब तुम लोग मेरे पीछे-पीछे मंत्र को दोहराओ।" उन्होंने उनसे शुद्धीकरण का एक बार में एक मंत्र का उच्चारण करने के लिए कहा—

*ओउम् अपवित्रः पवित्रो वा*
*सर्वावस्थां गतोऽपि वा*
*यः स्मरेत् पुण्डरीकाक्षं*
*स बाह्याभ्यांतरा शुचिः*
*श्रीविष्णु श्रीविष्णु श्रीविष्णु।*

नवदीक्षितों ने जिन शब्दों को उससे पूर्व कभी नहीं सुना था, उन शब्दों का कंपित स्वर में उच्चारण करने का प्रयास किया। इसके बाद स्वामीजी ने उन्हें उसका अर्थानुवाद समझाया, "अशुद्ध अथवा शुद्ध या अन्य सभी स्थितियों के बीच से गुजरने के बाद भी जो कमल-नयनवाले भगवान् की सर्वोच्च सत्ता का स्मरण करता है, वह अंदर एवं बाहर से शुद्ध हो जाता है।" उन्होंने जलपान की क्रिया तीन बार दोहराई, जैसे-जैसे पान पात्र एक दीक्षित से दूसरे दीक्षित के पास जाकर वापस उनके पास आ गया, उन्होंने 'ओम अपवित्र:…' का तीन बार उच्चारण किया। इस बीच पूरा कक्ष 'हरे कृष्ण' मंत्र के जाप से गुंजायमान हो उठा। इसके बाद उन्होंने अपना एक हाथ ऊपर उठाया और मंत्रोच्चार तत्काल खामोशी में बदल गया तथा कमरे में पूर्ण शांति छा गई। तत्पश्चात् स्वामीजी ने अपना संबोधन प्रारंभ किया।

संबोधन के बाद उन्होंने भक्तों से कहा कि वे बारी-बारी से अपने मनके (माला के दाने) मुझे दे दें और तत्पश्चात् उन्होंने उनके सम्मुख 'हरे कृष्ण, हरे कृष्ण, कृष्ण-कृष्ण, हरे-हरे/हरे राम, हरे राम, राम-राम, हरे-हरे' का जाप प्रारंभ कर दिया। सभी भक्तों के मंत्रोच्चार की ध्वनि पूरे कमरे में भर गई। एक चक्र पूरा होने के बाद उन्होंने गालाधारियों को अपने पास बुलाया और माला को अपने हाथ में लेकर उन्हें मंत्रोच्चार की विधि बताई। इसके बाद उन्होंने नव-दीक्षित भक्त के आध्यात्मिक नाम की घोषणा की और शिष्य ने उनसे अपनी माला वापस लेकर उन्हें नतमस्तक होकर प्रणाम किया तथा मंत्रोच्चार किया—

*नम: ओउम् विष्णु पादाय कृष्णप्रेष्ताय भूतले*
*श्रमते भक्तिवेदांत स्वामिन इति नाम्ने।*

"मैं परम पूज्य स्वामी ए.सी. भक्तिवेदांत के श्रीचरणों में सादर प्रणाम करता हूँ, जो भगवान् श्रीकृष्ण को अत्यंत प्रिय हैं और जिन्होंने मुझे अपने चरण-कमलों में स्थान दिया है।" उस समय वहाँ दीक्षित होनेवाले 11 शिष्य थे, इसलिए उनके लिए 11 मालाएँ भी मँगवाई गई थीं और मंत्रोच्चार एक घंटे से कुछ अधिक समय बाद समाप्त हुआ। प्रभुपाद ने प्रत्येक लड़के को गले में पहनने के लिए एक माला दी। वैली ने अपनी माला प्राप्त की और उसका नया नाम 'उमापति' रखा गया। वह हॉवर्ड के समीप अपने स्थान पर वापस आया और उससे कहा, "वह बड़ा अद्‌भुत था। आपको अपना मनका प्राप्त करना सचमुच अद्‌भुत था।" बारी-बारी से प्रत्येक नवदीक्षित ने अपना मनका और नया नाम प्राप्त किया। हॉवर्ड 'हयग्रीव' बन गया, वैली 'उमापति' बन गया, बिल 'रवींद्र स्वरूप' बन गया, कार्ल 'कर्लपति' बन गया, जेम्स 'जगन्नाथ' बन गया, माइक 'मुकुंद' बन गया, जान 'जानकी' बनी, रॉय 'रायाराम' बन गया और स्टैनली 'सत्राधीश' बन गया।[13]

ए.सी. भक्तिवेदांत वास्तव में कर क्या रहे थे? वह एक प्राचीन भारतीय परंपरा का

एक विदेशी भूमि पर प्रत्यारोपण कर रहे थे। वह एक आध्यात्मिक प्रक्रिया को इस रूप में पुन:परिभाषित कर रहे थे कि वह विदेशी संस्कृति में सफल होने में सक्षम बन सके। वह एक नए देश में अपने नए संगठन के संस्कारों एवं नियमों का प्रतिपादन कर रहे थे। वह अपनी वाणी एवं कर्म से इन युवाओं को शिष्य बनने की प्रक्रिया समझा रहे थे और उन्हें बता रहे थे कि शिष्य को अपने गुरु के ज्ञान एवं उद्देश्य हेतु स्वयं को पूर्णरूपेण समर्पित कर देना चाहिए। अब उन्हें दोहरे जीवन की झलक नहीं मिलेगी, जिससे उनका ध्यान भटक जाए। दीक्षित होने का अर्थ है—कृष्ण एवं गुरु के प्रति संपूर्ण समर्पण।

लगभग इसी अवधि के दौरान ए.सी. भक्तिवेदांत एक ऐसे व्यक्ति से मिले, जो पश्चिम में इस वयोवृद्ध उपदेशक की पहली वास्तविक गुलेल (प्रक्षेपक) बननेवाला था। अनेक लोगों के लिए एलन गिंसबर्ग वास्तव में अमेरिका में प्रति-संस्कृति आंदोलन का प्रतीक था। कोलंबिया विश्वविद्यालय से स्नातक की उपाधि प्राप्त गिंसबर्ग एक कवि और लेखक था। वह विलियम एस. बरोज एवं जैक केरोअक सहित उन तीन लोगों में से एक था, जो बीट पीढ़ी की अग्रिम ज्योति थे। बीट पीढ़ी 1950 के दशक से उन लोगों को संगठित करने में जुटी थी, जो पूर्णतावादी पूँजीवाद और भौतिकतावाद को जीवन को परिभाषित करने का एकमात्र उपाय मानकर उससे अपने संबंध समाप्त करने के इच्छुक थे, जो भिन्न प्रकार का जीवन व्यतीत करना पसंद करते थे और प्राच्य धर्मों के साथ जुड़ना चाहते थे।

वर्ष 1956 में गिंसबर्ग ने 'हॉउल' नामक एक कविता लिखी, जो बाद में प्रति-संस्कृति का गीत बन गई। उसे कस्टम एवं पुलिस द्वारा अकसर पकड़ लिया जाता था और दिग्भ्रमित युवाओं द्वारा उसके गायन पर पाबंदी लगा दी जाती थी। कविता की कुछ सर्वाधिक स्मरणीय पंक्तियाँ कुछ इस तरह सुनाई देती थीं—'हाँ, यह भौतिकतावादी जगत् की आत्माहीनता के विरुद्ध पीड़ा,' की चीख है—

'क्या सीमेंट एवं अल्युमीनियम के दैत्य ने उनकी खोपड़ियों को तोड़ दिया है और उसमें से उनके मस्तिष्कों तथा कल्पनाओं को खा लिया है?

छिपकली! एकांत! गंदगी! विद्रूपता! कूड़ेदान एवं अप्रापणीय डॉलर! बच्चे सीढ़ियों पर मिमिया रहे हैं! लड़के सेनाओं में सुबक रहे हैं! वृद्ध पुरुष पार्कों में विलाप कर रहे हैं!

छिपकली! छिपकली! छिपकली का दु:स्वप्न! निर्दयी छिपकली! मानसिक छिपकली! मनुष्यों की भारी निर्णायक छिपकली!

छिपकली एक अबोधगम्य कारागार है! छिपकली आत्माहीन कारागार की खोपड़ी है और दु:खों का समूह है। छिपकलियों के भवन ही निर्णय हैं! छिपकली युद्ध का भारी पाषाण है! छिपकली चकित सरकारें हैं!

छिपकली, जिसका मन एक शुद्ध यंत्र है! छिपकली, जिसके रक्त में धन बहता है! छिपकली, जिसकी दसों उँगलियाँ सेनाएँ हैं! छिपकली, जिसकी छाती एक-एक नरभक्षी विद्युत् यंत्र है! छिपकली, जिसके कान धुएँ के मकबरे हैं!'[14]

भक्तिवेदांत भी इसी प्रकार उन पंक्तियों पर चिंतन कर रहे थे। उनके एक शिष्य ने पत्र लिखकर उनसे पूछा था कि अमेरिका ने इतनी भौतिक प्रगति कैसे की? संन्यासी ने उत्तर दिया—

"वास्तव में, संयुक्त राज्य अमेरिका (यू.एस.ए.) में कोई भौतिक प्रगति नहीं हुई है। भौतिक प्रगति का तात्पर्य यह है कि आपके पास खाने, सोने, सहवास एवं रक्षा के प्रचुर अवसर हों। सतही तौर पर ऐसा प्रतीत होता है कि अमेरिका में खाने, सोने, सहवास एवं रक्षा के पर्याप्त प्रावधान हैं; लेकिन वास्तविक रूप से कोई भी व्यक्ति अपने सुंदर घर में भी सुरक्षित नहीं है। मैंने न्यूयॉर्क में व्यावहारिक रूप से इसका अनुभव किया है। कई बार मेरे टाइपराइटर व टेप रिकॉर्डर चोरी हो गए थे और पुलिस कोई कार्यवाई नहीं कर सकी थी। बॉवेरी स्ट्रीट में ऐसे अनेक लोग हैं, जिनके पास रहने का कोई ठिकाना नहीं है।

'अतः यदि यह मान लिया जाए कि लोगों के कुछ समूह दूसरों की कीमत पर भौतिक रूप से प्रसन्न हैं, तो यह कोई प्रगति नहीं है। यदि ऐसा हुआ होता तो यहाँ इतने सारे लोग दिग्भ्रमित एवं तनावग्रस्त क्यों होते? इसलिए, यहाँ वास्तव में कोई भौतिक प्रगति है ही नहीं। मैं यहाँ व्यावहारिक रूप से देख रहा हूँ कि गौर सुंदर जैसे सुंदर, बुद्धिमान और योग्य लड़के को अपने गुजारे मात्र के लिए 12 घंटे कठोर परिश्रम करना पड़ता है। मेरे विचार से, यहाँ इस प्रकार के अनेक उदाहरण हैं, इसलिए यह भौतिक प्रगति नहीं है। आप इसे पूँजीवादी प्रगति कह सकते हैं और इस प्रगति की प्रतिक्रिया साम्यवाद है। ऐसे आंदोलन को आपके देश में कुचल दिया जाता है; परंतु वास्तव में इसकी यही प्रतिक्रिया है। इसलिए, पाश्चात्य प्रकार की सभ्यता, औद्योगिकतावाद और पूँजीवाद किसी भौतिक प्रगति के लक्षण नहीं हैं। यह भौतिक शोषण है।

यदि किसी को केवल शांतिपूर्ण घर, बहुमूल्य भोजन, आवश्यक सेक्स जीवन और सुरक्षा की भावना जैसी सुविधाएँ प्राप्त हो जाती हैं, तब उसे भौतिक प्रगति कहा जा सकता है। जीवन की इन चार मूलभूत आवश्यकताओं के अभाव में इसे किसी भी स्थिति में भौतिक प्रगति नहीं कहा जा सकता है। वैदिक सभ्यता के अनुसार, किसी व्यक्ति को तब समृद्ध माना जाता है, जब उसके पास पर्याप्त अनाज और गायें हों। यहाँ हमारे पास न तो पर्याप्त अनाज है और न ही गायें हैं; परंतु आपके पास केवल कागजों की प्रचुर मात्रा है, जिसे आप मूढ़तावश धन मान लेते हैं। यदि कभी प्रलय आएगी तो कागजी नोटों की ये गड्डियाँ न तो आपको दूध की आपूर्ति कर पाएँगी और न ही अनाज की। वे केवल दिखाई देती रहेंगी और मनुष्य भूखा रह जाएगा।[15]

गिंसबर्ग की कविता 'हॉउल' में व्यक्त भावनाएँ और अमेरिका में भौतिक संस्कृति के बारे में ए.सी. भक्तिवेदांत के विचार—दोनों एक साथ पढ़ने के लिए अत्यंत उपयोगी हैं; क्योंकि वे हमें यह समझने की अनुमति देते हैं कि इन दोनों विपरीत दृष्टिकोणवाले व्यक्तियों ने एक-दूसरे के अंदर क्या देखा था! यद्यपि ईवी-लीग शिक्षित गिंसबर्ग पारंपरिक अमेरिकी समाज के लिए अनुपयुक्त था—एक समलैंगिक कवि, उत्साही रूप से हिंसा-विरोधी, युद्ध-विरोधी और निर्बुद्ध भौतिकतावाद-विरोधी तथा जीवन का अधिक गहन एवं अधिक पारंगत मार्ग खोजने का प्रयास कर रहा था।

भक्तिवेदांत का यह दृढ़ मत था कि उनका मार्ग ही एकमात्र उपाय था, जो तत्काल इस प्रकार के उन संदेहों, खतरों और भूख का निवारण कर सकता था, जिनका सामना स्वयं गिंसबर्ग ने किया था। 1960 के दशक के अमेरिका की इस सुस्ती को देखने के बाद भक्तिवेदांत दिग्भ्रमित नहीं थे। इसके विपरीत, उसने उनके इस विश्वास को पुनः बल प्रदान किया कि विश्व को कृष्ण का संदेश देने की पहले से कहीं अधिक आवश्यकता है। यह विश्व ऐसा ही चाहता है।

□

# 12

# श्रीकृष्ण की रस-माधुरी

एलन गिन्सबर्ग का परिचय ए.सी. भक्तिवेदांत से एक मनोचिकित्सक द्वारा कराया गया था और यह मुलाकात उस उथल-पुथल के समय के लिए बिल्कुल उपयुक्त थी।

अपनी डायरी में भक्तिवेदांत ने डॉ. एडवर्ड हार्निक से अपने प्रारंभिक संपर्क के विषय में इस प्रकार लिखा था—

डॉ. एडवर्ड हार्निक, मनोरोग चिकित्सक को 'भागवतम्' पुस्तक का एक सेट कीथ के माध्यम से भेजा गया था।

डॉ. एडवर्ड हार्निक<br>
द्वारा आइंस्टीन मनोरोग संस्थान,<br>
11 पश्चिम 73वीं स्ट्रीट<br>
एन.वाई.सी.

स्पष्टतया, मनोरोग चिकित्सक भक्तिवेदांत की पुस्तकों के एक सेट का क्रेता था। गिंसबर्ग ने भी अपनी डायरी में डॉ. हार्निक के साथ अपने संवादों का वर्णन किया था—

पीटर ओर्लोव्स्की (गिंसबर्ग के पार्टनर) और मैं डॉ. हार्निक से एक समूह में मिले थे, जिसे मैं जी.ए.पी., अर्थात् 'मनोरोग प्रगति समूह' (जी.ए.पी.) के नाम से जानता था। हम दोनों उनके सम्मेलन में गए थे। उन्होंने हमें हिप्पियों के बारे में चर्चा करने के लिए बुलाया था और वे यह जानना चाहते थे कि वह पीढ़ी क्या चीज थी? मैं कवियों एवं नई संस्कृति तथा मनोरोग समूहों के बीच एक संपर्क सूत्र की भाँति था। अत: हमने उन्हें खूब कविताएँ सुनाईं और उनमें से कई लोगों को अपना मित्र भी बना लिया तथा उनके साथ मिलकर 'हरे कृष्ण' मंत्र का गायन किया। सबकुछ ठीक ऐसा ही था।

'कई वर्षों से हार्निक एवं मैंने एक-दूसरे के साथ अच्छी दोस्ती बना ली थी और एक

ऐसी व्यवस्था विकसित कर ली थी कि यदि मैं किसी ऐसे व्यक्ति को जानता था, जो लोअर ईस्ट साइड में नशे व नशीली दवाओं की खोज में जाता था और यह देखने की बजाय कि नशा लेने के बाद उनकी क्या दशा होती थी, उससे पूर्व ही मैं उन लोगों को डॉ. हार्निक के पास आइंस्टीन क्लीनिक में ले जाता था, ताकि वह हस्तक्षेप करके सुनिश्चित कर सकें कि वे सुरक्षित स्थान पर पहुँच चुके हैं। जब कीर्तनानंद* का मामला सामने आया तो उस समय वह अकेला परेशानी में नहीं था। वहाँ अनेक हिप्पी थे, जो उसी प्रकार की समस्या से गुजर रहे थे और अपनी घृणा का प्रदर्शन कर रहे थे। वह एक ऐसे मनोरोग चिकित्सक की खोज का प्रश्न था, जिसकी न्यूयॉर्क के मनोरोगी समुदाय और उसके अस्पतालों में कोई राजनीतिक पकड़ हो, जिसके साथ चर्चा करके हम उसे यह जानकारी दे सकें कि वास्तव में वहाँ स्थिति कैसी थी और यह भी बता सकें कि अमुक व्यक्ति एक भक्त था, जो पारंपरिक वैष्णव रीति का पालन कर रहा था और यही कारण था कि वह अमेरिकी संदर्भ में इतना अस्वस्थ या हास्यास्पद दिखाई दे रहा था। लेकिन वहाँ सबकुछ ठीक था। वह पागल नहीं था और केवल अपना काम कर रहा था। हार्निक भले आदमी थे। उन्होंने बड़ी फुरती से मामले को समझ लिया और इसीलिए वह संभवत: हस्तक्षेप भी कर सके।

जिस समय ए.सी. भक्तिवेदांत एलन गिंसबर्ग से मिले, उस समय वह अपनी दिनचर्या में बैठने की तैयारी कर रहे थे। उनके कुछ अनुयायी थे, परंतु उनमें से कुछ लोग गुरु व शिष्य के मध्य अद्भुत संबंधों को सचमुच समझने में प्रशिक्षित थे। गुरु व शिष्य गुरु-शिष्य परंपरा या गुरु व शिष्य की युगों पुरानी परंपरा से परिचित थे। कीर्तनों एवं प्रार्थना सभाओं में कुछ लोग आर्थिक योगदान करते थे, जैसा कि हिंदू परंपरा में रिवाज था और अकसर सभी कार्य ए.सी. भक्तिवेदांत द्वारा स्वयं किए जाते थे, जिसमें एक छोटे से गुट के लिए केवल खाना बनाना ही शामिल नहीं था, बल्कि उसके बाद बरतन भी वह खुद ही साफ किया करते थे।

अभी भी यह केवल एक शुरुआत भर थी। ए.सी. भक्तिवेदांत ने यद्यपि माइक और जान नामक दंपती को खोजने में सफलता प्राप्त कर ली थी, जिनका उनकी दीक्षा के बाद मुकुंद एवं जानकी के रूप में नया नामकरण किया गया था। उन्होंने पूरे हिंदू रीति-रिवाज के साथ पवित्र अग्नि के समक्ष विवाह कर लिया था।[1] उन्होंने नवदंपती एवं अन्य लोगों को हिंदुत्व में वैवाहिक वचनों के महत्त्व तथा अग्नि के महत्त्व के बारे में शिक्षा दी थी और उन्हें यह भी सिखाया था कि 'प्रसादम्' किस तरह तैयार किया जाता है; और हाँ,

---

* एसी भक्तिवेदांत के अनुयायियों में से एक को अधिकारियों के साथ कुछ परेशानी का सामना करना पड़ रहा था, क्योंकि व्यापक हिप्पिक आंदोलन में कई लोग थे।

उन्होंने अपने शिष्यों को यह भी बताया था कि कृष्ण के लिए कोई कार्य करने से पूर्व अपने हाथों को बार-बार धोना क्यों जरूरी था।

यद्यपि उन्होंने अपने शिष्यों को किसी पार्क में ले जाना और खुलेआम 'हरे कृष्ण, हरे कृष्ण, कृष्ण-कृष्ण, हरे-हरे/हरे राम, हरे राम, राम-राम, हरे-हरे' का मंत्रोच्चार करना प्रारंभ कर दिया था। यह भी इससे पूर्व कभी नहीं किया गया था। मैनहट्टन के किसी कोने में शांतिपूर्वक कोई संस्कार करना एक बात थी, परंतु पार्कों व गलियों में अपनी उपस्थिति दर्ज कराना बिल्कुल दूसरी बात थी।

लेकिन वहाँ वह अपना संपूर्ण स्वर मुखरित कर रहे थे और ऊँचे स्वर में गा रहे थे तथा अपने शिष्यों की तंद्रा भंग करते हुए उनसे मैनहट्टन के सार्वजनिक स्थानो पर वैसा ही करने का अनुरोध कर रहे थे। यह एक नई ध्वनि थी, नया स्वर था, जो क्रांति एवं प्रति-क्रांति के शोरगुल से ऊपर उठ रहा था। झूमर, शब्दों का उतार-चढ़ाव और मंत्रों में आए उन सभी 'रकारों' का गुंजन अद्‌भुत था। कई बार उसे सुनकर पुलिस का ध्यान भी उनकी ओर चला जाता था। परंतु जो कुछ नया सिद्ध हो रहा था, कुछ दिव्य हो रहा था और वह यह था कि विदेशी भूमि की गलियों में चैतन्य महाप्रभु के कीर्तन को गाया जा सकता था और वे कृष्ण के नामोच्चार के साथ एक अभिनव प्रारंभ कर सकते थे।

लेकिन प्रश्न उसके स्तर का था। ए.सी. भक्तिवेदांत जो कुछ भी कर रहे थे, वह स्थानीय था और संकर्षण के छोटे से क्षेत्र में सीमित था। परंतु इसके बावजूद उनके कार्यों ने प्रेस का ध्यान अपनी ओर आकृष्ट किया। यह बात अलग थी कि उसकी छाप अभी बहुत छोटी थी।

एलन गिंसबर्ग के आगमन के साथ वह भी बदल गया।

डॉ. हार्निक के साथ उनके सामान्य संपर्क के अतिरिक्त गिंसबर्ग को कुछ पैंफ्लेट भी प्राप्त हुए, जो ए.सी. भक्तिवेदांत के शिष्यों द्वारा वितरित किए जा रहे थे। यह सन् 1966 की सर्दियों की बात थी।

उस समय तक गिंसबर्ग के जीवन में क्या कुछ हो चुका था?

उस समय तक उनकी कविता 'हॉउल' (चीख) प्रकाशित, प्रशंसित और प्रतिबंधित हो चुकी थी। गिंसबर्ग अपने पार्टनर पीटर ओर्लोव्स्की के साथ पहले मोरक्को चले गए और उसके बाद उन्होंने अपना कुछ समय भारत में, अधिकतर कलकत्ता एवं बंगाल में बिताया। उन्होंने बँगला कवियों सुनील गंगोपाध्याय एवं शक्ति चट्टोपाध्याय के साथ तथा सांस्कृतिक प्रशंसक पुपुल जयकर के साथ मित्रता कर ली थी। गिंसबर्ग ने बनारस और कलकत्ता में ही पहली बार 'हरे कृष्ण' का मंत्रोच्चार और झाँझ, मँजीरे तथा हार्मोनियम की ध्वनियाँ सुनी थीं।

उन्होंने भक्तिवेदांत के एक प्रार्थना सत्र में जो कुछ देखा था, उसका दृश्य ठीक वैसा ही था, जो उन्होंने भारत में कलकत्ता और बनारस में देखा था। वैसा ही गायन, वैसा ही संगीत और वैसा ही नृत्य, अर्थात् प्रत्येक चीज वैसी ही थी। यहाँ एक बार फिर वह एक साधु की उपस्थिति में थे।

बाद में, जब गिंसबर्ग से प्रश्न किया गया तो उसने अपने इस संबंध के बारे में स्मरण करके एक कार्यक्रम के दौरान बताया था—

**प्रश्न : 1967 में यहाँ अमेरिका में जो कुछ हो रहा था, उसमें पूर्वी भारतीय परंपराएँ कहाँ सटीक बैठती थीं ?**

**एलन गिंसबर्ग :** सबसे पहले तो मैं आपको बता दूँ कि वे आधारभूत स्तर पर फिट बैठती हैं। आपने प्लेटो का यह विचार अवश्य सुना होगा—'जब संगीत का मोड बदलता है तो शहर की दीवारें हिलती हैं।' यदि आपको याद हो तो लगभग 1960 के दशक के मध्य में चार्ली मिंगस एवं ऑर्नेट कोलमैन ने एकालाप संगीत के साथ प्रयोग करते हुए भारतीय संगीत सुनना प्रारंभ कर दिया था। यह भी ठीक उसी समय की बात है, जब 'हरे कृष्ण आंदोलन' लोअर ईस्ट साइड में शुरू हुआ था और उस समय मैं उनके साथ आंशिक रूप से काम कर रहा था। लेकिन उसके बाद मैंने खुद को प्रभुपाद (ए.सी. भक्तिवेदांत स्वामी) के साथ जोड़ लिया, जो उन दिनों सैन फ्रांसिस्को में रह रहे थे। तत्पश्चात् उसकी गलियों में 'हरे कृष्ण आंदोलन' के लोगों का कीर्तन हो रहा था।[2]

जिस चीज ने गिंसबर्ग को सर्वाधिक प्रभावित किया था, वह था—यह साधु, वयोवृद्ध संन्यासी, जो अपने आप में एक अनोखा व्यक्ति था, जिससे वह भारत में मिले थे। वही साधु अब उन्हें अमेरिका में मिला था, जो गरीबों, बदहालों, नशेड़ियों और नशा बेचनेवालों के बीच रह रहा था। वे लोग चाहे अपनी मुसीबतों से क्षणिक छुटकारा पाने हेतु नशे का सेवन कर रहे थे या जीवन का भिन्न दृष्टिकोण तलाश रहे थे। गिंसबर्ग ने देखा कि एक संत उन बेहाल लोगों के बीच रहने आ गया था।

सबसे पहले गिंसबर्ग ने ए.सी. भक्तिवेदांत की जो मदद की, वह उनके वीजा से संबंधित थी। वह काफी लंबे समय से अमेरिका में रह रहे थे। पहले-पहल वह मात्र दो महीने का वीजा लेकर अमेरिका आए थे और उसके बाद थोड़ी-थोड़ी अवधि के लिए उसका कई बार विस्तार किया गया था। लेकिन लगभग एक साल बाद अधिकारियों ने उन्हें बार-बार वीजा अवधि में विस्तार देने से इनकार कर दिया था। इसलिए वास्तविक कानूनी हस्तक्षेप के लिए गिंसबर्ग ने उन्हें आर्थिक सहायता देने का प्रस्ताव किया।

जैसा कि गिंसबर्ग ने स्मरण करके बताया था—स्वामी भक्तिवेदांत को स्थायी वीजा प्राप्त करने में काफी कठिनाई हो रही थी। उन्होंने एक वकील को अनुबंधित किया था, जिससे मैं मिला था। पहली नजर में मुझे वह वकील कोई स्थानीय नौसिखिया दिखाई

पड़ा। हो सकता है कि उनकी (श्रील प्रभुपाद की) मुलाकात आनंद आश्रम के किसी व्यक्ति से हुई हो। उस व्यक्ति को मैं नहीं पहचान सका। उसके साथ मेरी मुलाकात कई बार यहूदी शाकाहारी रेस्तराँ में हुई थी और मैंने उसके साथ साउथ एवेन्यू में चर्चा की थी। उन दिनों नार्कोटिक्स ब्यूरो के साथ मेरा कोई विवाद चल रहा था, जो मुझे किसी छापे की कार्यवाई में लिप्त करने का प्रयास कर रहा था और उसी वर्ष जे. एडगर हूवर* ने मुझे खतरनाक सुरक्षा सूची में डाल दिया था और नार्कोटिक्स विभाग ने मुझे कई बार फँसाने का प्रयास किया था। इसलिए मैं वाशिंगटन में रॉबर्ट केनेडी† के कार्यालय में उन पर दबाव डालने तथा यह चेतावनी देने गया कि संभव है कि कोई आदमी मेरे घर मारीजुआना (अफीम) लेकर आए और मेरे घर का दरवाजा तोड़कर मेरे घर में अफीम रख दे तथा मेरे ऊपर अपने घर में अफीम रखने का आरोप लगा दे! इस विषय में केनेडी के साथ मेरी लंबी चर्चा हुई। बाद में, मैं उनके सचिव से मिलने गया और वह (केनेडी) अपनी बाजूदार कमीज में अपने ऑफिस में आए और अपने सचिवों में से एक के साथ कुछ बात की।

मैंने कहा, "अरे, मैं अपनी कोई चीज भूल आया हूँ।"

मैंने कहा, "मैं आपको एक छोटा सा गीत सुनाना चाहता हूँ।"

उसने कहा, "ठीक है, मुझे एक मिनट का समय मिल गया।"

मैंने उन्हें 'हरे कृष्ण' मंत्र की आठ पंक्तियाँ सुनाईं और उन्होंने कहा, "यह क्या है?"

मैंने कहा, "यदि आप इसे सुनेंगे तो आपको लगेगा, जैसे आपको तत्काल मुक्ति मिल गई है।"

इसलिए उन्होंने कहा, "अच्छी बात है। उस ब्लॉक की ऊपरी मंजिल पर रहनेवाले व्यक्ति को इस चीज की मुझसे अधिक जरूरत है।" इतना कहते हुए उन्होंने व्हाइट हाउस की ओर संकेत किया, जहाँ से जॉनसन विएतनाम युद्ध का संचालन कर रहे थे। इस प्रकार, केनेडी का 'हरे कृष्ण' मंत्र से पहला परिचय हुआ था।

कालांतर में, जब स्वामी अत्यंत कठिनाई में थे और उन्होंने अपने आसपास मौजूद हरेक व्यक्ति से सहायता का अनुरोध किया, तो मैंने कहा, "ठीक है, अब इसे हम देखते हैं। हम केनेडी को पत्र लिख सकते हैं।" आप तो जानते हैं कि यह एक सामान्य चीज है। ये सीनेटर इसी कार्य के लिए तो बैठे हैं। इस मामले में केनेडी को पता था कि मैं कौन था और मैं केनेडी के लोगों को जानता था, क्योंकि उस समय मैं एक सम्मानित साहित्यिक

---

* संघीय ब्यूरो और जाँच एफ.बी.आई. के पहले निदेशक।

† जनवरी 1961 से सितंबर 1964 तक संयुक्त राज्य अमेरिका के अटॉर्नी जनरल एवं पूर्व राष्ट्रपति जॉन एफ. कैनेडी के भाई।

हस्ती बन चुका था। अतः यदि मैं उन्हें पत्र लिखकर कहूँगा कि यह स्वामी बहुत भले आदमी हैं, तो मेरी बात को गंभीरतापूर्वक लिया जाएगा। इसलिए मैंने केनेडी को यह कहते हुए पत्र लिखा कि यहाँ एक अच्छे स्वामी हैं, जो सचमुच बहुत अच्छा काम कर रहे हैं। उनका काम अत्यंत रोचक है, क्योंकि वह अमेरिका में 'हरे कृष्ण' को लेकर आए हैं। मैंने केनेडी को लिखा कि 'यदि आपको मेरी बात सुनने में भी कोई कठिनाई है तो यह बुरी बात है। क्या आपके पास ऐसी कोई चीज है, जो कर सकें और उसके बाद स्वामी को कोई कठिनाई न हो? चूँकि वह सचमुच एक वैध स्वामी थे और कोई महान् कार्य कर रहे थे। मैं नहीं जानता कि मेरे पत्र से उनकी कोई सहायता हुई अथवा नहीं!'

एलन गिंसबर्ग ने ए.सी. भक्तिवेदांत स्वामी प्रभुपाद के लिए सेकंड एवेन्यू स्थित मंदिर में सबसे पहले जो उपहार छोड़े थे, उनमें दो हारमोनियम और कानूनी सहायता की फीस के रूप में 200 डॉलर का एक चेक था।

इसके साथ ही उनके सहयोग की यात्रा शुरू हो गई, जो कई वर्षों तक जारी रही। यह सहयोग केवल मैनहट्टन तक सीमित नहीं था, बल्कि अमेरिका के अन्य स्थानों—ओहियो, कैलिफोर्निया में भी जारी रहा। ए.सी. भक्तिवेदांत के उपदेश एवं गीत यद्यपि एलन गिंसबर्ग के सहयोग से टेलीविजन द्वारा काव्य पाठ के रूप में भी दिखाए जाने लगे; लेकिन वह कहानी शुरू करने से पहले हमें यह कथा समाप्त करनी होगी कि ए.सी. भक्तिवेदांत ने उसके बाद मैनहट्टन में क्या किया, जो नशाखोरों के बीच मैनहट्टन और उसके पार्कों में एक आंदोलन खड़ा करने वाले थे?

शायद मैनहट्टन के लोअर ईस्ट क्षेत्र में ए.सी. भक्तिवेदांत के लिए वह अवधि सर्वाधिक चुनौतीपूर्ण थी, क्योंकि जिस व्यक्ति ने चाय व कॉफी को उत्तेजक मानकर छूने से भी इनकार कर दिया था, आज वही व्यक्ति ऐसे लोगों के समूह के बीच कार्य कर रहा था, जो इस विचार के आदी बन गए थे कि नशीली दवाएँ (ड्रग्स) वैकल्पिक सच्चाई की खिड़कियाँ थीं।

सन् 1969 में पहली बार गैलप पोलिंग सर्विसेज की ओर से एक सर्वे करवाया गया था, जिसमें लोगों से नशाखोरी के प्रति उनकी चिंताओं के बारे में पूछा गया था। उस सर्वे में शामिल लगभग आधे अमेरिकियों ने और सही संख्या बताई जाए तो 48 प्रतिशत ने सर्वेक्षकों का बताया था कि 'नशाखोरी उनके समुदाय में सर्वाधिक गंभीर समस्या थी।'[3]

जैसा कि हमने इससे पहले भी बताया है, 1960 के दशक के अमेरिका में एक व्यापक सामाजिक व राजनीतिक कायापलट का दौर था। 'मुख्य धारा' के बारे में व्यापक प्रश्न खड़े किए जा रहे थे और जनसंख्या का एक बड़ा भाग, विशेषतया युवा वर्ग, उसकी वैधानिकता को लेकर प्रश्न खड़े कर रहा था और यही वह वर्ग था, जिसने अमेरिका में हिप्पियों की भीड़ जमा की थी। वह 'सामाजिक उत्थान, युद्धों, जोशीली

रचनात्मकता एवं वंचित अवसर का दौर था। मुख्यधारा की संस्कृति और मनोविकारी (साइकेडेलिक) नशाखोर प्रति-संस्कृति का संयुक्त विश्वास था कि "रासायनिकी के माध्यम से अच्छा जीवन जिया जा सकता है।"...राजनीतिक कार्यकर्ताओं का स्पष्ट मत था कि वे मुख्यधारा संस्कृति की मान्यताओं एवं प्रवृत्तियों तथा आचरण को परिवर्तित कर सकते हैं; और उन्होंने वैसा किया भी। दूसरी ओर, हिप्पी प्रति-संस्कृति बड़े पैमाने पर अलग-थलग पड़ गई और उसने मुख्यतः अपने रीति-रिवाजों एवं मान्यताओं वाली जीवन-शैली में प्रारंभिक तौर पर एक अलग संस्कृति के विकास का भी प्रयास किया। यद्यपि वहाँ हिप्पियों एवं कार्यकर्ताओं के बीच एक-दूसरे को प्रभावित करने की भी होड़ लगी थी, हिप्पयों में आमतौर पर राजनीतिक सशक्तीकरण के प्रति समान सोच नहीं थी। न्यूयॉर्क, बोस्टन; सिएटल; ऑस्टिन; टेक्सास और अन्य स्थानों पर हिप्पी कॉलोनियाँ विकसित हो गई थीं।"[4]

विस्तीर्ण नशाखोरी न केवल संस्कृति के बारे में थी, बल्कि वह रसायन-शास्त्र के लिए भी थी। लिसर्जिक एसिड डाइथिलेमाइड (एल.एस.डी.) की एक रसायन के रूप में खोज सन् 1943 में एक स्विट्जरलैंड निवासी रसायन-शास्त्री अल्बर्ट हॉफमैन द्वारा की गई थी। शीघ्र ही यह स्पष्ट हो गया था कि उसका सेवन लोगों को एक भिन्न प्रकार का मनोवैज्ञानिक अनुभव देता था और वह अकसर लोगों को बेहोशी की हालत में ले जाता था। अतः अपने जीवन सहित अन्य लोगों और अपने आसपास के समाज के लोगों को वे भिन्न प्रकार से देखते थे। 1960 के दशक के अमेरिका की युग चेतना ने उन्हें बच निकलने का सरल मार्ग उपलब्ध कराया था।

वास्तव में, नशाखोरी का प्रति-प्रभाव पाश्चात्य संस्कृति में दिखाई देने लगा था। कला से लेकर साहित्य तक और वस्तुतः संगीत में भी उसकी झलक दिखाई देने लगी थी, जो बॉब डायलान के बाद कभी भी अपने वास्तविक रूप में नहीं रही थी। द बीटल्स एंड जिमी और हेंड्रिक्स ने एसिड का सेवन प्रारंभ कर दिया था। समूची शैली तब से मनोत्तेजक पदार्थों की ओर मुड़ गई थी। उनके कार्यक्रमों को अब साइकेडेलिक रॉक, साइट्रांस और एसिड हाउस के नाम से जाना जाने लगा था। 1980 और 1990 के दशक में 'रेव संस्कृति' की धूम थी। यद्यपि उनके परम आनंद का कारण नशा था, जिसे अधिकतर प्रेम की दूसरी ग्रीष्म से जोड़ दिया जाता था। उस कालावधि में इंग्लैंड में भी एल.एस.डी. की खपत में भारी उछाल आया था।[5]

वास्तव में, एल.एस.डी. के साथ-साथ वहाँ बड़े पैमाने पर हशीश (मारीजुआना) और गाँजा (केनाबिस) का प्रयोग भी किया जा रहा था। इन नशीले पदार्थों का प्रभाव और उनका प्रयोग पूरे पश्चिमी जगत्, खासतौर से अमेरिका व इंग्लैंड में फैल गया था, जहाँ ए.सी. भक्तिवेदांत ने अपना सर्वाधिक कार्य किया था, वह भी अपने अंतिम, लेकिन

सर्वाधिक उत्पादक दशक में। उनके कार्यों को कुछ वैधानिकता सक्रियतावाद, संस्कृति एवं कुलीन शिक्षा जगत् से भी प्राप्त हुई थी।

सर्वाधिक प्रसिद्ध मामला दोहराने योग्य है, क्योंकि उसका अमेरिका में व्यापक प्रभाव पड़ा था। यह कहानी दो मनोवैज्ञानिकों से जुड़ी है, जो अमेरिका के सर्वाधिक प्रतिष्ठित विश्वविद्यालय हार्वर्ड में कार्यरत थे। उनके नाम क्रमश: टिमोथी लैरी और रिचर्ड अल्पर्ट थे। उन दोनों ने सन् 1960 में नशीले पदार्थों के मानव मन पर पड़नेवाले प्रभाव का परीक्षण शुरू किया था।[6] अल्पर्ट ने स्टैनफोर्ड और लैरी ने बर्कले विश्वविद्यालय से पी-एच.डी. (डॉक्टरेट) की उपाधि प्राप्त की थी। दोनों ने 'हार्वर्ड साइलोसायबिन परियोजना' शुरू की थी। साइलोसायबिन एक प्रकार का मानव जाति की उत्पत्ति से संबंधित मतिभ्रम है, जो स्वाभाविक तौर पर मशरूमों की कुछ प्रजातियों में होती है। लैरी एवं अल्पर्ट ने मानव चेतना पर पड़नेवाले उसके प्रभाव को लिखने का प्रयास किया और इसके प्रयोग के लिए उन्होंने अपने कुछ अधीनस्थों का चयन किया तथा अपने अनुभव का वास्तविक विवरण दर्ज करना प्रारंभ किया। हार्वर्ड में जिस समय लैरी और अल्पर्ट अनुसंधान कर रहे थे, उस समय अमेरिका में न एल.एस.डी. को और न ही साइलोसायबिन को अवैध पदार्थ माना जाता था।[7]

लेकिन मात्र दो वर्षों के भीतर ही हार्वर्ड का शक्तिशाली एवं प्रभावशाली शिक्षा समुदाय, नामत: उसके अध्यापक एवं नौकरशाह लैरी और अल्पर्ट दोनों के विरुद्ध हो गए। उन्होंने टिप्पणी की—इसे बिना किसी लाग-लपेट के स्पष्ट कहा जाना चाहिए कि दोनों अध्यापक जो अनुसंधान कर रहे थे, वे अनुसंधान के मूलभूत सिद्धांतों का उल्लंघन करते थे, विशेषतया उन दशाओं का, जिनमें वह संचालित किया जा रहा था। इस मामले में उन्होंने अपने अधीनस्थ कर्मचारियों और अनेक बार छात्रों को भी 'गिनी पिग' (प्रायोगिक वस्तु) के रूप में इस्तेमाल किया था। उनसे प्रश्न किया गया कि क्या उनके छात्र 'कार्यकर्ताओं' को यह बताया गया था कि उन्हें क्या दिया जा रहा था? उनके ऊपर न केवल नशीली दवाओं के प्रभावों का 'प्रयोग' करने का आरोप लगाया गया, बल्कि वास्तव में वे दोनों प्रोफेसर छात्रों पर उनका प्रयोग करके नशीली दवाओं के सेवन को बढ़ावा दे रहे थे!

यद्यपि उस समय इस विषय में नियम शिथिल थे, किंतु उनकी अपरंपरागत पद्धतियाँ, खासतौर से इस मामले में, जिसके अंतर्गत वे दोनों स्नातक छात्रों को एक परीक्षण केस के रूप में प्रयोग कर रहे थे। उसका परिणाम यह हुआ कि दोनों को हार्वर्ड से बाहर निकाल दिया गया।

लेकिन वह लैरी और अल्पर्ट के पेशे का अंत नहीं था।

लैरी प्रति-संस्कृति के नायक बन गए, क्योंकि उन्होंने नशे के माध्यम से मानव

अनुभव की क्षमता को बढ़ा दिया था और बाद में उस अनुभव में भी परिवर्तन कर दिया था। यद्यपि उन्होंने एक प्रसिद्ध हिप्पी नारा भी दिया था—'आओ, पियो और बाहर निकल जाओ।'

अल्पर्ट ने यद्यपि इससे भी अधिक रोचक मोड़ लिया था। वह भारत लौट आए और एक आश्रम* में भक्त बन गए और दीक्षित होकर नया नाम 'रामदास' ग्रहण कर लिया। वह कुछ ही समय में अपनी तरह के विख्यात आध्यात्मिक शिक्षक बन गए। उन्होंने अनेक पुस्तकें लिखने के साथ-ही-साथ एक नेटफ्लिक्स कार्यक्रम भी किया।[8] उनकी सर्वाधिक प्रसिद्ध पुस्तक का नाम है—'बी हियर नाउ'।[9]

ए.सी. भक्तिवेदांत की कथा एक प्रकार से इन दोनों यात्राओं के मध्य एक सूत्र की भाँति है। वह अपने अनुयायियों को एक आंतरिक जीवन, अर्थात् आध्यात्मिक जीवन के महत्त्व को समझाने में सफल रहे और इस दूरी को कैसे तय किया जाए, केवल भौतिक जीवन के सामने समर्पण करने से इनकार करने और इस उपलब्धि को बिना किसी नशे का सहारा लिये प्राप्त करने हेतु उन्होंने कृष्ण के मंत्र का सहारा लेने का सुझाव दिया।

ए.सी. भक्तिवेदांत के संपूर्ण शेष जीवन और कार्यों के बीच यह विवाद बार-बार उठता रहा और जिन लोगों के बीच वह कार्य कर रहे थे, उनके लिए यह अत्यंत मौलिक कार्य था। उनके समर्थकों में अत्यंत प्रभावशाली कलाकारों से लेकर गरीबी से प्रभावित हिप्पी तक थे।

नशे के माध्यम से चेतना में परिवर्तन के प्रश्न पर उन्हें बार-बार चुनौती दी गई; परंतु उनके उत्तर में कभी कोई परिवर्तन नहीं हुआ। उन्होंने हर बार यही कहा कि नशे से प्रभावित कोई परिवर्तन कभी भी सच्चा आध्यात्मिक अनुभव नहीं हो सकता है। वास्तव में, एक बार जब टिमोथी लैरी के कुछ समर्थकों ने भक्तिवेदांत से प्रश्न किया तो उन्होंने उनके समक्ष अपने एक अनुयायी हयग्रीव दास (दीक्षित होने से पूर्व हॉवर्ड व्हीलर) के व्यक्तिगत अनुभव का उदाहरण प्रस्तुत कर दिया। हयग्रीव दास ने आगे बढ़कर जो तर्क दिया, उसकी अनुगूँज पूरी दुनिया में सुनाई पड़ी और यद्यपि आज भी सुनाई पड़ रही है। उसने बड़ी सफलतापूर्वक कहा था कि कोई भी 'उच्चता' कृत्रिम और अस्थायी है। वह एक ऐसी 'उच्चता' है, जिसका अनुसरण अपरिहार्य रूप से किसी 'निम्न' व्यक्ति द्वारा किया जाता है।

यह समझने के लिए कि लैरी की ओर से कथित तौर पर ए.सी. भक्तिवेदांत को कौन और क्या चुनौती दे रहा था, इस मोड़ पर एक मामूली सा विषय-परिवर्तन प्रासंगिक है, जिसे 'मिलब्रुक समुदाय' कहा जाता है। एक सरकार-विरोधी हस्ती के रूप में टिमोथी लैरी ने यह दावा कर दिया कि वह प्रत्येक व्यक्ति के अंदर देवत्व जाग्रत् कर सकते हैं

---

* उत्तराखंड में रानीखेत के पास नीम करोली बाबा का आश्रम है।

बंगाल में 15वीं शताब्दी में श्री चैतन्य महाप्रभु द्वारा
वृंदगान के रूप में प्रारंभ किया गया पवित्र नाम संकीर्तन।

अपने युग के प्रमुख गौड़ीय वैष्णव सुधारक
एवं आध्यात्मिक विभूति श्रील भक्तिविनोद ठाकुर (1838–1914)।

श्रील भक्तिविनोद ठाकुर के पुत्र एवं ए.सी. भक्तिवेदांत स्वामी प्रभुपाद के आध्यात्मिक गुरु श्रील भक्तिसिद्धांत सरस्वती ठाकुर (1874–1937)। इन्होंने सन् 1918 में कलकत्ता में गौड़ीय मठ की स्थापना की।

अभय चरण डे ने कलकत्ता के स्कॉटिश चर्च कॉलेज से (1916–1920) शिक्षा प्राप्त की। वह अंग्रेजी एवं संस्कृत समाजों के सदस्य भी थे, जिनमें उनके अधिकतर प्रोफेसर यूरोपीय थे।

अभय चरण डे ने सम्माननीय गुरु भक्तिसिद्धांत सरस्वती ठाकुर से भेंट की, जिनके बारे में उनका विचार था कि अपनी किशोरावस्था (1922) में कलकत्ता में वह जितने भी साधुओं से मिले थे, श्री ठाकुर उनसे पूर्णतया भिन्न थे।

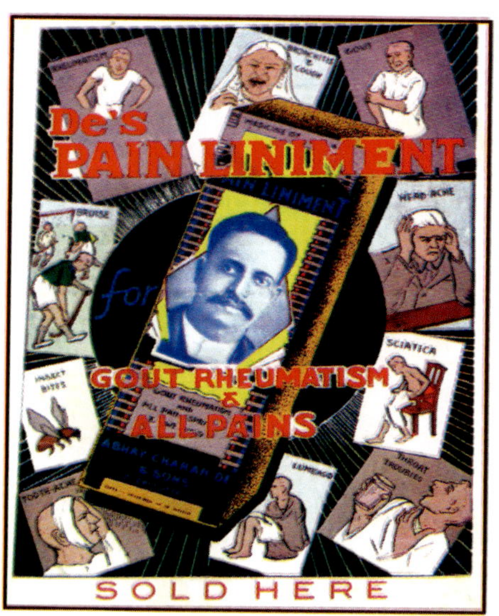


अभय चरण डे के औषधीय उत्पाद डे'ज पेन लिनीमेंट का एक विज्ञापन—कलकत्ता, 1938।

अभय चरण डे अपने पुत्र प्रयाग राज, पत्नी राधारानी एवं पिता गौड़ मोहन डे (मध्य में) एवं सबसे बड़ी बहन राजेश्वरी (अपनी पुत्री सुलक्षमन के साथ)।
पीछे खड़े हैं : भतीजा तुलसी एवं भाई कृष्ण चरण डे—कलकत्ता, 1942।

अभय चरणारविंद भक्तिवेदांत ने श्रीकृष्ण के विषय में अपने प्रथम स्वप्निल आंदोलन को 1953 में झाँसी में 'भक्त संघ' (लीग ऑफ डिवोटीज) के माध्यम से आकार देना प्रारंभ किया।

ए.सी. भक्तिवेदांत स्वामी ने निजी स्तर पर सन् 1956 में दिल्ली में अपनी पत्रिका बैक टु गॉडहेड का मुद्रण एवं वितरण प्रारंभ किया।

अभय चरणारविंद भक्तिवेदांत ने 17 सितंबर, 1959 को श्रीमद् भक्ति प्रज्ञान केशव महाराज से संन्यास की दीक्षा ग्रहण की, जिसके फलस्वरूप उन्हें मथुरा के गौड़ीय मठ में 'स्वामी' कहकर संबोधित किया गया। चित्र में (बाएँ से दाएँ) मुनि महाराज, भक्ति प्रज्ञान केशव महाराज, ए.सी. भक्तिवेदांत स्वामी।

*श्रील प्रभुपाद जून 1964 में प्रधानमंत्री लाल बहादुर शास्त्री को श्रीमद्भगवतम की प्रति अर्पित करते हुए। श्री शास्त्री ने स्वीकारोक्ति में कहा, 'उनकी पुस्तकें प्राणिमात्र की मुक्ति हेतु उल्लेखनीय योगदान हैं।'*

*अमेरिका की यात्रा पर प्रस्थान करने से पूर्व ए.सी. भक्तिवेदांत स्वामी 1959–1965 तक वृंदावन स्थित राधा दामोदर मंदिर के इसी कक्ष में रहे थे।*

स्वामी भक्तिवेदांत दिल्ली के छीपीवाड़ा मंदिर में सन् 1965 में
नव प्रकाशित श्रीमद्भगवतम के नवीन संस्करण के तीन खंडों के साथ।

**THE SCINDIA STEAM NAVIGATION CO. LTD.**
**BOMBAY**

№ 771

Place of issue Calcutta Date 4. 8. 1965

**CABIN CLASS**
**NON-TRANSFERABLE PASSAGE TICKET**

PER Regular Cargo Carrier s.s./m.v. Jaladuta embarking about ________ 19__

From the port of ________ to the port of ________

| Names | Age Yrs. | Age Mths. | Cabin No. | Berth No. | Passage Fare | Taxes |
|---|---|---|---|---|---|---|
| 1 Sri Abhay Charan Aravinda Bhaktivedanta Swami | 69 | | | | | |
| 2 | | | | | | |
| 3 | | | | | | |
| 4 | | | | | | |
| 5 (Complimentary | Ticket with Food) | | | | | |
| 6 | | | | | | |
| 7 | | | | | | |

Adults 1 Children ___ Infants ___ TOTAL one.

IT IS MUTUALLY AGREED that this contract ticket is issued by or on behalf of THE SCINDIA STEAM NAVIGATION CO. LTD. and is accepted by the passenger(s) on the terms and conditions printed or endorsed on the face and back of this ticket.

For The Scindia Steam Navigation Co. Ltd.

(K. B. Mehta)
Senior Deputy Manager

मालवाहक पोत 'जलदूत' द्वारा श्रील प्रभुपाद की यात्रा हेतु उपलब्ध कराया गया टिकट।
सन् 1965 में उनकी नि:शुल्क यात्रा का प्रबंध सिंधिया शिपिंग कंपनी की
स्वामिनी सुमति मोरारजी द्वारा किया गया।

*पश्चिमी देशों में भगवान् श्रीकृष्ण की शिक्षाओं के प्रसार हेतु स्वामी भक्तिवेदांत ने अगस्त 1965 में 'जलदूत से' अपनी यात्रा प्रारंभ की।*

*अमरीकियों को भगवान् श्रीकृष्ण के पावन नामों की शक्तियों के प्रति आकर्षित करने की आशा में स्वामी भक्तिवेदांत सन् 1965 में न्यूयॉर्क की सड़कों पर भगवान् श्रीकृष्ण के पावन नामों का गायन करते हुए।*

अक्तूबर 1966 में 'ईस्ट विलेज अदर' नामक अखबार में प्रकाशित हरे कृष्ण आंदोलन संबंधी महत्त्वपूर्ण लेख। मुखपृष्ठ पर स्वामी भक्तिवेदांत का न्यूयॉर्क के टॉम्पकिंस स्क्वायर, लोअर ईस्ट साइड में लिया गया चित्र मुद्रित था।

श्रील प्रभुपाद अमेरिकी कवि एवं लेखक एलन गिन्सबर्ग के साथ, जो यह देखकर अत्यंत प्रभावित थे कि एक संत निराश्रितों के साथ रहने और उन्हें प्यार बाँटने आया है —सैन फ्रांसिस्को, 1967।

स्वामी भक्तिवेदांत जानबूझकर एक अप्रिय स्थान पर श्रीकृष्ण का संदेश देने गए। सन् 1967 में विदेशी संस्कृति से प्रभावित सैन फ्रांसिस्को में अपने मंत्रोच्चार एवं नृत्य से उन्होंने तहलका मचा दिया।

Bay Group

# Krishna Chants Startle London

*By Philip Oakes*
*London Sunday Times*

**London**

Hare Krishna is good for you. What it means, more or less, is "take heed of Krishna." Innocuous, you may think. But say it sincerely and wonderful things can happen according to believers.

It helps to cure insomnia. It aids concentration. It takes your mind off sex. "It is a chant which sets God dancing on your tongue," says Guru Das, of the Society for Krishna Consciousness Inc. — a missionary group from America which has lately arrived in London. "It has a cleansing effect."

Extravagant claims, maybe, but the Krishna people are walking, talking testimonials.

FROM S.F.

There are six of them, three husbands and their wives, all from San Francisco. The men have shaven heads — a sign of renunciation — with a scalp lock dangling at the back. Their foreheads and noses are daubed with white paint, signifying the footprint of Vishnu, and the banyan leaf — a symbol of strength and spirituality. They wear yellow dhotis, and around their necks they have slung a bag containing beads of tulsi-wood.

At present they all live in an old newspaper office in Covent Garden, where they've turned one room into a temple.

The locals, says Guru Das, don't object to the way they look. "Their only reaction seems to be just 'Wow!' " gram which differs vastly from that of the Beatles' old Maharishi.

What's likely to earn them a public is their chanting. What they chant are mantras — incantatory prayers accompanied by harmonium, drum, conch shell, finger cymbals — which can last from 30 minutes to 24 hours.

They'll chant whenever and wherever they're invited, but already the police have turned them out of Trafalgar Square and Hyde Park, where the playing of musical instruments are forbidden.

HELL'S ANGELS

Guru Das is negotiating with the Ministry of Works for permission to perform in the streets, and it's possible that his application will succeed. "I hope it does, because our chanting can bring nothing but good," he said.

"At the time of the Grosvenor Square demonstrations we went along there and gave a couple of short chants which may have helped the situation.

"But the most striking example was in Oakland, Calif., when a group of Hell's Angels was all set to beat up a number of anti-Vietnam demonstrators. Alan Ginsberg, the poet, asked everyone to chant a mantra, and the mood of the crowd changed totally.

"When some of the Hell's Angels came to London the other week we asked them if they remembered that day. They said yes, they did, but they'd like to forget it. It wasn't good for their reputa-

*श्रील प्रभुपाद ने अपने तीन अमेरिकी शिष्य दंपतियों को लंदन भेजा था। उनके पथ-संकीर्तन ने लंदनवासियों को मंत्रमुग्ध कर दिया। उसका विवरण 1969 में लंदन के 'ईवनिंग स्टैंडर्ड' नामक अखबार में 'कृष्ण नाम संकीर्तन ने लंदन को चौंकाया' शीर्षक से प्रकाशित हुआ था।*

अनवरत यात्राओं के दौरान श्रील प्रभुपाद की अदम्य ऊर्जा दृष्टव्य थी। संपूर्ण विश्व में 108 कृष्ण मंदिरों की स्थापना हेतु उन्होंने पूरी दुनिया के 14 बार चक्कर लगाए थे। यह चित्र लंदन हवाई अड्डे पर 1969 का है।

बाएँ से दाएँ : श्रील प्रभुपाद, पैटी बॉयड, जॉर्ज हैरीसन एवं धनंजय दास—लंदन, 1969।

सोवियत संघ में प्रवेश करने के अनेक प्रयासों के बाद प्रभुपाद मॉस्को में पाँच दिनों का प्रवास करने में सफल हुए। उन्होंने इवान नामक युवक के मन में भक्ति का बीजारोपण करने में सफलता प्राप्त की और सन् 1971 में उन्हें मॉस्को में अनंत शांति दास के रूप में दीक्षित किया।

श्रील प्रभुपाद ने भारत के पूर्व राष्ट्रपति डॉ. सर्वपल्ली राधाकृष्णन से भेंट की—मद्रास, फरवरी 1972।

श्रील प्रभुपाद भारत के अंतिम गवर्नर जनरल सी. राजगोपालाचारी (राजाजी) के साथ। राजाजी ने कहा : 'मैं उस व्यक्ति के प्रति टिप्पणी करने में पूर्णतः सक्षम नहीं हूँ, जिसने वास्तव में इतने महान् कार्य का बीड़ा उठाया है। चिंतन एवं कृत्य के मध्य यही अंतर है। सोचना सरल है, किंतु कर्म के लिए प्रेरणा की आवश्यकता होती है और आप (श्रील प्रभुपाद) ने यह कार्य अपने हाथ में लिया है।' —द्रास, 1972।

'मैं तो केवल अपने आध्यात्मिक गुरु के संदेश को प्रचारित करने का प्रयास कर रहा हूँ; और इस सेवा के लिए यदि कोई यश मिलता है तो उसके अधिकारी वे ही हैं।' —राधा दामोदर मंदिर, वृंदावन, 1972।

*श्रील प्रभुपाद जर्मन राजनयिक, मनोचिकित्सक एवं जेन मास्टर प्रोफेसर डर्कहेम के साथ—फ्रैंकफर्ट, 21 जून, 1974।*

*श्रील प्रभुपाद (सबसे ऊपर की बालकनी में) इस्कॉन के पेरिस स्थित मंदिर में अपने शिष्यों के साथ—जून, 1974।*

श्रील प्रभुपाद बंबई के जुहू में 1974 में। श्रील उस व्यक्ति को मूर्तिमान करते हैं, जिसने भगवान् श्रीकृष्ण की लीला एवं शक्ति को समझने हेतु स्वयं को नियोजित कर दिया है। प्रभुपाद एक शुद्ध भक्त हैं, जिन्होंने स्वयं को भगवान् के श्रीचरणों में समर्पित कर दिया है।

श्रील प्रभुपाद अपने एक भक्त के पुत्र को स्नेहपूर्वक प्रसाद देते हुए—पेरिस, जून 1974।

श्रील प्रभुपाद रथयात्रा उत्सव में 30,000 उत्साही श्रद्धालुओं की कीर्तन मंडली का नेतृत्व करते हुए—सैन फ्रांसिस्को, 1974।

श्रील प्रभुपाद रात दस बजे सो जाते और आधी रात को जागकर प्रातःकाल तक पुस्तकों का लेखन करते थे। सन् 1965 में इस्कॉन की स्थापना के बाद यही उनकी दैनिक दिनचर्या थी। यह चित्र 1975 में डल्लास स्थित इस्कॉन मंदिर का है।

श्रील प्रभुपाद न्यूयॉर्क के मैनहट्टन मंदिर की छत पर अपने अनुयायियों के साथ—जून 1976।

*1970 के दशक के प्रारंभ में पश्चिम बंगाल के मायापुर नामक स्थान पर प्रभुपाद के शिष्यगण। इसके साथ ही श्रील भक्तिविनोद ठाकुर की इच्छा पूर्ण हो गई, 'इंगलैंड, फ्रांस, रूस, प्रुशिया एवं अमेरिका में रहते हुए समस्त सौभाग्यशाली जन अपने हाथों में मृदंग एवं करतालों के साथ बारंबार चैतन्य महाप्रभु का नामोच्चार करेंगे'।*

और उन्होंने सभी प्रकार के प्राधिकरणों पर प्रश्नचिह्न लगाना शुरू कर दिया। लैरी से प्रभावित होकर तत्कालीन बैंकर-राजनीतिज्ञ एंड्रयू मेलन (1855-1937) की संपत्ति के तीन युवा उत्तराधिकारियों ने उन्हें मिलब्रुक गाँव, न्यूयॉर्क के अपने 64 कमरोंवाले महल का नियंत्रण उन्हें सौंप दिया।[10] उस महल में लैरी ने अपना एक समुदाय खड़ा कर दिया—एक ऐसा स्थान, जहाँ होनेवाली पार्टियों का कोई अंत नहीं था। उसने वहाँ कृत्रिम दिव्य ज्योति के निर्माण के साथ छोटे-बड़े आकार के भावनात्मक नाटकों का आयोजन करना प्रारंभ कर दिया।[11] उसने आवारा और सनकी युवकों पर अपना प्रयोग करने के लिए एक पूरा समूह तैयार कर दिया, जो नशीली दवाओं के नियमित प्रयोगों के कारण निस्संदेह विक्षिप्त एवं असामान्य युवक बन गए थे।

इसे भलीभाँति स्मरण रखना चाहिए कि एल.एस.डी. जैसे नशीले पदार्थों के सेवन से जो शारीरिक व मनोवैज्ञानिक रूप से क्षति पहुँचाई जा रही थी, उसके विषय में लोगों को बहुत कम जानकारी थी। सन् 1966 तक अनेक लोग केवल यही महसूस करते थे कि एल.एस.डी. चरस से कुछ अधिक तेज थी।

लेकिन उस परिचर्चा में हयग्रीव ने तर्क दिया कि यह सबकुछ व्यर्थ, भंगुर एवं भ्रम था। उन्होंने कहा, "एल.एस.डी. का सेवन करने के बाद हम ऊपर जाने का अनुभव करते हैं; लेकिन हमें हर बार पुनः नीचे आना पड़ता है। वह आध्यात्मिक चेतना नहीं है। जब आप वास्तव में कृष्ण चेतना प्राप्त कर लेते हैं तो हमेशा उच्च बने रहते हैं। चूँकि आप कृष्ण के पास जाते हैं, अतः आपको नीचे आने की आवश्यकता नहीं पड़ती है। आप हमेशा उच्चासीन बने रह सकते हैं।"[12]

उस अवधि में प्रकाशित होनेवाले इस्कॉन (ISKCON—अंतरराष्ट्रीय कृष्ण भावनामृत संघ) के परचों ने मुख्यतः यही कहना शुरू कर दिया था—अब और अधिक नीचे आने की आवश्यकता नहीं। आप हमेशा के लिए ऊँचाई पर बने रह सकते हैं।

ए.सी. भक्तिवेदांत ने अपनी इस प्रक्रिया के माध्यम से क्या किया था? उन्होंने अपने हाथ में वह कार्य लिया था, जो संभवतः असंभव दिखाई देता था—वह एक विदेशी धरती पर अनेक नशेड़ियों के मध्य रहते हुए उपदेश दे रहे थे, अपने अनुयायियों की भाषा का प्रयोग कर रहे थे, अपनी निजी कहानी बताने के लिए उनके मुहावरों और उनके वैश्विक दृष्टिकोण का प्रयोग कर रहे थे।

'ऊँचे जाना', 'सच्चाई को बदलना', यह सब उनके अनेक अनुयायियों के जीवन का अभिन्न अंग बन गया था। लेकिन इस समय वे कृष्ण चेतना को कैसे समझ सके? उनको उन्हीं की भाषा में उपदेश देना था, जिसे वे आसानी से समझ सकते थे—ऊपर जाना और कभी नीचे न आना।

यही वह भावना थी, जिसने गिंसबर्ग को ए.सी. भक्तिवेदांत को उन लोगों के बीच

कार्य करने की योग्यता से प्रेरित किया था, जिनके पास दृश्यत: संसाधनों की कमी थी और उनके पास यह समझने की शक्ति बहुत कम थी कि वस्तुत: भारत से आया हुआ यह संन्यासी क्या उपदेश दे रहा था। लेकिन ऐसे असंभव श्रोता समूह के साथ उन्होंने एक संपर्क सूत्र स्थापित कर लिया था; एक ऐसी भाषा और लय का विकास कर लिया था, जिसे वे आसानी से आत्मसात् कर सकते थे, जो उनके जीवन में परिवर्तन ला सकती थी और लाई भी। हिप्पियों की दुनिया में भक्तिवेदांत की तन्मयता और उस समुदाय की सुस्पष्ट समझ उनके पत्राचार में प्रतिबिंबित होती है। उदाहरण के लिए, सन् 1971 में दिल्ली से लिखे गए एक पत्र में उन्होंने अपने एक शिष्य को सलाह दी थी—'हिप्पियों के लिए एक हॉस्टल क्यों नहीं खोलते? मैं चाहता हूँ कि सभी हिप्पी मेरे पास आएँ और मैं उनकी समस्याओं का समाधान करूँगा। वस्तुत: इन सभी हिप्पियों को हमारे साथ जुड़ जाना चाहिए। मैं इस दिल्ली शहर में देख रहा हूँ कि आपके देश से अनेक हिप्पी यहाँ आ रहे हैं; परंतु वे भूखे और गंदे हैं तथा उन्हें ठगा जा रहा है। मेरे पंडाल (शिविर) कार्यक्रम में उनमें से कुछ लोग मेरे पास आए थे और मेरे शिष्य बन गए थे। अत: हमें उन पर दृष्टि रखनी होगी और इस कार्य में रुचि लेनी होगी कि उन्हें उनकी इस दयनीय दशा से बाहर निकाला जाए। वे हमारे सर्वोत्तम ग्राहक (रोगी) हैं। यदि हम उन्हें आराम से सोने का स्थान एवं सुंदर 'प्रसादम्' दें और वे चार नियमों का पालन करते हुए हमारी आरतियों व कक्षाओं में उपस्थित होने के लिए तैयार हों तो उन हिप्पियों को हमारे साथ रहने के लिए आमंत्रित क्यों नहीं करते? धीरे-धीरे वे भक्त बन जाएँगे। भारत में अमेरिका के राजदूत श्री केनेथ कीटिंग हमारे आंदोलन के पक्ष में इसलिए हैं कि हम आप लोगों को सही सलाह दे रहे हैं और उन्हें नशे से बचा रहे हैं तथा उन्हें हिप्पी बनने से रोक रहे हैं। यदि तुम्हारी सरकार हमें कुछ सहायता देगी तो मैं उन सबको बचा सकता हूँ। वह आपके लिए एक महान् वरदान होगा। अन्यथा ये हिप्पी उस हरेक चीज को नष्ट कर देंगे, जिसे बनाने के लिए उन्होंने इतना कठोर परिश्रम किया है। इसमें कोई संदेह नहीं कि उन्हें यह समझ प्रत्यक्षत: उनके अमेरिका में प्रारंभिक निवास से प्राप्त हुई थी। न्यूयॉर्क में उनके प्रारंभिक पड़ोसियों ने उस देश में वस्तुत: उनके लक्ष्य को ही नष्ट कर दिया होता; लेकिन उन्होंने उनमें से अनेक को बदल दिया था और वे उनके 'सर्वोत्तम ग्राहक' बन गए थे।

इस प्रकार, भक्तिवेदांत अपनी परिस्थितियों से विचलित नहीं थे। उन्होंने तर्क दिया कि उन्हें (हिप्पियों को) जिस एक चीज की जरूरत थी, वह था कृष्ण का मंत्र।

इसका एक आनंदित करनेवाला और दृष्टांतात्मक उदाहरण वर्ष 1971 की यह घटना है। यह उस पत्र से पता चला, जो ए.सी. भक्तिवेदांत ने उसी वर्ष लिखा था—'तुम भूतों का उल्लेख करते हो (उन्होंने अपने एक जिज्ञासु को लिखा)। जहाँ तक मेरा

अनुभव है, उन्हें भगाने का सर्वोत्तम उपाय यह है कि तुम उच्च स्वर में 'हरे कृष्ण' मंत्र का उच्चारण करो और जब तक वे चले न जाएँ, तब तक प्रफुल्लित होकर कीर्तन करो। इंग्लैंड में सन् 1969 में जब मैं मि. जॉन लेनन* के घर में ठहरा हुआ था, वहाँ एक भूत था; लेकिन जैसे ही भक्तों ने अत्यंत उच्च स्वर में मंत्रोच्चार शुरू किया, वह भूत तत्काल वहाँ से भाग गया।[13]

इसी भावना को लेकर ए.सी. भक्तिवेदांत टॉम्पकिंस स्क्वायर पार्क में गए थे। वह पार्क लोअर ईस्ट साइड क्षेत्र के उस मकान के पड़ोस में था, जहाँ ए.सी. भक्तिवेदांत रहते और प्रवचन करते थे।

टॉम्पकिंस स्क्वायर पार्क का इतिहास एक विद्रोही इतिहास रहा था। पुलिस ने सन् 1857 में उन आप्रवासियों पर लाठियाँ बरसाई थीं, जो इस पार्क में खाद्यान्न की कमी के विरोध में प्रदर्शन कर रहे थे। सन् 1863 में इसी पार्क में रक्तरंजित दंगे शुरू हुए थे। वे लोग सेना में अनिवार्य सेवा के विरोध में प्रदर्शन कर रहे थे और अमेरिकी गृह-युद्ध के दौरान काले व गोरे लोगों के बीच दंगा भड़क गया था, जो पूरे लोअर ईस्ट साइड क्षेत्र में फैल गया था।[14] उन दंगों को आज भी अमेरिकी इतिहास में नस्लीय रूप से विभाजित भीषणतम नागरिक दंगों में से एक माना जाता है, जो मैनहट्टन के बड़े भाग में काली जनसंख्या के उन्मूलन का कारण बना था।

1960 के दशक तक टॉम्पकिंस स्क्वायर विएतनाम युद्ध के विरुद्ध होनेवाले अनेक विरोध-प्रदर्शनों से सजीव हो उठा था। इसी संभ्रमित भीड़ के मध्य ए.सी. भक्तिवेदांत अपने क्रांतिकारी संदेश के साथ पहुँचे थे। उनके पास सभी समस्याओं का केवल एक ही निदान—कृष्ण के प्रेम का कीर्तन करना था।

उनके साथ स्थानीय पड़ोसियों का एक छोटा सा समूह था, जो अपने ढोल, तंबूरों और पीतल की झाँझों एवं मँजीरों के साथ कभी खड़े होकर, कभी बैठकर और कभी नाचते हुए टॉम्पकिंस स्क्वायर पार्क में वृक्षों की लताओं की छाया में बार-बार कृष्ण के नाम का कीर्तन कर रहे थे और उनके अक्षरों वाले मंत्र का जाप कर रहे थे—'हरे कृष्ण, हरे कृष्ण, कृष्ण-कृष्ण हरे-हरे/हरे राम, हरे राम, राम-राम हरे-हरे'।

वह 9 अक्तूबर, 1966 का दिन था। उत्साही दर्शक सफेद हवाई चप्पल पहने एक वृद्ध संन्यासी को अपने समर्थकों के साथ चिराबेल के वृक्ष के नीचे गाते हुए देख रहे थे। उन लोगों ने क्या पहना हुआ था? क्या वे बेडरूम वाले पाजामे थे? वह कैसा संगीत था?

यद्यपि अधिकतर लोग संस्कृत शब्दों या उच्चारण को नहीं समझ पाए और न ही वे ए.सी. भक्तिवेदांत एवं उनके अनुयायियों की आध्यात्मिक पृष्ठभूमि को समझ सके,

---

* बीटल्स प्रसिद्धि की।

जो उनका ध्यान अपनी ओर आकर्षित कर रही थी। इससे पूर्व टॉम्पकिंस स्क्वायर में चिराबेल के नीचे पहले ऐसा कभी नहीं हुआ था। यद्यपि लोग न तो उनके शब्दों को समझ पाए और न ही उनके नृत्य को; परंतु उनके मन को छूनेवाली भाव-भंगिमाओं ने अनेक लोगों को अपनी ओर आकर्षित कर लिया था। इसके साथ-साथ शीघ्र ही एलन गिंसबर्ग एवं उनके जोड़ीदार पीटर ओर्लोव्स्की का गुट भी उनके साथ आ जुड़ा था।

यह एक ऐसा महत्त्वपूर्ण क्षण था, जब गिंसबर्ग ने ए.सी. भक्तिवेदांत एवं उनके अनुयायियों के कथानक को परिवर्तित कर दिया। गिंसबर्ग की उपस्थिति ने लगभग कीर्तन गायकों को अमेरिकी जीवन के बृहत्तर संदर्भों से संपृक्त कर दिया था। बहरहाल, गिंसबर्ग को पहचाननेवाले अनेक राहगीरों को ऐसा प्रतीत हुआ, मानो वे गायक और उनके बीच खड़ा वह वृद्ध संन्यासी अमेरिका में किसी नई राजनीति को नए स्वर एवं नई जीवन-शैली के साथ खोजने आए थे।

वह पहली बार था, जब गिंसबर्ग ने सार्वजनिक रूप से कृष्ण के प्रेम के मंत्र का गायन किया था। किंतु जैसा कि हम आगे देखेंगे, यह तो उनके लिए एक शुरुआत मात्र थी।

ए.सी. भक्तिवेदांत के लिए यह एक महान् आविर्भाव था, जिसे अब एक प्रकार से अमेरिका में इस्कॉन (ISKCON) के उद्घाटन के रूप में याद किया जाता है। भक्तिवेदांत और उनके अनुयायी एक प्रकार से चिराबेल के पेड़ के नीचे विद्रोही और प्रदर्शनकारी ही थे; क्योंकि वे एक ऐसे जीवन के विरुद्ध प्रदर्शन कर रहे थे, जो कृष्ण की भक्ति से रिक्त था। वह एक ऐसा प्रदर्शन था, जो क्रांतिकारी आध्यात्मिकता की माँग कर रहा था, जो अपना जीवन किसी और के लिए नहीं, बल्कि केवल अपने कृष्ण के लिए जीना चाहता था।

'न्यूयॉर्क टाइम्स' ने उस घटना को प्रकाशित करने योग्य माना और निस्संदेह उस समाचार में गिंसबर्ग की उपस्थिति को प्रमुखता दी गई थी और उस लेख में उनसे प्रश्न किया गया था कि आप उस भीड़ में क्यों मौजूद थे और स्वामी (भक्तिवेदांत) से मिलने के बाद अन्य लोगों के जीवन में क्या परिवर्तन आया था? गिंसबर्ग ने कृष्ण का उल्लेख हिंदू ईश्वर और 'ज्योति पुंज' के रूप में किया और राम का उल्लेख 'दायित्व के राजकुमार'[15] (एक आज्ञाकारी पुत्र) के रूप में किया। हॉवर्ड व्हीलर उर्फ हयग्रीव जैसे लोगों ने बताया कि उन्होंने कई वर्षों तक एल.एस.डी. का सेवन करने के बाद इस भारतीय संन्यासी के सान्निध्य में सभी प्रकार के नशे का परित्याग कर दिया था।[16]

ए.सी. भक्तिवेदांत को उस समय तक बड़े पैमाने पर 'स्वामी' कहकर संबोधित किया जाने लगा था। 'न्यूयॉर्क टाइम्स' ने लिखा—'स्वामी और उनका कीर्तन उस समय अपनी उपस्थिति दर्ज कराने लगे थे, जबकि उल्लसित 'ईस्ट विलेज अदर' नामक

अखबार ने लिखा कि स्वामी एवं उनका कीर्तन पृथ्वी को बचा रहा था और यह भी कि कृष्ण के मंत्र ने विश्व के सबसे कठिन श्रोता वर्ग—बोहेमियाइयों, शराबियों, नशेड़ियों और हिप्पियों के बीच अपनी पैठ बनानी शुरू कर दी थी।[17]

वास्तव में, इन्हीं लोगों, जिन्हें उनका 'कठिनतम श्रोता' कहा जाता था, ने ए.सी. भक्तिवेदांत के आंदोलन को पहला जन-समर्थन दिया था, जब उन्होंने एक प्रेम लीला रैली में प्रदर्शन करते हुए अन्य चीजों के साथ-साथ एल.एस.डी. रखने पर प्रतिबंध लगाने की माँग उठाई थी। लेकिन तभी अचानक कीर्तन संगठित रूप से फैलना शुरू हो गया और बड़ी संख्या में ऐसे लोग, जो कृष्ण के उद्देश्य अथवा 70 वर्षीय संन्यासी के विषय में कुछ भी नहीं जानते थे, उन्होंने उस मंत्र का अर्थ जाने बिना ही उसका उच्चारण प्रारंभ कर दिया—

'हरे कृष्ण, हरे कृष्ण, कृष्ण-कृष्ण हरे-हरे/हरे राम, हरे राम, राम-राम हरे-हरे।' यही वह प्रारंभिक पल था, जब उस संन्यासी और उसके लक्ष्य के बारे में लोगों को पता चला। उसका समाचार अपेक्षाकृत छोटे स्थानों तक पहुँच गया। 'द विलेज वॉयस' ने उसका उल्लेख 'एक लयबद्ध कीर्तन के समुद्र' के रूप में किया था।[18]

स्वामी और उनके रंग-बिरंगे शिष्यों का संदेश फैलने लगा। अखबारों में खबरें छपने लगीं और उन्हीं खबरों में एक प्रमुख खबर यह थी कि किस प्रकार एक भारतीय संन्यासी अपने हाथों से स्वादिष्ट भोजन बनाकर उसे निःशुल्क परोसता था और उसने न्यूयॉर्क के कुछ असभ्यतम लोगों को नशे एवं सेक्स के क्षणिक सुखों से दूर रहकर ईश्वर की सेवा में रहकर जीवन व्यतीत करना सिखाया था। नव-स्थापित इस्कॉन (ISKCON) को प्राप्त चंदे से 'बैक टु गॉडहेड' पत्रिका का प्रकाशन पुनः शुरू करने के लिए दो छोटे प्रेस खरीदे गए। इस बार उस प्रेस के प्रभारी स्वामी के अमेरिकी शिष्य बनाए गए थे। स्वामी भक्तिवेदांत—अब उन्हें इसी नाम से पुकारा जाने लगा था—का कथित रूप से स्वप्न अब 'टाइम' मैगजीन जैसी पत्रिका प्रकाशित करने का था।[19]

मैनहट्टन में कोई इमारत खरीदने के प्रयास जारी थे और जब संगीत रिकॉर्ड करने का तथा औपचारिक निर्माता के माध्यम से कोई रिकॉर्ड लेबल (ब्रांड) बनाने का अवसर आया तो स्वामी भक्तिवेदांत ने उसे तत्काल गले लगा लिया। यह कृष्ण के संदेश को प्रसारित करने की एक अन्य पद्धति थी। एडेल्फी रिकॉर्डिंग स्टूडियो में एलन कॉलमैन एक नई धुन की खोज में लगे थे। उन्होंने इस नए समूह के बारे में सुना था। उन्होंने तय किया कि उनकी अगली बड़ी प्रस्तुति यही नया कीर्तन होगी।

इस रिकॉर्डिंग को आज सुनने के बाद कोई बड़ी मुश्किल से कल्पना कर सकेगा कि न्यूयॉर्क के केंद्र-स्थल में बैठे किसी निर्माता को यह धुन सन् 1966 में कितनी भिन्न एवं अद्भुत लगी होगी! स्वामी भक्तिवेदांत का स्वर ढोल व झाँझों (करतालों) के स्वर

से ऊपर चल रहा था। यदि किसी को यह ज्ञात न हो कि इसकी रिकॉर्डिंग मैनहट्टन में की गई थी तो वह यही अनुमान लगाएगा कि इसे निश्चय ही भारत के वृंदावन अथवा मथुरा जैसे आध्यात्मिक केंद्र में रिकॉर्ड किया गया होगा, जो कृष्ण-भक्ति के प्रमुख तीर्थस्थल हैं। रिकॉर्डिंग में वे निस्संकोचपूर्वक गाते हुए सुनाई देते हैं और उन्हें इस बात की कोई चिंता नहीं थी कि भाषा, मूड एवं शैली तथा जोश के कारण कोई प्रसारण-अवरोध उत्पन्न हो रहा था। लेकिन संभवत: इसी ने स्वामी भक्तिवेदांत की शैली को प्रामाणिक एवं मौलिक बना दिया, जिसके कारण उस पर अधिक संज्ञान लिया गया था।

उन दिनों उनके पास लगभग 19 नवदीक्षित शिष्यों का समूह था, जिनकी प्रतिबद्धताएँ भिन्न-भिन्न थीं। एक डिक्टाफोन के माध्यम से की गई उनकी संगीतमय रिकॉर्डिंग के बाद 'श्रीमद्भागवत' के अनुवाद का कार्य भी अत्यंत द्रुत गति से हो रहा था, जो स्वामीजी की 60 खंडोंवाली स्वप्न परियोजना थी।

उनके शिष्यों को सिखाने के लिए अनेक चीजें थीं—अपने बाल किस तरह सँवारें, किसी धार्मिक समारोह में किस प्रकार व्यवहार करें, कैसे खाएँ, कैसे धोएँ और कैसे प्रार्थना करें? उन्हें शाकाहार, सेवा, दान एवं सेक्स का परित्याग और लोअर ईस्ट साइड के लोगों के बीच मांसाहार के सेवन का निषेध इत्यादि सिखाना कोई आसान कार्य नहीं था।

नशे का मोह त्यागने के लिए स्वामीजी ने उनसे ऐसी उच्चता का वादा किया था और कृष्ण चेतना वाले किसी भी व्यक्ति को नीचे आने की आवश्यकता नहीं थी। उन्होंने सेक्स के बारे में भी विस्तृत स्पष्टीकरण दिया था—

> 'मदन-मोहन, मदन-मोहन। मदन का अर्थ है—काम, अर्थात् सेक्स को आकर्षित करनेवाला और मोहन स्वयं श्रीकृष्ण हैं। इसीलिए उन्हें 'मदन-मोहन' कहते हैं। कहने का तात्पर्य यह कि यदि कोई व्यक्ति कृष्ण (मोहन) के प्रति आकर्षित है तो वह मदन (कामदेव) की भी अवहेलना कर सकता है। यही परीक्षा है। मदन इस भौतिक संसार को अपनी ओर आकर्षित कर रहा है। प्रत्येक व्यक्ति काम (सेक्स) जीवन के प्रति आकर्षित है। संपूर्ण भौतिक जगत् इसी काम जीवन पर टिका हुआ है। यही तथ्य है। यान् मैथुनादि-गृहमेधि-सुखं हि तुच्छम्। यहाँ प्रसन्नता, तथाकथित प्रसन्नता को मैथुन, मैथुनादि कहा गया है। यहाँ 'मैथुनादि' का अर्थ यह है कि प्रसन्नता का प्रारंभ मैथुन से, संभोग से होता है। सामान्यतया, लोग...कोई व्यक्ति विवाह करता है। इसकी पृष्ठभूमि में उसका उद्देश्य अपनी काम-वासना को तृप्त करना है। इसके बाद उसके बच्चे हो जाते हैं। इसके बाद एक बार फिर उसी क्रम की पुनरावृत्ति होती है। लड़की का विवाह किसी अन्य लड़के से और लड़के का विवाह किसी अन्य पुत्री, किसी अन्य लड़की से हो जाता है। इसके पीछे भी वही उद्देश्य है—काम (सेक्स)। तत्पश्चात्

पौत्र-पौत्रियाँ उत्पन्न होते जाते हैं। इस तरह से, यह भौतिक प्रसन्नता—स्त्रियैष्वर्य-प्रजेप्सव:। विगत दिवस हमने इस विषय में चर्चा की थी। श्री का अर्थ है—सौंदर्य, ऐश्वर्य का अर्थ है—धन और प्रजा का अर्थ है—पीढ़ी। इस प्रकार, लोग सामान्यतया इसे पसंद करते हैं—अच्छा परिवार, अच्छा बैंक बैलेंस और अच्छी पत्नी, अच्छी पुत्री, अच्छी पुत्रवधू। यदि किसी परिवार में सुंदर स्त्रियाँ और धन हैं, अनेक बच्चे हैं तो उसे सफल परिवार माना जाता है। उस व्यक्ति को एक सफल व्यक्ति माना जाता है। अत: शास्त्र कहता है, 'यह सफलता क्या है? यह सफलता संभोग क्रिया का प्रारंभ है। समग्रत: यही सबकुछ है और उसे बनाए रखना है, उसका पोषण करना है।' अत: यान् मैथुनादि-गृहमेधि-सुखं हि तुच्छम् (श्रीमद्भागवत, 7.9.45)। यहाँ प्रसन्नता की शुरुआत काम-जीवन, मैथुनादि से होती है। हम इसे भिन्न प्रकार से चमका सकते हैं; परंतु यह मैथुन, काम-जीवन की प्रसन्नता तो सूअरों में भी होती है। सूअर भी सारा दिन इधर-उधर कुछ-न-कुछ खाते रहते हैं, 'मल कहाँ है? मल कहाँ है?' और वे बिना कोई भेदभाव किए अपना सेक्स जीवन बिताते रहते हैं। सूअरों को इस बात से कोई अंतर नहीं पड़ता कि वे जिसके साथ संभोग कर रहे हैं, वह उसकी माँ है, बहन है या बेटी है! अत: इसीलिए शास्त्र कहता है, 'यहाँ इस भौतिक जगत् में हम उलझे हुए हैं, इसके भीतर कैद हैं। इस भौतिक जगत् में हम केवल जीवन की काम-वासना की पूर्ति के लिए हैं।' यही कामदेव है। कामदेव काम जीवन का देवता है। जब तक व्यक्ति कामदेव (मदन) द्वारा प्रेरित नहीं किया जाता है, तब तक उसे काम जीवन में सुख प्राप्त नहीं होता है और कृष्ण का नाम मदन-मोहन है। मदन-मोहन का अर्थ है—वह व्यक्ति, जो कृष्ण के प्रति आकर्षित है, वह काम जीवन से प्राप्त होनेवाली खुशियों को भूल जाएगा। यही परीक्षा है। इसीलिए ईश्वर का नाम मदन-मोहन है। यहाँ मदन-मोहन है। सनातन गोस्वामी* मदन-मोहन की पूजा किया करते थे। मदन या मदना। मदना का अर्थ है—पागल हो जाना और मदन का अर्थ है—कामदेव।

इसलिए, प्रत्येक व्यक्ति काम जीवन की शक्ति से भयभीत है। 'श्रीमद्भागवत' में ऐसे अनेक स्थान हैं, जहाँ पर कहा गया है—'पुंस: स्त्रिया मिथुनि भवं एतत्तयोर्मिथो हृदय-ग्रंथिमाभुर। संपूर्ण भौतिक जगत् इसी प्रकार चल रहा है—पुरुष स्त्री के प्रति आकर्षित है और स्त्री पुरुष के प्रति आकर्षित है। इस आकर्षण की खोज में जब वे संयुक्त हो जाते हैं तो इस भौतिक जगत् के प्रति उनका आकर्षण अधिकाधिक बढ़ता जाता है और इस प्रकार एक साथ जुड़ने अथवा विवाहित होने के बाद एक दंपती के रूप में वे कोई अच्छा घर, क्षेत्र खोजते हैं, जहाँ कामकाज, व्यापार, उद्योग या कृषि भूमि की तलाश में जुट जाते हैं। चूँकि व्यक्ति को धन अर्जित करना पड़ता है, इसलिए उसे

* चैतन्य महाप्रभु के प्रमुख शिष्यों में से एक।

अच्छा भोजन भी चाहिए। गृह-क्षेत्र; सुता, बच्चे एवं आप्त, मित्रगण; वित्त, धन…अत: गृहक्षेत्र सुतप्त वित्तैर्जनस्य मोहोयम्। (श्रीमद्भागवत, 5.5.8)। इस भौतिक जगत् के प्रति आकर्षण अधिकाधिक प्रबल होता जाता है। इसे ही 'मदन' कहा जाता है, मदन द्वारा आकर्षण कहा जाता है। परंतु हमारा उद्योग इस भौतिक जगत् की चकाचौंध के प्रति नहीं, बल्कि कृष्ण के प्रति आकर्षित होना है। यही अंतरराष्ट्रीय कृष्ण भावनामृत संघ का आंदोलन है। जब तक आप कृष्ण के सौंदर्य के प्रति आकर्षित नहीं होंगे, तब तक हमें अनिवार्यत: इस भौतिक जगत् के मिथ्या सौंदर्य से संतुष्ट होना पड़ेगा। इसलिए श्री यमुनाचार्य* ने कहा है कि यदावधि मम् चेत: कृष्णपादार्विन्दयोर्नव/ नवनवधमारन्तुमस्ति:—'जिस क्षण से मैं कृष्ण के सौंदर्य के प्रति आकर्षित हुआ हूँ और मैंने उनके चरण-कमलों की सेवा प्रारंभ की है, उसी क्षण से मुझे नित्य नूतन ऊर्जा की प्राप्ति हो रही है, और जिस पल भी मेरे मन में काम जीवन का विचार आता है और मैं सहवास के विषय में सोचता हूँ, तो मेरा मन उस पर थूकने को करता है।' यही वितृष्णा है, अर्थात् अब अन्य कोई आकर्षण नहीं…भौतिक जगत् के प्रति आकर्षण का केंद्रीय तत्त्व यही काम जीवन है; और जब कोई व्यक्ति इस काम जीवन से विलग हो जाता है—

*तदावधि मम चेत:…*
*यदावधि मम चेत: कृष्ण-पदारविन्दयोर्नव:*
*नव-रस-धामानुद्यातर्तुंमास्ति*
*तदावधि वातानारि संगमे स्मर्यमाम्ने*
*भवति मुख-विकारस्तु निष्ठिवां च।*

'जैसे ही मैं संभोग क्रिया के विषय में सोचता हूँ, तत्काल मेरा मुख दूसरी ओर मुड़ जाता है और मैं उस पर थूकना चाहता हूँ।' इसलिए, कृष्ण मदन-मोहन हैं। मदन प्रत्येक व्यक्ति को काम जीवन के प्रति आकर्षित कर रहा है और कृष्ण, जब कोई व्यक्ति कृष्ण द्वारा आकर्षित होता है तो मदन भी पराजित हो जाता है। अत: जैसे ही मदन पराजित होता है, हम इस भौतिक जगत् पर विजय प्राप्त कर लेते हैं। अन्यथा यह अत्यंत कठिन है।…दैवि हि एश गुणमयी मम माया दुरत्याय (श्रीमद्भगवद्गीता, 7.14) 'दुरत्याय' का अर्थ है—अत्यंत कठिन। ममैव ये प्रपद्यन्ते मयं एतं तारन्ति। परंतु जब कोई व्यक्ति स्वयं को श्रीकृष्ण को समर्पित कर देता है और उनके चरण-कमलों को बलपूर्वक पकड़ लेता है और कहता है, "हे कृष्ण! मेरी रक्षा करो।" तो कृष्ण उसे वचन देते हैं, "हाँ, मैं तुम्हारी रक्षा करूँगा।"

जैसा कि स्पष्ट है, इस प्रकार की शिक्षा, भावनाएँ, चित्रण एवं भक्ति की श्रद्धा का

* ग्यारहवीं शताब्दी के वैष्णव शिक्षक श्री अलवंदर और यमुनाथुरैवन के नाम से भी जाना जाता है।

पाठ हिप्पी आंदोलन के हृदय-स्थल में पढ़ाना अथवा इसे ग्रहण करना कोई सरल कार्य नहीं था। तथापि स्वामी भक्तिवेदांत अपने संकल्प पर दृढ़ रहे; केवल इस रूप में नहीं कि वह अपने अनुयायियों को उचित मात्रा में ऐसा स्वादिष्ट और गरम भोजन खिलाते थे, जिसका स्वाद उससे पहले उन्होंने कभी नहीं चखा था। यदि संगीत उनके लिए अपने अनुयायियों के साथ संवाद करने और उसे सुनने के लिए विवश करने का एक मार्ग था तो आहार भी समानत: महत्त्वपूर्ण था—इतना अधिक कि सेकंड एवेन्यू स्थित मंदिर में प्रात:काल पकाया जानेवाला दलिया 'स्वर्गिक दलिया' के रूप में विख्यात हो गया था![20] जब से वह न्यूयॉर्क में पधारे थे, तब से उनका अधिकतर समय इन्हीं सब कार्यों में व्यतीत होता था।

शरद् ऋतु पुन: आ गई थी और उनके शिष्य न्यूयॉर्क से आगे तक फैल गए थे। उनमें से एक माइकल ग्रांट या मुकुंद गोस्वामी आंदोलन के विषय में सुसमाचार का प्रसार करने पश्चिमी तट के सैन फ्रांसिस्को नामक शहर में चले गए थे।

वर्ष 1966 के अंत में मुकुंद की ओर से संदेश प्राप्त हुआ कि एक स्थान—एक बार फिर एक स्टोर का सामनेवाला भाग-खोज लिया गया है और वह उस क्षेत्र में इस्कॉन (ISKCON) मंदिर के लिए एक उपयुक्त स्थान है। अब केवल स्वामी भक्तिवेदांत द्वारा उस स्थान की यात्रा करनी शेष थी, ताकि वे वहाँ जाकर चीजों को सही तरीके से प्रारंभ कर सकें।

लोअर ईस्ट साइड में उनके समुदाय के लिए शायद यह चौंकानेवाला समाचार था; परंतु स्वामी के लिए नहीं, जिन्होंने हमेशा यही दर्शाया था कि वह सदैव उस किसी भी स्थान पर जाने के लिए तैयार थे, जहाँ जीवन, या अधिक सही तरह से कहें तो कृष्ण, उन्हें ले जाएँगे।

अगले दिन प्रात:काल उन्होंने लोअर ईस्ट साइड से सैन फ्रांसिस्को के लिए प्रस्थान कर दिया। एक बार फिर उनके पास केवल एक सूटकेस, कुछ कपड़े एवं पुस्तकें थीं और उन्होंने शीघ्र लौटने का वचन दिया था। लेकिन कृष्ण ने उन्हें कहीं अन्यत्र जाने का संकेत दिया था।

□

## 13

# मैं किसी का गुरु नहीं हूँ; मैं सबका सेवक हूँ

जनवरी 1967 में सैन फ्रांसिस्को के खाड़ी क्षेत्र में उत्सव का वातावरण था। शहर के गोल्डन गेट पार्क, जो कि लगभग 1,000 एकड़ में फैला था, में एक 'मानव सम्मेलन' नामक कार्यक्रम होने वाला था। वह ऐसे लोगों का एक विशाल जन-सम्मेलन था, जो प्रति-संस्कृति में विश्वास करते थे और निर्बुद्ध भौतिकतावाद, निर्जीव पूँजीवाद एवं पारंपरिक समाज की सीमाओं तथा पाबंदियों के विरुद्ध थे। वे स्कूल छोड़ चुके विद्यार्थी, बेमेल, प्रदर्शनकारी, हिप्पी और छात्र थे, जो अपने जीवन में कुछ अलग पाना चाहते थे।

सैन फ्रांसिस्को में वह सम्मेलन का विशेष समय था। वाशिंगटन डी.सी. की राजनीतिक चकाचौंध और यहाँ तक कि न्यूयॉर्क की कुपित करनेवाली गंदगी से बहुत दूर सैन फ्रांसिस्को शांतिपूर्ण विरोध की लहरों से उफन रहा था।

बड़े आकार एवं संख्या वाले उस कार्यक्रम की शुरुआत 6 अक्तूबर, 1966 को हुई थी। यही वह दिन था, जब सैन फ्रांसिस्को में एल.एस.डी. को प्रतिबंधित कर दिया गया था और इसी प्रतिबंध के विरोध में हेट-एशबरी जिले के समीपवर्ती गोल्डन गेट पार्क में एक विशाल 'लव पेजंट' (प्रेम-लीला) रैली संपन्न हुई थी। इस प्रेम-लीला रैली की सफलता ने योजनाओं में वृद्धि का कार्य किया था। मानव एकत्रण कार्यक्रम उससे भी कहीं अधिक बड़ा होने वाला था। वह सबकुछ उसी हेट-एशबरी के निकट हो रहा था, जहाँ इस्कॉन (ISKCON) का वेस्ट कोस्ट (पश्चिमी तट) दुकान-सम्मुख मंदिर खोला गया था।

अत: स्वामी भक्तिवेदांत जब अपने 19 वर्षीय सचिव, जिसका नाम उनके मैनहट्टन वाले शिष्यों की सूची में नया-नया शामिल हुआ था, के साथ सैन फ्रांसिस्को पहुँचे तो वह बड़ी फुरती से प्रति-संस्कृति आंदोलन को स्पंदित करनेवाला केंद्र बन गया।

हवाई अड्डे पर उनकी प्रतीक्षा करनेवालों में मुकुंदानंद के साथ अन्य लोगों के

अतिरिक्त एलन गिंसबर्ग भी थे। स्वाभाविक रूप से, गिंसबर्ग उस कार्यक्रम में शामिल होनेवाले लोगों में अत्यधिक सुर्खियाँ बटोर रहे थे। वह अकेले नहीं थे। अन्य लोगों में टिमोथी लैरी भी शामिल थे, जिनसे हम इस कथा में पहले मिल चुके हैं। यही वह मानव एकत्रण था, जिसमें लैरी ने अपना प्रसिद्ध नारा दिया था—'मुड़ो, पियो, निकल जाओ।' उस कार्यक्रम में शामिल होनेवालों में आध्यात्मिक चिंतक और 'ईस्टर्न विजडम' (प्राच्य विवेक) के व्याख्याता एलन वाट्स भी थे, जिन्होंने सन् 1951 में 'द विजडम ऑफ इनसिक्योरिटी' नामक प्रभावशाली पुस्तक लिखी थी और रिचर्ड अल्पर्ट उन दिनों राम दास बनने की प्रक्रिया में थे।

वे लोग अकेले ही नहीं थे। उस मानव एकत्रण में सैन फ्रांसिस्को के कुछ अति लोकप्रिय रॉक बैंड भी शामिल थे, जिनमें द ग्रेटफुल डेड, जेफर्सन एअरप्लेन और क्विकसिल्वर मैसेंजर सर्विस प्रमुख थे।

अधिकारियों के लिए सर्वाधिक चौंकानेवाली बात यह थी कि उस कार्यक्रम में वहाँ 20,000 से 30,000 लोग एकत्रित हो गए थे, जिसकी शुरुआत 14 जनवरी, 1967 को हुई थी। दो दिन बाद यूनाइटेड एयरलाइंस की उड़ान संख्या 21 स्वामी भक्तिवेदांत को न्यूयॉर्क से सैन फ्रांसिस्को लेकर आई थी। लगभग 50 स्थानीय हिप्पी-सह-नव वैष्णव मुकुंद एवं एलन गिंसबर्ग के नेतृत्व में उनके स्वागत के लिए फूलों का गुलदस्ता लेकर हवाई अड्डे पर पहले से ही मौजूद थे।

स्वामी को उनकी सैन फ्रांसिस्को की सबसे पहली उड़ान में इस बात का तनिक भी आभास नहीं था कि वह किन लोगों के बीच जा रहे थे! कुछ स्थानीय अखबारों को उनके आगमन का अनुमान पहले से ही था। हरे कृष्ण समूह का समाचार न्यूयॉर्क से यात्रा करता हुआ पश्चिम में पहुँच चुका था। यह कोई छोटी बात नहीं थी कि श्री श्री राधाकृष्ण मंदिर की स्थापना पहले ही हेट-एशबरी की फ्रेडरिक स्ट्रीट में हो चुकी थी।

सांस्कृतिक अध्ययन सिद्धांतकार स्टुअर्ट हॉल ने एक बार कहा था कि, "एक उप-संस्कृति के रूप में हिप्पी अमेरिकी आंदोलन का गठन करते थे।" प्रथम उदाहरण के रूप में हिप्पी लोग अमेरिकी समाज के विशिष्ट उप-संस्कृति उत्पाद थे। यह एक ऐसा 'पल' था, जो घर के अंदर व बाहर आर्थिक उन्नति, विस्तारित सुविधाओं और राजनीतिक संघर्ष के बूते फल-फूल रहा था। संभवत: अधिक महत्त्वपूर्ण रूप से (अमेरिकी राजनीति एवं समाज में स्थानीयों के महत्त्व को कदापि विस्मृत नहीं करना चाहिए) सैन फ्रांसिस्को का कार्यक्रम मुख्यत: हिप्पियों का ही था। सन् 1966 तक शहर ने मीडिया का ध्यान अपनी ओर आकर्षित कर लिया था। अपने हाथों में फूलों के गुलदस्ते लिये हुए सैकड़ों व हजारों बच्चे प्रेम, शांति, समुदाय और अपने लिए सैन फ्रांसिस्को में एकत्र हुए थे। वे उस अमेरिकी स्वप्न के लिए शरण माँगने आए थे, जो बड़ी तेजी से उपनगरीय बंजर भूमियों, काँच गृहों

एवं विएतनाम के जंगलों में दम तोड़ रहा था। सैन फ्रांसिस्को का हेट-एशबरी जिला मुख्य आकर्षण के केंद्र था। रिचर्ड अल्पर्ट, हार्वर्ड विश्वविद्यालय में पुराने साथी, और एसिड गुरु टिमोथी लैरी ने उस समय कहा था, "जहाँ तक मैं देख सकता हूँ, हेट-एशबरी उस चेतना का प्रतिबिंब है, जो समाज के प्रमुख क्षेत्रों में फैल रही थी। यहाँ उसके अनुपात में बहुत कम है, जो कुछ मैंने न्यूयॉर्क, शिकागो, लॉस एंजेलेस में देखा था और वह मुझे इस बात का संकेत दे रहा है कि यह स्थान अपनी सौम्यता के कारण पूर्णतया विशिष्ट है।[1]

स्वामी भक्तिवेदांत वहाँ बीसवीं शताब्दी के महानतम सांस्कृतिक क्षणों में पधारे थे। संवाददाताओं ने उनसे प्रश्न किया कि "क्या उनके कृष्ण का प्रेम उन सभी 20/30,000 लोगों के लिए खुला है, जो इस मानव एकत्रण कार्यक्रम में आए हैं?" उन्होंने उत्तर दिया, "हाँ, सभी लोगों का स्वागत है।" स्वामी भक्तिवेदांत ने स्पष्ट किया, "लेकिन केवल उसी स्थिति में, जब वे उनके संदेश को स्वीकार करें और उनके अनुयायी बनें। वे खुद को बदलें, मांसाहार त्यागें और विवाह से बाहर सेक्स का निषेध करें तथा नशा एवं जुआ खेलने जैसी अन्य बुराइयों का त्याग करें।"[2]

अपने संदेश के सुने जाने के क्रम में स्वामी भक्तिवेदांत एक स्थानीय नृत्यालय में मंत्रा-रॉक डांस कंसर्ट जैसे अप्रिय स्थानों पर भी जाने के इच्छुक थे। वह इतना अधिक असभ्य स्थान था कि यद्यपि न्यूयॉर्क के हिप्पियों ने भी अपने गुरु के वहाँ जाने पर आपत्ति की थी। वह एक ऐसा स्थान था, जो प्रवर्धित गिटारों, ढोलों की तेज ध्वनियों, तीव्र प्रकाश वाले प्रदर्शनों और सैकड़ों नशेड़ी हिप्पियों से ओत-प्रोत था।[3]

'द ग्रेटफुल डेड' नामक संस्था के संगीत समारोह के निकट जाकर स्वामी भक्तिवेदांत को गाने और मंत्रोच्चार करने हेतु किस चीज ने प्रेरित किया था? इस बात के साक्ष्य विद्यमान हैं कि वह वयोवृद्ध भारतीय शास्त्रीय सितार वादक पं. रवि शंकर की बढ़ती लोकप्रियता से परिचित थे। स्वामी ने यह भी सोचा कि एक प्रसिद्ध भारतीय शास्त्रीय संगीत का गुरु सीधे कृष्ण से नहीं, बल्कि 'माया'[4] से प्रभावित था। अत: जनवरी 1967 के उस कार्यक्रम के समय तक स्वामी भक्तिवेदांत इस तथ्य से परिचित हो चुके थे कि रवि शंकर ने न केवल लंदन में, बल्कि संपूर्ण यूरोप में अपने कार्यों से प्रशंसा प्राप्त की थी। केवल इतना ही नहीं, वह प्रसिद्ध गीत नाट्य निर्माता और वर्ल्ड पैसिफिक रिकॉर्ड्स के संस्थापक रिचर्ड बॉक के साथ मिलकर अमेरिका में अपने पदचिह्न निर्मित कर रहे थे। जैसा कि हम उनकी अभिव्यक्त महत्त्वाकांक्षा 'बैक टु गॉडहेड' को 'टाइम' पत्रिका के समान महत्त्वपूर्ण एवं आकर्षक बनाने के प्रयास के रूप में देख चुके हैं, स्वामी बड़ी फुरती से इस तथ्य को समझ गए थे कि यदि उन्हें विश्व पर विजय प्राप्त करनी है तो उन्हें उसके निशानों व मानदंडों को अपने संदेश को शिथिल किए बिना गले लगाना होगा।

वह अपने अमेरिकी प्रवास की संपूर्ण अवधि में इन परिवर्तनों एवं प्रतिबद्धताओं को पहले ही समायोजित करते आ रहे थे। जब सैन फ्रांसिस्को के सबसे बड़े अखबार 'सैन फ्रांसिस्को क्रॉनिकल' ने उन्हें रूढ़िवादी के रूप में संबोधित किया तो उन्होंने घोर आपत्ति जताते हुए कहा, "हम 'भगवद्गीता' से कदापि अलग नहीं हो सकते हैं; लेकिन हम रूढ़िवादी नहीं हैं। चैतन्य महाप्रभु इतने कठोर स्वभाव के थे कि वह किसी नारी की ओर दृष्टि तक नहीं डालते थे; परंतु हम अपने इस आंदोलन में सबको स्वीकार कर रहे हैं, चाहे उनका लिंग, जाति, पद इत्यादि कुछ भी हो। हरे कृष्ण का कीर्तन करने के लिए सभी लोग सादर आमंत्रित हैं। यह चैतन्य महाप्रभु की उदारता है, विशाल हृदयता है। नहीं, हम रूढ़िवादी नहीं हैं। यद्यपि वह इस तथ्य को प्राथमिकता देते थे कि उनके शिष्य केवल कृष्ण के प्रति समर्पित हों। इसके साथ ही वह यह भी समझ एवं स्वीकार कर चुके थे कि पुरुषों को स्त्रियों के साथ की आवश्यकता है। इसलिए उन्होंने ऐसा प्रारूप तैयार किया, जहाँ उनके अनुयायियों की काम-वासना विवाह की मर्यादाओं में रहते हुए पूरी की जा सके। और अब वह नशेड़ियों के संगीत कार्यक्रम में अपना कीर्तन गाने वाले थे।

उस दिन एक विशाल श्रोता समूह, जिनमें से अनेक नशेड़ी थे और जिन्होंने संगीत कार्यक्रम में शामिल होने के लिए प्रति व्यक्ति 2.50 अमेरिकी डॉलर खर्च किए थे, के समक्ष 71 वर्षीय एक भगवाधारी भारतीय संन्यासी ने उनसे अनुरोध किया कि आप लोगों को ऐसे कार्यक्रमों में जाने की बजाय प्रात:कालीन कीर्तन का अभ्यास करना चाहिए। कीर्तन की उच्चता एल.एस.डी. की अपेक्षा कई गुना अधिक श्रेष्ठ थी।

वह उस नृत्यशाला में दो घंटे से अधिक समय तक रहे थे, जहाँ उनके साथ एलन गिंसबर्ग भी थे, जिन्होंने स्वामीजी का परिचय कराया था और हारमोनियम बजाया था। सैकड़ों लोगों ने बार-बार कृष्ण मंत्र का कीर्तन किया था। स्वामी अपने गुरु की भविष्यवाणी को पूरा कर रहे थे। कृष्ण का कीर्तन एक और पश्चिमी शहर में सुनाई दे रहा था।

बोनी एवं गैरी नामक टेक्सास के दो छात्र हेट-एशबरी में स्वामी से मिले और उनसे अत्यंत प्रभावित हुए थे और उन्हें शीघ्र ही आंदोलन में दीक्षित कर दिया गया था—बोनी का नामकरण 'गोविंद दासी' के रूप में और गैरी का नामकरण 'गौर सुंदर' के रूप में कर दिया गया।

वर्षों बाद गोविंद दासी ने स्वामी के बारे में अपने संस्मरणों में सैन फ्रांसिस्को में संगीत सुनने के विषय में स्वामी की प्रतिक्रिया और भारी भीड़ के बीच कीर्तन करने के बारे में लिखा था।

गोविंद दासी ने लिखा—"एक दिन जब मैं न्यू जर्सी के समुद्र-तट पर श्रील प्रभुपाद के साथ थी, सैन फ्रांसिस्को के मंदिर से एक टेप आया; न्यूयॉर्क के कुछ भक्त उसे

अपने साथ लाए थे और श्रील प्रभुपाद उसे सुनने बैठ गए थे।" अब थोड़ी सी चर्चा इसकी पृष्ठभूमि के विषय में—गौर सुंदर और मैं श्रील प्रभुपाद से सैन फ्रांसिस्को में मिले थे, जहाँ वह पहली बार आए थे और उन्हें हेट-एशबरी की फ्रेडरिक स्ट्रीट दुकान के सामने बने सैन फ्रांसिस्को मंदिर में उन्हें दीक्षित किया गया था और उसके बाद जब मार्च 1967 में वापस न्यूयॉर्क लौटे तो वे दोनों उनके पीछे-पीछे आए थे। सैन फ्रांसिस्को का हेट-एशबरी जिला अत्यंत असभ्य था। वहाँ एक हिप्पी आंदोलन चल रहा था। श्रील प्रभुपाद से मिलने से पूर्व हम दोनों केवल विद्यार्थी थे और टेक्सास विश्वविद्यालय में अपने अंतिम वर्षों में थे। हमने न्यूयॉर्क के मंदिर को अपनी रुचि से अधिक अध्ययनशील एवं शांत पाया था। न्यूयॉर्क में भक्तगण श्रील प्रभुपाद की पुस्तकों का अध्ययन करते थे तथा नियमित रूप से कीर्तन करते थे और इस दिनचर्या का सख्ती से पालन करते थे। सैन फ्रांसिस्को में चीजें आमतौर पर अधिक व्याकुल करनेवाली थीं। वहाँ बड़ी मात्रा में आकर्षक कीर्तन होते थे और किसी के लिए अध्ययन अथवा नियमों का सख्ती से पालन करना कठिन था। न्यूयॉर्क एवं सैन फ्रांसिस्को की मानसिकता में इस भारी अंतर के कारण न्यूयॉर्क के भक्तों की यह सामान्य प्रवृत्ति बन गई थी कि वे सैन फ्रांसिस्को के मंदिर के भक्तों को हेय दृष्टि से देखते थे और उसके बारे में चर्चा करते समय अपनी आँखें आलोचनात्मक रूप से घुमाते रहते थे। हाँ, वहाँ पहले ही राजनीति शुरू हो चुकी थी। न्यूयॉर्क का मंदिर सचमुच सैन फ्रांसिस्को के भक्तों को गंभीरतापूर्वक नहीं लेता था और सैन फ्रांसिस्को के मंदिर का भी अपना निजी स्वभाव था और वह उसी के अनुसार आचरण करता था। यह सबकुछ जानते हुए भी मैं सैन फ्रांसिस्को वाले कीर्तन के टेप के बारे में श्रील प्रभुपाद की प्रतिक्रिया जानने के लिए उत्सुक थी। जैसे ही पुराना टेप रिकॉर्डर रील-दर-रील नए हरे कृष्ण कीर्तन का स्वर गुंजारित करने लगा, श्रील प्रभुपाद ने कीर्तन की धुन के साथ अपने हाथों को थिरकाना शुरू कर दिया और वह स्वयं भी गाने लगे—हरे कृष्ण, हरे कृष्ण, कृष्ण-कृष्ण, हरे-हरे। यह एक नए प्रकार से गाया गया कीर्तन था, जिसकी श्रील प्रभुपाद द्वारा शुरू की गई प्रात:कालीन एवं सायंकालीन रागों की धुनों के साथ कोई समानता नहीं थी। निश्चय ही, वह एक अमेरिकी संस्करण था—तुरहियाँ बजीं, ढोलों की थाप उठी और झाँझें घनघनाने लगीं; वह एक उत्सवीय समारोह की धुन थी। पूरा टेप सुनने के बाद न्यूयॉर्क के भक्त हक्का-बक्का रह गए। परंतु श्रील प्रभुपाद ने व्यापक रूप से मुसकराते हुए टेप की प्रशंसा करते हुए कहा, "अरे, उन्होंने बहुत अच्छे ढंग से कीर्तन किया है। अति सुंदर! वे लोग अत्यंत उत्साहपूर्वक कीर्तन कर रहे हैं।" टेप लानेवालों में से एक व्यक्ति ने आधुनिक अप्रामाणिक धुन के विरुद्ध अपनी आपत्ति दर्ज की। श्रील प्रभुपाद ने उसे शांत कर दिया। उनके विचार से, वह एक अद्भुत धुन थी। उन्होंने सैन फ्रांसिस्को में अपने भक्तों के पास यह संदेश भिजवाया कि उन्हें उनके कीर्तन

का टेप बहुत अधिक पसंद आया और वे लोग इसी प्रकार अपना कीर्तन जारी रखें। श्रील प्रभुपाद ने कहा, "सबसे मुख्य चीज यह है कि वे हरे कृष्ण का कीर्तन कर रहे हैं। इस बात से कोई अंतर नहीं पड़ता है कि वे इस धुन में कीर्तन कर रहे हैं या उस धुन में! सबसे महत्त्वपूर्ण यह है कि वे निष्ठापूर्वक कीर्तन कर रहे हैं। यही तो कृष्ण चाहते हैं।"

"श्रील प्रभुपाद, आप कृपया मुझे अपनी असीम कृपा और अतुल्य शक्ति के दर्शन कराइए। आपने अपनी गरिमामयी उपस्थिति से उन पश्चिम वासियों को परिष्कृत व प्रेरित किया है, जो न तो सात्त्विक थे, न परिश्रमी और न तो संयमी थे, न ही नैष्ठिक, फिर भी आपने उन्हें ईश्वर का अद्‌भुत भक्त बना दिया है। आपने उन्हें अपना हृदय खोलकर दिखाया है। यदि किसी ने सत्यनिष्ठ होकर कीर्तन किया तो आपने उसकी बाहरी प्रवृत्तियों पर ध्यान नहीं दिया। आपने केवल उसका हृदय देखा और आप निरंतर हमारे हृदयों का अवलोकन करते आ रहे हैं। हम जिस किसी भी स्थिति में हैं और प्रकृति ने हमें जिस भी अवस्था में रखा है, आपने सदैव हमें उससे ऊपर उठाया है। श्रील प्रभुपाद, आपके अतिरिक्त किसी अन्य ने ऐसा नहीं किया है। हमारा इतना ध्यान रखने और हमारे कलुषित अंतर्मन में प्रस्फुटित होते प्रेम के अंकुर को आपने अपनी कृपा एवं आशीर्वाद से हवा दी है। यद्यपि आज भी जब मैं विभिन्न उच्चारणों वाले कीर्तन सुनता हूँ तो मुझे इस घटना का स्मरण कराते हैं कि विभिन्न प्रकार के जीवों की भाँति संगीत के भी विभिन्न प्रकार हैं; परंतु मुख्य चीज हरे कृष्ण का कीर्तन है। यद्यपि मैं भारतीय रागों को वरीयता देता हूँ, कोई अन्य व्यक्ति पश्चिमी धुन में कीर्तन गाने को प्राथमिकता दे सकता है; किंतु महत्त्वपूर्ण चीज यह है कि वे 'हरे कृष्ण' मंत्र का उच्चारण एवं कीर्तन कर रहे हैं और वही प्रमुख चीज है।

आपको धन्यवाद, श्रील प्रभुपाद।"[5]

यह विवरण स्वाभाविक रूप से एक अनुयायी की धर्मपरायणता से सुगंधित है; परंतु गोविंद दासी का विवरण अन्य कारणों से भी महत्त्वपूर्ण है। यह इस बात का द्योतक है कि उन्हें किस चीज ने अपनी ओर आकर्षित किया कि सामाजिक रूप से तथाकथित अनुपयोगी लोग भी इस्कॉन (ISKCON—अंतरराष्ट्रीय कृष्ण भावनामृत संघ) के प्रारंभिक दिनों में ही उसकी शरण में आ गए! इसका कारण उन्हें अपने यहाँ आश्रय देने में स्वामी भक्तिवेदांत की सम्मति और उनके व्यापक निर्णय का अभाव है। अपनी पुस्तक 'हरे कृष्ण इन अमेरिका' में मिडिलबरी महाविद्यालय में समाज-शास्त्र, परोपकारिता एवं धर्म के व्याख्याता ई. बर्क रॉकफोर्ड जूनियर ने लिखा है कि 'जबकि अमेरिका में इस्कॉन (ISKCON) के कुछ प्रारंभिक अनुयायियों ने किसी-न-किसी रूप में नशीली दवाओं का सेवन किया था, ऐसे लोगों की बड़ी संख्या अधिक समय तक आंदोलन के अंदर नहीं रही; परंतु एक बार आंदोलन के अंदर दीक्षित हो जाने के बाद स्वामी भक्तिवेदांत ने नशे

के दुरुपयोग को पूर्णरूपेण निषिद्ध कर दिया। अतः नशेड़ी लोग इस्कॉन (ISKCON) की प्रारंभिक कथा का केवल एक भाग हैं। वहाँ निस्संदेह शुद्ध भौतिकतावादी जीवन के प्रति लोगों का मोह भंग हुआ है। जबकि 1960 के दशक को अमेरिका का उर्वर सामाजिक व सांस्कृतिक अवधि माना जाता है, क्योंकि लोग इसका प्रयोग एक साथ आने के लिए कर रहे थे। परंतु इतिहास का वह चरण धूमिल हो जाने के बाद भी स्वामी भक्तिवेदांत का आंदोलन निरंतर फलता-फूलता रहा।

रॉकफोर्ड इसका विश्लेषण करते हुए लिखते हैं कि 'भौतिकतावादी मूल्यों के प्रति लोगों का मोहभंग एक क्षणिक सांस्कृतिक उद्गार की अपेक्षा अधिक गहरा होता गया और यही वह युक्ति थी, जिसके कारण इस्कॉन (ISKCON) के अनुयायियों की संख्या निरंतर बढ़ती रही। जो लोग स्वामी के आंदोलन की कुछ विफलताओं में उनके निर्णय का अभाव खोजने का प्रयास करते हैं और कहते हैं कि वह अमेरिकी लोगों के सांस्कृतिक मूड को नहीं भाँप सके थे, परंतु उन्होंने उससे भी अधिक मौलिक रिक्ति को भरा, जिसे भौतिक खोज पूरा करने में सफल नहीं हुई थी।'[6]

रॉक संगीत कार्यक्रम की सफलता के बाद हेट-एशबरी की फ्रेडरिक स्ट्रीट एक दुकान के अग्रभाग में बने छोटे से मंदिर में लोगों का ताँता लगना शुरू हो गया। वहाँ असावधान प्रकृतिवाले घुमक्कड़ तो आए ही, उनके पीछे-पीछे गंभीर जिज्ञासु भी आए। स्वामी भक्तिवेदांत से पूछे गए अनेक प्रश्नों में से एक प्रश्न यह भी था कि "क्या आप एलन गिंसबर्ग के गुरु हैं?" इसके उत्तर में उन्होंने कहा, "मैं किसी का गुरु नहीं हूँ। मैं सबका सेवक हूँ।"[7]

इसे अनिवार्यतः समझा जाना चाहिए कि स्वामी भक्तिवेदांत ने सैन फ्रांसिस्को में जो समय बिताया था, वह शहर के इतिहास का सर्वाधिक क्रांतिकारी समय था। मानव समागम और उसकी अप्रत्याशित सफलता का प्रापातिक प्रभाव पड़ा था। वह अमेरिका की सबसे बड़ी नागरिक सभा सिद्ध हुई। वह ऐसी अवधि थी, जिसे प्रेम की ऐसी ग्रीष्म ऋतु के रूप में जाना गया, जिसने जगत् को झकझोर दिया था।

उस वर्ष उस ग्रीष्म ऋतु में जो कुछ हुआ था, उसका विवरण 'वैनिटी फेयर' पत्रिका ने अधोलिखित रूप में प्रस्तुत किया था—

> सन् 1967 की ग्रीष्म ऋतु में सैन फ्रांसिस्को के एक 25 वर्ग-खंड क्षेत्र में एक अति उल्लसित डायनीसियाई लघु जगत् कुकुरमुत्ते की भाँति उत्पन्न हो गया था, जिसने अमेरिकी संस्कृति को द्वितीय विश्व युद्ध के बाद एवं पहले वाली दुनिया में असमान रूप से विभाजित कर दिया था। यदि उस समय आपकी आयु 15 एवं 30 वर्ष के बीच रही होगी तो आपके लिए उस ज्ञानातीत, दृश्य-प्रेरित चमक-दमक के आकर्षण, उल्लास एवं काल्पनिक आदर्शवाद से खुद को दूर रख पाना असंभव रहा होगा। उसे

'प्रेम की ग्रीष्म ऋतु' की संज्ञा दी गई थी और उसके आयोजकों ने उस कार्यक्रम के प्रचार हेतु एक भी प्रचारक को नियुक्त नहीं किया था तथा न ही कोई मीडिया प्रचार योजना तैयार की थी। तथापि उस अद्भुत घटना ने अमेरिका को ज्वार-भाटे की लहर के समान धो डाला था और शराब के पियक्कड़ पागलों के युग के कचरे को अपने साथ बहाकर ले गया था। उसका प्रभाव मुक्ति एवं जागरण की एक शृंखला के रूप में सामने आया, जिसने हमारी जीवन-शैली को अनुत्क्रमणीय रूप से परिवर्तित कर दिया था।

'प्रेम की ग्रीष्म ऋतु' नामक उस कार्यक्रम ने एक नए प्रकार के संगीत का सूत्रपात किया था, जिसे 'एसिड रॉक' का नाम दिया गया था। उसकी वायु तरंगों ने अमेरिकी नाइयों को लगभग बेरोजगार बना दिया था और वे परिधानों के लिए कपड़े बेचने लगे, मनोविकारी (साइकडेलिक) नशे की गोलियों को दरवाजों की पवित्र चाबियों में परिवर्तित कर दिया, मसीहाई युग की बाह्य प्रार्थना सभाओं को पुनरुज्जीवित किया और प्रत्येक व्यक्ति को एक सेवक एवं पादरी बना दिया। उसने अपरिचितों के साथ सहवास को उदारता की एक प्रणाली की ओर मोड़ दिया, सज्जनता को 'नस्लवादी' के समान एक गाली का रूप दे दिया, प्रारंभिक शांति सेनाओं की शांतिवाद की अवधारणा को मद्योत्सव की गाथा में बदल दिया और प्रिय अमेरिकी विशेषण 'ताजा बेदी पर मुफ्त' को रूपायित किया।[8]

एक ऐसी दुनिया, जहाँ 'प्रत्येक' व्यक्ति 'एक पादरी का सहायक एवं पादरी' था, अप्रभावित छात्र समूहों की तरंगों[9] के मध्य स्वामी भक्तिवेदांत का आंदोलन इसलिए खड़ा हो सका, क्योंकि वह एक प्रकार से एक सच्चे भक्त और एक आध्यात्मिक नेता के बीच सच्चा सौदा था, जो प्रति-संस्कृति के प्रभावों से पूर्णरूपेण अप्रभावित था।

इस्कॉन (ISKCON) आंदोलन ने इस असभ्य, वैकल्पिक ग्रीष्म ऋतु में उनके समक्ष एक अन्य चीज भी प्रस्तुत की—एक नए प्रकार का संगीत। यह ऐसा समय था, जब मनोविकारी संगीत अपनी धूम मचा रहा था—उस गरमी के मौसम में डुआर्स नामधारी अलबम से लेकर पिंक फ्लॉयड के 'पाइपर एट द गेट्स ऑफ डॉन', जिमी हेंड्रिक्स का 'आर यू एक्सपीरिएंस्ड ?', क्रीम का 'डिजरायली गियर्स' और सर्जेंट पेप्पर का 'लोनली हार्ट्स क्लब बैंड' जैसे अलबम अत्यंत धूमधाम से जारी हुए थे।

सैन फ्रांसिस्को में जब स्वामी भक्तिवेदांत की ख्याति बढ़ने लगी तो उन्होंने अपने शिष्यों और अनुयायियों के लिए कलकत्ता में मिट्टी से बनी मृदंगें खरीदकर दे दीं, ताकि उन्हें कीर्तन वास्तविक महसूस हो सके। उन्होंने वयस्कों से बात की। उन्होंने बच्चों से बात की, यद्यपि उन्होंने खुले द्वारों पर बात की, मंदिरों में बात की और यहाँ तक कि हशीश एवं गाँजे के धुएँ से भरे कमरों के बीच बैठे लोगों से भी बात की। न्यूयॉर्क आने

के लिए सैन फ्रांसिस्को छोड़ने से पूर्व उन्होंने नग्नतावादियों की कॉलोनी में प्रार्थना एवं प्रवचन किया और कार्यक्रम में शामिल हुए लोगों को रसगुल्ले भी बाँटे। जिस व्यक्ति ने उन्हें वहाँ आमंत्रित किया था, उसका नाम लॉउ गोटलिएब था, जो एक बाँसुरी वादक तथा प्रति-संस्कृति बुद्धिजीवी एवं 'मॉर्निंग स्टार रैंच' का संस्थापक था। वह एक ऐसा स्थान था, जिसमें अधिकतर हिप्पी रहते थे। उनके लिए मुक्त प्रेम, सभी के लिए मुक्त प्रेम का उपहार दिया जाता था और वे हिप्पी जैविक अन्न उगाते थे तथा नग्न होकर धूप का स्नान करते थे।

ये वही स्वामी थे, जिन्होंने भारत में उड़ीसा के प्राचीन जगन्नाथ मंदिर और अन्य स्थानों पर होनेवाली जगन्नाथ, बलभद्र एवं सुभद्रा की मूर्तियों के साथ प्रसिद्ध रथयात्राओं जैसी रथयात्रा सैन फ्रांसिस्को में निकाली थी। वह स्वामी ही थे, जिन्होंने भारत से बाहर पहली बार अमेरिका के किसी खाड़ी क्षेत्र में पहली रथयात्रा आयोजित की थी।

धर्मपरायणता एवं परंपराओं से जुड़े रहने की यह जुगलबंदी उनके अमेरिकी दर्शकों, श्रोताओं के लिए पूर्णतया अपरिचित थी और नशेड़ियों एवं नग्नतावादियों तक उनके पहुँचने के प्रयास में उपयुक्त नहीं बैठती थी। लेकिन स्वामी भक्तिवेदांत के बारे में ध्यान देनेवाली बात यह है कि वह भारत में व्यवहृत भक्तिमय आचरण के प्रत्येक तत्त्व को अमेरिका के प्रत्येक स्थान पर व्यवहार में लाने का प्रयास कर रहे थे। संस्कृत एवं प्राचीन बँगला भाषा के शब्द यथावत् थे। यद्यपि उनका स्पष्टीकरण देने में उन्हें प्रसन्नता होती थी, परंतु वे उन शब्दों को परिवर्तित नहीं करते थे। उन्होंने इसमें कोई अंतर्विरोध भी नहीं देखा—यद्यपि जब वह गाँजे के फैलते धुएँ के बीच भी बोलते थे तो स्वामी भक्तिवेदांत केवल कृष्ण के विषय में बोलते थे।

जैसा कि उन्होंने सन् 1967 में एक टी.वी. साक्षात्कारकर्ता एलन बर्क को स्पष्टीकरण देते हुए कहा था—

> उसने (बर्क ने) कहा, "ठीक है, यदि यह आंदोलन आध्यात्मिक है तो आपके पास कार क्यों है? वह किस प्रकार से आध्यात्मिक है?" प्रभुपाद ने कहा, "यदि किसी कार का प्रयोग कृष्ण भावनामृत में किया जाता है तो वह एक आध्यात्मिक कार है।"[10]

सन् 1967 में सैन फ्रांसिस्को में उन प्रारंभिक महीनों में स्वामी भक्तिवेदांत ने अभिगम के समस्त अवरोधकों को कृष्ण के नाम पर समाप्त कर दिया था। वह कहीं भी जाने और किसी से भी चर्चा करने के इच्छुक थे, क्योंकि मुक्त प्रेम एवं वैकल्पिक जीवन-यापन की बात करनेवाले लोगों के बीच उन्हें कृष्ण ले गए थे और वह उनके बीच कृष्ण के संदेश को प्रसारित करने हेतु दृढ़ प्रतिज्ञ थे।

पीछे न्यूयॉर्क में स्वामी भक्तिवेदांत के शिष्य अपने गुरु के निर्देशों का अक्षरश: पालन कर रहे थे—वे उनके निर्देशानुसार नियमित भोजन बनाते थे और शहर में एक

भव्य मंदिर के निर्माण हेतु उपयुक्त स्थान की खोज करते थे।

लेकिन उनके इस स्वप्न को पूरा करना अनेक संकटों से परिपूर्ण था। लोअर ईस्ट साइड में उनके अपेक्षाकृत नए शिष्य एक प्रॉपर्टी डीलर सहित जिन लोगों से बात कर रहे थे, उनके लिए ऐसे लोगों से अपना धन वापस ले पाना अत्यंत श्रमसाध्य था। स्वामी भक्तिवेदांत समस्त गतिविधियों पर अपने शिष्यों के साथ पत्र-व्यवहार के माध्यम से निगरानी रख रहे थे।

उनकी कठोर चेतावनी के बावजूद उनके न्यूयॉर्क स्थित शिष्यों ने एक प्रॉपर्टी डीलर को कुछ धन दे दिया था और उन्हें शीघ्र ही अपने साथ छल किए जाने का आभास हो गया था। स्वामी के विधिक परामर्श एवं कठोर धमकी के बाद वे अपना अधिकतम खोया धन वापस पाने में सफल हो गए थे। न्यूयॉर्क में एक भव्य मंदिर के निर्माण का स्वप्न अभी प्रतीक्षित था।

न्यूयॉर्क में अपने पुराने शिष्यों के बीच वापस आने के बाद स्वामी भक्तिवेदांत का सामना शीघ्र ही एक नई समस्या से हुआ और वह समस्या थी—उनका गिरता स्वास्थ्य।

नए देश और नए लोगों के बीच इतनी व्यस्त दिनचर्या ने अंततः एक 72 वर्षीय संन्यासी से अपनी कीमत वसूल कर ली थी। उन्हें दिल का दौरा पड़ा। 'जलदूत' नामक समुद्री जहाज में बैठकर भारत से अमेरिका आते समय मार्ग में पहले ही उन्हें दो बार दिल का दौरा पड़ चुका था; परंतु एक बार अमेरिका पहुँच जाने के बाद उन्होंने हमेशा इस बात पर बल दिया कि व्यक्ति को अपने शरीर को लेकर अधिक चिंतित नहीं होना चाहिए।

अब उनका शरीर कई महीनों तक अत्यधिक श्रम करने के कारण अपनी अधिकतम सीमाओं तक पहुँच गया था और उन्हें अस्पताल में भरती किए जाने की आवश्यकता थी।

उनके भक्तों ने अनवरत प्रार्थना की। उनके शिष्यों ने उनकी देखभाल करने हेतु अस्पताल के कमरे में भीड़ लगा दी और जब उनके स्वास्थ्य में कुछ सुधार आया तो स्वामी भक्तिवेदांत ने अपने एक पुराने भारतीय सहयोगी को पत्र लिखकर उससे पूछा कि क्या कोई आयुर्वेदिक सहायता ली जा सकती है? उनकी वीजा संबंधी कठिनाइयाँ पुनः सतह पर आ गई थीं और उनके लिए भारत लौटना अत्यावश्यक था।

कई दिनों तक अस्पताल में रहने और थोड़ा आराम महसूस करने के बाद डॉक्टरों के सख्त निर्देश के विरुद्ध स्वामी भक्तिवेदांत ने न्यूयॉर्क स्थित अस्पताल छोड़ दिया और आगे सुई (इंजेक्शन) लगवाने या अन्य दवा लेने से इनकार कर दिया और स्वास्थ्य-लाभ प्राप्त करने हेतु लॉन्ग ब्रांच, न्यू जर्सी में समुद्र के किनारे एक कुटिया में चले गए।

स्वामी भक्तिवेदांत ने समुद्र-तट पर स्थित कुटिया में स्वास्थ्य-लाभ प्राप्त करते हुए लगभग तीन सप्ताह व्यतीत किए। इस दौरान उनकी सेवा-शुश्रूषा करनेवाली मुख्य

सेविका गोविंद दासी थी, जिससे हमारा परिचय इस कथा में पहले ही हो चुका है। गोविंद दासी द्वारा इस बीच रिकॉर्ड किया गया सर्वाधिक अंतरंग विवरण यह था कि कैसे उसका जोड़ीदार गौर सुंदर विएतनाम युद्ध में भाग लेने हेतु की जानेवाली सेना की अनिवार्य भरती से बच निकला था।

> 1960 के दशक की उथल-पुथल और विएतनाम युद्ध अनेक लोगों के लिए एक भयभीत करनेवाली वास्तविकता थी। मेरा पति यह सोचकर अत्यंत व्याकुल था कि शीघ्र ही भरती बोर्ड उसे युद्ध में शामिल होने के लिए बुला लेगा। यद्यपि वह एक सैन्य परिवार में पला-बढ़ा था और उसका परिवार विएतनाम युद्ध का पूर्ण समर्थन कर रहा था और चाहता था कि उसका पुत्र वायु सेना में एक पायलट बने, लेकिन अपने भविष्य को लेकर गौर सुंदर का विचार कुछ और ही था। नवंबर के अंत तक गौर सुंदर टेक्सास विश्वविद्यालय में कला का एक छात्र था और उसके छात्र स्तर को देखते हुए उसे सेना में भरती नहीं किया जाना चाहिए था। परंतु नवंबर के अंत तक गौर सुंदर और मैंने सत्य की खोज में विश्वविद्यालय छोड़ दिया था और वर्ष 1967 के दिसंबर माह में हम दोनों श्रील प्रभुपाद के शिष्य बन गए थे। यद्यपि सैन फ्रांसिस्को में स्वामीजी के साथ अपनी पहली मुलाकात में अपनी नाराजगी प्रकट की थी कि वह युद्ध करने के लिए सेना में भरती होने का इच्छुक नहीं था, क्योंकि उसे युद्ध में विश्वास ही नहीं था। केवल छह महीने बाद ही उसका भय एक सच्चाई बन गया। उसे न्यूयॉर्क के भरती कार्यालय से उसके समक्ष पेश होने की एक सूचना मिली थी। वह मनहूस दिन आ चुका था। उस समय हम दोनों श्रील प्रभुपाद के साथ न्यू जर्सी में रह रहे थे, जहाँ वह अपनी बीमारी से राहत पाने के लिए समुद्र-तट पर विश्राम कर रहे थे और गौर सुंदर को भरती बोर्ड द्वारा निर्धारित किए गए समय पर न्यूयॉर्क की यात्रा करनी थी। उसे एक शारीरिक परीक्षा (फिजिकल टेस्ट) से गुजरना था, जिसके बाद सेना में उसका भरती होना लगभग तय था। हमने श्रील प्रभुपाद के समक्ष अपनी चिंता प्रकट की, क्योंकि वह स्वयं भी विएतनाम युद्ध का समर्थन नहीं करते थे। श्रील प्रभुपाद ने हमें आश्वस्त किया कि कृष्ण सबकुछ सँभाल लेंगे। गौर सुंदर के साक्षात्कार (इंटरव्यू) की तिथि आ गई थी और उसने सजल नेत्रों से श्रील प्रभुपाद तथा मुझसे विदाई ली। उसे इस बात का कोई आभास नहीं था कि आगे क्या होने वाला था ? उसका भविष्य अनिश्चित था। उसने रेशम के एक धागे में पिरोकर भगवान् जगन्नाथ की एक मूर्ति अपने गले में पहन ली थी और उसके साथ उसने जाप करने के लिए लकड़ी के मनकों वाली लंबी लाल माला भी ले ली थी। वे मनके उसे उसके दीक्षायन के समय प्रदान किए गए थे। यद्यपि वह अत्यंत व्यग्र था, फिर भी उसने शांतिपूर्वक श्रील प्रभुपाद को नतमस्तक होकर प्रणाम किया। जिस समय गौर सुंदर

वहाँ से प्रस्थान कर रहा था, श्रील प्रभुपाद गलियारे में शांत खड़े होकर उसे निहार रहे थे। श्रील प्रभुपाद ने गौर सुंदर को आशीर्वाद देने के लिए अपना दायाँ हाथ ऊपर उठाया और उससे कहा, "कृष्ण तुम्हारी रक्षा करेंगे। मैं उनसे प्रार्थना करूँगा। तुम तनिक भी भयभीत मत होओ। कृष्ण सबकुछ सँभाल लेंगे।" उनका स्वर आश्वस्तिपूर्ण एवं कठोर था। वह अत्यंत करुणापूर्वक मुसकराए। वह जानते थे कि सबकुछ ठीक हो जाएगा और उन्होंने अपनी सद्भावनाओं को उस संकटपूर्ण क्षण में हमारे साथ साझा किया था। उसके बाद गौर सुंदर रेलगाड़ी से न्यूयॉर्क के लिए रवाना हो गया। गौर सुंदर को गए हुए पूरा एक दिन बीत गया था।

इधर आश्रम में सबकुछ निर्धारित कार्य-सूची के अनुसार चल रहा था। कीर्तनानंद द्वारा मालिश किए जाने के बाद श्रील प्रभुपाद ने अपना दोपहर का भोजन किया और मैं प्रभुपाद के कपड़े धोने एवं बरतन साफ करने जैसे दैनिक कार्य निपटाने के बाद थोड़ी चित्रकारी करने के लिए बैठ गई। मैं अपने कार्य पर ध्यान केंद्रित नहीं कर सकी, क्योंकि मेरा मन गौर सुंदर के विचारों से भरा हुआ था। मैं निरंतर कृष्ण से प्रार्थना करती रही। श्रील प्रभुपाद ने इस बीच कई बार गौर सुंदर का नाम लिया। अतः मैं समझ गई कि वह भी उसके बारे में विचार कर रहे थे। शाम हो गई थी, परंतु वह अभी भी शहर से वापस नहीं लौटा था। इसलिए हम चिंतित थे। अचानक हमने उसे सीढ़ियाँ चढ़ते हुए मंत्रोच्चार करते सुना। मैं उसका स्वागत करने के लिए दरवाजे की ओर दौड़ गई। मैंने उसे जोर से गले लगाया और उसके चेहरे की मुसकान देखने लगी। श्रील प्रभुपाद ने उसे अपने कमरे में बुलाया और पूछा, "तो, आज वहाँ क्या हुआ?" गौर सुंदर ने अपनी यात्रा का वृत्तांत सुनाते हुए कहा, "मेरी विचित्र वेशभूषा, गले में लंबी लाल मनकोंवाली माला और वक्ष पर भगवान् जगन्नाथ की रंगीन मूर्ति देखकर मुझे मनोरोग चिकित्सक के पास भेज दिया गया।" डॉक्टर ने गौर सुंदर से कुछ प्रश्न किए और गौर सुंदर ने यथासंभव सहजता के साथ उनके उत्तर दिए तथा लकड़ी के मनकोंवाली अपनी माला फेरते हुए लगातार 'हरे कृष्ण' मंत्र का जाप करता रहा और योग मुद्रा में अपने मन में कृष्ण की छवि को धारण किए अपनी आँखों को ऊपर की ओर नचाता रहा। मनोरोग चिकित्सक ने उससे पूर्व कभी वैसा दृश्य नहीं देखा था, अतः उसने स्पष्ट रूप से यह निष्कर्ष दे दिया कि गौर सुंदर सैन्य सेवा के लिए उपयुक्त नहीं था। डॉक्टर ने उसे '3-वाई' स्तर प्रदान किया था, जो '4-एफ' जितना अच्छा नहीं था, परंतु निश्चय ही उसने उसके सेना में भरती होने के अवसर घटा दिए थे। मैं खुशी के मारे रो पड़ी। जबकि श्रील प्रभुपाद मुसकराते हुए अपने दोनों हाथ उसके सिर पर इस किनारे से उस किनारे तक फेरते रहे। उन्होंने कहा, "अब केवल यह देखो कि श्रीकृष्ण ने तुम्हें बचा लिया है। तुमने उनकी सेवा चुनी, न कि सेना की सेवा। इसलिए उन्होंने

सबकुछ व्यवस्थित कर दिया।" वह हमारे लिए अत्यंत आनंददायक शाम थी। सुबह से शाम तक वहाँ जितना तनाव था, अब उसका कहीं नामोनिशान तक नहीं था और अब गौर सुंदर पूर्णरूपेण श्रीकृष्ण एवं श्रील प्रभुपाद की सेवा पर अपना ध्यान केंद्रित कर सकता था। कृष्ण ने उसे युद्ध में जाने के एक बड़े खतरे से बचा लिया था, जिसके लिए वह अत्यंत कृतज्ञ था। हमें भौतिक जगत् के व्यापक संकटों और इस संसार-चक्र से बचाने के लिए आपका कोटिशः धन्यवाद, श्रील प्रभुपाद! आपको भगवान् चैतन्य का सैन्य सेनापति कहा जाता है। सचमुच आप एक सेना का नेतृत्व कर रहे हैं। जिस प्रकार श्रीराम ने वानर सेना का नेतृत्व किया था, ठीक उसी प्रकार आपने अमेरिकी युवकों की सेना का नेतृत्व किया। आपका अपना एक लक्ष्य था और हमें आपकी सेना, भगवान् चैतन्य की सेना में भरती कर लिया गया। यह हमारा महानतम सौभाग्य है। हम अयोग्य हैं, फिर भी आपने कृपापूर्वक हमारी रक्षा की है, हमारे अंदर अपनी शक्ति का संचार किया और हम इसे कदापि विस्मृत नहीं करेंगे कि आप हमारे प्रधान सेनापति हैं और हम सदैव आपके प्रति आज्ञाकारी बने रहेंगे।

श्रील प्रभुपाद, आपने हमारे भाग्यों को बदल दिया। शायद अनेक अन्य अमेरिकी युवकों की भाँति गौर सुंदर के भाग्य में भी विएतनाम युद्ध में जाना बदा था, लेकिन आपने 'कृष्ण से प्रार्थना की' और उन्होंने हमारे जीवन को पुनर्व्यवस्थित कर दिया। जब कभी मुझे सर्दी या जुकाम हो जाता था तो श्रील प्रभुपाद मुझसे अकसर कहते थे, "हाँ, कृष्ण तुम्हारे खातों की जाँच कर रहे हैं। वह देखते हैं कि तुम्हारी सेवा किए जाने की आवश्यकता है। तुम इस पल मर भी सकते थे; परंतु इसकी बजाय वह तुम्हें केवल थोड़ी सी सर्दी-जुकाम दे रहे हैं।" वह अकसर कहा करते थे, "कृष्ण हमें देख रहे हैं। जब हम सत्यनिष्ठ होकर उनकी सेवा में लीन होते हैं तो वह हमारे बही-खाते को बंद कर देते हैं या उसका निरीक्षण करना छोड़ देते हैं, अर्थात् इस भौतिक जगत् में हमारे द्वारा किए जानेवाले कर्मों को घटा देते हैं।" श्रील प्रभुपाद, आप हमें यह स्मरण कराते हैं और अब भी जब कभी मुझे सर्दी होती है तो मुझे आपकी यह बात याद आ जाती है कि शायद कृष्ण मेरे खातों की जाँच कर रहे हैं! हम अपनी खतरनाक स्थिति के बारे में सदैव स्मरण रखते हैं और निरंतर यह स्मरण भी रखते हैं कि आप हमें देख रहे हैं और हमारे खातों की जाँच कर रहे हैं।'[11]

हम इस तथ्य का उल्लेख पहले भी कर चुके हैं कि स्वामी भक्तिवेदांत जब अमेरिकी धरती पर पहली बार आए थे, उस समय उन्हें अमेरिका के बारे में अत्यल्प जानकारी थी। इस देश में आने से पूर्व उन्हें न तो इसके सामाजिक या सांस्कृतिक वातावरण का कोई ज्ञान था और न ही इसकी राजनीति का। लगभग एक वर्ष से कुछ अधिक समय के अंदर उन्होंने अपनी शिक्षाओं से यहाँ के लोगों को अवगत कराया

और उन्हें गहन अमेरिकी संदर्भों में रखते हुए उनको उपदेश दिया। अपनी योग्यता के एक अंश के रूप में स्वामी उसे दैनिक जीवन में प्रतिपादित करने में आंशिक रूप से सफल रहे, जो उनके शिष्यों के लिए अत्यंत गोपनीय थी। उन्होंने उन्हें हिंदू धर्म ग्रंथों के उच्चादर्शों वाले पात्रों और मध्यकालीन बंगाली दर्शन से अवगत कराया। इसके लिए उन्होंने 1960 के दशक में अमेरिकी जीवन में अमेरिकी मुहावरों का प्रयोग किया।

अपने स्वास्थ्य एवं वीजा दोनों की आवश्यकताओं को देखते हुए स्वामी भक्तिवेदांत के भारत लौटने से पूर्व सैन फ्रांसिस्को में उनका अंतिम लक्ष्य पूर्ण होना शेष था। खाड़ी क्षेत्र में भगवान् जगन्नाथ, बलभद्र एवं सुभद्रा की मूर्तियों को लाने के बाद संन्यासी के मन में विचार आया कि इस क्षेत्र में सपाट ट्रकों पर रथयात्रा निकालना पूरी तरह उचित रहेगा। उन्होंने अपने अनुयायियों को इस संभावना का पता लगाने का निर्देश दिया कि क्या वहाँ रथयात्रा निकालना संभव हो पाएगा?

वह संभव था, अतः सन् 1967 में भारत के बाहर स्वामी भक्तिवेदांत के शिष्यों द्वारा सैन फ्रांसिस्को के खाड़ी क्षेत्र में पहली रथयात्रा निकाली गई और उन सपाट (खुले) ट्रकों पर मूर्तियों को रखकर घुमाया गया! उन खुले ट्रकों पर स्वामी ने अपने हाथों से चित्रकारी की और उन पर छतरी की रंग-बिरंगी आकृति बनाई। उस जुलूस में 500 से अधिक लोग शामिल हुए, जो पूरे रास्ते में 'प्रसादम्' के रूप में चपातियाँ व फल बाँटते हुए जा रहे थे। विश्व के विभिन्न भागों में इस्कॉन (ISKCON) द्वारा रथयात्राएँ आयोजित करने की शुरुआत थी; लेकिन पहली ही रथयात्रा पश्चिम के लिए एक अन्य गोपनीय आचरण के रूप में देखी गई। एक श्वेत-श्याम चित्र में शैरॉन मीडो स्थित गोल्डन गेट पार्क में श्रील प्रभुपाद को ध्यान मुद्रा में बैठे हुए दिखाया गया है। उनके सामने एक माइक्रोफोन और बड़ा सा स्पीकर रखा हुआ है और उनकी बगल में भगवान् जगन्नाथ की मूर्ति रखी हुई है। वह अपनी सामान्य खाँचेदार भौंहों के साथ उपदेश देते, मंत्रोच्चार करते एवं भजन करते हुए दिखाई दे रहे हैं और वहाँ उपस्थित सभी लोग बड़ी तन्मयता से उन्हें देख व सुन रहे हैं।

'जलदूत' नामक समुद्री जहाज से बाहर कदम रखने के दो वर्षों बाद स्वामी भक्तिवेदांत एयर इंडिया की एक उड़ान से चैतन्य महाप्रभु की धरती पर आए थे। यद्यपि विमान तल पर भी उनके विलाप करते हुए शिष्यों ने अपने अंतिम कार्य के रूप में कीर्तन गाया था।

□

# 14

# गिंसबर्ग एवं जॉर्ज

हम कैसे जानते हैं कि स्वामी भक्तिवेदांत के समुद्री जहाज 'जलदूत' से अमेरिका की धरती पर उतरने के बाद मात्र दो वर्षों से भी कम अवधि के भीतर उनका नाम और उनके आंदोलन की ख्याति दूर-दूर तक कैसे फैली?

इसे हम उस एकल प्रसिद्ध वाक्य से जानते हैं, जो उन्होंने 24 जुलाई, 1967 को विमान द्वारा भारत से सैन फ्रांसिस्को जाते समय मार्ग में लिखा था। वह वाक्य लंदन के हवाई अड्डे पर स्थित एक होटल में लिखा गया था, क्योंकि उन्हें अपनी लंबी विमान-यात्रा के दौरान वहाँ काफी देर तक रुकना पड़ा था। उस पत्र में भक्तिवेदांत स्वामी ने लिखा था कि ब्रिटेन में भारत के तत्कालीन राजदूत श्री बी.के. नेहरू का ध्यान मुझे यात्रा के दूसरे दिन आया था। मैंने उन्हें अपने स्थायी वीजा के बारे में बताया था और उन्होंने मेरे वापस आने पर सहायता का वचन दिया था।[1]

अमेरिका में बिताए गए कुछ महीनों ने उनके जीवन में कितना अंतर ला दिया था! जिस समय उन्होंने भारत छोड़ा था, वह बड़ी मुश्किल से वीजा का प्रबंध कर पाए थे और जब वह एक बार न्यूयॉर्क पहुँच गए तो उन्होंने वहाँ अधिक दिनों तक ठहरने के लिए कितना संघर्ष किया था। लेकिन लगता है कि उनके छोटे, परंतु गुंजायमान आंदोलन का प्रभाव पड़ा था और कम-से-कम लंदन में भारत के राजदूत भी उनके बारे में ध्यान देने लगे थे।

भारत में अपने प्रिय वृंदावन में पहुँचने पर स्वामी भक्तिवेदांत को समाचार मिला कि विशाल प्रकाशन संस्थान मैकमिलन उनकी कुछ पुस्तकों को प्रकाशित करने का इच्छुक था; और उन्होंने वृंदावन में अपने शुरुआती शिष्यों में से एक कीथ गोर्डन हैम को संन्यास का संकल्प दिलाया था, जो पहले से ही 'कीर्तनानंद' के रूप में विख्यात थे और अब वह 'कीर्तनानंद स्वामी' बन गए थे।

भारत गरम, गंदा और अव्यवस्थित था। स्वामी इसी देश में पले-बढ़े थे, परंतु उनके अमेरिकी शिष्य नहीं। उन्होंने जो कुछ समझा, वह यह था कि समस्त कठिनाइयों

के बावजूद उनके गुरु की भक्ति कहाँ से आई थी! अंततोगत्वा, वे अब ऐसे स्थान पर पहुँच गए थे, जहाँ प्रत्येक व्यक्ति तत्काल समझ जाता था कि वे क्या करने की कोशिश कर रहे थे तथा प्रत्येक व्यक्ति उसी वातावरण से आप्लावित दिखाई पड़ता था और इससे कोई अंतर नहीं पड़ता था कि वे लोग उस धार्मिक ब्रह्मांड में कितने ऊटपटाँग ढंग से रह रहे थे!

दिल्ली से कलकत्ता जाने और अपनी पुस्तकों के प्रकाशन हेतु नवीनीकृत प्रयासों जैसी समस्त गतिविधियों के बीच अब यह तथ्य पूर्णतया स्पष्ट हो गया था कि स्वामी भक्तिवेदांत एक वृद्ध एवं अस्वस्थ व्यक्ति थे। बार-बार होनेवाले हृदयाघातों ने अपनी कीमत वसूली थी, क्योंकि अमेरिका में उनका बहुत सारा समय अत्यंत व्यस्तता में व्यतीत होता था। वह अकसर बीमार रहते, फिर भी वह अपने उन आयुर्वेदिक चिकित्सकों से परामर्श लेने के प्रति अनिच्छुक दिखाई देते थे, जो उन्हें अधिक आराम करने की सलाह देते थे।

इस्कॉन (ISKCON—अंतरराष्ट्रीय कृष्ण भावनामृत संघ) के नए केंद्र खुल रहे थे—कनाडा के मॉण्ट्रियल में पहले ही एक केंद्र खुल चुका था और एक अन्य नया केंद्र बोस्टन में खुलने जा रहा था। इस्कॉन (ISKCON) की विभिन्न अमेरिकी शाखाओं की ओर से उन्हें बार-बार आमंत्रित किए जाने की शक्ति के आधार पर उनके लिए एक अतिथि वीजा खरीदा गया था और उनके शिष्यों के प्रयासों से उनके लिए हार्वर्ड विश्वविद्यालय में व्याख्यान देने हेतु एक नई खिड़की खुल गई थी। ईवी लीग से प्राप्त कोई आमंत्रण उनके लिए अमेरिका में स्थायी वीजा हेतु महत्त्वपूर्ण द्वार खोल सकता था।

लेकिन अमेरिका लौटने से पूर्व स्वामी भक्तिवेदांत ने अपने अमेरिकी शिष्यों के साथ चैतन्य महाप्रभु के जन्म-स्थान नवद्वीप की यात्रा की, जहाँ उन्होंने 700 से अधिक संन्यासियों और सामान्य भक्तों* की सभा को संबोधित किया। थोड़े व्यथित मन से वे मलिकों के घर में स्थित अपने बचपन के 'राधा गोविंद मंदिर' में लौटे और उन्हें केवल यही दिखाई पड़ा कि विग्रहों को बड़े कठिन समय से गुजरना पड़ रहा था और उनकी वो चमक फीकी पड़ गई थी, साथ ही उनके लिए श्रद्धा भी।[2]

जब उन्हें मैकमिलन की ओर से उनकी पुस्तकें प्रकाशित करने के गंभीर इरादे का समाचार मिला और लॉस एंजेलेस तथा 'सांता फे' क्षेत्र में अधिकाधिक केंद्र खुलने लगे तो यह प्रश्न उठा कि क्या नवोदित इस्कॉन (ISKCON) के पास ऐसे विस्तार की क्षमता थी?

लेकिन स्वामी आश्वस्त थे—यद्यपि एक भी धार्मिक व्यक्ति एक मंदिर खोलकर उसकी देख-रेख कर सकता था। वर्ष 1967 के अंत तक वह अमेरिका लौटने के

---

* संन्यासी बनने की प्रक्रिया में कनिष्ठ भिक्षु।

इच्छुक थे। उन्होंने ध्यान दिया कि जिस देश में उन्होंने अपना आंदोलन शुरू किया था और जो अब उनका आध्यात्मिक घर भी था, वहाँ की जलवायु उनके लिए अब काफी अच्छी थी। उनके हृदय की स्थिति व्यापक रूप से संदिग्ध थी, परंतु उनके शिष्यों और चिकित्सकों की चेतावनी भी उन्हें रोक नहीं सकी। वह जानते थे कि समय सीमित था। वह अकसर अपने शिष्यों को अपनी आसन्न मृत्यु की चेतावनी देते रहते थे; परंतु उनका आंतरिक आत्मविश्वास उनसे कह रहा था कि उनकी अनुपस्थिति में कोई भी कार्य रुकेगा नहीं।

जब वह सैन फ्रांसिस्को और तत्पश्चात् न्यूयॉर्क वापस लौटे तो उनके स्वागत हेतु एकत्र उनके उत्साही शिष्यों ने उन्हें अपनी बाँहों में भर लिया। एक प्रकार से, वह अब स्वामी भक्तिवेदांत नहीं रह गए थे।

अब वह श्रील प्रभुपाद थे। उनके नाम का अर्थ था—वह व्यक्ति, जिसने अपना संपूर्ण जीवन भगवान् (कृष्ण) के चरण-कमलों में समर्पित कर दिया था। अब वह ईमानदारी से बनाए गए एक वैश्विक धार्मिक आंदोलन के संस्थापक बन गए थे।

उनके भक्तों ने यद्यपि 'बैक टु गॉडहेड' पत्रिका में उनके इस नए नाम का स्पष्टीकरण भी प्रकाशित किया था—

'प्रभुपाद शब्द वैदिक धार्मिक क्षेत्रों में अत्यंत सम्माननीय है। यह संतों में भी महान् संत का प्रतीक है। यह शब्द वस्तुतः दो शब्दों 'प्रभु' एवं 'पाद' की संधि करके बना है, जिसके वस्तुत: दो अर्थ हैं। पहला अर्थ है—जिसके चरण (पाद) में अनेक प्रभु हैं, क्योंकि हमारे यहाँ अनेक प्रभु हैं (एक ऐसा नाम, जिसका एक अर्थ 'स्वामी' या 'गुरु' भी है और इस शब्द का प्रयोग गुरु के शिष्य परस्पर संबोधन हेतु करते हैं)। दूसरा अर्थ है—वह व्यक्ति, जो सदैव कृष्ण (सर्वोच्च स्वामी) के चरण-कमलों में पाया जाता है। शिष्य उत्तराधिकार परंपरा, जिसके माध्यम से प्राणिमात्र में कृष्ण चेतना का प्रसार किया जाता है, उसमें इस प्रकार के आध्यात्मिक महत्त्व वाले अनेक महानुभाव हैं, जिन्हें 'प्रभुपाद' कहा जाता है। श्रील रूप गोस्वामी प्रभुपाद ने अपने गुरु श्री चैतन्य महाप्रभु की विरासत को कार्यान्वित किया था, अत: उन्हें और उनके सहयोगी गोस्वामियों को 'प्रभुपाद' कहा जाता है। श्रील भक्तिवेदांत सरस्वती गोस्वामी ठाकुर ने श्रील भक्तिविनोद ठाकुर की विरासत को कार्यान्वित किया, इसलिए उन्हें भी 'प्रभुपाद' कहकर संबोधित किया जाता है। हमारे आध्यात्मिक गुरु ओउम् विष्णुपाद 108 श्री श्रीमद् भक्तिवेदांत स्वामी महाराज ने इसी प्रकार श्रील भक्तिसिद्धांत सरस्वती गोस्वामी प्रभुपाद की विरासत को कार्यान्वित किया था और वह कृष्ण के प्रेम के संदेश को पश्चिमी जगत् में ले गए थे, इसलिए सर्वशक्तिमान ईश्वर के संदेश को संकीर्तन आंदोलन के समस्त केंद्रों में उनके विनम्र सेवकों द्वारा श्रील रूप गोस्वामी प्रभुपाद के पदचिह्नों का अनुसरण किया जाता है

और वे अपने आध्यात्मिक गुरु को 'प्रभुपाद' के रूप में संबोधित करते हैं और उन्होंने कृपापूर्वक कहा था, "हाँ।"[3]

जहाँ उनसे पहले अनेक लोग विफल हो गए थे, उन्होंने सभी बाधाओं के बावजूद एक सफल शुरुआत की। पश्चिमी जगत् में अनेक भिन्न क्षेत्र थे, जहाँ अत्यंत समर्पित एवं प्रतिभा-संपन्न भक्त थे। पश्चिम में कृष्ण के नाम का कीर्तन हो रहा था। यह बात अलग है कि प्रत्येक गली, शहर और गाँव में वैसा नहीं था।

लेकिन पश्चिम में उनका संदेश तब तक पूर्ण नहीं हुआ, जब तक कि वह उसके एक महत्त्वपूर्ण स्थल—लंदन नहीं पहुँचे।

वर्ष 1968 की ग्रीष्म ऋतु में स्वामी भक्तिवेदांत, जो अब अधिक लोकप्रिय रूप से 'श्रील प्रभुपाद' के नाम से जाने जाते थे, ने अपने तीन शिष्य दंपतियों—मुकुंद एवं जानकी, श्यामसुंदर एवं मालती तथा गुरुदास एवं यमुना को लंदन भेजा। क्या यह वही भावी स्थान था, जहाँ इस्कॉन (अंतरराष्ट्रीय कृष्ण भावनामृत संघ) का अगला चरण आगे बढ़ने वाला था?

उन्होंने अपने शिष्यों को ब्रिटिश राजधानी में कृष्ण के संदेश को प्रसारित करने हेतु दो अपेक्षाकृत गैर-परंपरागत निर्देश भी दिए थे—प्रथम, अपनी वेशभूषा एवं अपनी प्रवचन शैली को शाश्वत बनाए रखें। प्रभुपाद जानते थे कि उनसे पूर्व भक्तिसिद्धांत सरस्वती ने भी अपने शिष्यों को लंदन में अपनी पहचान बनाने हेतु भेजा था और उन उपदेशकों ने भी वहाँ ब्रिटिश परिधान एवं रीति-रिवाज अपनाने का भरसक प्रयास किया था। लेकिन वे विफल हो गए थे। इस बार प्रभुपाद ने अपने शिष्यों को समझाया कि आप लोग नया संदेश देने और लोगों के उसको समझने के क्रम में आपको चाहिए कि आप उन्हें कोई नई चीज (प्रवचन के रूप में) दें और उसका महत्त्व समझाने में अपने आत्मविश्वास का प्रदर्शन करें। उन्होंने तर्क देते हुए कहा, "क्यों अधिक अंग्रेज लोग परिधान एवं जीवन-यापन की वैष्णव शैली नहीं अपनाते हैं?" उनका निहित उद्देश्य मुख्यतया अंग्रेजों को उपदेश देना था, न कि इंग्लैंड में रहनेवाले भारतीयों को। दूसरा विचार निस्संदेह प्रभुपाद के अपने अनुभव से प्रेरित था और उन्होंने भारत में अनेक वर्षों तक एक उपदेशक के रूप में अपनी पहचान बनाने का प्रयास किया था और वह वहाँ वैष्णवों की आंतरिक कलह को देखकर उनसे घृणा करने लगे थे। उनका अपना अनुभव यह था कि एक बार अमेरिका पहुँच जाने के बाद उन्होंने ऐसे समर्पित शिष्यों को खोजने का प्रयास किया, जो अमेरिकी थे। इसलिए लंदन में उपदेश देने के लिए जानेवाले अपने शिष्यों को उन्होंने यही परामर्श दिया कि वे अपना ध्यान गैर-भारतीयों पर केंद्रित करें।

वास्तव में, उन्होंने विशेषतया गैर-भारतीयों के प्रति भविष्यवाणी की थी और उनके शिष्यों ने अपनी भक्ति से अंग्रेजों को अपनी ओर आकर्षित करने में सफलता प्राप्त की थी।

जिस इंग्लैंड में ये शिष्य गए थे, वह उस समय अत्यंत उथल-पुथल के दौर से गुजर रहा था। विएतनाम युद्ध-विरोधी प्रदर्शनों ने यथावत् रूप से अपनी अंतिम सीमा पार कर ली थी और अब वे लंदन की गलियों में भर गए थे। परंतु वही सबकुछ नहीं था।

1968 वही वर्ष था, जब केन्या में रहनेवाले भारतीय और पाकिस्तानी नागरिकों को उस देश के अधिनायकवादी कानूनों के अंतर्गत वहाँ से बाहर निकाल दिया गया था और उन्होंने ब्रिटेन की ओर आना शुरू कर दिया था। उसके तत्काल बाद कैंब्रिज प्रशिक्षित शास्त्रीय संगीतज्ञ से राजनेता बने एनोच पॉवेल ने अपना कुख्यात 'खून की नदी' वाला भाषण दिया था और विशेषतया राष्ट्रमंडल (कॉमनवेल्थ) देशों से इंग्लैंड आनेवाले आव्रजकों के विरुद्ध व्यापक नर-संहार की रूपरेखा घोषित की थी।

पॉवेल ने अपने उस उत्तेजक भाषण में कहा था, "यदि हम एक राष्ट्र के रूप में लगभग 50,000 वार्षिक की दर से आश्रितों के अंत:प्रवाह की अनुमति देंगे तो हम अनिवार्यत: पागल होंगे; सचमुच पागल होंगे, क्योंकि आप्रवासी जनसंख्या का एक बड़ा भाग हमारी भावी प्रगति को बाधित करेगा और ब्रिटिश नागरिकों की बजाय शरणार्थी लोग अधिक प्रभावशाली हो जाएँगे। यह तो ठीक वैसा ही होगा, जैसे कोई देश अपनी ही चिता की तैयारी में व्यस्त हो! जब मैं भविष्य की ओर देखता हूँ तो मैं अपशकुन की आशंका से भर जाता हूँ। रोमनों की भाँति मैं यह देखता हुआ प्रतीत होता हूँ, मानो टाइबर नदी रक्त के झाग से बजबजा रही है।"[4]

समस्त ऐतिहासिक आकलनों के आधार पर कहा जा सकता है कि वह वर्ष उपदेश देने के लिए इंग्लैंड जानेवाले उपदेशकों की भीड़ के लिए, जिसमें मुंडित सिरवाले कुछ गेरुए वस्त्र पहने और कुछ सफेद वस्त्रोंवाले उपदेशकों के लिए उपयुक्त नहीं था। कुछ स्त्रियाँ साड़ियाँ पहने संस्कृत में गा रही थीं और हारमोनियम, मृदंग तथा करतालों के साथ लंदन में अपना प्रभाव छोड़ने का प्रयास कर रही थीं।

यह वह वर्ष भी था, जब अपने समय की विशालतम संगीत संस्था 'द बीटल्स' ने अपने संगीत कार्यक्रमों हेतु अनवरत यात्राओं को कुछ समय के लिए विराम दे दिया था और वह महर्षि महेश योगी के आश्रम में रहने हेतु भारत आने का कार्यक्रम बना रही थी। उल्लेखनीय है कि महर्षि महेश योगी 'अनुभवातीत ध्यान' नामक एक आध्यात्मिक रीति की शिक्षा देते थे।

ये सभी तत्त्व अत्यंत महत्त्वपूर्ण ढंग से लंदन में इस्कॉन (अंतरराष्ट्रीय कृष्ण भावनामृत संघ) एवं उसके प्रचारकों के निकट आने का प्रयास कर रहे थे। यह बात अलग है कि 1968 के पूरे वर्ष में उन्हें बहुत कम सफलता प्राप्त हुई थी।

यद्यपि उत्तरी अमेरिका में आंदोलन तेजी से प्रगति कर रहा था। श्रील प्रभुपाद के ऊपर प्रसिद्ध पत्रिका 'लाइफ' में एक लेख प्रकाशित किया गया था और सैन

फ्रांसिस्को से लेकर बोस्टन तक, मॉण्ट्रियल से न्यूयॉर्क तक एवं लॉस एंजेलेस में इस्कॉन (अंतरराष्ट्रीय कृष्ण भावनामृत संघ) तक तेजी से अपने पाँव जमा रहा था और प्रभुपाद द्वारा दिए गए नाम 'हिप्पियों' की संख्या भी तेजी से बढ़ रही थी। पश्चिमी वर्जीनिया में अभयारण्य आश्रय-स्थल भी निर्मित हो गया था, जिसे इस्कॉन (ISKCON) 'नया वृंदावन' कहकर पुकारता था, जो किसी भारतीय गाँव की भाँति जैविक खेती और धूल के फर्शों तथा गाय के गोबर से भरा था।

वर्ष 1969 की ग्रीष्म ऋतु के प्रारंभ में श्रील प्रभुपाद कोलंबस, ओहियो स्थित एक मंच पर अपने पुराने प्रशंसक एलन गिंसबर्ग के साथ दिखाई दिए, ताकि वह अपने आध्यात्मिक मिशन और पश्चिम में वह जो उपलब्धि प्राप्त करने का प्रयास कर रहे थे, उसके बारे में अत्यंत स्पष्ट चर्चा कर सकें। उस समय गिंसबर्ग को इस्कॉन (ISKCON) से जुड़े हुए अधिक समय नहीं हुआ था। सितंबर 1968 में गिंसबर्ग ने इस्कॉन (ISKCON) के महामंत्र को पूरे अमेरिका में प्रसिद्धि दिलाई थी, जब उन्होंने अपने देश के अपने समय के प्रसिद्ध रूढ़िवादी बुद्धिजीवी विलियम एफ. बकले जूनियर के साथ टेलीविजन पर अपना प्रसिद्ध साक्षात्कार दिया था। बकले ने गिंसबर्ग को अपने टी.वी. साक्षात्कार कार्यक्रम 'फायरिंग लाइन' में आमंत्रित किया था।

इन दोनों परस्पर विरोधी राजनीतिक विचारधारावाले बुद्धिजीवियों, जिनमें से एक प्रति-संस्कृति का प्रतीक था तो दूसरा संभवतः अमेरिका में अपने समय का सर्वाधिक तेज रूढ़िवादी बुद्धिजीवी था, की मुठभेड़ की रिकॉर्डिंग आज भी उपलब्ध है। यूट्यूब पर उपलब्ध वीडियो में गिंसबर्ग को बकले के साथ बहस करते हुए दिखाया गया है, जिसमें अमेरिका द्वारा विएतनाम युद्ध में रासायनिक अस्त्रों, विशेषतया 'नैपल्म', के प्रयोग पर चर्चा हो रही थी। उन्होंने तर्क दिया कि अमेरिका के प्रति चीन का संदेह और कम्युनिस्ट चीन के प्रति अमेरिका का भय दोनों एक-दूसरे का पोषण कर रहे थे। वे दोनों एक-दूसरे की परछाइयाँ थे और एक-दूसरे के साथ मदिरालय के पियक्कड़ों जैसी हाथापाई कर रहे थे।[5] बकले ने उत्तर दिया कि गिंसबर्ग अभी राजनीति में अपरिपक्व थे। इस बिंदु पर बकले द्वारा गिंसबर्ग को अपनी कोई कविता पढ़ने का सुझाव दिया गया और कविता पढ़ने की बजाय गिंसबर्ग ने फर्श पर रखा एक छोटा सा हारमोनियम उठाया और गाने के लिए आगे बढ़ गए।

अपना गायन प्रारंभ करने से पूर्व गिंसबर्ग ने कहा—"'श्रीमद्भगवद्गीता' में कहा गया है कि 'ब्रह्मांड के विनाश की बजाय उसकी रक्षा हेतु कृष्ण पृथ्वी पर अवतार लेते हैं, चाहे उस पर कोई बाढ़ आए, सूखा पड़े, अग्निकांड हो अथवा एटम बमों की ओर प्रवृत्त करनेवाला कोई पाप हो।"[6] उसके बाद गिंसबर्ग ने 'हरे कृष्ण, हरे कृष्ण' का गायन प्रारंभ किया।[7]

इस वार्त्तालाप में ध्यान देने योग्य एक अन्य चीज भी है, जो इस्कॉन (अंतरराष्ट्रीय कृष्ण भावनामृत संघ) के साथ गिंसबर्ग के सहकार हेतु प्रासंगिक है। बकले के साथ अपनी बहस में गिंसबर्ग ने आर्कबिशप फ्रांसिस जोसेफ स्पेलमैन की घोर निंदा की, जिन्हें अमेरिका में सर्वाधिक शक्तिशाली कैथोलिक पादरी के रूप में सम्मानित किया जाता था और जिनकी विएतनाम युद्ध के समर्थन के कारण सन् 1967 में मृत्यु हुई थी। उन्होंने ईसाइयों की 'मूल पाप' की अवधारणा या बाइबल वादी तर्क की भी यह कहकर आलोचना की कि चूँकि आदम और ईव ने ईश्वर की अवज्ञा की थी, इसलिए सभी मनुष्य जन्मजात पापी थे। गिंसबर्ग ने कहा कि वह एक अति प्राचीन परंपरा का अंग थे—इस्कॉन (अंतरराष्ट्रीय कृष्ण भावनामृत संघ) एवं हिंदुत्व के प्रति अपनी संबद्धता का उल्लेख करते हुए कहा कि वहाँ कोई मूल पाप की अवधारणा नहीं थी और विनाश से प्राणिमात्र की रक्षा के लिए कृष्ण बार-बार प्रकट होते थे।

यह श्रील प्रभुपाद के आंदोलन की ओर से व्यक्त की गई अमेरिकी प्रति-संस्कृति की सर्वाधिक सशक्त स्वीकार्यता थी। अपने समय के सर्वाधिक प्रभावशाली टी.वी. कार्यक्रम में महामंत्र की भाँति कृष्ण का नाम बार-बार दिखाई और सुनाई पड़ा था।

यही वह पृष्ठभूमि थी, जिसके विरुद्ध चर्चा करने के लिए गिंसबर्ग ओहियो में बड़ी संख्या में उपस्थित छात्रों के समक्ष श्रील प्रभुपाद के साथ बैठे थे। इन वार्त्तालापों की विषय-वस्तु श्रील प्रभुपाद के मिशन के महत्त्वपूर्ण पक्षों पर प्रकाश डालती है—किस प्रकार उन्होंने अपने उद्देश्य की ईमानदारी एवं निष्ठा के प्रति सर्वाधिक प्रभावशाली व बुद्धिमान लोगों को सहमत किया और उन्हें उसका समर्थन करने हेतु विवश किया।

उनके वार्त्तालाप के अधोलिखित दो वाक्यांशों पर विचार कीजिए—

**प्रथम :**

**एलन :** क्या आपको रिचर्ड अल्पर्ट नामक व्यक्ति का नाम याद है?

**प्रभुपाद :** नहीं।

**एलन :** कई वर्षों पूर्व वह हार्वर्ड में टिमोथी लैरी के साथ काम करते थे। उसके बाद उन्होंने भारत में कार्य किया, जहाँ उन्हें एक गुरु मिल गए और अब वह हनुमानजी के एक शिष्य हैं, हनुमान के भक्त हैं। हम माया और अमेरिका की वर्तमान स्थिति के विषय में चर्चा कर रहे थे और उन्होंने कहा कि भारत में उनके गुरु ने बताया था कि एल.एस.डी. पश्चिमवासियों के लिए कलियुग की ईसा मसीह थी। उनके कथनानुसार, चूँकि कलियुग दिन-प्रतिदिन गहराता जा रहा है, इसलिए मुक्ति सरल से सरलतम हो जाएगी और…

**प्रभुपाद :** यह अत्यंत उत्तम साक्ष्य है कि कलियुग में मुक्ति अत्यंत सरल है। 'श्रीमद्भागवत' का भी यही वृत्तांत है। लेकिन मुक्ति का माध्यम यह कीर्तन है, एल.एस. डी. नहीं।

**एलन :** अच्छी बात है। वहाँ तर्क इस बात को लेकर दिया जा रहा था कि जो लोग मुक्ति को शुद्धत: केवल भौतिक रूप में स्वीकार करते हैं और अंतत: रासायनिक रूप में देखते हैं और पूर्णतया भौतिक रूप में देखते हैं, उनके लिए तो कृष्ण को विनोदवश एक गोली के रूप में प्रकट होना पड़ेगा।

**प्रभुपाद :** प्रश्न यह है कि जब वह भौतिक स्वरूप में है तो फिर मुक्ति कहाँ है? वह भ्रम है।

**एलन :** आत्मनिष्ठ परिणाम आसक्ति का परित्याग है। लेकिन...के दौरान...

**प्रभुपाद :** यदि आपकी आसक्ति किसी भौतिक वस्तु के प्रति है तो यह त्याज्य आसक्ति कहाँ है? एल.एस.डी. एक पदार्थगत रसायन है। अत: यदि आप एल.एस.डी. की शरण में जाते हैं तो आप पदार्थ की सहायता लेते हैं। इसलिए आप पदार्थ से किस भाँति मुक्त हैं?

**एलन :** आत्मनिष्ठ अनुभव यह है कि जब आप एल.एस.डी. के नशे की हालत में होते हैं तो आप महसूस करते हैं कि एल.एस.डी. एक पदार्थगत गोली है और इस रूप में उसका सचमुच कोई अर्थ नहीं है।

**प्रभुपाद :** वह खतरनाक है, वह खतरनाक है।

**एलन :** क्या आप वस्तुत: पुनर्जन्म लेते हैं?

**प्रभुपाद :** हाँ। क्या परेशानी है?

**एलन :** मैं तो यह भी याद नहीं कर सकता कि इससे पूर्व मेरा जन्म कब हुआ था।

**प्रभुपाद :** तुम्हें तो तुम्हारा बचपन भी याद नहीं है। इसका अर्थ यह कदापि नहीं है कि तुम्हारा कोई बचपन ही नहीं था! क्या तुम्हें याद है कि तुम कब एक नन्हे बालक थे? उस समय तुमने क्या किया था?

**एलन :** कुछ चीजें। बहुत छोटी नहीं, परंतु...

**प्रभुपाद :** अथवा जब तुम अपनी माँ के गर्भ में थे? क्या तुम्हें याद है?

**एलन :** नहीं।

**प्रभुपाद :** क्या इसका यह अर्थ है कि तुम अपनी माता के गर्भ में थे ही नहीं?

**एलन :** नहीं, इसका यह अर्थ नहीं है कि मैं नहीं था।

**प्रभुपाद :** तब तो यह कोई उचित बहाना नहीं है कि तुम्हें याद नहीं है। इसे 'श्रीमद्भगवद्गीता' में इस प्रकार स्पष्ट किया गया है—

*देहिनोस्मिन् यथा देहे कौमारं यौवनं जरा।*
*तथा देहान्तरप्राप्तिर् धीरस्तत्र न मुह्यति॥*

(श्रीमद्भगवद्गीता, 2.13)

यद्यपि मुझे स्मरण नहीं है कि मैंने अपनी माता के गर्भ में क्या किया, किंतु इसका यह अर्थ कदापि नहीं है कि मेरा कोई सूक्ष्म शरीर था ही नहीं! शरीर परिवर्तित होता है। मैं वहाँ हूँ, इसलिए यह शरीर बदलने के बाद भी मैं शेष रहता हूँ। यह केवल एक सामान्य ज्ञान की तर्कणा है। मैं प्रतिदिन, प्रतिपल अपने शरीर में परिवर्तन कर रहा हूँ। आपके बाल्यकाल का शरीर और यह शरीर समान नहीं है। आपने इस शरीर को परिवर्तित किया है; परंतु इसका यह अर्थ कदापि नहीं कि आप एक भिन्न व्यक्ति हैं।

**एलन :** लेकिन मैं यहाँ इस समय जो कुछ देख या सुन रहा हूँ, उसके बारे में इससे पहले मैंने सचमुच कभी कुछ देखा या सुना नहीं था। इस समय जो कुछ मैं देख और सुन रहा हूँ, उसे मैं अवश्य याद रख सकता हूँ। मैंने इससे पूर्व कभी भी किसी पूर्व अवतार या किसी पूर्व जन्म के विषय में कोई उचित अथवा कोई रोमांचक कथा भी नहीं सुनी थी।

**प्रभुपाद :** तुमने कभी नहीं सुनी?

**एलन :** मैंने कभी कोई समझदारी भरी बात किसी चीज के बारे में नहीं सुनी, जो मुझे सचमुच सोचने पर विवश करे, 'आह, ऐसा अवश्य होना चाहिए था।'

**प्रभुपाद :** और क्यों नहीं? तुम्हारा शरीर तुम्हारी माँ के गर्भ में एक मटर के दाने के समान उसी दिन आ गया था, जब तुम्हारे माता-पिता ने पहले दिन अपने काम जीवन की शुरुआत की थी। उसके बाद वह विकसित हुआ। इस प्रकार, तुम उस मटर के दाने से विकसित होते हुए इस बिंदु तक आ गए हो। शरीर परिवर्तनशील है, इसीलिए इसमें चौंकनेवाली क्या बात है कि तुम इस शरीर को बदलकर पुनः मटर के दाने जैसे शरीर में आ जाओ? इस बात को समझने में क्या कठिनाई है?

**एलन :** अच्छी बात है। समझने में यह कठिनाई है कि कहीं कोई स्थायी अस्तित्व है या एक शरीर से दूसरे शरीर में किसी प्रकार की चेतना की निरंतरता है?

**प्रभुपाद :** तब तो तुम्हें परामर्श लेना होगा। जिस प्रकार तुम किसी चीज के विषय में नहीं समझ पाते हो तो तुम्हें किसी बड़े अधिकारी से परामर्श लेने की आवश्यकता पड़ती है। क्या ऐसा नहीं है?

**एलन :** यह वार्त्तालाप रात में मेरे सपना देखने के लिए पर्याप्त नहीं है। नहीं। मेरे प्यार करने के लिए यह पर्याप्त नहीं है। शब्द पर्याप्त नहीं हैं। कोई प्राधिकार भी मेरे प्यार करने हेतु पर्याप्त नहीं है।

**प्रभुपाद :** तो तुम किसी प्राधिकार को स्वीकार नहीं करते?

**एलन :** (सुस्पष्ट रूप से) मेरे प्रेम करने के लिए अपर्याप्त।

**प्रभुपाद :** नहीं…प्रेम के अतिरिक्त परामर्श करो, परामर्श करो।

**एलन :** नहीं, ऐसा नहीं है कि मैं किसी प्राधिकारी को स्वीकार नहीं करता हूँ। बात सिर्फ इतनी सी है कि मैं उस प्राधिकारी को स्वीकार नहीं कर सकता हूँ, जो कहता है कि मैं वहाँ हूँ, जबकि मैं स्वयं को वहाँ महसूस नहीं करता हूँ।

**प्रभुपाद :** मान लो कि जब तुम किसी कानूनी संकट में होते हो तो तुम किसी वकील के पास जाते हो। फिर तुम यह क्यों कहते हो कि तुम समझ नहीं सकते? जब तुम बीमार होते हो तो किसी डॉक्टर के पास जाते हो। उस प्राधिकारी को तो तुम स्वीकार कर लेते हो!

**एलन :** अमेरिका में हमें प्राधिकारियों से बड़ी मात्रा में कठिनाई है। यहाँ यह एक विशेष समस्या है।[8]

**और अब अगला :**

**एलन :** जिस समय मैं संगीत लिखना सीख रहा था, उस समय मेरे गुरु एक कवि थे, जिनका नाम विलियम ब्लेक था। आप जानते हैं ब्लेक को?

**प्रभुपाद :** हाँ, मैं ब्लेक को जानता हूँ।

**एलन :** तो मैं संगीत लिख रहा था। उनमें और कबीर में बड़ी समानता है। मैं विलियम ब्लेक के लिखे गीतों के माध्यम से संगीत में ध्यान करना सीख रहा था, जिसे मैंने अपने संगीत में लिखा भी है। इसलिए वह संगीत हवाओं में गूँज रहा है।

**प्रभुपाद :** मैं तुम्हें ढेर सारे गीत दे सकता हूँ।

**एलन :** क्या आप ब्लेक के गीतों में से कोई गीत सुनना पसंद करेंगे?

**प्रभुपाद :** हाँ।

(एलन और पीटर सुर में सुर मिलाकर ब्लेक का 'तिरजा को' गीत गाते हैं। प्रभुपाद अपनी खुली आँखों व कानों से गीत को बड़े विनोद और आनंद से सुनते हैं।)

एलन एवं पीटर—

*जो कुछ भी इस नश्वर शरीर से जनमा है*
*उसे एक दिन यह पृथ्वी अवश्य निगल जाएगी*
*पीढ़ी मुक्त से ऊपर उठने हेतु*
*तो मुझे आपके साथ क्या करना है?*
*आप मेरे नश्वर अंग की माता हैं*
*बड़ी क्रूरता से मेरे हृदय को ढाला है,*

*और आप झूठे छलकारी आँसू बहा रही हैं*
*क्या मैं अपने नथनों, आँखों और कानों को बंद कर लूँ?*
*क्या मैं निर्जीव मृदा से अपनी जिह्वा बंद कर लूँ?*
*और मैं अपने नश्वर जीवन से विश्वासघात करूँ?*

*मसीह की मृत्यु ने मुझे मुक्त कर दिया—*
*फिर मुझे आपके साथ क्या करना है?*
*यह एक उन्नत—आध्यात्मिक शरीर है!*

**प्रभुपाद :** वह आध्यात्मिक शरीर को मानता था, यह अच्छी बात है। वह कृष्ण चेतना है।

**एलन :** वह पूर्णरूपेण पश्चिम की कथित रहस्यवादी परंपरा में उपयुक्त बैठता है, जो बौद्ध एवं हिंदू परंपराओं के भक्ति संबंधी विचारों से मेल खाता है। समान ब्रह्मांडिकी। वह मेरे गुरु थे।

**प्रभुपाद :** उसने इस भौतिक शरीर पर अधिक जोर नहीं दिया?

**एलन :** नहीं, अपने जीवन के अंत में तो कतई नहीं।[9]

यहाँ सचमुच हो क्या रहा है? श्रील प्रभुपाद एलन गिंसबर्ग के प्रश्नों, संदर्भों एवं ज्ञान को कृष्ण चेतना के बाह्य की अपेक्षा आंतरिक ढाँचे में व्यवस्थित कर रहे हैं! गिंसबर्ग उन चीजों के संदर्भ में उल्लेख करते हैं, जो उन्होंने भारत या उससे बाहर हिंदू आध्यात्मिकता के विषय में अनुभव की हैं; जबकि प्रभुपाद इन उदाहरणों को इस्कॉन (ISKCON) की निर्धारित रीतियों से पाटते हैं। यद्यपि प्रभुपाद विलियम ब्लेक की कविता की एक पंक्ति लेते हैं और उसे अपने वृंदावन के आदर्शों से जोड़ देते हैं।

गिंसबर्ग ने प्राधिकार की स्वीकार्यता के संबंध में जो बिंदु उठाया है, वह महत्त्वपूर्ण है। जबकि प्रति–संस्कृति आंदोलन का एक भाग होते हुए भी अनेक अमेरिकी नागरिक जीवन के अन्य वैकल्पिक उपायों की ओर देख रहे हैं और उन्होंने इस्कॉन (ISKCON) की प्रगति में सहायता भी की है। इसका एक अर्थ यह भी है कि प्रभुपाद के विस्तृत होते संगठन को अभी उन लोगों के मध्य अपनी विचारधारात्मक श्रेष्ठता स्थापित करनी है, जो सरकार की अवधारणा के विरुद्ध विद्रोह कर रहे हैं। यह विशेष रूप से कठिन रहा होता, क्योंकि कृष्ण चेतना आंदोलन का संपूर्ण विचार ही अमेरिका के लिए अपरिचित था। उसे भारत से ले जाकर संयुक्त राज्य अमेरिका में प्रयोग किया जा रहा था। उसके प्रारंभिक व्याकरण एवं मुहावरे विदेशी थे।

विलक्षण प्रभुपाद की सफलता इसमें निहित थी कि वह इस विदेशी संरचना का प्रयोग अपने अमेरिकी शिष्यों के मध्य धर्मपरायणता के प्रदर्शन के साथ करें, परंतु व्यावहारिकता की भाषा में करें; जैसा कि उन्होंने गिंसबर्ग को समझाया था कि यदि कोई व्यक्ति बीमार होने पर चिकित्सक के पास जा सकता है तो फिर आध्यात्मिक शांति प्राप्त करने में क्या समस्या हो सकती है ? किसी आध्यात्मिक गुरु से आंतरिक आवश्यकताओं की पूर्ति हेतु परामर्श लेने में क्या कठिनाई है ?

इस्कॉन (ISKCON) के उपासना के इस तर्क एवं रंग ने बड़ी संख्या में लोगों को अपनी ओर आकर्षित करना शुरू कर दिया। सन् 1969 में सैन फ्रांसिस्को में हुई रथयात्रा में भगवान् जगन्नाथ, बलभद्र एवं सुभद्रा के जुलूस में लगभग 5,000 लोगों ने पैदल यात्रा की थी।

वर्ष 1968 के अंत तक लंदन में भी कुछ गंभीर चिंतन हो रहा था। अनेक विफलताओं के बाद श्रील प्रभुपाद के अनेक शिष्यों में से एक ने वह कार्य कर दिखाया, जिसका प्रयास उनका समूह पिछले कुछ समय से करता आ रहा था—वह बीटल्स के एक सदस्य से मिलने में सफल हो गया था। संभवतः यह आश्चर्यजनक नहीं था कि प्रभुपाद के शिष्य बीटल्स से संपर्क करने का प्रयास कर रहे थे।

सद्यः स्थापित इस्कॉन (ISKCON) गिंसबर्ग के साथ अपने अनुभव के माध्यम से निस्संदेह प्रभाव डालनेवालों की शक्ति को समझ गया था। ब्रिटेन में उस समय शायद एक भी ऐसी उर्वर सांस्कृतिक शक्ति नहीं थी, जो सभी पुरुष सदस्यों वाले बैंड 'द बीटल्स' का सामना कर सके, जिसने अभी हाल ही में अपना निजी रिकॉर्ड लेबल 'एपल रिकॉर्ड्स' शुरू किया था।

श्रील प्रभुपाद भी 'द बीटल्स' के विषय में काफी सुन चुके थे। उन्होंने लंदन में अपने शिष्यों को स्पष्ट निर्देश दिया कि वे तत्काल जॉर्ज हैरिसन से मिलने का प्रयास करें। हैरिसन ने उस समय प्रभुपाद के उदीयमान समूह के कार्य को सन् 1967 में हेट-एशबरी, सैन फ्रांसिस्को में इस्कॉन (अंतरराष्ट्रीय कृष्ण भावनामृत संघ) के एक महत्त्वपूर्ण कार्य के रूप में देखा था और कृष्ण के पवित्र नाम के उच्चारण के माध्यम से शांति का अनुभव किया था। यह सैन फ्रांसिस्को में श्रील प्रभुपाद के समूह से मिलने से भी काफी पहले की घटना है।

सन् 1982 में इस्कॉन (ISKCON) के एक उपदेशक के साथ बातचीत में हैरिसन ने स्पष्ट किया कि वैष्णव धर्म के प्रति उनकी रुचि उनकी भारत यात्रा से जाग्रत् हुई थी।

**मुकुंद गोस्वामी :** कई बार आप अपने बारे में चर्चा करते हुए खुद को सादे कपड़ोंवाला भक्त कहते हैं, एक गुप्त योगी या 'गुप्त कृष्ण' कहते हैं और दुनिया भर में करोड़ों लोग आपके गीतों के माध्यम से कृष्ण के मंत्रोच्चार से परिचित हुए हैं; किंतु

आपका अपने बारे में क्या कहना है? आप पहली बार कृष्ण के संपर्क में कब आए?

**जॉर्ज हैरिसन :** अपनी भारत यात्राओं के माध्यम से। इसलिए सन् 1969 में जब 'हरे कृष्ण आंदोलन' पहली बार इंग्लैंड में आया, उससे पूर्व ही जॉन और मेरे हाथ प्रभुपाद का पहला अलबम 'कृष्ण कॉन्शसनेस' (साइड ए, साइड बी) लग चुका था। हमने उसे कई बार चलाया और वह हमें काफी पसंद आया। तभी मैंने पहली बार महामंत्र का गायन सुना था।[10]

इसका अर्थ यह हुआ कि प्रभुपाद लंदन के परिदृश्य और 'द बीटल्स' के विषय में पहले से ही कुछ-न-कुछ जानकारी रखते थे। इसकी जानकारी श्यामसुंदर नामक उनके एक भक्त द्वारा दी गई है, जिसने 'द बीटल्स' तक पहुँचने में सफलता प्राप्त की थी—'(वर्ष 1968 में) हमारे आध्यात्मिक गुरु ने हमें लंदन जाने का आदेश दिया…परिदृश्य, गतिविधि का केंद्र अब सैन फ्रांसिस्को से लंदन स्थानांतरित हो रहा था…वहाँ 'कार्नेबी स्ट्रीट फैशंस' एवं 'द बीटल्स' और 'द रोलिंग स्टोंस' थे…प्रभुपाद हमेशा लंदन में अपना कोई केंद्र खोलना चाहते थे, क्योंकि वह ब्रिटिश साम्राज्य में एक भारतीय थे। वह हमेशा लंदन को एक प्रभावशाली जादुई शहर मानते थे और चाहते थे कि वहाँ कृष्ण का मंदिर होना चाहिए। इसलिए हम भारत से लंदन चले गए![11]

अभिनय जगत् की लोकप्रियता, संगीत एवं पूर्वी धर्म के विषय में रुचि के सम्मिश्रण ने 'द बीटल्स' को उनके पास तक पहुँचने का एक स्वाभाविक प्रत्याशी बना दिया था; लेकिन हरे कृष्ण लिखित सेब की कचौड़ी, हरे कृष्ण लिखित चलनेवाला खिलौना और यहाँ तक कि इस्कॉन (ISKCON) के कीर्तन वाला एक रिकॉर्ड इत्यादि एपल रिकॉर्ड्स के कार्यालय में भेजने जैसे सभी प्रारंभिक प्रयास विफल हो गए थे।[12]

एक दिन किसी कार्यक्रम में श्यामसुंदर की भेंट अचानक जॉर्ज हैरिसन से हो गई। पता चला कि हैरिसन स्वयं भी इस्कॉन (ISKCON) के किसी व्यक्ति से मिलने के बारे में सोच रहे थे, क्योंकि उन्होंने इस्कॉन (ISKCON) का एक रिकॉर्ड खरीदा था, जिसमें वह बार-बार संगीत और इस्कॉन (ISKCON) का कीर्तन सुन रहे थे।

जिस समय इस्कॉन (ISKCON) के उपदेशक अपने समय के विश्वविख्यात संगीतकारों में से एक हैरिसन से मिले। उस समय 'द बीटल्स' अपने अस्तित्व के संकट से गुजर रहा था।

हैरिसन को लगता था कि उनके समूह के पास अभूतपूर्व सफलता और धन के बावजूद उनके अंदर कोई कमी रह गई थी। इस समस्या का उत्तर पाने के लिए समूह ने भारत की यात्रा की; परंतु वह प्रयोग रोचक होने के बावजूद कोई दीर्घकालिक समाधान नहीं उपलब्ध करा सका।

अतः जब जॉर्ज हैरिसन की मुलाकात श्यामसुंदर से हुई तो उनकी रुचि तत्काल कई गुना बढ़ गई और उन्होंने श्यामसुंदर की टोली को अपने घर आने का निमंत्रण दिया, जहाँ वह इस्कॉन (ISKCON) के लोगों से अपने बैंड के अन्य सदस्यों—जॉन लेनन, पॉल मैक्कार्टनी और रिंगो स्टार से उनका परिचय करा सकें।

उस बिंदु से चीजें बढ़ीं, तेजी से आगे बढ़ीं, जैसा कि प्रभुपाद द्वारा सन् 1968 में लंदन स्थित अपने शिष्यों को लिखे गए पत्र में दिखाई देता है—'तुम्हारे पत्र से पता चला कि जॉर्ज हैरिसन सचमुच हमारे आंदोलन के प्रति सहानुभूति रखते हैं और यदि कृष्ण उनसे सचमुच संतुष्ट हैं तो वह निश्चय ही दुनिया भर में हमारे संकीर्तन आंदोलन को आगे बढ़ाने के लिए हमारे साथ हाथ मिलाएँगे। किसी-न-किसी प्रकार से 'द बीटल्स' पड़ोसी यूरोपियाई देशों और अमेरिका में भी आकर्षण का बिंदु बन गया था। वह हमारी कीर्तन मंडली के प्रति आकर्षित हैं और यदि श्री जॉर्ज 'द बीटल्स' के साथ हमारे इस्कॉन (ISKCON) के लड़कों को मिलाकर कोई बड़ी संकीर्तन सभा आयोजित करते हैं तो हम निश्चय ही इस दुनिया की सूरत बदलने में सफल होंगे, जो राजनेताओं की चालबाजियों के कारण राजनीतिक रूप से प्रताड़ित की जा रही है। आमतौर पर, लोग ऐसे आंदोलन की आवश्यकता महसूस कर रहे हैं। यदि श्री जॉर्ज हैरिसन खुद को, अपने देश को और दुनिया भर के लोगों को लाभ पहुँचाने के इच्छुक हैं तो मेरे विचार से उन्हें अनिवार्यतः निस्संकोच होकर कृष्ण चेतना आंदोलन में शामिल हो जाना चाहिए। उनकी ओर से हमें पाँच मंजिला भवन देने का प्रस्ताव स्वागत योग्य है। वास्तव में, हमें भी लंदन में किसी सुंदर भवन की आवश्यकता है। विश्व के लोग इसे गंभीरतापूर्वक लेते हैं। भारत में ब्रिटिश शासनकाल के दौरान जिस भी किसी चीज पर 'लंदन में निर्मित' का लेबल लगा होता था, वह बहुत जल्द बिक जाती थी। इसलिए तुम लोग भी लंदन यात्रा को उसी प्रकार महत्त्वपूर्ण बनाओ, ताकि इंग्लैंड एवं अमेरिका के युवक व युवतियाँ संकीर्तन में शामिल हों और इससे दुनिया, यद्यपि रूस व चीन में भी क्रांति हो जाएगी। इस मामले में तुम्हारी ओर से दी गई कोई भी नई सूचना मुझे हर्षित करेगी।'[13]

'ब्रिटिश शासनकाल के दौरान…' के इस संदर्भ से कोई भी समझ सकता है कि श्यामसुंदर का यह आकलन कि उनके गुरु की लंदन में दिलचस्पी थी, पूर्णतया सही है।

जॉर्ज हैरिसन ने स्वयं स्वीकार किया था कि वह जब पहली बार इस्कॉन (ISKCON) के भक्तों से मिले थे, तभी से उन्हें आध्यात्मिक शांति मिलने लगी थी। उनका गीत 'आपके अंदर आपके बिना' को हैरिसन ने बैंड के सन् 1967 में आए अलबम 'सर्जेंट पेपर्स लोनली हर्ट्स क्लब बैंड' को इस भावना की पीड़ा के साथ समर्पित कर दिया था—

*हम लोग आपस में बैठकर अंतरिक्ष के विषय में बातें कर रहे थे*
*और जो लोग खुद को भ्रम की दीवार के पीछे छिपा लेते हैं*
*सत्य की झलक कभी नहीं पाते हैं*
*उसके बाद अत्यधिक विलंब हो जाता है*
*जब उनकी मृत्यु हो जाती है*
*हम उस प्रेम के विषय में बातें कर रहे थे, जिसे हम सब आपस में बाँट सकें।*
*जब वह हमें मिल गया तो हमने उसे वहाँ प्रेमपूर्वक रोकने का सर्वोत्तम प्रयास किया।*
*यदि उन्हें केवल इसकी जानकारी मिल जाए तो हम अपने प्रेम से इस विश्व की रक्षा कर सकते हैं*"[14]

लेकिन जिस समय श्यामसुंदर और उनके अन्य साथी पहली बार 'द बीटल्स' के लोगों के साथ मिले थे, उस समय उन्हें इतनी तीव्र प्रगति की आशा नहीं थी कि उन्हें कुछ ही महीनों के अंदर एक बड़ी इमारत मिल जाएगी या उसका प्रभाव शीघ्र ही हैरिसन के संगीत में दिखाई देगा!

वर्ष 1970 तक 'द बीटल्स' का बहुप्रतीक्षित विभाजन अंततोगत्वा हो ही गया, क्योंकि जॉर्ज हैरिसन एवं जॉन लेनन ने एक गायक व गीतकार के रूप में अपना नया पेशा शुरू करने के लिए उसे छोड़ दिया था। अपनी आध्यात्मिक भूख के संदर्भ में उन्होंने दो महत्त्वपूर्ण गीत लिखे—एक 'द बीटल्स' के साथ रहते हुए और दूसरा उससे अलग होने के बाद। उनमें से एक गीत का शीर्षक था—'आई मि माइन' (मैं, मैंने और मेरा) और दूसरे गीत का शीर्षक था 'ऑल थिंगस मस्ट पास' (हरेक चीज का अंत अवश्य है)। दोनों गीत विचार किए जाने की दृष्टि से महत्त्वपूर्ण हैं—

*मैं मैंने मेरा*
*सारा दिन यही चलता है*
*मैं मैंने मेरा, मैं मैंने मेरा, मैं मैंने मेरा।*
*पूरी रात यही चलता है*
*मैं मैंने मेरा, मैं मैंने मेरा, मैं मैंने मेरा।*
*अब वे लोग इसे छोड़ने से डरते हैं*
*हरेक उसे बुन रहा है*
*समय के साथ वह सर्वदा सुदृढ़ हो रहा है,*
*सारा दिन मैं मैंने मेरा*"[15]

और 'ऑल थिंग्स मस्ट पास'—

*सूर्योदय संपूर्ण सुबह नहीं रहता है*
*मेघ वर्षा सारा दिन नहीं होती है*
*लगता है, मेरा प्रेम समाप्त हो गया है*
*और उसने आपको कोई चेतावनी भी नहीं दी*
*लेकिन ऐसा हमेशा नहीं होता है*
*अभी धुँधलका है*
*हरेक चीज का अंत अवश्य है*
*सभी चीजें अनिवार्यतः गुजर जाएँगी*··[16]

ये गीत और इनका गीति काव्य यह समझने के लिए महत्त्वपूर्ण है कि इसके बाद क्या हुआ और इस्कॉन (ISKCON) के लड़कों से मात्र कुछ सप्ताहों तक मिलने के बाद जॉर्ज हैरिसन ने संभवतः श्रील प्रभुपाद के अनुयायियों से कहा था कि वह उनके लिए लंदन में एक इमारत खरीदने में सफल हो जाएँगे।

वह बड़ी फुरती से कुछ अच्छा करना चाहते थे। वह अपने एब्बे रोड स्थित स्टूडियों में इस्कॉन (ISKCON) का पहला अलबम रिकॉर्ड करना चाहते थे। वह चाहते थे कि रिकॉर्ड की एक साइड में इस्कॉन (ISKCON) के भक्त 'हरे कृष्ण' महामंत्र का गान करें और रिकॉर्ड की दूसरी साइड में श्रील प्रभुपाद एवं अन्य पवित्र हस्तियों द्वारा चैतन्य महाप्रभु का स्तुतिगान हो।

'राधा-कृष्ण टेंपल' नामक इस रिकॉर्ड को एपल रिकॉड्र्स की ओर से अगस्त 1969 में अमेरिका एवं ब्रिटेन में रिलीज किया गया। इसकी बिक्री इतनी तेजी से बढ़ी कि कुछ ही समय में वह ब्रिटेन में बारहवें पायदान पर पहुँच गया और पश्चिमी जर्मनी तथा चेकोस्लोवाकिया की बेस्टसेलर सूची में तहलका मचा दिया। ब्रिटेन में सर्वाधिक लोकप्रिय और दीर्घकाल से प्रदर्शित होते आ रहे संगीत कार्यक्रम 'टाप द पॉप्स' ने अपने कार्यक्रम में 'राधा-कृष्ण टेंपल' के कलाकारों को गाने हेतु आमंत्रित किया। यही वह अभूतपूर्व सफलता एवं धन था, जिसकी इस्कॉन (ISKCON) को इंग्लैंड में अत्यंत आवश्यकता थी और उसकी वर्षा लगातार हो रही थी। अपनी रिलीज के पहले ही दिन रिकॉर्ड की 70 हजार प्रतियाँ बिक गई थीं।

वर्ष 1970 की अवधि के दौरान जॉर्ज हैरिसन ने अपना तिहरा अलबम 'ऑल थिंग्स मस्ट पास' लिखा और जारी किया, जिसमें प्रस्तुत किए गए एकल गीत 'माय स्वीट लॉर्ड' (मेरे प्यारे प्रभु) को उन्होंने खुद गाया था। उनके उस अलबम को उनके अब तक के सर्वोत्तम कार्य के रूप में प्रशंसा प्राप्त हुई तथा एकल एवं युगल दोनों अलबम

बड़े पैमाने पर हिट हुए।

अपने स्वर-माधुर्य के कारण 'मेरे प्यारे प्रभु' के प्रभाव को अनदेखा कर पाना असंभव था। उसमें कृष्ण का नाम बार-बार गुंजारित होता था—

*...मेरे, मेरे, मेरे प्रभु (हरे कृष्ण)*
*मेरे प्यारे प्रभु (हरे कृष्ण)*
*मेरे प्यारे प्रभु (कृष्ण-कृष्ण)*
*मेरे प्रभु (हरे-हरे)*
*हम्म, हम्म (गुरुर्ब्रह्मा)*
*हम्म, हम्म (गुरुर्विष्णु)*
*हम्म, हम्म (गुरुर्देवो)*
*हम्म, हम्म (महेश्वरः)*
*मेरे प्यारे प्रभु (गुरुर्साक्षात्)*
*मेरे प्यारे प्रभु (परब्रह्म)*
*मेरे, मेरे, मेरे, मेरे प्रभु (तस्मै श्री)*
*मेरे, मेरे, मेरे, मेरे प्रभु (गुरुवे नमः)*
*मेरे प्यारे प्रभु (हरे राम)*
*मेरे प्यारे प्रभु (हरे कृष्ण)*
*मेरे प्यारे प्रभु (कृष्ण-कृष्ण)*
*मेरे प्रभु (हरे-हरे)।*[17]

श्रील प्रभुपाद का स्वप्न एक बड़ी सीमा तक पूरा हो चुका था। वह भक्तिविनोद ठाकुर, चैतन्य महाप्रभु और प्राचीन 'पद्मपुराण' में की गई उन सभी भविष्यवाणियों को पूरा करना चाहते थे, जिनमें संपूर्ण जगत् में कृष्ण के नाम का प्रसार करने का सुझाव दिया गया था और यहाँ उनके नाम का प्रसार अपने समय के सर्वाधिक लोकप्रिय गायक व गीतकार के द्वारा किया जा रहा था।

भक्तिविनोद ठाकुर ने लिखा था—'वर्तमान विश्व में अनेक धार्मिक समुदाय हैं और वे अपने शुद्धतम व परिपक्व रूप में ईश्वर का गुणानुवाद करनेवाले धर्म हैं। वर्तमान समय में विश्व में एक महान् आध्यात्मिक खोज जारी है और एक अप्रदूषित धर्म, जो सभी धर्मों का सार होगा, शीघ्र ही सामने आएगा। वह धर्म कौन सा है? साफतौर पर देखा जा सकता है कि पश्चिमी देशों और एशिया में ऐसे अनेक धर्म हैं, जो संघर्षों में लिप्त हैं। इसमें कोई संदेह नहीं है कि ऐसे धर्म अधिक समय तक नहीं टिक पाएँगे। इसलिए अनेक

स्थापित धर्म, जो पक्षपात को बढ़ावा देते हैं और विरोधी विचारधारावाले धर्म हैं, वे खंडित हो चुके हैं। जब ये सभी विरोधाभासी सिद्धांत समाप्त कर दिए जाएँगे, उसके बाद सभी धर्म एकजुट हो जाएँगे। आइए, हम उन विशेषताओं पर विचार करें, जो किसी अनश्वर धर्म में होनी चाहिए—(1) ईश्वर एक है और वह सर्व ज्ञानवान् है। वह सभी सीमाओं से परे है और समस्त उत्तम गुणों का भंडार है। (2) समस्त जीवधारी उसके सूक्ष्मतम अंश एवं उसकी चेतना के कोष हैं तथा सभी जीवधारियों की अनश्वर क्रिया सर्वोच्च प्रभु की सेवा करना है। (3) सर्वशक्तिमान ईश्वर के दिव्य गुणों का गायन करना और एक शुद्ध धर्म के रूप में सभी लोगों के बीच बंधुत्व की भावना स्थापित करना।

इसके बाद सभी धर्म कुछ विशिष्ट विरोधाभासों से मुक्त हो जाएँगे और कोई धर्मनिरपेक्ष या 'दलगत भावना' शेष नहीं रह जाएगी। इसके बाद सभी जातियाँ, सभी धर्म एवं सभी देशों के लोग संगठित हो जाएँगे और उनके बीच सर्वशक्तिमान ईश्वर की छत्रच्छाया में सहअस्तित्व एवं बंधुत्व की भावना उत्पन्न होगी। वे ईश्वर के पवित्र नाम-संकीर्तन की सभा में साथ मिलकर प्रभु के पवित्र नाम का उच्चारण करेंगे।

शीघ्र ही हरि नाम-संकीर्तन के अद्वितीय मार्ग का दुनिया भर में प्रचार होने लगेगा। इसके लक्षण हम पहले से ही देख रहे हैं। पहले ही अनेक ईसाइयों ने प्रभु नाम के दैवीय प्रेम-पीयूष का स्वाद चख लिया है और वे अपने हाथों में करताल व मृदंग लेकर नृत्य कर रहे हैं। शिक्षित ईसाई इन वाद्य यंत्रों की खरीद का आदेश दे रहे हैं और उन्हें जहाजों में भरकर इंग्लैंड ला रहे हैं। भगवान् कृष्ण के पवित्र नाम की अद्वितीय महत्ता और शुद्ध भक्तों की कृपा से हमारी चेतना परिष्कृत हो जाती है।...अरे, वह दिन कब आएगा, जब सौभाग्यशाली अंग्रेज, फ्रांसीसी, रूसी, जर्मन और अमेरिकी लोग झंडे, मृदंगें व करतालें उठाकर अपनी गलियों, मुहल्लों एवं घरों में कीर्तन करेंगे? वह दिन कब आएगा, जब गोरे लोग अपनी ओर से 'जय शचीनंदन,* शचीनंदन की जय' के मंत्र का उद्घोष करते हुए बंगाली श्रद्धालुओं के साथ शामिल हो जाएँगे...शीघ्र ही एक ऐसा व्यक्तित्व उभरेगा, जो संपूर्ण विश्व में हरि के पवित्र नाम का उपदेश देगा।[18]

इसमें कोई संदेह नहीं कि श्रील प्रभुपाद को ऐसी वाणियाँ एवं भविष्यवाणियाँ ज्ञात रही होंगी। निश्चय ही उनके कृत्य, उनके द्वारा अपने शिष्यों का लालन-पालन उनकी इस प्रकार की उद्घोषणाओं को पूरा करने की इच्छा-शक्ति का प्रदर्शन करेगा।

हैरिसन और एपल रिकॉर्ड्स की सहायता से इस्कॉन (ISKCON) के भक्तों ने लंदन में ब्रिटिश संग्रहालय के समीप 7, बरी प्लेस में उपयुक्त पाँच मंजिला भवन प्राप्त कर लिया। श्रील प्रभुपाद ने लंदन में अपने भक्तों से कहा था कि तुम लोग जैसे ही वहाँ

---

* श्री चैतन्य महाप्रभु का एक अन्य नाम, जो शची माता के पुत्र थे।

किसी भी आकृति एवं आकार के मंदिर का निर्माण कर लोगे, मैं तत्काल लंदन आ जाऊँगा। अब मंदिर निर्माण के सारे प्रबंध किए जा चुके थे; परंतु नागरिक स्वीकृतियाँ एवं नवीनीकरण का कार्य लंबित था। अतः इस बीच श्रील प्रभुपाद एवं उनके अनुयायी कहाँ जा सकते थे?

किसी 72 एकड़ की एस्टेट में क्यों नहीं?

जॉन लेनन के आमंत्रण पर, जिन्होंने अभी हाल ही में एस्कॉट के निकट टाइटनहर्स्ट पार्क में एक जॉर्जियन कंट्री हाउस खरीदा था, श्रील प्रभुपाद और उनके अनुयायी उसमें तब तक के लिए रहने चले गए थे, जब तक कि लंदन में उनका मंदिर-युक्त आवास तैयार नहीं हो जाता। श्रील प्रभुपाद जब लंदन पहुँचे तो उन्हें फौरन लेनन की लिमोसीन कार में बैठाकर टाइटनहर्स्ट एस्टेट ले जाया गया।

जब प्रभुपाद की मुलाकात हैरिसन, लेनन एवं लेनन के साझीदार योको ओनो से हुई तो प्रभुपाद ने उन्हें पश्चिम और विश्व के चारों ओर इस्कॉन के संवर्द्धन में अग्रणी भूमिका निभाने हेतु सहमत करने का प्रयास किया। ब्रिटिश अखबारों में भी उनके एवं इस्कॉन के संबंध में समाचार प्रकाशित होने प्रारंभ हो गए और वैसा ही अमेरिका में भी हो रहा था, क्योंकि उनके आंदोलन के रिकॉर्ड वहाँ बड़ी मात्रा में बिकने लगे थे और 'द बीटल्स' के साथ उनके सहयोग को और अच्छी तरह जाना जाने लगा था। 'द बीटल्स' तत्काल तो इस्कॉन का राजदूत नहीं बना, परंतु उसे हैरिसन और लेनन की ओर से किसी-न-किसी रूप में समर्थन मिलना जारी रहा।

लेकिन लंदन में वांछित मंदिर की प्राप्ति कठिन दिखाई देने लगी थी, क्योंकि वह उसके नागरिक कानूनों में स्वयमेव उलझ गया था और किसी कार्यालय स्थान को हिंदू मंदिर में परिवर्तित करने के विरुद्ध अनेक शिकायतें भी दर्ज करा दी गई थीं। मंदिर के अभाव में प्रभुपाद ने पूरे लंदन की यात्रा प्रारंभ कर दी और घूम-घूमकर व्याख्यान देने लगे। व्याख्यान देनेवाले स्थानों में 500 लोगों के बैठने की क्षमतावाले कॉनवे हॉल एवं ऑक्सफोर्ड हॉल भी शामिल थे।

इंग्लैंड एवं यूरोप में रिकॉर्ड की सफलता का परिणाम यह हुआ कि उन्हें फ्रांस एवं हॉलैंड सहित अनेक यूरोपियाई देशों में प्रवचन तथा कीर्तन गायन हेतु आमंत्रण आने प्रारंभ हो गए। प्रभुपाद ने उन सभी निमंत्रणों को स्वीकार कर लिया, चाहे उनके कार्यक्रम कुछ ही मिनटों तक सीमित थे। उनकी ओर से कृष्ण के संदेश के प्रसार का प्रत्येक अवसर स्वागत योग्य था, क्योंकि वह प्रत्येक नए नगर में प्रभु के नाम को प्रतिध्वनित करना चाहते थे।

यद्यपि श्रील प्रभुपाद एवं उनके शिष्य जॉन लेनन के एस्टेट में रह रहे थे, 'द

बीटल्स' से जो व्यक्ति उनके साथ सर्वाधिक जुड़ा हुआ था, वह था जॉर्ज हैरिसन, जो इस्कॉन (ISKCON) के साथ अपनी भूमिका को अपना 'कर्म' मानता था।[19]

जॉर्ज हैरिसन ने उनके साथ अपने सहयोग के संबंध में कहा कि "प्रभुपाद मुझे ठीक वैसे ही दिखाई देते थे, जैसा कि मैंने उनके बारे में सोचा था। उनसे मिलने के संबंध में मेरे मन में भय एवं आदर की मिश्रित भावना थी। यही कारण था कि उनसे मिलने के बाद मैं उन्हें और अधिक पसंद करने लगा था। मैंने महसूस किया कि वह किसी मित्र से बढ़कर थे। मैंने राहत महसूस की। पहली मुलाकात की अपेक्षा यह मुलाकात काफी अच्छी थी, क्योंकि उस समय मैं यह नहीं समझ पाया कि वास्तव में वह कह क्या रहे थे और मैं उस समय स्वयं को भी वहाँ होने लायक सांसारिक व्यक्ति नहीं समझता था। परंतु उनसे मिलने के बाद मैं संयत महसूस करने लगा और घुल-मिलकर बातें करने लगा, और वह भी मेरे प्रति अत्यंत शुभेच्छु थे। जैसे वह अन्य लोगों के साथ बातचीत करते थे, उससे भिन्न तरीके से उन्होंने मेरे साथ बात नहीं की। वह हर किसी से केवल कृष्ण के बारे में बात करते थे और यह मेरे लिए संयोगपूर्ण था कि उस समय वह वहाँ थे। आप उन्हें जब भी कभी देखेंगे, वह सदैव एक समान दिखाई देंगे। वह कभी दोमुँही बात नहीं करते थे। ऐसा भी नहीं था कि वह कभी आपसे 'हरे कृष्ण' के मंत्र का उच्चारण करने के लिए कहें और अगले दिन कह दें कि अरे, नहीं, मुझसे गलती हो गई!...वह हमेशा एक जैसे रहते थे।

"उन्हें देखना सदैव प्रसन्नता की बात थी। कई बार मैं उनसे यह सोचकर मिलने का विचार त्याग देता था कि मैंने उनसे मिलने की कोई योजना नहीं बनाई थी; परंतु फिर मैं सोचता कि मेरा जाना ही उत्तम है, क्योंकि मुझे जाना ही चाहिए। उनसे मिलने के बाद जब मैं वापस लौटता था तो अत्यंत सहज व प्रसन्नचित्त होता था और मैं समझने लगा था कि वह मुझमें व्यक्तिगत रुचि ले रहे थे। उनसे मिलना मेरे लिए हमेशा खुशी की बात होती थी। प्रभुपाद ने मुझे कृष्ण से संपर्क करने के बहुआयामी एवं विविध उपाय समझाने में मेरी सहायता की थी। उदाहरण के लिए, 'प्रसादम्' को ही ले लीजिए, चाहे वह कोई युक्ति ही क्यों न हो! वह कुछ इस भाँति कहते थे—किसी के हृदय में पहुँचने का मार्ग पेट से होकर जाता है। अच्छी बात है। यदि यह किसी व्यक्ति की भावना का मार्ग है तो यह आत्मा है, यह समर्थ है; क्योंकि वहाँ इससे अच्छा और क्या हो सकता है कि चाहे आप नृत्य कर रहे थे या गा रहे थे या कि सिर्फ खाली बैठकर बातें कर रहे थे और अचानक वे आपको खाने के लिए कुछ आहार दे देते थे! यह केवल एक आशीर्वाद के समान है और उसके बाद जब आप प्रभु को स्पर्श करना सीख जाते थे अथवा आपको उनका स्वाद लग जाता था तो उनके लिए यही संतोष की बात होती थी।

"कृष्ण सीमित नहीं हैं। प्रभुपाद ने वहाँ रहकर जो ज्ञान दिया, उससे मैं अभिभूत

था। ऐसा प्रतीत होता था, मानो मेरे अभिमानी मन में कृष्ण के अतिरिक्त कुछ था ही नहीं! आप सबको यह जानने की जरूरत है कि इस जगत् में जो कुछ भी है, उसमें कृष्ण हैं। अपने ब्रह्मांडीय स्वरूप में यह जगत् उनकी भौतिक ऊर्जा भी है। प्रभुपाद की अनेक पुस्तकों में उन्हें मनुष्य के साथ-साथ किसी कुत्ते और गाय के हृदय में चित्रित किया गया है। इससे आपको यह समझने में सहायता मिलती है कि कृष्ण प्रत्येक व्यक्ति के अंदर हैं।

"यद्यपि प्रभुपाद संभवत: किसी उच्चतर पक्ष की शिक्षा दे रहे थे, परंतु मेरी समझ में पूर्णतया जो कुछ आया, उसका सार यह था कि किस प्रकार कृष्ण हर स्थान और हर चीज में विद्यमान हैं। प्रभुपाद ने कृष्ण के विषय में अनेक पहलुओं के बारे में समझाया और ध्यान की एक विधि भी बताई, जिसमें आप कृष्ण को एक व्यक्ति के रूप में हर स्थान पर विद्यमान देख सकते हैं। मेरे कहने का आशय यह है कि इस संसार में ऐसी कोई चीज नहीं है, जिसमें कृष्ण न हों।"[20]

जबकि इस्कॉन (ISKCON) के साथ हैरिसन के संबंध बने हुए थे, जॉन लेनन और योको ओनो के साथ उनकी व्यस्तता समाप्त होने वाली थी। कृष्ण चेतना के प्रसार हेतु प्रभावशाली महाविभूतियों को लिप्त करने की महत्त्वपूर्ण चुनौती का अंतिम दौर अभी शेष था। योको ओनो ने कहा कि इस्कॉन (ISKCON) के दो भक्त उनकी प्रस्तुतियों वाले कार्यक्रम में अच्छे कपड़े पहनकर नहीं आए थे, लेनन और योको ओनो दोनों ने प्रभुपाद से अनुरोध किया कि वह अपनी आध्यात्मिक शक्तियों का प्रयोग करते हुए सुनिश्चित करें कि वे दोनों मृत्यु के बाद पुन: संयुक्त हो जाएँ। उनके इस अनुरोध को प्रभुपाद ने असंभव बताकर तत्काल निरस्त कर दिया। प्रभुपाद को जॉन लेनन और योको ओनो के बीच चारों ओर फैले प्रत्यक्ष शारीरिक संबंधों की जानकारी थी।[21]

जैसा कि हमने इस कथा में पहले भी इंगित किया है, प्रभुपाद सदैव इस बात को लेकर चिंतित रहते थे कि 'सामान्य सेक्स जीवन' को आध्यात्मिक खोजों में इस्कॉन (ISKCON) के किसी भी पहलू में हस्तक्षेप नहीं करना चाहिए। इससे बचने के लिए प्रभुपाद ने ब्रह्मचर्य के सामान्य सांन्यासिक नियमों का पालन करने की बजाय अपने अनुयायियों के बीच विवाह करने की अनुमति प्रदान की थी और जैसे-जैसे उनका आंदोलन पश्चिम में फैलता गया, वह अनंत दिव्य प्रेमियों के रूप में राधा-कृष्ण को चित्रित करने में सतर्कता बरतने लगे।

31 दिसंबर, 1968 को लॉस एंजेलेस से लिखे अपने एक पत्र में उन्होंने अपने एक शिष्य को परामर्श दिया था, "रायरामा (प्रभुपाद के एक शिष्य) द्वारा जो लेख प्रकाशित करने का सुझाव दिया गया था, उस संबंध में तुम्हारा यह दृष्टिकोण बिल्कुल सही था कि 'बैक टु गॉडहेड' पत्रिका में राधा-कृष्ण लीला की चर्चा नहीं की जानी चाहिए। 'श्रीमद्भागवत' में अनेक दार्शनिक चर्चाएँ की गई हैं और हमें अपना ध्यान केवल उन्हीं

दार्शनिक पहलुओं पर केंद्रित करना चाहिए। यदि ऐसा नहीं हुआ तो अल्प बुद्धिमान लोग निश्चय ही राधा-कृष्ण लीला को सामान्य निर्बुद्ध लड़के-लड़कियों के सेक्स जीवन के रूप में देखना प्रारंभ कर देंगे।...

"ऐसे गोपनीय विषयों को हमें 'बैक टु गॉडहेड' में प्रकाशित करने से बचना चाहिए। यह आश्रित आत्मा के लिए हानिकारक है। यद्यपि ऐसी कृष्ण लीला भविष्य में साधारण लोगों के लिए प्रारंभ में 'श्रीमद्भगवद्गीता' एवं 'श्रीमद्भागवत' के दार्शनिक पहलुओं को समझने के लिए लाभप्रद हो सकती है और इससे श्रेष्ठ आध्यात्मिक जीवन के निर्माण में सहायता मिल सकती है। मैं नहीं जानता कि रायरामा ने तुमसे ऐसा लेख भेजने के लिए क्यों कहा? इसे मैं अपनी स्वीकृति कदापि नहीं दूँगा। हमें साधारण सेक्स जीवन के प्रति सदैव अत्यंत सावधान होना चाहिए। यह प्रतिबंधित जीवन का केंद्रबिंदु है। तुम पर्याप्त बुद्धिमान हो और मुझे आशा है कि कृष्ण ऐसे मामलों में तुम्हारी सहायता करेंगे।"[22]

और इसके बाद, जब श्रील प्रभुपाद ने टाइटनहर्स्ट में जॉन लेनन एवं योको ओनो के रतिक्रिया वाले विशाल चित्र देखे तो वह पूर्णतया आश्वस्त हो गए कि अब इस एस्टेट को छोड़ने का सही समय आ चुका है। परंतु जॉर्ज हैरिसन के साथ उनके संबंध निरंतर बने रहे। यद्यपि हैरिसन ने प्रभुपाद की पुस्तक 'कृष्णा : द सुप्रीम पर्सनैलिटी ऑफ गॉडहेड' के प्रथम खंड के प्रकाशन की प्रारंभिक लागत का भुगतान किया था और उसकी भूमिका भी लिखी थी। हैरिसन ने 7, बरी प्लेस स्थित मंदिर की संगमरमर की वेदी बनाने के लिए भी धन का दान किया था।

भारतीय मूल के एक स्थानीय भक्त को जब वहाँ बननेवाले मंदिर की जानकारी मिली तो उसने मंदिर में स्थापित करने के लिए राधा व कृष्ण दोनों की तीन फीट ऊँची शुद्ध श्वेत संगमरमर की मूर्तियाँ दान की थीं। वे तब तक बने इस्कॉन (ISKCON) के किसी भी मंदिर में देवताओं की भव्यतम मूर्तियाँ थीं।

वर्ष 1969 के अंत तक लंदन के नवनिर्मित मंदिर में देवताओं की मूर्तियाँ स्थापित की जा चुकी थीं और अब 73 वर्ष के हो चुके श्रील प्रभुपाद ने समुद्री जहाज 'जलदूत' से अमेरिका में उतरने के बाद से विश्व भर में 21 मंदिरों के निर्माण में सफलता प्राप्त कर ली थी।

उन्हें जहाँ कहीं भी शिष्य मिले, उनको उन्होंने स्थानीय भाषा में कृष्ण के संदेश का प्रसार करने का सुझाव दिया। उदाहरण के लिए, उन्होंने सन् 1968 में जर्मनी स्थित अपने एक शिष्य को लिखा—'मैंने तुम्हारी कविताएँ देखी हैं। वे अत्यंत उत्कृष्ट हैं। कुछ और कविताएँ लिखने तथा उन्हें प्रकाशित करवाने का प्रयास करो। यदि तुम चाहो तो मैं तुम्हारे पास कविताएँ लिखने के लिए अनेक विषय भेज सकता हूँ, जिनका तुम जर्मन

भाषा में अनुवाद कर सकते हो। तुम 'बैक टु गॉडहेड' के जर्मन संस्करण में लेख लिखने का प्रयास करो, जिन्हें तुम हैम्बर्ग में मुद्रित कराने की व्यवस्था कर सकते हो; क्योंकि वे हमारे मॉण्ट्रियल केंद्र से पत्रिका का जर्मन संस्करण मुद्रित कर रहे हैं।

'तुम्हें किसी-न-किसी प्रकार से अपने हैम्बर्ग केंद्र के विकास हेतु अपना जीवन समर्पित करना चाहिए। यदि तुम चाहो तो अभी भी भविष्य में कभी विवाह कर सकते हो; परंतु फिलहाल जब तक तुम्हारे लिए संभव हो, तुम अपने वर्तमान ब्रह्मचारी जीवन को जारी रखो। इस ब्रह्मचारी जीवन को केवल कृष्ण चेतना में गहराई से डूबकर जारी रखा जा सकता है। अपने मन को विक्षुब्ध मत होने दो। मैंने शिवानंद के पास वहाँ ठहरने और तुम्हारे तथा कृष्ण दास के साथ तालमेल बैठाकर कार्य करने के लिए पत्र भेजा है। तुम सब साथ मिलकर हैम्बर्ग केंद्र के निर्माण में सफलता प्राप्त करने का प्रयास करो।'[23]

जिन स्थानों पर इस्कॉन (ISKCON) के नए केंद्र खोले गए थे, उनमें स्थानीय रीति-रिवाजों, संस्कृति एवं भाषा पर ध्यान केंद्रित करने के कारण प्रारंभिक वर्षों में तेजी से प्रगति हुई थी।

उदाहरण के लिए, इंग्लैंड में श्रील प्रभुपाद ने अन्य लोगों के अतिरिक्त कैंटरबरी के आर्कबिशप को यह स्पष्ट करने हेतु मुलाकात का समय माँगा था कि वस्तुत: इस्कॉन (अंतरराष्ट्रीय कृष्ण भावनामृत संघ) वहाँ क्या करने का प्रयास कर रहा था! वह सहज रूप से इस तथ्य को समझते थे कि नए भौगोलिक क्षेत्रों में कार्य करने का अर्थ है कि वहाँ न केवल स्वीकार्यता निर्मित की जाए, बल्कि उनके साथ गठबंधन भी किया जाए, ताकि इस्कॉन (ISKCON) का मार्ग सरल हो सके। इस मामले में प्रभुपाद को पहले से ही आभास था, जो इस घटना से स्पष्ट हो गया था कि उनके आंदोलन को लंदन के 7, बरी प्लेस वाले कार्यालय भवन को मंदिर का रूप देने में कितनी कठिनाइयों का सामना करना पड़ा था। ऐसी चीज दोबारा भी हो सकती थी। उन्होंने अपने अनेक अनुभवों के माध्यम से यह भी पहचान लिया था कि उनके आंदोलन को तेजी से आगे बढ़ाने में स्थानीय धर्मों की ओर से कुछ रुकावटें डाली जा सकती हैं। उदाहरण के लिए, सिएटल में उन्हें दो स्थानीय ईसाई मंत्रियों द्वारा चुनौती दी गई थी, जो पत्रकारों के वेश में उनसे मिलने आए थे।

जब दो लोग प्रभुपाद के घर आए और उन्होंने खुद को संवाददाताओं के रूप में प्रस्तुत किया तो प्रभुपाद के सचिव ने उन्हें यह सोचकर उनसे मिलने की अनुमति दे दी कि संभवत: वे दोनों उनका साक्षात्कार लेना चाहते थे; लेकिन उनका साक्षात्कार पूछताछ में परिवर्तित हो गया। उन्होंने प्रभुपाद को चुनौती देते हुए कहा कि आप लोगों को यह शिक्षा क्यों नहीं दे रहे हैं कि ईसा मसीह ईश्वर तक पहुँचने का एकमात्र मार्ग थे? वे इस बात से रुष्ट थे कि प्रभुपाद विश्वविद्यालयों के परिसरों में प्रवचन कर रहे थे। जब प्रभुपाद ने उन्हें बताया कि वह ईसा मसीह को ईश्वर के पुत्र के रूप में स्वीकार करते

थे, तो उन्होंने प्रश्न किया, "लेकिन क्या आप यह मानते हैं या नहीं कि ईसा मसीह ही एकमात्र मार्ग हैं?"

प्रभुपाद ने उत्तर के रूप में उनसे प्रतिप्रश्न किया, "क्या आप ईश्वर को सीमित मानते हैं या असीम?"

"असीम।" उन्होंने स्वीकार किया।

"फिर आप लोग ईश्वर को सीमित क्यों कर रहे हैं?" प्रभुपाद ने कहा।

"आप लोग यह क्यों कह रहे हैं कि ईश्वर के पास पहुँचने का केवल एक ही मार्ग है? यद्यपि किसी साधारण मनुष्य के भी बीस पुत्र हो सकते हैं। क्या आपके कहने का यह आशय है कि ईश्वर का केवल एक ही पुत्र हो सकता है? आप उन्हें (ईश्वर को) सीमित क्यों कर रहे हैं?"

कुछ ही मिनटों के अंदर दोनों लोग प्रभुपाद के साथ ऊँची आवाज में बात करने लगे। इससे यह बात स्पष्ट हो गई कि वे दोनों पत्रकार कदापि नहीं थे और उन लोगों ने स्वयं प्रभुपाद को बताया कि वास्तव में वे स्थानीय मंत्री थे। जब वे दोनों ईश-निंदक बन गए तो भक्तों ने उन्हें घर से बाहर निकल जाने के लिए कहा। प्रभुपाद ने न्यूयॉर्क से अपने एक शिष्य को लिखे पत्र में कहा—'ईसाई और यहूदी चर्चों का पादरी वर्ग हमारे आंदोलन के प्रति ईर्ष्यालु बन रहा है, क्योंकि वे लोग अपनी ही धार्मिकता की प्रणाली से भयभीत हैं; क्योंकि वे अनेक युवकों व युवतियों को कृष्ण चेतना की इस प्रणाली में रुचि लेते हुए देख रहे हैं। स्वाभाविक है कि वे इससे संतुष्ट नहीं हैं। इसलिए, हम उनकी ओर से भविष्य में अनेक कठिनाइयों का सामना कर सकते हैं। यह पादरी वर्ग सचमुच अभी तक कोई उत्तम कार्य नहीं कर सका है; परंतु उनके चिंतन की सैद्धांतिक एवं पुरातनपंथी सोच जारी है। बहरहाल, जैसा भी हो, हमें सदैव अपने कृष्ण पर आश्रित होना होगा।[24]'

उन्हें इस प्रकार के अनुभव उसी समय से होने लगे थे, जब वह अमेरिका पहुँचे थे। सन् 1969 में कैंटरबरी के आर्कबिशप को लिखे उनके पत्र में इसकी अनुगूँज सुनाई देती है—

'हे पवित्र हृदय मान्यवर,

कृपया आप मेरा सादर एवं विनम्र दंडवत् प्रणाम स्वीकार करें। मैं धार्मिक जीवन के वैदिक सिद्धांतों का पालन करनेवाले एक भारतीय संन्यासी के रूप में आपको अपना परिचय देना चाहता हूँ। वर्तमान में, मैं संन्यास की परित्यक्त अवस्था (आयु 73 वर्ष) में हूँ और संपूर्ण विश्व में कृष्ण भावनामृत का प्रचार कर रहा हूँ। मैं सन् 1965 में अमेरिका आया था और तब से मेरे अनेक अनुयायी बन चुके हैं, जो ईसाई व यहूदी धर्मों का पालन करते थे। अब तक मैंने पूरे अमेरिका, कनाडा, जर्मनी और लंदन तथा फ्रांस में कृष्ण भावनामृत के प्रसार हेतु 17 केंद्रों की स्थापना की है।

मेरा मिशन भगवान् चैतन्य महाप्रभु की परंपरा में है, जिनका अवतरण 482 वर्षों पूर्व भारत में हुआ था और जिन्होंने सारे देश में ईश्वर की चेतना का प्रसार किया था। उनका लक्ष्य संपूर्ण विश्व में 'श्रीमद्भागवत' (ईश्वर का विज्ञान) के आधार पर ईश्वरीय चेतना का पुनरुत्थान करना था। 'श्रीमद्भागवत' का आधारभूत सिद्धांत यह है कि वह कोई भी धार्मिक निष्ठा, जो मनुष्य के मन में बिना किसी अन्य उद्देश्य के ईश्वर के प्रेम का विकास करने में सहायक हो, वही अतिश्रेष्ठ धर्म है। इस युग में इसकी सरलतम प्रक्रिया ईश्वर के पवित्र नामों का उच्चारण करना है। 'श्रीमद्भागवत' में वर्णित इस परिभाषा के आधार पर हम पाते हैं कि किसी धर्म की तर्कसंगत परीक्षा इस रूप में होनी चाहिए कि वह ईश्वर के प्रति अपने प्रसुप्त प्रेम का विकास किस प्रकार करता है? यह प्रेम कृत्रिमतापूर्वक लागू नहीं किया जाता है, बल्कि यह ईश्वर के भक्तों के समागम और अधिकृत धर्म ग्रंथों के श्रवण से उत्पन्न होता है।

जीवन का यह मानव स्वरूप विशेषतया हमारे ईश्वर की चेतना को पुनरुज्जीवित करने से संबंधित है; क्योंकि चेतना का सर्वोत्तम विकास केवल मानव शरीर में पाया जाता है। पाशविक प्रवृत्तियाँ पशु जीवन एवं मानव जीवन दोनों में पाई जाती हैं और आजकल लोग दुर्भाग्यवश इंद्रिय-सुख अथवा जीवन के पाशविक सिद्धांतों के प्रति अधिक चिंतित दिखाई देते हैं। इस प्रकार, विश्व धीरे-धीरे ईश्वर की चेतना से विमुख हो रहा है। यह प्रवृत्ति अत्यंत क्षयकारी है और चूँकि आप श्रीमान एक विशालतम धार्मिक संप्रदाय के प्रमुख हैं, इसलिए मुझे आपसे मिलने में अत्यंत प्रसन्नता होगी और संभव है कि हम दोनों मिलकर इस ईश्वर-विहीन स्थिति के उन्मूलन हेतु कोई कार्यक्रम बना सकें।

मानव समाज को वर्तमान में घटती सत्यवादिता, स्वच्छता संबंधी नियमों, क्षमाशीलता, दयालुता से रहित मार्ग पर चलते रहने की अनुमति कदापि नहीं दी जानी चाहिए। इन सिद्धांतों के उचित दिशा-निर्देश के अभाव में मानव समाज धीरे-धीरे उदारता एवं न्याय के मामले में पतित होता जा रहा है। वर्तमान में 'जिसकी लाठी उसकी भैंस' का नियम क्रमशः नैतिकता एवं न्याय का स्थान लेता जा रहा है। यहाँ व्यावहारिक रूप से कोई पारिवारिक जीवन शेष नहीं रह गया है और स्त्री व पुरुष के मध्य का संबंध केवल रतिक्रिया के आनंद तक सीमित रह गया है। हमारे कृष्ण चेतना आंदोलन का उपक्रम इस संपूर्ण स्थिति में आमूल-चूल परिवर्तन लाना है। हम चरित्रवान् लोगों का निर्माण कर रहे हैं और अपने शिष्यों को ईश्वर-प्रेमी अथवा कृष्ण-प्रेमी बनने का प्रशिक्षण दे रहे हैं। हम प्रारंभ से ही उन्हें पतन के चार सिद्धांतों के पालन से दूर रहने के लिए प्रशिक्षित कर रहे हैं—1. विवाहेतर शारीरिक संबंध, 2. नशाखोरी, 3. मांस-भक्षण, 4. जुआं खेलना एवं निठल्लापन। हमारी शिक्षाएँ प्रारंभिक स्तर पर भगवान्

> चैतन्य महाप्रभु के अधिकृत आंदोलन, 'श्रीमद्भगवद्गीता' पर और स्नातक स्तर पर 'श्रीमद्भागवत' आधारित हैं।
>
> मैं इस संबंध में और अधिक विलंब करने का इच्छुक नहीं हूँ; परंतु यदि आप मानते हों कि हमारी मुलाकात समग्र मानव समाज के कल्याण हेतु लाभप्रद होगी तो यदि आप महामहिम मुझे मिलने की अनुमति प्रदान करेंगे तो मुझे अत्यंत प्रसन्नता होगी। शीघ्र उत्तर की प्रत्याशा के साथ आपको कोटिशः धन्यवाद।[25]

इस पत्र में 'ईश्वर के प्रसुप्त प्रेम' को जाग्रत् करने हेतु जिस संयुक्त गतिविधि का विषय उठाया गया है, वह प्रभुपाद के उस तरीके की ओर संकेत करता है, जिसके अंतर्गत वह विभिन्न देशों में वहाँ के स्थानीय संगठनों के साथ गठबंधन बनाने के बारे में विचार कर रहे थे, ताकि वहाँ इस्कॉन (ISKCON) का निर्बाध प्रसार सुनिश्चित किया जा सके।

'द बीटल्स' की ओर से इस प्रकार की पहुँच और सहयोग तथा हिट रिकॉर्ड के कारण प्रेस की ओर से उनके आंदोलन को मिलनेवाले सक्रिय समर्थन ने उन्हें 7, बरी प्लेस में राधा-कृष्ण मंदिर खोलने की प्रेरणा दी। इस्कॉन (ISKCON) के पास आज दुनिया का विशालतम आश्रम है; लेकिन जॉर्ज हैरिसन के सहयोग की कहानी अभी समाप्त नहीं हुई है।

सन् 1972 में इस्कॉन (ISKCON) के एक उपदेशक धनंजय दास ने इंग्लैंड के हर्टफोर्डशायर के ग्रामीण क्षेत्र में 17 एकड़ वाली एक पायकॉट जागीर खोजी थी और आंदोलन के प्रसिद्ध अंग्रेज मित्र जॉर्ज हैरिसन को उसे इस्कॉन (ISKCON) के नए घर के लिए खरीदने हेतु राजी कर लिया था। आंदोलन की बढ़ती लोकप्रियता ने पायकॉट जागीर मिल जाने के बाद 7, बरी प्लेस स्थित मंदिर की ख्याति को धूमिल कर दिया था और उस जागीर का नाम बदलकर अब 'भक्तिवेदांत जागीर' कर दिया गया था और उसकी विस्तार करने की क्षमता बढ़ गई थी। अब यह विस्तारित होकर 77 एकड़ हो गई है। इस्कॉन (ISKCON) की ओर से वहाँ विशाल जनसभाएँ आयोजित किए जाने के कारण होनेवाली भीड़ से अनेक समस्याएँ खड़ी हो गईं और उस क्षेत्र की सड़कें एवं गाँव अत्यधिक भीड़ से भर गए तथा लोगों के बीच शीघ्र ही झगड़े होने शुरू हो गए। 1980 के दशक के मध्य तक ऐसा प्रतीत होने लगा, मानो जागीर वाले नए आश्रम को बंद करना पड़ेगा।

लेकिन ब्रिटिश सांसदों की ओर से एक अंतरराष्ट्रीय वैश्विक अभियान का व्यापक समर्थन किए जाने के कारण वहाँ की सरकार ने एक भिन्न विकल्प खोज निकाला—सरकार ने आश्रम तथा गाँव के बाहरी किनारे से एक नए बाईपास मार्ग का निर्माण करवा दिया। इस समाधान ने कई वर्षों तक भक्तिवेदांत जागीर को अपने बड़े समारोहों

में 60,000 से अधिक लोगों को आमंत्रित करने की सुविधा प्रदान की। इन समारोहों में भगवान् कृष्ण के जन्मदिन की प्रतीक जन्माष्टमी का उत्सव भी शामिल था। जागीर अब नियमित रूप से ब्रिटिश प्रधानमंत्रियों की मेजबानी करती है।[26]

वर्ष 2001 में जब जॉर्ज हैरिसन लॉस एंजेलेस में बेवर्ले हिल्स पर स्थित पॉल मैक्कार्टनी एक घर में मृत्यु-शैया पर पड़े थे, उस समय वहाँ उनके परिवार के अतिरिक्त इस्कॉन (ISKCON) के दो उपदेशक श्यामसुंदर दास एवं मुकुंद गोस्वामी उनकी शैया की बगल में खड़े होकर 'श्रीमद्‍भगवद्‍गीता' के श्लोकों का उच्चारण कर रहे थे। उनके परिवार की ओर से उनकी मृत्यु के बाद उनके अंतिम संदेश की घोषणा की गई— 'प्रत्येक चीज प्रतीक्षा कर सकती है, परंतु ईश्वर की खोज कभी प्रतीक्षा नहीं कर सकती है। सब लोग एक-दूसरे से प्रेम करो।'[27]

□

# 15

# आग पकड़ती हुई सूखी घास

वर्ष 1970 तक श्रील प्रभुपाद ने पश्चिमी जगत् के न्यूयॉर्क, सैन फ्रांसिस्को एवं लॉस एंजेलेस तथा लंदन सहित इस्कॉन (ISKCON) के सर्वाधिक महत्त्वपूर्ण केंद्रों की स्थापना कर दी थी।

वर्ष 1970 की ग्रीष्म ऋतु आते-आते हैम्बर्ग, सिडनी एवं टोरंटो सहित 26 मंदिर बनाए जा चुके थे। मात्र पाँच वर्षों की छोटी अवधि में उन्होंने जो ऊँचाई एवं उपलब्धि प्राप्त की थी, वह उनके लिए उस समय अकल्पनीय रही होगी, जब उन्होंने बंबई से प्रस्थान किया था। लेकिन अब वह लॉस एंजेलेस में एक ऐसे स्थिर मॉडल का निर्माण कर रहे थे, जिसे मानकीकृत किया जा सकता था और उसी की प्रतिकृति इस्कॉन (ISKCON) के प्रत्येक केंद्र में बनाई जानी थी।

उनके संगठन के साथ भी वही हुआ था, जो आमतौर पर उन संगठनों के साथ होता है, जो भौगोलिक परिधियों से परे बड़ी तेजी से उभरते हैं। इस्कॉन (ISKCON) की ओर से प्रत्येक मंदिर का संचालन किस प्रकार किया जाएगा, इसका निर्णय केवल श्रील प्रभुपाद द्वारा किया जाना था, जो एक ही समय में इतनी सारी चीजों पर अपना ध्यान केंद्रित नहीं कर सकते थे। शायद इससे भी महत्त्वपूर्ण बात यह थी कि उनके अनेक शिष्य, जो विभिन्न मंदिरों में निर्णायक पदों पर विराजमान थे, उनमें से कुछ लोग आंदोलन में निकट अतीत में ही नवदीक्षित हुए थे। यद्यपि कृष्ण चेतना के संबंध में उनके अपने ज्ञान को अकसर सुदृढ़ करने की आवश्यकता होती थी।

उनके शिष्यों द्वारा अकसर यह प्रश्न किया जाता था कि आध्यात्मिक गुरु बनाने का वास्तव में क्या अर्थ था और यह भी कि क्या उन्हें एक ही गुरु बनाना होगा? जिस परंपरा का श्रील प्रभुपाद अनुसरण कर रहे थे, वह शताब्दियों से चली आ रही थी; लेकिन फिर भी भारत में भी वह परंपरा समस्याओं से परिपूर्ण थी। इसलिए पश्चिम में भी शायद समस्याओं का सतह पर आना अपरिहार्य था। यद्यपि कुछ समस्याएँ उनके पश्चिमी भक्तों की नासमझी के कारण उत्पन्न हुई थीं, जो भारत में वैष्णवों के साथ संवाद करते थे।

श्रील प्रभुपाद को पश्चिम में अपनी परियोजनाओं के लिए भारत से कोई आर्थिक सहायता कभी नहीं मिली थी और अब गुरु की भूमिका के बारे में विचारधारात्मक संदेह उत्पन्न किया जा रहा था, जो इस्कॉन (ISKCON) में पूर्णतया प्रभुपाद के लिए आरक्षित थी और यह संबंध गुरु एवं ईश्वर के मध्य था।

लेकिन नियम भंग करने और संस्कारों की उपेक्षा किए जाने से एक बड़ी समस्या उत्पन्न हो गई, जिसे श्रील प्रभुपाद 'एक आग'[1] की संज्ञा देते थे। उनके मन में निरंतर यह भावना बलवती होती जा रही थी कि अनेक इस्कॉन (ISKCON) केंद्र एवं उनके प्रभारी उन्हें पीछे धकेलकर आंदोलन का प्रभार अपने हाथों में लेने का प्रयास कर रहे थे। उनके मन में इस भावना के उत्पन्न होने का कारण लॉस एंजेलेस में होनेवाली रथयात्रा के चौथे वर्ष में हुई एक घटना थी, जिसमें उनके अपने ही शिष्यों ने उन्हें देवताओं की मूर्तियोंवाली बैलगाड़ी में सवार होने से रोक दिया था, जिसका एक आशय यह था कि उनके शिष्य उन्हें रथयात्रा का नेतृत्व नहीं करने देना चाहते थे। उन्हें नेतृत्व करने से रोकने का तथाकथित कारण उन्हें अनियंत्रित भीड़ से बचाना बताया गया था; लेकिन प्रभुपाद ने जब अपने स्थान पर अन्य शिष्यों को बैठे देखा तो उन्होंने समझ लिया कि यह एक सुविचारित योजना थी। उन्हें बदला जा रहा था। उनका स्थान अन्य लोग लेना चाहते थे।[2]

वह समस्या अनेक केंद्रों में सतह पर उभर रही थी, जो उनके उस पत्र से स्पष्ट हो रही थी, जो उन्होंने 23 जनवरी, 1969 को सैन फ्रांसिस्को स्थित अपने शिष्य को लिखा था। उन्होंने पत्र में लिखा—'मैं तुम्हारे पत्र के माध्यम से समझ सकता हूँ कि मंदिर में अनेक असहमतियाँ एवं गलतफहमियाँ थीं; परंतु मैं सोचता हूँ कि तुम्हें इस प्रकार की सभी बाधाओं को अनिवार्यतः संपूर्ण स्थिति पर विचार करने के बाद शांतिपूर्ण ढंग से हल करना चाहिए। चिदानंद* (एक अन्य शिष्य) वहाँ अध्यक्ष हैं और मेरे विचार से तुम्हें यह बात भलीभाँति समझ लेनी चाहिए कि मंदिर को सुचारु रूप से चलाने के लिए बिना किसी अनावश्यक तनाव के सभी को उनके साथ सहयोग अवश्य करना चाहिए।

'खैर, यदि तुम्हें सैन फ्रांसिस्को में रहने में बहुत अधिक असुविधा महसूस हो रही हो तो लॉस एंजेलेस आने के लिए तुम्हारा स्वागत है। तुम यहाँ आकर मेरे साथ रहो, लेकिन यदि तुम वहाँ कठिनाइयों को कम करने में सहायता कर सको; वही सबसे अच्छी चीज होगी।[3]

अपनी ओर से श्रील प्रभुपाद ने संचालनात्मक कार्यों को अपने शिष्यों पर छोड़ने को प्राथमिकता दी थी और उनसे कह दिया था कि वे अपनी सुविधानुसार मंदिरों के जाल को विस्तारित करने का निर्णय लें; जबकि वह स्वयं अपनी महत्त्वपूर्ण लेखन एवं प्रकाशन परियोजनाओं पर अपना ध्यान केंद्रित करेंगे। लेकिन ऐसा होने वाला नहीं था।

---

* एक अन्य शिष्य।

इसलिए इस्कॉन (ISKCON) के संस्थापक नेता और अपने समस्त शिष्यों के गुरु श्रील प्रभुपाद ने अगला उत्तम कार्य यह किया कि उन्होंने इस्कॉन (ISKCON) आंदोलन के वैश्विक केंद्रों की स्थापना करनी प्रारंभ कर दी। विश्व भर में अपने 34 प्रखंडों या केंद्रों के साथ इस्कॉन (ISKCON) को एक संचालन समिति कमीशन (गवर्निंग बॉडी कमीशन—जी.बी.सी.) प्रदान किया गया, जिसमें श्रील प्रभुपाद के 12 चुने हुए शिष्य* थे। उन्होंने घोषणा की कि जब तक वह जीवित थे (उस समय उनकी आयु 75 वर्ष थी), ये सभी 12 लोग उनके प्रत्यक्ष प्रतिनिधि होंगे और उनकी मृत्यु के बाद ये लोग संचालन समिति बन जाएँगे, जो सारी दुनिया में इस्कॉन (ISKCON) को संचालित करेगी।

श्रील प्रभुपाद की सबसे बड़ी चिंताओं में एक चिंता यह थी कि उनके अपने ही शिष्य अलग-अलग केंद्रों में अपने अलग-अलग संस्कार एवं रीति-रिवाज अपनाते हुए दिखाई रहे थे। अतः यह समिति सुनिश्चित करेगी कि आधारभूत रीतियाँ—प्रतिदिन 16 बार मंत्रोच्चार एवं कीर्तन, स्वच्छता एवं सफाई, प्रातः 4.30 बजे मंगल आरती का आयोजन एवं सहभागिता, 'श्रीमद्भागवत' की कक्षाओं में शामिल होना, संस्कृत श्लोकों का वाचन और इस्कॉन (ISKCON) साहित्य का वितरण करना अनिवार्य होगा। आंदोलन के मौलिक सिद्धांतों के एक अंग के रूप में इन नियमों को नियमित करना और उन्हें सब जगह समान रूप से लागू करना होगा।

उन्होंने भक्तिवेदांत पुस्तक न्यास (बी.बी.टी.) के अधीन होनेवाली समस्त प्रकाशन गतिविधियों की देखभाल हेतु तीन सदस्यीय एक समिति† की भी घोषणा की। इन सबके साथ उन्होंने एक ऐसी घोषणा भी की, जो अप्रत्याशित थी।

उन्होंने अपने अनुयायियों से कहा कि वह भारत लौट जाएँगे और वहाँ तीन बड़े मंदिरों का निर्माण करेंगे—एक मंदिर चैतन्य महाप्रभु के जन्म-स्थान मायापुर में, एक मंदिर वृंदावन में और एक मंदिर का निर्माण जगन्नाथपुरी अथवा बोलचाल की भाषा में पुरी में बनाया जाएगा।

यह एक चौंकानेवाला मामला था। जैसा कि हम इस कहानी में पहले भी देख चुके हैं कि श्रील प्रभुपाद ने इस बात के संकेत दिए थे कि उनका असली घर एवं आंदोलन भारत में नहीं, बल्कि पश्चिम में था। अंततोगत्वा, क्या यह सत्य नहीं है कि उन्होंने कृष्ण

---

* रूपानुगा दास अधिकारी, भगवान दास अधिकारी, श्यामसुंदर दास अधिकारी, सत्स्वरूप दास अधिकारी, कर्णधार दास अधिकारी, हंसदत्त दास अधिकारी, तमाल कृष्णदास अधिकारी, सुदामा दास अधिकारी, बालि मर्दन दास ब्रह्मचारी, जगदीश दास अधिकारी, हयग्रीव दास अधिकारी एवं कन्हैया दास अधिकारी।

† रूपानुगा, कर्णधार और भगवान।

के संदेश के प्रसार हेतु कई वर्षों तक अथक संघर्ष किया था, परंतु उन्हें कोई भी सफलता प्राप्त नहीं हुई थी?

लेकिन समय बदल चुका था। उन्होंने महसूस किया कि उनके आंदोलन की जड़ें मजबूत करने के लिए यह आवश्यक है कि उसे उचित रूप में वैष्णव धर्म के हृदय-स्थल वृंदावन में स्थापित किया जाए। कृष्ण एवं चैतन्य की भूमि पर उनका एक घर अवश्य होना चाहिए। आंदोलन को विखंडित होने से बचाने के लिए यह एक उपाय हो सकता था और जो चीज उन्हें सर्वाधिक अप्रिय थी, वह यह थी कि उनकी भाषा में कहें तो वह अपने आंदोलन की रीतियों एवं परंपराओं में कोई अनियमितता नहीं होने देना चाहते थे। स्थानीयकरण एक चीज थी, परंतु रीतियों एवं रिवाजों में कोई भी विकृति उन्हें कदापि स्वीकार्य नहीं थी।

यदि कोई व्यक्ति उनके उस अवधि के पत्रों को पढ़ेगा तो पाएगा कि उनमें लगातार संन्यास और अपनी महत्त्वाकांक्षा के परित्याग पर बल दिया गया था। उन्होंने जब अपने आंदोलन को पश्चिम में शुरू किया था तो उस समय संन्यास के बिंदु पर कुछ समझौता कर लिया था; क्योंकि उन्होंने देखा था कि उनके कुछ शिष्य तो भारतीय संन्यासी के जीवन का अनुसरण कर सकते थे, लेकिन उसके कारण उन्हें कुछ लोगों में दंभ के अंकुर फूटते दिखाई दिए थे और उनकी व्यक्तिगत महत्त्वाकांक्षा आंदोलन के लिए संकट बन गई थी।

इसलिए श्रील प्रभुपाद मूल स्थान पर वापस जा रहे थे, अर्थात् कृष्ण चेतना के मूल स्रोत भारत जा रहे थे।

उन्होंने अपने अभिप्रेरण को स्पष्ट करने हेतु साफतौर पर दो पत्र लिखे थे। पहला पत्र उन्होंने बोस्टन स्थित अपने दो शिष्यों को लिखा था—

''तुम सब मेरी संतान हो और मैं अपने उन अमेरिकी लड़कों व लड़कियों से प्रेम करता हूँ, जो मेरे आध्यात्मिक गुरु द्वारा मेरे पास भेजे गए हैं और मैंने उन्हें अपने शिष्यों के रूप में स्वीकार कर लिया है। आपके देश में आने से पूर्व मैंने सन् 1959 में संन्यास ले लिया था। मैं सन् 1944 से बी.टी.जी. (बैक टु गॉडहेड) का प्रकाशन कर रहा था। संन्यास लेने के बाद से मैं अधिकतर समय अपनी पुस्तकें लिखने में व्यस्त रहता था। उस समय मैंने भारत में अपने अन्य प्रभु-भक्त बंधुओं की तरह मंदिरों के निर्माण अथवा शिष्य बनाने का कोई प्रयास नहीं किया था।

'मैं इन मामलों में अधिक रुचि नहीं लेता था, क्योंकि मेरे गुरु महाराज (भक्ति सिद्धांत सरस्वती) को बड़े-बड़े मंदिरों के निर्माण और नए शिष्य बनाने की अपेक्षा पुस्तकों का प्रकाशन अधिक प्रिय था। उन्होंने जैसे ही देखा कि उनके नए शिष्यों की संख्या बढ़ती जा रही थी, उन्होंने तत्काल इस संसार से विदा होने का निर्णय लिया।

शिष्य को स्वीकार करने का एक तात्पर्य यह भी है कि गुरु को अपने शिष्य के जीवन के पापपूर्ण कृत्य को सहन करने का दायित्व भी लेना पड़ता है।

'वर्तमान समय में, हमारे इस्कॉन (ISKCON) परिसर में राजनीति और कूटनीति प्रवेश कर गई है। मेरे कुछ प्रिय शिष्य, जिनके ऊपर मैं अत्यधिक भरोसा करता था, वे माया से प्रभावित होकर इन मामलों में लिप्त हो गए हैं। वर्तमान में वहाँ कुछ ऐसी गतिविधियाँ हो रही हैं, जिन्हें मैं असम्मानजनक मानता हूँ। इसलिए मैंने अवकाश ग्रहण करने (रिटायर होने) का निर्णय लिया है और अपना पूरा ध्यान पुस्तक लेखन की ओर मोड़ दिया है। इससे अधिक कुछ नहीं।'[4] जैसे ही उन्होंने भारत-गमन के उनके विचार को 'अवकाश-ग्रहण' के रूप में देखा, उससे उनके पश्चिमी आंदोलन को झटका लगा।

दूसरा पत्र यद्यपि इससे भी अधिक विषादपूर्ण है, क्योंकि उसमें श्रील प्रभुपाद ने कहा था कि यद्यपि उनका स्वास्थ्य अस्थिर था, फिर भी वह यात्रा की अधिक जिम्मेदारियाँ जोड़ते जा रहे थे; क्योंकि वह महसूस कर रहे थे कि उनके संगठन का स्वास्थ्य अच्छी दशा में नहीं था। इसलिए वह एक उदाहरण प्रस्तुत करना चाहते थे—

'अपने अन्य संन्यासी शिष्यों के लिए उदाहरण प्रस्तुत करने के क्रम में मैं अपने अन्य तीन संन्यासी शिष्यों के दल के साथ जापान जा रहा हूँ। यद्यपि यह मेरे शारीरिक स्वास्थ्य की दशाओं के अनुकूल नहीं है, तथापि मैं यहाँ से जा रहा हूँ, ताकि आप लोग संन्यास के दायित्व को सीख सको…

'आप लोगों से मेरा उत्कट अनुरोध है कि आप समिति के सुदृढ़ शरीर को विकलांग न बनाएँ। आप लोग बिना किसी व्यक्तिगत महत्त्वाकांक्षा के मिल-जुलकर कार्य करें। यह हमारे उद्‌देश्य की पूर्ति में सहायक होगा।

'यह वेदों का आदेश है कि आध्यात्मिक गुरु के साथ सामान्य व्यक्ति की तरह व्यवहार नहीं किया जाना चाहिए, चाहे किसी समय आध्यात्मिक गुरु सामान्य व्यक्ति की तरह ही आचरण क्यों न करे! यह शिष्य का दायित्व है कि वह उसे किसी महामानव के रूप में स्वीकार करे। अपने पत्र के प्रारंभ में आपने सैनिक एवं सेनापति की जो तुलना की है, वह अत्यंत उचित है। एक प्रकार से हम लोग कुरुक्षेत्र की रणभूमि में खड़े हैं, जिसमें एक ओर माया है और दूसरी ओर कृष्ण हैं। इसलिए रणभूमि का एक नियामक सिद्धांत यह है कि सैनिक को अपने सेनापति के आदेशानुसार कार्य करना चाहिए। उसके आदेश का पालन अवश्य किया जाना चाहिए। अन्यथा सैनिकों की युद्ध क्षमता को निर्देशित करना असंभव हो जाएगा, जिसके परिणामस्वरूप वह अपने शत्रु को भी पराजित नहीं कर सकेगा। इसलिए आप लोग अपने साहस का परिचय दें। आप लोग अपना कार्य ठीक ढंग से करें, ताकि हमारे उद्‌देश्य को सही दिशा में आगे बढ़ाया जा सके और हम विजयी होकर निकलें।'[5]

श्रील प्रभुपाद द्वारा की गई रोग की पहचान पूर्णतया सही थी, जो उस घटना से स्पष्ट हुआ था, जो उनके हवाई होकर जापान और उसके बाद भारत जाते समय घटित हुई थी। उन्होंने हवाई में नवनिर्मित इस्कॉन (ISKCON) मंदिर में स्वयं मूर्तियों की स्थापना करने का प्रस्ताव दिया था, जिसकी प्रतिक्रिया उस केंद्र के प्रभारी की ओर से अत्यंत प्रवंचनापूर्ण तरीके से की गई थी। उन्हें न तो वहाँ ठहरने का कोई ठोस प्रस्ताव दिया गया था और न ही देवताओं का अभिषेक करने का, जिससे एक बार फिर यह प्रतीत हुआ कि उन्हें हटाया जा रहा था।

उनके आंदोलन में कई गुना वृद्धि हो जाने के कारण श्रील प्रभुपाद को जिन कुछ कठिनाइयों का सामना करना पड़ा, वे गहन रूप से विचारधारात्मक थीं। इसे समझने के लिए हमें हिंदू दर्शन के व्यापक ब्रह्मांड में अद्वैत वेदांत दर्शन एवं द्वैत वेदांत दर्शन की कुछ अंतर्संपृक्त दार्शनिक शिक्षाओं के मध्य तुलनाओं एवं भिन्नताओं से जूझना पड़ेगा। सामान्य ढंग से कहें तो अद्वैत वेदांत यह शिक्षा देता है कि ईश्वर का प्रत्येक स्वरूप निराकार, अनंत और निर्वैयक्तिक महसूस करने का मार्ग है; जबकि द्वैत दर्शन का मत है कि ईश्वर को अंततः एक अभौतिक स्वरूप एवं अनुभवातीत व्यक्तित्व के रूप में होना चाहिए और वह स्वरूप कृष्ण का है।

प्रभुपाद अद्वैत दर्शन के मुखर विरोधी थे, क्योंकि वे उसके प्रचारकों को 'मायावादी' कहकर अस्वीकार कर देते थे। उनके अनेक अनुयायी हिंदुत्व के भिन्न प्रकारों में उलझे हुए थे और उनके मन में यह ग्रंथि जिस प्रकार अपना स्थान बना चुकी थी, उससे संगठन की तीव्र प्रगति कई बार शिथिल पड़ गई, जो प्रभुपाद को लेश मात्र भी पसंद नहीं थी। वह इस्कॉन (ISKCON) के प्रत्येक प्रखंड में सांस्कारिक एवं भावनात्मक एकरूपता देखना चाहते थे। कुछ अन्य कठिनाइयाँ पश्चिम के ईसाईवाद एवं यहूदीवाद जैसे बड़े धर्मों के साथ शांति व समन्वय स्थापित करने के रूप में सामने आईं, जिनके साथ तालमेल बनाए रखना अत्यंत आवश्यक था; क्योंकि उनके अपने प्रखंड पश्चिमी जगत् के बड़े केंद्रों में बड़ी तेजी से प्रगति कर रहे थे। उदाहरण के लिए, उन्होंने सिडनी के एक विद्यालय में शिक्षा देते हुए विद्यार्थियों से बलपूर्वक कहा, "यह मत सोचो कि यह कोई संप्रदायवादी धर्म है। हम लोगों को ईश्वर के प्रति चैतन्य बना रहे हैं। इससे कोई अंतर नहीं पड़ता कि आप किस धर्म से संबंध रखते हैं! यदि कोई व्यक्ति धर्म के सिद्धांतों का पालन करते हुए ईश्वर-प्रेमी बनता है तो वह प्रथम श्रेणी का धर्म है।"[6]

सोवियत संघ में प्रवचन करने और अपनी पुस्तकों के वितरण की अनुमति माँगने के प्रयास के क्रम में श्रील प्रभुपाद ने कृष्ण चेतना का उपदेश देने के लिए कम्युनिस्ट नियमों का सहारा लिया और अपने सोवियत वार्त्ताकार से कहा, "मैं सोचता हूँ कि समाजवाद या साम्यवाद की वैदिक संकल्पना साम्यवाद के विचार को अधिक बेहतर

बना सकती है। उदाहरण के लिए, एक समाजवादी राज्य में मूल विचार यही है कि कोई भी व्यक्ति भूखा न रहे। प्रत्येक व्यक्ति को अनिवार्यतः उसके हिस्से का भोजन प्राप्त हो। इसी प्रकार, गृहस्थ जीवन की वैदिक संकल्पना में यह संस्तुत किया गया है कि यदि उसके घर में कोई छिपकली या साँप भी रह रहा हो तो वह भी भूखा नहीं रहना चाहिए। यद्यपि उन निकृष्ट प्राणियों को भी भोजन दिया जाना चाहिए और निश्चय ही मनुष्यों को तो दिया ही जाना चाहिए। वैदिक नियमों में संस्तुति की गई है कि गृहस्थ व्यक्ति को अपना भोजन करने से पूर्व सड़क पर खड़े होकर यह घोषणा करनी चाहिए कि "यदि कोई व्यक्ति इस समय भूखा हो तो वह कृपया मेरे साथ आए! भोजन तैयार है!" यदि कोई अनुक्रिया नहीं प्राप्त होती, तभी गृह स्वामी अपना भोजन करता है। आधुनिक समाज लोगों को किसी-न-किसी रूप में किसी राज्य का मालिक मानकर चलता है; परंतु वैदिक संकल्पना ईशावास्यमदं सर्वम्—प्रत्येक व्यक्ति ईश, अर्थात् सर्वोच्च नियंत्रक के अधीन है। तेन त्यक्तेन भुजीथा—आपको ईश्वर द्वारा जो कुछ दिया गया है, आप उसका आनंद लें। मा गृधः कस्यस्विद् धनम्—परंतु किसी अन्य की संपत्ति पर अतिक्रमण न करें। यह ईशोपनिषद् वेद है। इसी विचार को विभिन्न पुराणों में भी वर्णित किया गया है। वैदिक साहित्य में साम्यवाद के बारे में अनेक उत्तम संकल्पनाएँ हैं। इसलिए मैंने सोचा कि इन विचारों को आपके चिंतनशील लोगों के बीच अवश्य प्रसारित किया जाना चाहिए। इसीलिए मैं आप लोगों से वार्त्ता करने के लिए अत्यधिक व्यग्र था।[7]

वैष्णववाद के मुख्य विचारधारात्मक आधार और अन्य मतों के द्वैत के मध्य संतुलन बनाते हुए कुछ स्थानीय संवेदनशीलताओं को भी स्थान देने का प्रयास किया गया है, जिसके कारण उनके छात्रों के मध्य कुछ संज्ञानात्मक कटुता उत्पन्न हो जाती है, जिसका समय-समय पर समाधान किया जाना आवश्यक है।

लेकिन इस प्रकार की कुछ कठिनाइयाँ उनके मन में उसी समय तिरोहित होना प्रारंभ हो गई थीं, जब श्रील प्रभुपाद पहले जापान की और उसके बाद भारत की उड़ान में सवार हुए थे। जिस जापान में पहले प्रवेश करने में अनेक कठिनाइयों का सामना करने के बावजूद वह सफल नहीं हुए थे, उसी जापान में इस बार उनका स्वागत एक बड़े वैश्विक धार्मिक उपदेशक के रूप में हो रहा था और वह जापान के सबसे बड़े प्रकाशकों में से एक दाई निप्पोन के साथ अपनी पुस्तकों के प्रकाशन का अनुबंध करने में सफल रहे थे।

इस बार उनकी कलकत्ता वापसी अत्यंत विजयान्वित थी। इस 72 वर्षीय वृद्ध संन्यासी को देखने के लिए लोगों की भारी भीड़ उमड़ पड़ी थी, जो अपने उन अमेरिकी शिष्यों के साथ आया था, जो कम्युनिस्ट हिंसा से त्रस्त कलकत्ता की सड़कों पर नाचते, गाते और 'श्रीमद्भगवद्गीता' के संस्कृत श्लोकों का पाठ करते हुए चल रहे थे।

जिस प्रकार का उल्लासपूर्ण स्वागत स्वामी विवेकानंद का शिकागो से वापस आने के बाद किया गया था, उससे भी अधिक भव्य स्वागत श्रील प्रभुपाद का किया गया था, जिनके आंदोलन के रंग एवं उल्लास ने संपूर्ण कलकत्ता को अपनी ओर आकर्षित कर लिया था। वह अपने शिष्यों के साथ जहाँ कहीं भी जाते, वहाँ लोगों की भारी भीड़ जमा हो जाती थी। वहाँ उन्होंने एक आजीवन सदस्यता अभियान का सृजन भी किया, जिसके अंतर्गत कोई भी व्यक्ति 1,111 रुपए के शुल्क के भुगतान पर सदस्य* बन सकता था और इस्कॉन के सभी प्रकाशनों को नि:शुल्क पढ़ सकता था तथा दुनिया भर में फैले इस्कॉन के केंद्रों में नि:शुल्क निवास कर सकता था।

लेकिन चैतन्य महाप्रभु के जन्म-स्थान मायापुर में एक मंदिर के निर्माण का उनका स्वप्न अधूरा ही रह गया। जब मायापुर में भूमि प्राप्त करने का एक अन्य प्रयास भी विफल हो गया तो श्रील प्रभुपाद ने अपनी दृष्टि बंबई की ओर दौड़ाई, जिसकी जानकारी उन्हें अमेरिका के लिए रवाना होने से पूर्व मिली थी।

बंबई ने प्रभुपाद का स्वागत किया। वहाँ कुछ पुराने धनी कारोबारी परिवार थे, जो उनके प्रथम आतिथेय बने और उनकी संस्था के आजीवन सदस्य बन गए; क्योंकि इस वृद्ध संन्यासी ने असंभव दिखाई देनेवाले कार्य को संभव कर दिखाया था, जिसके अंतर्गत गोरे विदेशी लोग कीर्तन गा रहे थे! अपनी ओर से प्रभुपाद लोगों को उस सत्य कथा से अवगत कराने से कभी नहीं चूके। उन्होंने बताया कि उनके अनेक शिष्यों में प्रत्येक संभव बुरी आदत विद्यमान थी—कृष्ण के प्रेम को गले लगाने से पूर्व वे लोग न केवल नशा करते और शराब पीते थे, बल्कि अवैध शारीरिक संबंधों में भी लिप्त थे।

अपने शिष्यों के साथ उनके बंबई आगमन पर चौपाटी बीच पर एकत्र दर्शकों पर विद्युतीय प्रभाव पड़ा, जहाँ प्रभुपाद और उनके शिष्यों ने अपने उत्साहपूर्ण कीर्तनों के माध्यम से उपस्थित लोगों की भीड़ में सनसनी फैला दी और समूचे दर्शक समूह को कई घंटों तक अपने पाँवों पर थिरकने के लिए विवश कर दिया था।

वास्तव में वहाँ हो क्या रहा था?

श्रील प्रभुपाद के आंदोलन को खुलकर गले लगाया जा रहा था, क्योंकि उन्होंने उस औपनिवेशिक दृष्टि को परिवर्तित कर दिया था। अब भारत मिशनरियों द्वारा किए जानेवाले धर्मांतरण और उनकी उपदेश-भूमि नहीं रह गया था; बल्कि भारत में एक वृद्ध भारतीय संन्यासी का जीवंत उदाहरण था, जिसने ईसाई मिशनरियों के बिल्कुल विपरीत कार्य कर दिखाया था! एक अनुभवी पत्रकार ने लिखा—'क्या आपको कुछ समझ में आ रहा है कि यहाँ क्या हो रहा है? अति शीघ्र ही हिंदुत्व पश्चिम का सफाया करने जा

---

* इस्कॉन (ISKCON) में यह कार्यक्रम अभी भी जारी है।

रहा है। सदियों से पादरियों (ईसाई मिशनरियों) के हाथों हमें जो क्षति पहुँचाई गई है, उस सबकी भरपाई हरे कृष्ण आंदोलन कर लेगा।'

पूरे देश में इससे पूर्व कभी भारत के धनी परिवारों द्वारा श्रील प्रभुपाद को आमंत्रित नहीं किया गया था और उन्हें तथा उनके शिष्यों को देखने के लिए बंबई से अमृतसर तक और कलकत्ता से दिल्ली तक कभी इतनी भीड़ एकत्र नहीं हुई थी।

इंदौर से सूरत और वहाँ से इलाहाबाद (अर्ध-कुंभ मेला) तक सैकड़ों-हजारों लोग इस वृद्ध संन्यासी को सुनने के लिए जमा हो गए थे, जो नाच रहा था, गा रहा था और भजन कर रहा था। उसने अपने दर्शकों से बार-बार केवल इतना ही कहा कि आप लोग कृष्ण के महामंत्र का उच्चारण करें—

*हरे कृष्ण, हरे कृष्ण, कृष्ण-कृष्ण हरे-हरे।*
*हरे राम, हरे राम, राम-राम, हरे-हरे!*

उदाहरण के लिए, दिसंबर 1970 में, सूरत में जिस समय प्रभुपाद के अनेक भक्त सूरत शहर के अनेक ब्लॉकों व गलियों में नाचते, हरे कृष्ण कीर्तन गाते और करतालें एवं मृदंग बजाते हुए अपना जुलूस निकाल रहे थे, तब अनेक दर्शक सड़कों के दोनों ओर—अपने घरों की छतों और खिड़कियों पर खड़े होकर—उसका दृश्य देख रहे थे और अनेक लोग तो उत्साहपूर्वक उसमें शामिल भी हो गए थे। यातायात पुलिस ने कीर्तन जुलूस को निर्विघ्न आगे बढ़ने के लिए कई चौराहों पर यातायात रोक दिया था। शहर के कच्चे मार्गों को बुहारकर उन पर पानी का छिड़काव किया गया था, ताकि अधिक धूल-मिट्टी उनके जुलूस को बाधित न करे। रास्ते भर में अनेक स्थानों पर और घरों के बाहर चावल के आटे से रंगोलियाँ और अनेक वैदिक पवित्र प्रतीक एवं भित्तिचित्र बनाए गए थे। सड़क के दोनों ओर सजावट के लिए ताजा हरे केले के पेड़ों को काटकर लगाया गया था। नगर की स्त्रियों ने कृष्ण-भक्तों के दल पर छाया करने के लिए अपनी रंग-बिरंगी साड़ियों को छतरी के रूप में सड़कों के आर-पार बाँध दिया था।

सूरत में प्रभुपाद के आतिथेय श्री भागूभाई जरीवाला ने स्थानीय अखबारों में उनके परेड मार्ग का विवरण प्रकाशित करवाया था। अब कृष्ण के अनेक स्थानीय भक्त भी कीर्तन मंडली के रूप में उन लोगों के साथ शामिल हो गए थे और पूरे सूरत शहर को अपने पावन कीर्तनों से एक उत्सव के रूप में परिवर्तित कर दिया था; जबकि प्रभुपाद के 20 से अधिक शिष्य दैनिक जुलूसों का नेतृत्व करते थे। हजारों अन्य भारतीय कृष्ण-भक्त उनके नाम का संकीर्तन करते, नाचते-गाते हुए निकल रहे थे और अपने घरों के बाहर एवं छतों पर खड़ी होकर स्त्रियाँ उनके ऊपर गुलाब की पँखुड़ियों की वर्षा कर रही थीं।

कई बार जुलूस को बीच-बीच में रोकना पड़ जाता था, क्योंकि सूरत के श्रद्धालु नागरिक भाव-विभोर होकर भक्तों के गले में मालाएँ डालने के लिए आगे आ जाते थे।

कई बार उनके गले में इतनी मालाएँ पड़ जाती थीं कि उनका आनंदित एवं उल्लसित मुख भी दिखाई नहीं देता था और वे अपने गले में पड़ी मालाओं को मार्ग में खड़े छोटे बच्चों के गले में डाल देते या उन्हें भीड़ में खड़े लोगों को दे देते थे। प्रभुपाद के भक्तों एवं शिष्यों ने अपना ऐसा भव्य स्वागत इससे पूर्व कभी नहीं देखा था।

प्रभुपाद ने कहा, "यह भक्तों का शहर है।" उन्होंने सूरत के लोगों की तुलना 'आग पकड़ती हुई सूखी घास' से की। वहाँ के लोग स्वभाव से ही कृष्ण-भक्त थे; परंतु श्रील प्रभुपाद और उनकी संकीर्तन मंडली एक टॉर्च सदृश थी, जिसने पूरे शहर को आध्यात्मिक रूप से जगमगा दिया था।

सूरत के लोग नित्य प्रात:काल 7 बजे हजारों की संख्या में वहाँ किसी पूर्व निर्धारित स्थान पर एकत्र हो जाते थे। स्त्री, पुरुष, श्रमिक, व्यापारी, पेशेवर लोग, युवा, वृद्ध एवं बच्चे—सभी लोग संकीर्तन जुलूस में भाग लेते दिखाई देते थे। सड़कों एवं भवनों की छतों पर मंत्रोच्चार करते लोग कीर्तन मंडली के आने की प्रतीक्षा करते रहते थे और भक्तों के आगमन के साथ ही सभी लोग खुशी से झूम उठते थे।[8]

श्रील प्रभुपाद एवं उनके दल का भारत में जैसा स्वागत-सत्कार किया गया, उसने उन्हें चकित तथा रोमांचित कर दिया था। अधिकतर स्थानों पर उन्हें देखकर खुशियाँ मनाई गईं, उनका भव्य स्वागत किया गया तथा उन्हें सर्वोत्तम खान-पान उपलब्ध कराया गया था; परंतु उनके अमेरिकी शिष्यों के लिए एक शिक्षा भी थी, क्योंकि कृष्ण-भक्ति से ओत-प्रोत भूमि पर रहनेवाले लोगों को अनेक कठिनाइयों का सामना भी करना पड़ रहा था। अनेक अमेरिकी शिष्य सूरत की गरमी, धूल और भीड़ के अभ्यस्त नहीं थे। उनके गुरु ने उन्हें अत्यंत अस्त-व्यस्त अनुभवों से गुजरने के लिए बाध्य कर दिया था, चाहे वह सड़क मार्ग से कलकत्ता से मायापुर जाने का मामला हो या सूरत के सुखकर स्वागत के बाद इलाहाबाद (अब प्रयागराज) में होनेवाले अर्ध-कुंभ मेले में जाने की बात हो, संगम—तीन नदियों का सम्मिलन स्थल—के तट पर बने मूलत: शामियानों के शहर में हजारों लोग एकत्र हो जाते थे।

जैसा कि उनके एक शिष्य ने लिखा—'श्रील प्रभुपाद इस बात पर भी ध्यान देने लगे थे कि हम में से कुछ शिष्य मंगल आरती* में देर से आने लगे थे और कुछ तो आते ही नहीं थे। प्रभुपाद इसे लेकर अत्यंत चिंतित थे, क्योंकि वह जानते थे कि हमारे लिए मंगल आरती कितनी महत्त्वपूर्ण थी। अत: एक दिन सुबह 4 बजे अस्वस्थ होने के बावजूद वह गमछा पहनकर बाहर निकले और नल के नीचे बैठकर अत्यधिक ठंडे पानी से स्नान कर लिया, ताकि वह हमें जल्दी सोकर उठने, स्नान करने और मंगल आरती में शामिल होने के लिए प्रोत्साहित कर सकें। उनके इस व्यवहार का हम लोगों

* मंगल आरती, एक प्रकार की प्रार्थना, जो प्रतिदिन ब्रह्म मुहूर्त में की जाती है।

पर इतना गहन प्रभाव पड़ा कि हम लोग बहुत लज्जित हो गए और उसके बाद से देर तक सोना बंद कर दिया···भोर होती, आकाश चमकता, परंतु अत्यंत धुँधला दिखाई देता था, क्योंकि नदियों के जल से उठनेवाला भारी कुहरा और शिविरों से निकलनेवाला धुआँ एक साथ मिलकर हरेक चीज को ढक लेते थे। अचानक वर्षा प्रारंभ हो गई। भक्त इस मौसम के लिए तैयारी करके नहीं आए थे। अन्न मिलना और पकाना मुश्किल हो गया था। शौचालय की सुविधाएँ निकृष्टतम थीं। भक्तगण यह सोचकर हैरान व परेशान थे कि उनके निर्धारित दो सप्ताह कैसे बीतेंगे?

फिर भी, प्रभुपाद, जो अपने शिष्यों के साथ इन सारी कठिनाइयों को सहन करने के अभ्यस्त थे, वह स्पष्टतया अनुभवातीत एवं अप्रभावित बने रहे। यदि बादलों के झुरमुट से सूर्य निकल आता था तो वह अपनी मालिश कराने के लिए बाहर बैठ जाते थे। इसके बाद वह अपना गमछा पहनकर बैठ जाते और गंगा के शीतोष्ण जल में अपना लोटा डुबोकर पानी निकालते और अपने शरीर पर जल उड़ेलकर स्वयमेव स्नान करते थे। वह इतने संतुष्ट प्रतीत होते थे कि उनके भक्तों ने उसे मन में बसा लिया। जब गुरुदेव कोई शिकायत नहीं कर रहे थे तो उन्हें क्यों करनी चाहिए?[9]

वह जिस किसी भी स्थान पर भी गए, वहाँ उन्होंने अपना निशान छोड़ा। वह गोरखपुर में हनुमान प्रसाद पोद्दार से मिलने गए, जो गीता प्रेस के प्रसिद्ध संस्थापक थे। गीता प्रेस हिंदुत्व से संबंधित धर्मग्रंथों का सबसे बड़ा प्रकाशक था। श्री पोद्दार ने अमेरिका जाने से पूर्व श्रील प्रभुपाद की आर्थिक सहायता की थी। इस बार उनकी मुलाकात कुछ भिन्न प्रकार की थी—प्रभुपाद के पास उन्हें दिखाने के लिए अपनी निजी पुस्तकें थीं और उनका अभिकल्पन एवं मुद्रण अत्यंत सुंदर ढंग से किया गया था। प्रभुपाद अपनी पुस्तकों में उच्चतम संभव कोटि के रंगीन चित्र बनवाते और उन्हें उत्तम श्रेणी के कागज पर मुद्रित करवाते थे।[10]

आंदोलन के बंबई गृह हेतु किराए पर एक फ्लैट खरीद लिया गया और इसके साथ भारत में इस्कॉन (ISKCON) का उच्चीकरण प्रारंभ हो गया। उसी आधार से श्रील प्रभुपाद और उनके मुट्ठी भर शिष्यों, जिनमें अधिकतर शिष्य गैर-भारतीय थे, ने शहर में क्रॉस मैदान प्रदर्शनी स्थल पर एक विशाल पंडाल में पहला 11 दिवसीय हरे कृष्ण उत्सव आयोजित किया, जिसमें 30,000 से अधिक लोग एक साथ बैठकर भोजन कर सकते थे और 'प्रसादम्' वितरित कर सकते थे। उत्सव के प्रचार हेतु हीलियम गैस का एक गुब्बारा भी हवा में उड़ाया गया था। उत्सव के समारोह स्थल पर प्रभुपाद स्वयं एक रथ पर आरूढ़ होकर अपने हजारों अनुयायियों के साथ 'हरे कृष्ण' का मंत्रोच्चार करते हुए पधारे थे। वह ऐसा कार्यक्रम था, जिसने शहर को अपने में समेट लिया था और सचमुच अद्‌भुत दृश्य था, जो मात्र मनोरंजन के लिए नहीं था। समाचार-पत्रों ने उसे

इस्कॉन (ISKCON) के 'ग्रैंड फिनाले' की संज्ञा दी थी। किंतु वास्तव में वह शहर में प्रभुपाद के कार्य का प्रारंभ मात्र था।

प्रभुपाद ने शहर में सफलतापूर्वक ऐसे विशाल कृष्णोत्सव का सृजन किया था, जो अभूतपूर्व था; लेकिन जैसे ही इस्कॉन गुरु प्रभुपाद ने अपने गृह देश में आंदोलन की नींव मजबूत करने और कृष्ण के संदेश को प्रसारित करने का प्रयास प्रारंभ किया, उन्हें अपना वैश्विक स्वप्न पुनः स्मरण हो आया।

उन्होंने स्पष्ट किया, "यह किसी भी साधु का कर्तव्य है कि वह एक परिव्राजकाचार्य के रूप में ईश्वर की संपूर्ण सृष्टि का अवलोकन करे अथवा अकेले सभी वनों, पर्वतों, नगरों, गाँवों इत्यादि में भ्रमण करता हुआ ईश्वर में अपनी निष्ठा व्यक्त करे तथा मानसिक शक्ति अर्जित करे, जिससे वह क्षेत्र के सभी निवासियों को ईश्वर के दिव्य संदेश से आलोकित कर सके। किसी संन्यासी के लिए निर्भय होकर ये सारे कार्य करने अनिवार्य हैं, और इस युग के सर्वाधिक विशिष्ट संन्यासी भगवान् चैतन्य थे, जिन्होंने मध्य भारत के जंगलों में इसी प्रकार भ्रमण करते हुए ईश्वरीय ज्ञान के प्रकाश को फैलाया। उन्होंने तो यद्यपि बाघों, भालुओं, सर्पों, हिरणों, हाथियों एवं अनेक अन्य जंगली पशुओं के बीच भी कृष्ण नाम का संकीर्तन किया था।"[11]

किसी एक भौगोलिक क्षेत्र में अपना ध्यान केंद्रित करने से प्रभुपाद द्वारा इनकार के संभवतः दो विशिष्ट कारण थे—पहला कारण तो निस्संदेह यही था कि वह विश्व के प्रत्येक भाग के नगरों, गाँवों तथा कस्बों में कृष्ण के नाम के प्रसार की भविष्यवाणी को सत्य सिद्ध करने के इच्छुक थे और दूसरा कारण संभवतः यह था कि उन्होंने जिस आधुनिकता का अनुभव किया था, उससे उन्हें अरुचि हो गई थी। अमेरिका की यात्रा पर जाने से बहुत पहले ही श्रील प्रभुपाद ने संपूर्ण विश्व में एक प्रकार के गांधीवादी आध्यात्मिक व सांस्कृतिक 'खोज' का स्वप्न देखा था। उन्होंने लिखा—'(कुछ गांधीवादी कार्यक्रमों को) यदि सुव्यवस्थित रूप से प्रसारित किया जाए तो आध्यात्मिकता की प्रक्रिया में बहुत अधिक सहायता मिलेगी। उन्हें 'श्रीमद्भगवद्गीता' एवं अन्य प्रामाणिक धर्मग्रंथों के सिद्धांतों के अनुसार आध्यात्मिक आकार दिया जा सकेगा। ऐसा करने से न केवल भारत की मूल संस्कृति पुनरुज्जीवित एवं पुनर्स्थापित होगी, बल्कि यह विश्व के अन्य भागों में भी भारत की घरेलू संस्कृति को पोषित करेगी। यह भारत की ओर से संपूर्ण विश्व के लिए सांस्कृतिक खोज होगी। इस खोज के माध्यम से विश्व भर के लोगों को परमाणु बमों द्वारा आतंकित तथाकथित भौतिक समृद्धि से राहत मिलेगी।'[12]

यह उन कारणों में से एक था कि क्यों प्रभुपाद एवं उनके प्रारंभिक अमेरिकी शिष्यों के बीच उनके व्यापक सांस्कृतिक मतभेदों के बावजूद एक बात सामान्य थी और वह

बात यह थी कि वे हिंसा के चक्र, विशेषतया परमाणु बमों एवं विनाशकारी हिंसा में फँसे पूँजीवादी समाज की बुराइयों को समझने लगे थे।

अपने स्व-प्रकाशित 'श्रीमद्भागवतम्' के प्रथम खंड में प्रभुपाद ने लिखा—'वर्तमान में मानव समाज गुमनामी के अँधेरे में नहीं है। उसने जीवन की भौतिक सुविधाओं के क्षेत्र में तीव्र प्रगति की है। इस प्रगति में संपूर्ण विश्व में शिक्षा और आर्थिक विकास शामिल है; परंतु उसके सामाजिक शरीर में बड़े पैमाने पर निरंतर कहीं एक काँटा-सा चुभता रहता है। इसीलिए जरा-जरा सी बातों पर उनके मध्य झगड़े होते रहते हैं। इसलिए उन्हें किसी ऐसे सुराग की आवश्यकता है, जो उन्हें यह संकेत दे सके कि वे किस प्रकार एक सामान्य उद्देश्य के लिए शांति, मित्रता एवं समृद्धि के साथ एक हो सकते हैं। 'श्रीमद्भागवतम्' उनकी इस आवश्यकता को पूर्ण करेगा, क्योंकि वह संपूर्ण मानव समाज के पुनराध्यात्किमतायन हेतु एक सांस्कृतिक प्रस्तुति है।'[13]

गांधी की भाँति श्रील प्रभुपाद भी मानते थे कि मशीन युग ने मनुष्यों को उनकी जन्मजात आध्यात्मिकता से दूर कर दिया था और इसे दोबारा केवल तभी प्राप्त किया जा सकता है, जब लोग मात्र भौतिकतावादी प्रगति एवं खुशियों की बजाय ईश्वर के निकट आएँ और उनकी दैवीय कृपा प्राप्त करने का प्रयास करें।

मानव समृद्धि विशाल औद्योगिक प्रतिष्ठानों द्वारा नहीं, बल्कि प्राकृतिक उपहारों के माध्यम से पल्लवित होती है। विशाल औद्योगिक प्रतिष्ठान ईश्वर-विहीन सभ्यता का उत्पाद हैं और वही मानव जीवन के उत्कृष्ट लक्ष्यों के विनाश का कारण है। जैसे-जैसे हम कष्टोत्पादक उद्योगों की ओर बढ़ते जाते हैं, वैसे-वैसे मनुष्य की व्यापक ऊर्जा संकुचित होने लगती है और लोगों के बीच व्यापक अशांति एवं असंतोष फैलने लगता है और केवल कुछ ही लोग अन्य मनुष्यों के संसाधनों का व्यापक दोहन करके ऐश्वर्यपूर्ण जीवन व्यतीत करते हैं। प्राकृतिक उपहारों में शामिल हैं—अनाज, सब्जियाँ, फल, जल से भरी नदियाँ, खनिजों एवं जवाहरात से भरी पहाड़ियाँ और मोतियों तथा बहुमूल्य रत्नों से ओत-प्रोत सागर। इस प्रकार के प्राकृतिक उत्पादों की आपूर्ति सर्वशक्तिमान ईश्वर के आदेश से होती है और उसी की इच्छानुसार भौतिक प्रकृति प्रचुरता में उन्हें उत्पन्न करती है और उसी की इच्छा से उसमें कमी भी कर देती है। प्राकृतिक नियम यह है कि मनुष्य प्रकृति द्वारा प्रदत्त ईश्वरीय उपहारों का अपनी आवश्यकतानुसार लाभ उठाए और उससे संतुष्ट होकर प्रगति करे, न कि शोषक उद्देश्यों के वशीभूत होकर उनका दोहन करे और उनका स्वामी बनने का प्रयास करे। यह संभव नहीं है और हम जितना ही अपने मनोरंजन की सनक के कारण इनका शोषण करेंगे, उतना ही इन शोषक प्रयासों की प्रतिक्रिया में फँसते चले जाएँगे। यदि हमारे पास पर्याप्त मात्रा में अनाज, फल, सब्जियाँ और वनस्पतियाँ हैं तो फिर पशु-वधशालाएँ चलाने और निरीह पशुओं की हत्या करने

के कारण उनके द्वारा बार-बार मारे जाने की क्या आवश्यकता है? जनश्रुति है कि यदि कोई व्यक्ति किसी निरीह प्राणी की एक बार हत्या कर देता है तो वह प्राणी अनेक जन्मों तक उस बधिक की हत्या करता रहता है। यदि किसी व्यक्ति के पास खाने के लिए पर्याप्त मात्रा में अनाज व सब्जियाँ हैं तो वह किसी पशु की हत्या नहीं कर सकता है। नदियों का जल-प्रवाह हमारे खेतों को उर्वर बनाता है, जिससे हमारी आवश्यकता से अधिक अन्न का उत्पादन होता है। पर्वतों पर खनिज एवं सागरों में रत्न उत्पन्न होते हैं। यदि मानव सभ्यता के पास प्रचुर मात्रा में अनाज, खनिज, रत्न, जल, दुग्ध इत्यादि हैं तो उसे कुछ दुर्भाग्यशाली लोगों के श्रम का शोषण करके खतरनाक औद्योगिक प्रतिष्ठानों के पीछे क्यों भागना चाहिए। परंतु ये समस्त प्राकृतिक उपहार ईश्वर की कृपा पर आश्रित हैं। अत: यदि हमें कुछ करने की आवश्यकता है तो वह केवल यह है कि हम ईश्वर के बनाए नियमों का पालन करें और इसके साथ-साथ अपनी भक्तिमय सेवा के माध्यम से मानव जीवन की पूर्णता का लक्ष्य प्राप्त करें।'[14]

गांधी एवं प्रभुपाद दोनों की आवर्ती विषय-वस्तु प्रकृति और उसके उपहारों की चिंता है। एक समय प्रचारित शाकाहारवादिता एवं पर्यावरणवादिता—दोनों उचित और अपने समय से आगे की चीज थे। गांधी की भाँति प्रभुपाद ने भी युद्ध एवं उसकी विभीषिकाओं को देखा था और महसूस किया था कि किस प्रकार प्रौद्योगिकी का प्रयोग व्यापक विनाश के लिए किया जा सकता था और वह संपूर्ण परमाणु नर-संहार के साये में जी रहे थे। इस अवस्था ने उन्हें सहमत कर दिया था कि न केवल एक उत्तम एवं 'प्राकृतिक' जीवन-व्यवस्था संभव थी, बल्कि वह ईश्वर द्वारा मनुष्यों के कर्तव्यों में विहित थी।

परंतु अपने गृह देश में अपनी सफलता के बाद एक दृढ़ तथा आत्मविश्वासपूर्ण श्रील प्रभुपाद ऑस्ट्रेलिया, मलयेशिया, पेरिस एवं न्यूयॉर्क में प्रवचन करने हेतु निकल पड़े और लगभग उसी समय उन्होंने सोवियत संघ में भी अपने संदेश को प्रसारित करने का निर्णय ले लिया। यद्यपि अपने जीवन के प्रति भी हिंसा के खतरों से अप्रभावित प्रभुपाद ने कलकत्ता में भी दस-दिवसीय एक संकीर्तन का आयोजन किया और इस्कॉन (ISKCON) के पदचिह्न को आगे विस्तार देना जारी रखा। ध्यातव्य है कि इस संकीर्तन के आयोजन के विरुद्ध उन्हें कम्युनिस्ट नक्सली उग्रवादियों की ओर से हिंसा की चुनौती दी गई थी। उस चुनौती का अर्थ यह था कि उन्हें अपने व्यापक कलकत्ता उत्सव, जिसमें 40,000 से अधिक लोगों के भाग लेने की संभावना थी, की रक्षा के लिए अतिरिक्त पुलिसकर्मियों की आवश्यकता थी।[15]

श्रील प्रभुपाद को सोवियत संघ से लेकर (जहाँ उन्होंने अपने वैदिक समाजवाद की खूब पैरवी की थी) पेरिस तक, जहाँ उनकी पुस्तकों का फ्रेंच भाषा में अनुवाद किया जा रहा था और वह बार-बार टेलीविजन एवं रेडियो पर दिखाई व सुनाई दे रहे थे, उन्हें

प्रवचन देने की अनुमति नहीं मिली। इसके बाद प्रभुपाद ने इस्कॉन (ISKCON) के प्रसार हेतु व्यस्ततापूर्ण यात्रा प्रारंभ कर दी। अमेरिका में अपनी वापसी के बाद उन्होंने डेट्रॉयट, शिकागो और पूरे मध्य पश्चिम में नए खुले केंद्रों का दौरा किया। उन्होंने जैक्सनविले में भाषण दिया, अटलांटा में एक नया मंदिर खोला, फ्लोरिडा विश्वविद्यालय में एकत्र जन-समूह को संबोधित किया। हर जगह एक ही शिक्षा देते थे—कृष्ण के प्रति समर्पण, उत्तेजकों (नशे) से मुक्त जीवन और हाँ, वह अवैध शारीरिक संबंध एवं मांस-भक्षण के विरुद्ध उपदेश देना कभी नहीं भूलते थे।

भ्रमण एवं प्रवचन के साथ-साथ 75 वर्षीय प्रभुपाद इस्कॉन (ISKCON) प्रेस में छपनेवाली अपनी पुस्तकों का अनुवाद करवाकर उसे प्रकाशित करना जारी रखते थे। कई खंडोंवाली उनकी पुस्तकें प्रतिवर्ष बड़ी संख्या में प्रकाशित एवं वितरित की जाती थीं। अत्यधिक तनाव के कारण वह बार-बार अस्वस्थ हो जाते थे। बार-बार हृदय रोग होने के कारण उनका शरीर जर्जर हो चुका था और अनवरत की जानेवाली अंतरराष्ट्रीय यात्राओं ने भी उनके ऊपर अपना हानिकर प्रभाव दिखाना प्रारंभ कर दिया था।

लगभग इसी दौरान, वर्ष 1971 के मध्य में, श्रील प्रभुपाद को शीतग्रस्त यूरोप एवं अमेरिका की बजाय गरम अफ्रीका में स्वास्थ्य-लाभ प्राप्त करने का निमंत्रण मिला। धूप के आजीवन प्रेमी प्रभुपाद नैरोबी एवं मोम्बासा के लिए रवाना हो गए। यद्यपि इन दोनों शहरों में वह स्वास्थ्य-लाभ प्राप्त करने के साथ सक्रिय रूप से प्रवचन करने के लिए भी निकल पड़ते थे और वर्ष 1971 की सर्दियाँ आते-आते उन्होंने नैरोबी में रहनेवाले भारतीय समुदाय के बीच बड़ी संख्या में अपने अनुयायी बना लिये थे।

लगभग पाँच सप्ताह तक अफ्रीका में रहने के बाद जब वह वहाँ से जाने के लिए तैयार हुए तो उससे पूर्व ही उन्होंने नैरोबी में केन्याई स्वाधीनता के प्रतीक कामकुंजी पार्क में एक विशाल वृक्ष के नीचे एक भव्य कीर्तन का आयोजन पहले ही कर लिया था। टॉम्पकिंस स्क्वायर पार्क में चिराबेल के वृक्ष की भाँति एक अन्य प्रतीकात्मक वृक्ष के नीचे प्रभुपाद यहाँ एक बार फिर उसी भावना और आध्यात्मिक मुक्ति की मन:स्थिति का पुनर्सृजन कर रहे थे।

क्या वह इस भावना को अपनी उस मिट्टी में प्रस्फुटित कर पाने में सफल होंगे, जहाँ उन्होंने जन्म लिया था? अंततोगत्वा, मायापुर में भूमि प्राप्त की जा चुकी थी, कलकत्ता और बंबई में नए केंद्रों की स्थापना का कार्य प्रारंभ हो चुका था; परंतु क्या प्रभुपाद अपने युवा इस्कॉन (ISKCON) को अपने घर की सैकड़ों वर्ष पुरानी परंपरा में निर्विघ्न रूप से समायोजित कर पाएँगे?

□

# 16

# युद्ध एवं शांति में कृष्ण

श्रील प्रभुपाद अपने अनेक चित्रों (तसवीरों) में या तो अपनी आँखें बंद किए हुए ध्यान में बैठे दिखाई देते हैं या गा रहे होते हैं अथवा फिर टहल रहे होते हैं। इन सभी चित्रों में एक समान तत्त्व यह होता है कि वह सदैव अपना चेहरा थोड़ा ऊपर की ओर किए रहते हैं, मानो वह अपने ऊपर किसी व्यक्ति से वार्त्तालाप कर रहे हों।

यह संभवत: उनके उस जीवन की सर्वाधिक उपयुक्त चित्रात्मक प्रस्तुति थी, जिसे उन्होंने इस संसार में अपने लिए चुना था; परंतु उनका ऊर्ध्वाधारी मन अपने यथावत् रूप में सदैव ईश्वर की ओर लगा रहता था।

शायद यह श्रील प्रभुपाद के लिए आवश्यक भी था, क्योंकि वह लगभग 75 वर्ष के हो चुके थे। वह एक वैश्विक आंदोलन के प्रबंधन में स्वयमेव लिप्त थे, जिसने उनकी शारीरिक शक्तियों को समापन-बिंदु तक निचोड़ लिया था।

उनकी कल्पना में मायापुर के मंदिर को शुक्रीय होने की आवश्यकता थी। लगभग 300 फीट ऊँचे इस भव्य मंदिर में एक विशाल अतिथि-गृह एवं 'श्रीमद्भागवत' के अनुसार ब्रह्मांड को प्रतिबिंबित करनेवाले एक तारामंडल का निर्माण किया गया था। श्रील प्रभुपाद के साक्षात्कारों में उनसे अकसर यह प्रश्न किया जाता था कि पश्चिम में अनेक लोग ईसाइयत से दूर क्यों हो रहे हैं और पूर्वी गुरुओं की ओर मुड़ रहे हैं? इसके उत्तर में वह कहते थे कि शायद ईसाई नेता लोगों को अपने धर्म की ओर आकर्षित नहीं कर पाए और यही कारण है कि क्यों पूरे पश्चिमी जगत् में गिरजाघर बंद हो रहे थे![1] चर्चों के बंद होने का यह बिंदु, जो आज चर्चा का बड़ा विषय बन गया है, इसका संकेत प्रभुपाद द्वारा बहुत पहले, अर्थात् 1970 के दशक के मध्य में ही दे दिया गया था।

अत: प्रभुपाद का ध्यान इस्कॉन (ISKCON) के लिए अपने निजी मंदिरों के निर्माण पर केंद्रित था। लेकिन जब उनसे पूछा गया कि क्या वह अपने सर्वप्रथम प्रकाशन 'बैक टु गॉडहेड' को 'टाइम' मैगजीन की तरह नया कलेवर देना चाहेंगे, तो उन्होंने कहा

कि मैं चीजों को यथासंभव सुंदर व आकर्षक बनाने का इच्छुक हूँ। आखिरकार, जब कृष्ण साक्षात् एक ज्योति थे तो उनकी उपासना उनसे कमतर क्यों होनी चाहिए?

जब उनके आंदोलन ने वृहदाकार ले लिया तो दिल्ली में एक उत्सव आयोजित किया गया और वृंदावन में श्रील प्रभुपाद का राजसी स्वागत किया गया, जहाँ उन्होंने कृष्ण के पवित्रतम नगर में इस्कॉन (ISKCON) के भव्य मंदिर के निर्माण हेतु भूमि की तलाश प्रारंभ कर दी। हम प्रभुपाद के श्रीमुख से बारंबार यह वर्णन सुनते आए थे कि उनका आंदोलन व्यापक था और सांप्रदायिक सीमाओं से मुक्त था।

वह शायद इस तथ्य से परिचित थे कि जैसे-जैसे कोई आंदोलन व्यापक होने लगता है, उसमें मतभेद और स्थानीकृत अवरोध भी उत्पन्न होने लगते हैं। इस्कॉन (ISKCON) की गैर-सांप्रदायिक भावना पर बल देते हुए उन्होंने कहा कि वह भारत में उसके लिए जो कार्य कर रहे हैं, वैसा कार्य कोई अन्य वैष्णव संप्रदाय नहीं कर सका—हम पश्चिमवासियों को कृष्ण-भक्ति के सागर में उतार लाए हैं।

उन्होंने वृंदावन में कहा, "हमें यह विचार नहीं करना चाहिए कि कृष्ण हिंदू अथवा भारतीय हैं। कृष्ण सभी के लिए हैं। ये विदेशी लोग कृष्ण चेतना में इस दृष्टिकोण के साथ शामिल हुए हैं कि कृष्ण सभी के हैं। वे किसी हिंदू, मुस्लिम या ईसाई धार्मिक सिद्धांतों के रूप में उन्हें स्वीकार नहीं कर रहे हैं। ये सब मनोनीत धर्म हैं। यदि मैं अपने आपको हिंदू कहता हूँ तो यह मेरा धर्म नहीं है—यह मेरी पदवी है। चूँकि मेरा जन्म संयोगवश एक हिंदू परिवार में हुआ है, इसलिए मैं स्वयं को हिंदू कहता हूँ, या आप इसे ऐसे भी समझ सकते हैं कि चूँकि मेरा जन्म किसी भूमि विशेष पर हुआ है, इसलिए मैं स्वयं को एक भारतीय या अमेरिकी कहता हूँ। लेकिन हमारा कृष्ण चेतना आंदोलन इस प्रकार के मनोनीत व्यक्तित्वों के लिए नहीं है। यह कृष्ण चेतना सर्वोपाधि-विनिर्मुक्तम* है। जब कोई व्यक्ति ऐसी समस्त पदवियों से मुक्त हो जाता है तो वह कृष्ण चेतना को प्राप्त कर सकता है। जब तक कोई व्यक्ति हिंदू या मुस्लिम या ईसाई है, तब तक उसके अंदर कृष्ण चेतना उत्पन्न होने का कोई प्रश्न ही नहीं है।

"इसलिए ये लड़के व लड़कियाँ अथवा महिलाएँ एवं भद्रपुरुष, जिन्होंने हमारे साथ आना स्वीकार किया है, इन सभी ने अपने पुराने पदों का परित्याग कर दिया है। ये लोग अब अमेरिकी या कनाडियाई अथवा ऑस्ट्रेलियाई कदापि नहीं रह गए हैं। ये लोग स्वयं को भगवान् श्रीकृष्ण का अनंत सेवक मानते हैं और इसके बिना इस भौतिक प्रदूषण से मुक्ति का कोई उपाय नहीं है।"[2]

उन्होंने तेहरान में कहा, "अत: हमारे कृष्ण चेतना आंदोलन का आशय लोगों को यह शिक्षा देना है कि वे अपनी पदवियों से किस प्रकार मुक्त हों? इसलिए हम किसी भी समूह

* सभी पदनामों या चिह्नों से मुक्त होना।

को स्वीकार करते हैं। हालाँकि मैं यह सोचता हूँ कि अमुक व्यक्ति हेय है, लेकिन हमारा उद्यम उसे किसी भी प्रकार की पदवी से मुक्त करना है। इसलिए हम किसी का भी स्वागत करते हैं। वह हमारे पास अपनी किसी भी धारित पदवी के साथ आ सकता है। परंतु यदि वह हमारे साथ रहता है, हमारे नियमों व अधिनियमों का पालन करता है तो वह अपनी सभी पुरानी पदवियों से मुक्त हो जाता है और इस तथाकथित मनोनीत धार्मिक प्रणाली से काम नहीं चलेगा। यदि हम स्वयं को किसी नामित मंच पर रखते हैं—मैं अमेरिकी हूँ, मैं भारतीय हूँ, मैं ईरानी हूँ, मैं हिंदू हूँ, मैं मुस्लिम हूँ, मैं ईसाई हूँ, मैं बौद्ध हूँ—तो हमें उस पद पर बने रहना होगा। ऐसी स्थिति में मुक्ति का कोई प्रश्न ही नहीं है।"[3]

श्रील प्रभुपाद के इस्कॉन (ISKCON) के लिए किसी गैर-सांप्रदायिक मैदान पर एक अन्य महत्त्वपूर्ण विचारणीय प्रश्न है। यदि वह विदेशों में अंतर-धार्मिक संघर्ष से कतराने की अनुमति देते हैं या भारत में ऐसा करते हैं तो यह सुनिश्चित है कि वह अपने आंदोलन को जाति-विरोधी भेदभाव, जन्म-विरोध-आधारित भक्तिसिद्धांत सरस्वती की उच्च परंपरा से जोड़ सकते हैं। वैष्णवों की पुरानी दुनिया अधिकार के प्रश्न में उलझी हुई थी। यह ऐसा विचार था, जिसके अंतर्गत किसी निश्चित जाति या कुल या परिवार में जन्मे लोग ही वैष्णव समुदाय में उच्च पदों पर आसीन हो सकते थे। लेकिन श्रील प्रभुपाद ने ऐसे आंदोलन का सृजन किया, जहाँ उनके बाद सबसे वरिष्ठ संन्यासी यद्यपि भारतीय नहीं थे, इसलिए ऐसे आंदोलन के प्रचार ने परंपराओं की ऐसी गाँठों को खोल दिया और श्रील प्रभुपाद को इस्कॉन (ISKCON) की स्थापना की स्वतंत्रता दी, जो सुस्पष्ट रूप से ऐसे किसी भी व्यक्ति का घर हो सकता था, जो श्रीकृष्ण से प्रेम करता हो; अर्थात् उसकी पात्रता का एकमात्र मानदंड श्रीकृष्ण के प्रति उसका प्रेम था।

जिस समय उन्होंने इस्कॉन (ISKCON) की स्थापना की थी, उस समय दुनिया व्यापक परिवर्तनों से गुजर रही थी। इन सबके बीच श्रील प्रभुपाद ने वही प्रतिक्रिया दी, जो उनके आध्यात्मिक दृष्टिकोण से सर्वाधिक सत्यनिष्ठ प्रतीत होती थी। भारत द्वारा मई 1974 में किए गए पहले परमाणु परीक्षण के बाद परमाणु अस्त्रों के संबंध में पूछे गए एक प्रश्न के उत्तर में उन्होंने कहा, "यह परमाणु बम क्या है ? इसे मैं आपके ऊपर गिराऊँगा और उसके बदले में आप उसे मेरे ऊपर गिराएँगे। यह श्वानों की मानसिकतावाली कैसी प्रगति है ? एक देश का दूसरे देश पर परमाणु बम गिराकर आँसू बहाना श्वानों की मानसिकता है। कुछ समय के लिए दो श्वानों के मालिक भले ही उन्हें अलग-अलग स्थानों पर बाँध दें, लेकिन वे जैसे ही एक-दूसरे से मिलेंगे, तत्काल लड़ना प्रारंभ कर देंगे। क्या आपने उसे देखा है ? यह श्वान युद्ध से बेहतर और कुछ भी नहीं।...यदि वे कृष्ण चेतना को अपनाएँगे तो कोई परमाणु युद्ध कभी होगा ही नहीं और यदि काल्पनिक रूप से कभी कोई परमाणु युद्ध हुआ भी तो उससे सबकुछ नष्ट नहीं हो जाएगा।"[4]

प्रभुपाद के लिए सभी प्रश्नों के उत्तर केवल कृष्ण थे। एक समर्पित संन्यासी के रूप में उन्होंने महसूस किया कि कृत्रिम समाधान—युद्ध में विजय, कुछ शस्त्रों पर प्रतिबंध—अब तक मानव जाति यही सब तो करती रही है। उससे भी अधिक आधारभूत कोई चीज थी, जो कहीं छूट गई थी। जब तक उसे हल नहीं कर लिया जाता, जब तक मनुष्य की गहनतम खोज पूर्ण नहीं होगी, तब तक इस व्यग्रता और इस भय में कमी नहीं आएगी। प्रभुपाद के वाद-विवाद की एक उर्वर झलक सन् 1971 में उस समय दिखाई पड़ी थी, जब भारत व पाकिस्तान बँगलादेश के स्वाधीनता आंदोलन को लेकर युद्ध कर रहे थे। यहाँ प्रभुपाद नई दिल्ली में एक पत्रकार से बात कर रहे हैं।

संवाददाता ने कहा, "जहाँ तक मैं समझता हूँ, कृष्ण के माध्यम से आप किसी अनंत सिद्धांत की बात कर रहे हैं।"

प्रभुपाद ने उत्तर दिया, "मेरा आशय किसी सिद्धांत से नहीं है। मेरा आशय आप और मेरे जैसे व्यक्ति से है।" अभी प्रभुपाद भगवान् श्रीकृष्ण का वर्णन एक सर्वोच्च व्यक्ति के रूप में कर ही रहे थे कि सायरन बजने की आवाज सुनाई देने लगी।

घर में मौजूद वह संवाददाता और अन्य लोग 'ब्लैकआउट! ब्लैकआउट!' कहकर चीखने लगे। कुछ हफ्तों से भारत व पाकिस्तान के बीच आसन्न युद्ध की चर्चाएँ जारी थीं और हवाई युद्धाभ्यास तथा युद्ध की चेतावनियाँ दिल्ली में अब आम बात हो गई थीं।

संवाददाता ने अँधेरे कमरे में अत्यंत तनावपूर्ण स्वर में कहा, "मान्यवर, सच्चाई आपके सामने मौजूद है। हमें पाकिस्तान के साथ इस युद्ध की धमकी दी जा रही है। सायरन की यह आवाज हमारे समक्ष एक भद्दी सच्चाई के रूप में आई है।"

प्रभुपाद ने कहा, "हम हमेशा ही एक भद्दी सच्चाई में रहते हैं—एक दिन में चौबीस घंटे। मान लीजिए कि कहीं कोई ब्लैकआउट नहीं है। यदि आप सड़क पर निकलेंगे तो इस बात की कोई गारंटी नहीं है कि आप सुरक्षित घर वापस लौट आएँगे। इस रूप में आप हमेशा ही एक भद्दी सच्चाई के बीच रहते हैं। आप केवल इसे 'ब्लैकआउट' क्यों कहते हैं? यह तो उस भद्दी सच्चाई का एक अंश मात्र है, बस!"

**संवाददाता :** "हाँ, परंतु इस क्षण…"

**प्रभुपाद :** "आपको इस बात का आभास नहीं है कि आप एक दिन में चौबीसों घंटे एक भद्दी सच्चाई के बीच जीते हैं? पदम् पदम् यद् विपदम्। जीवन में प्रत्येक पग पर खतरा है।"

**संवाददाता :** "यह तो मैं जानता हूँ, मान्यवर, परंतु यह सामूहिक राष्ट्रीय खतरा है। क्या आपके पास इसका कोई उपचार है?"

**प्रभुपाद :** "हमारा एकमात्र उपचार तो कृष्ण चेतना है। इस प्रक्रिया को अपनाओ, तुम प्रसन्न हो जाओगे।"

**संवाददाता :** "मेरे विचार से, किसी को याहया खाँ (पाकिस्तान के राष्ट्रपति) के पास जाना चाहिए।"

**प्रभुपाद :** "याहया खाँ के पास जाने से आपको क्या लाभ होगा?"

**संवाददाता :** "बाहर कोई मेरी हत्या करने के लिए निकल पड़ा है।"

**प्रभुपाद :** "लेकिन तुम मान लो कि याहया खाँ तुम्हारी हत्या नहीं करता है, क्या फिर भी तुम सुरक्षित रहोगे? जब मृत्यु का खतरा हर पल मँडरा रहा है तो ऐसे में तुम्हें याहया खाँ के पास जाने से क्या लाभ होगा? आज या कल तुम्हारी मृत्यु होनी ही है। यदि तुम अपने आपको बचाना चाहते हो तो कृष्ण के पास जाओ। यही हमारा वचन है। मान लो कि तुम याहया खाँ के पास जाते हो और वह तुम्हें लड़ाई न करने का वचन दे देता है, तो क्या तुम मानते हो कि तुम सदैव जीवित रहोगे? ऐसे में याहया खाँ की खुशामद करने का क्या लाभ है? कृष्ण से मनुहार करो, ताकि तुम निरंतर सुरक्षित रहो। तुम वह क्यों नहीं करते हो?"

**संवाददाता :** "मैं तो केवल सामूहिक सुरक्षा के बारे में सोच रहा था। मैं आपकी बात को समझ सकता हूँ।..."

**प्रभुपाद :** "तुम्हें यह ज्ञात होना चाहिए कि तुम हर समय खतरे में हो।"

**संवाददाता :** "हाँ, हम सहमत हैं। आइंस्टीन ने भी ऐसा ही कहा था।..."

**प्रभुपाद :** "हमारी यही स्थिति है और कृष्ण कहते हैं—'मैं तुम्हारी रक्षा करूँगा।' इसलिए हमें कृष्ण के पास जाना चाहिए। हम याहया खाँ के पास क्यों जाएँ?"

**संवाददाता :** "केवल इसलिए कि वह हमें विक्षुब्ध कर रहा है, बस!"

**प्रभुपाद :** "तुम्हारा मन तुम्हें हर समय विक्षुब्ध किए रहता है, क्योंकि वह हर समय तुम्हारे साथ होता है। तुम्हारा शरीर भी सदैव तुम्हारे साथ होता है। क्या तुम शारीरिक पीड़ा से पीड़ित नहीं होते हो? अपनी पीड़ा के उपचार के लिए तुम याहया खाँ के पास क्यों नहीं जाते हो? तुम्हारे ऊपर हर समय खतरा मँडरा रहा है, इसे तुम क्यों नहीं समझते हो?"

**संवाददाता :** "हम महसूस करते हैं कि यह एक राष्ट्रीय आपदा है।"

**प्रभुपाद :** "ये केवल लक्षण हैं। रोग के निदान के लिए लोग केवल सतही उपचार कर रहे हैं। हम सर्वोच्च उपचार दे रहे हैं। यही अंतर है। किसी सतही उपचार से आपका भला नहीं होने वाला है। तुम्हें संपूर्ण उपचार की आवश्यकता है।"

*जन्म कर्म च मे दिव्यं*
*एवम यो वेत्ति तत्त्वतः।*
*त्यक्त्वा देहं पुनर्जन्म*
*नेति मम येति सोऽर्जुनाः।*

"उपचार यह है कि हम बार-बार जन्म व मृत्यु के फेर में नहीं पड़ना चाहते हैं। हमारी केवल यही अभिलाषा है। कृष्ण भावनामृत का यही लाभ है। यं प्राप्य न निवर्तन्ते/ तद्धाम परमं मम्।''यदि तुम कृष्ण के पास जाओगे तो तुम्हें इस भौतिक जगत् में दोबारा नहीं आना पड़ेगा।"

**संवाददाता :** "मेरा प्रश्न अत्यंत काल्पनिक था। मान लीजिए कि सैकड़ों लोग शुद्धत: संतवत् कृष्ण भावनामृत संघ (ISKCON) में एक साथ बैठकर निष्ठापूर्वक ध्यान कर रहे हैं एवं एक-दूसरे के साथ धार्मिक चर्चा कर रहे हैं और कोई व्यक्ति वहाँ आकर अचानक बम गिरा देता है।"

**प्रभुपाद :** "जो लोग कृष्ण भावनामृत संघ (ISKCON) में होते हैं, वे बम से भयभीत नहीं होते। जब वे बम को आता देखते हैं तो सोचते हैं कि कृष्ण की इच्छा है कि वह बम आए। कृष्ण भावनामृत वाला व्यक्ति कभी किसी चीज से भयभीत नहीं होता है। भयं द्वितीयाभिनिवेशत: स्यात्।''जिस व्यक्ति के मन में यह संकल्पना होती है कि कृष्ण से इतर भी किसी चीज का अस्तित्व हो सकता है तो वह भयभीत होता है। दूसरी ओर—जो व्यक्ति यह जानता है कि प्रत्येक चीज कृष्ण के पास से आ रही है, उसके पास भयभीत होने का कोई कारण नहीं है। बम को आता देखकर वह कहता है, 'आह, कृष्ण आ रहे हैं!' यह एक भक्त का दृष्टिकोण है। वह सोचता है—'कृष्ण बम से मेरे प्राण लेना चाहते हैं। अच्छी बात है। मैं मारा जाऊँगा।' यही कृष्ण भावनामृत है।"[5]

ऐसे विषयों पर टिप्पणी करना अब श्रील प्रभुपाद के जीवन में अपरिहार्य बन गया था। किसी समय अज्ञात रहा एक साधु अब एक सार्वजनिक हस्ती बन गया था, जिसके पास महत्त्वपूर्ण संसाधनों से युक्त एक वैश्विक संगठन था और उसके पास भव्य मंदिरों के निर्माण हेतु भूमि अधिग्रहण की व्यापक योजनाएँ थीं।

इस्कॉन (ISKCON) के भीतर प्रभुपाद निरंतर ऐसे सही लोगों की खोज में संघर्षरत रहे, जो उनकी व्यापक विस्तार योजनाओं में सहायता कर सकें। काफी समय से वह अवकाश ग्रहण करने के इच्छुक थे। वह चाहते थे कि उन्होंने जो 12 सदस्यीय संचालन समिति बनाई है, उसके चयनित सदस्यों को अपना दायित्व सौंपकर निवृत्त हो जाएँ। वह निवृत्त होने के बाद अपने शेष जीवन में केवल लेखन कार्य करना चाहते थे। परंतु यह अत्यंत चुनौतीपूर्ण कार्य था; क्योंकि नियमित तौर पर ऐसे मुद्दे उठाए जा रहे थे, जिन्हें प्रत्यक्षत: प्रभुपाद द्वारा ही निपटाया जाना था।

बंबई के सुदूर उपनगर जुहू बीच पर भूमि प्राप्त कर ली गई थी, जहाँ एक भव्य मंदिर का निर्माण किया जाना था। लेकिन श्रील प्रभुपाद को न चाहते हुए भी अनेक आर्थिक मामलों में उलझना पड़ा; क्योंकि उन्हें उन ठेकेदारों से आर्थिक वार्त्ताएँ करनी पड़ती थीं, जो उनके अमेरिकी शिष्यों को अपरिहार्यत: लूट रहे थे।

इस्कॉन (ISKCON) का विस्तार ऑस्ट्रेलिया व न्यूजीलैंड में भी हो रहा था, जहाँ पुनः उनके प्रारंभिक अनुयायी हिप्पी लोग थे। मंदिर के लिए स्थान प्राप्त कर लिया गया था और देवताओं को वहाँ स्थापित भी कर दिया गया था; परंतु समस्या यह थी कि वहाँ उनकी देखभाल कौन करेगा? सबसे महत्त्वपूर्ण बात यह थी कि वह किस प्रकार अपने अनुयायियों को प्रशिक्षित करें कि वे संन्यासी बने रहकर अपने मंदिरों का निष्ठापूर्वक रख-रखाव करें और प्रबंधक बनने का प्रयास न करें?

ऑस्ट्रेलिया में एक ऐसा व्यक्ति था, जो भूतपूर्व प्रोफेसर था और खुद को जादूगर कहता था। एक दिन वह इस्कॉन (ISKCON) की एक सभा में प्रकट हुआ और उसने घोषणा की कि उसे इस बात का ज्ञान था कि वह ईश्वर था। उसने कहा, "मैं इस ब्रह्मांड का केंद्र हूँ और मैं अगले वर्ष किसी समय यह सिद्ध कर दूँगा कि मैं ब्रह्मांड का केंद्र हूँ।" उसके इस कथन पर प्रभुपाद ने व्यंग्यपूर्वक टिप्पणी की, "यह तो बड़ी अच्छी बात है। प्रत्येक व्यक्ति इसी भाँति सोच रहा है। आपके अंदर क्या विशेषता है?"[6]

इस प्रकार के वार्त्तालाप कई बार अत्यंत तनाव से व्याकुल कर देनेवाले होते थे। वहाँ सन् 1971 में प्रभुपाद की सिडनी यात्रा का एक वीडियो[7] था, जिसमें वह पैडिंग्टन, सिडनी स्थित एक अन्य मंदिर में एक नीले रंग की वॉक्सवैगन कॉम्बी वैन में सवार दिखाई देते हैं। वहाँ इस्कॉन (ISKCON) का शेरिल जिमरर नामक एक नई शिष्या उनकी प्रतीक्षा कर रही थी, जो पहले एक स्नातक से कोषागार कर्मचारी बनी और उसके बाद कृष्ण-भक्त बन गई थी। न केवल शेरिल, बल्कि मंदिर के प्रांगण में उसकी चिंतित एवं घबराई हुई माँ व चाची भी मौजूद थीं। जबकि उनकी लड़की मंदिर की काररवाइयों में भाग ले रही थी और ध्यान मुद्रा में बैठकर मंत्रोच्चार करती हुई प्रभुपाद द्वारा अपने दीक्षित किए जाने की प्रतीक्षा कर रही थी, उसकी माँ मंदिर के बाहर खड़े एक रिपोर्टर से बात कर रही थी।

उसकी माँ ने कहा कि "मैं उसके इस कार्य से प्रसन्न नहीं हूँ। मैं उसका साथ नहीं दूँगी; लेकिन यह उसका जीवन है, जैसा चाहे करे। इसलिए मेरे पति ने और मैंने उसे समझाने का भरपूर प्रयास किया।"

संवाददाता ने पूछा, "आपको उसके बारे में किस बात को लेकर चिंता है?"

शेरिल की माँ ने कहा, "उसका भविष्य। वास्तव में, मैं उसके संपूर्ण भविष्य को लेकर चिंतित हूँ, क्योंकि ये लोग उसे सेक्स न करने की शिक्षा दे रहे हैं। पिछली रात भी मैं यहाँ आई थी। उस समय आध्यात्मिक गुरु उनसे कह रहा था कि सेक्स करना पशुओं के समान है। यह कोई तरीका नहीं है। क्या मैंने अपने बच्चों को इसी तरह पाल-पोसकर बड़ा किया है? जब मैं ऐसी बातें सुनती हूँ तो यह सोचकर चकित रह जाती हूँ कि उसका भविष्य क्या है? उसने इस कार्य के लिए अपनी विश्वविद्यालय की पढ़ाई छोड़ दी है।

उसने सारे काम छोड़ दिए हैं। इस तरह मुझे उसका कोई भविष्य कदापि नहीं दिखाई देता है। मुझे कुछ समझ में नहीं आ रहा कि अगले दस वर्षों में क्या होने वाला है!"

**संवाददाता :** "क्या मैं पूछ सकता हूँ कि आप किस धर्म से हैं?"

**माँ :** "चर्च ऑफ इंग्लैंड···उसे भी ईसाई बनाया गया था और उनकी पुष्टि भी हमारे अपने चर्च में की गई थी और अब वह केवल दो महीनों के अंदर इन लोगों की ओर मुड़ गई है।"

**संवाददाता :** "आपके विचार से, उसे इनकी ओर किस चीज ने सर्वाधिक आकृष्ट किया होगा?"

**माँ :** "वह किसी चीज की तलाश में थी। वह एक अंतर्मुखी लड़की है और सोचती है कि उसे इस समय जो कुछ मिल रहा है, उससे अधिक मिलना चाहिए। निश्चय ही, उसे किसी चीज की कमी रही होगी। यदि ऐसा न होता तो वह यहाँ न आती और जब से वह यहाँ आई है, तब से अत्यंत प्रसन्न दिखाई दे रही है। उसके विचार इन लोगों के विचार से मेल खाते हैं और मैं सोचती हूँ कि ये बहुत भले लोग हैं। उनके विचार अत्यंत ईमानदार हैं; परंतु वे मेरे विचार नहीं हैं।"

**संवाददाता :** "मेरे विचार से, आपको इनकी जो चीज विशेष रूप से पसंद नहीं आ रही है, वह है इनका दंडवत् प्रणाम करना।"

**माँ :** "नहीं, मुझे उनके इस कृत्य में कोई औचित्य दिखाई नहीं देता है।"

इस बिंदु पर शेरिल ने प्रवेश किया। रिपोर्टर ने शेरिल से पूछा, "शेरिल, तुम इस तरह झुककर दंडवत् प्रणाम क्यों करती हो?"

**शेरिल :** "क्योंकि वह विनम्रता का द्योतक है। आध्यात्मिक गुरु, वह ईश्वर के संदेशवाहक हैं, ईश्वर के साथी हैं। वास्तव में वह कृष्ण के मित्र हैं, ईश्वर के मित्र हैं। हम अपने आध्यात्मिक गुरु को इसलिए दंडवत् प्रणाम करते हैं, क्योंकि वह हमें यह ज्ञान दे रहे हैं कि किस प्रकार वापस घर जाना चाहिए। वापस भगवान् के पास जाना चाहिए, कृष्ण की ओर जाना चाहिए। वह इस जगत् में अत्यंत शक्तिशाली हैं। आज दुनिया भर में हमारे पास 52 मंदिर हैं।"

**संवाददाता :** "तुम्हारी माँ इस बात को लेकर चिंतित हैं कि तुम यहाँ जो सब चीजें कर रही हो, उसका कारण तुम्हारा धर्म-परिवर्तन है। क्या तुम अपनी माँ की चिंता को लेकर चिंतित हो?"

**शेरिल :** "हाँ, मैं यह देखकर चिंतित हूँ कि मेरी माँ चिंतित है। किंतु मेरे विचार से, उन्हें चिंतित नहीं होना चाहिए; क्योंकि आप स्वयं देख सकते हैं कि यहाँ चारों ओर शांति एवं प्रसन्नता है।"[8]

यह वार्त्तालाप इसका ज्वलंत उदाहरण है कि किस प्रकार का तनाव इस्कॉन (ISKCON)

के अंदर और बाहर व्याप्त है; क्योंकि जिसे देशज भाषा में 'हरे कृष्ण आंदोलन' के नाम से जाना जाता है, उसने नए केंद्रों का निर्माण किया है और उसे दुनिया भर में नए अनुयायी प्राप्त हुए हैं।

श्रील प्रभुपाद टोक्यो से होनोलूलू तक और बंबई से मद्रास* तक शिक्षा देने, प्रवचन करने के लिए अथक रूप से यात्राएँ करते रहे और कई बार उन्हें उनके अनुयायियों के मध्य उठनेवाले महत्त्वाकांक्षा के संघर्ष को शांत करने हेतु हस्तक्षेप भी करना पड़ा। वह जिस एक चीज पर अपना सर्वाधिक ध्यान केंद्रित करते थे, वह था उनका पहला प्यार—लेखन, अनुवाद एवं पुस्तकों का प्रकाशन। प्रभुपाद अपने इस विश्वास पर सदैव दृढ़ रहते थे कि करोड़ों लोगों तक कृष्ण के प्रेम का प्रसार करने हेतु मंदिरों की अपेक्षा पुस्तकें अधिक महत्त्वपूर्ण एवं सशक्त माध्यम थीं। "हमारी एकमात्र आशा पुस्तकें एवं साहित्य है।"[9] अपने इस कथन को वह बारंबार दोहराते रहते थे। वह कहते थे कि "व्यावहारिक रूप से हमारा समाज पुस्तकों पर निर्मित है।"[10]

श्रील प्रभुपाद के प्रोत्साहन पर इस्कॉन (ISKCON) प्रकाशन केंद्र ने अपने प्रकाशन कार्यक्रम को बड़ी तेजी से बढ़ा दिया था और आंदोलन के उपदेशकों को एक प्रमुख कार्य यह भी सौंपा गया था कि बाहर जाने के बाद वह यथासंभव स्थानों—चाहे वे गलियाँ हों, चौराहे या सड़कों के नुक्कड़—पर पुस्तकें अवश्य बेचें।

चाहे वह मायापुर में निर्माणाधीन अपने स्वप्न मंदिर के निकट किसी झोंपड़ी में रह रहे हों या गोधूलि वेला में अपने कमरे से निकलकर हाथों में मशालें लिये अपने अनुयायियों द्वारा पालकी में बैठाकर वर्जीनिया में बने नए वृंदावन मंदिर परिसर में ले जाए जा रहे हों या जुहू में किए गए जमीन के भुगतान की चर्चा कर रहे हों अथवा लंदन के इस्कॉन (ISKCON) मंदिर में जॉर्ज हैरिसन और रविशंकर का स्वागत कर रहे हों, श्रील प्रभुपाद ने अनेक मौसमों व स्थितियों एवं श्रोताओं के मध्य सब प्रकार से अपने दृढ़ संतुलन के भाव को सदैव बनाए रखा।

उनकी समस्त दिव्य शिक्षाओं में कुछ नियम ऐसे थे जिनसे वे कभी समझौता नहीं कर सकते थे, जैसे कि माँसाहार, और ऐसा करने वालों को वे 'रास्कल' (मूर्ख) की संज्ञा देते थे, एक अपवाद जिन्हें वे उन लोगों के लिए प्रयोग करते थे जिनसे वे सर्वाधिक कुपित होते थे।

इस विषय में उन्होंने अपनी एक शास्त्रीय घोषणा में कहा था, "हमारी निषेधाज्ञा है कि हमें मांस नहीं खाना चाहिए। अत: जब मैंने विमान में देखा···सचमुच हम कभी किसी होटल या रेस्तराँ में नहीं जाते; परंतु हम विमान में अनेक यूरोपियाई व अमेरिकी मित्रों को यात्रा करते देखते हैं। हम उन्हें बड़ी मात्रा में तो नहीं, परंतु अल्प मात्रा में माँस खाते हुए

* चेन्नई।

देखते हैं। उनमें से कुछ लोग अत्यधिक माँस का सेवन करते हैं, लेकिन मैं आमतौर पर देखता हूँ…नहीं। लेकिन मैं आमतौर पर देखता हूँ, परंतु यदि वे लोग अत्यल्प मात्रा में भी मांस खाना छोड़ दें तो हम दुनिया भर में अनेक पशु-वधशालाएँ चलाने के पापपूर्ण कृत्यों से बच सकते हैं। यदि हम अपनी जिह्वा पर थोड़ा सा नियंत्रण कर लें, वह क्या है ? आप माँस का एक टुकड़ा खा रहे हैं। लेकिन वे नियंत्रण नहीं कर सकते। वे नहीं कर सकते। जिह्वा वेगम्। जीभ नियंत्रित कर रही है, 'नहीं, माँस बहुत अच्छा है, इसे खा लो।' अधिक नहीं तो थोड़ा ही खा लो। वह माँस पर जीवित नहीं हैं। वहाँ माँस है, वहाँ सब्जियाँ हैं। वास्तव में वे इन पर जीवित हैं। कोई भी माँस के बराबर दो या तीन रोटियाँ नहीं लेता है। माँस की मात्रा बहुत कम होती है। लेकिन वे रोटियाँ, मक्खन, चावल और अन्य चीजें लेते हैं। आप बिना सब्जियों, बिना अन्न के जीवित नहीं रह सकते हैं। ता'ऽर मध्ये जिह्वा अति लोभामोय सुदुर्मति। वह साधारणतया केवल जीभ के लिए है। यदि वह सचमुच एक पशु नहीं है तो केवल माँस के सहारे जीवित नहीं रह सकता। उसे सब्जियाँ, अनाज और मक्खन लेना ही पड़ेगा। अनेक दुग्ध उत्पाद मौजूद हैं। अन्यथा उसके पास जीवित रहने का कोई अवसर नहीं है। लेकिन केवल अपनी जीभ के स्वाद के लिए व्यक्ति माँस का छोटा सा टुकड़ा खा रहा है और केवल उसी एक कारण से हमें हजारों-हजार पशु-वध गृहों का अनुरक्षण करना पड़ता है। वर्तमान में हमारी यह स्थिति है।'[11]

प्रभुपाद के लिए मांस-भक्षण कलियुग के अंधकारमय युग में चार घोषित पापों में से एक था। अन्य तीन पाप हैं*—द्यूत (जुआ), नशाखोरी और अवैध शारीरिक संबंध अथवा विवाहेतर शारीरिक संबंध।

"तो फिर वैध मांस-भक्षण क्या है ? वैध मांस-भक्षण यह है कि आप देवी काली, भगवती काली के समक्ष किसी पशु की बलि दें। इसके अतिरिक्त अनेक अन्य नियम व विनियम हैं। केवल नियामक सिद्धांतों की परिधि में किसी को माँस खाने की अनुमति थी। इसके लिए न तो बड़े-बड़े पशु-वध गृहों के अनुरक्षण की आवश्यकता थी और न ही बधिक की दुकान से मांस खरीदकर खाने की आवश्यकता थी। यह अवैध है।"[12]

उनकी कुछ कठोरतम समालोचनाएँ इन गतिविधियों के विरुद्ध थीं, और उन्होंने भारत सहित पूरी दुनिया में इसके विरुद्ध प्रचार करने में अपना समय व प्रयास लगाया। लेकिन केवल यही महत्त्वपूर्ण विषय नहीं थे जिन्हें श्रील प्रभुपाद को अपने शिष्यों को सिखाना पड़ा था-उनकी कुछ सर्वाधिक महत्त्वपूर्ण शिक्षाएँ धन एवं भूमि के रख-रखाव के संबंध में भी थीं।

---

* समय-काल की हिंदू अवधारणा को चार युगों में विभाजित किया गया है : सत्य, त्रेता, द्वापर एवं कलि-एक प्रकार से मानव जाति के पुण्य से पाप का चक्र, जिसमें सत्य सबसे उत्तम है और कलि सबसे पतित है, और फिर वही चक्र।

जैसा कि पूर्व में मैनहट्टन में एक मंदिर के लिए एक भवन प्राप्त करने के प्रयास में हुआ था, वैसा ही दोबारा बंबई के जुहू क्षेत्र में भी हुआ था। चूँकि भूमि की बिक्री के परिपूर्णन की प्रक्रिया नौकरशाही और कानूनी चुनौतियों में फँसकर रह गई थी, उसके कारण उनके मन में यह भावना बलवती हो गई थी कि संभवत: उनके अनुयायी ठगे जा सकते थे।

उन्होंने बंबई प्रकरण के संबंध में अपने शिष्यों को लिखते हुए यह संकेत दिया कि वे ऐसी स्थिति से निपटने में अपरिपक्व थे, जहाँ दूसरा पक्ष उनको धमका रहा था और उनकी सादगी का अनुचित लाभ उठा रहा था। प्रभुपाद ने कहा कि उन लोगों को झूठ बोलकर गुमराह किया जा रहा था; परंतु अगर वे स्वयं स्थिति से निपटने का निर्णय लेते हैं, तो उन्हें विश्वास था कि उन्हें मूर्ख बनाना आसान नहीं होगा और वे अपने शिष्यों की अपेक्षा कहीं अधिक कठोर समझौताकार होंगे।[13]

प्रभुपाद जहाँ भी गए, होनोलूलू से वृंदावन (वहाँ भी श्रील प्रभुपाद ने एक भव्य मंदिर के निर्माण का स्वप्न देखा था), अपने शिष्यों के अस्थायी आवासों, टेंट, जिनमें से अधिकतर समुद्र-तट पर लगाए गए थे, वार्ताओं के निष्कर्ष पर पहुँचने की विफलता और स्थानीय भू-स्वामी की ओर से मिलने वाली धमकियों की चिंता से प्रभुपाद अत्यंत व्यथित थे।

अंतत:, भू-स्वामी से बार-बार मोल-भाव करने की यह जिम्मेदारी प्रभुपाद पर आई, जहाँ उन्हें एक साधु के रूप में एक लेनदेनकर्ता की भूमिका को कभी शांतिपूर्ण बारीकियों से और कभी उग्रता से निभानी पड़ा।

भू-स्वामी, जिसका उल्लेख इस्कॉन के दस्तावेजों में 'मिस्टर एन.' के रूप में किया गया है, के बीच अंतिम उग्र शक्ति-प्रदर्शन में स्थिति यहाँ तक जा पहुँची कि उस व्यक्ति ने भूमि पर बने अस्थायी मंदिर को गिराने और विग्रहों को स्वयं वहाँ से हटाने की धमकी दे डाली।

इस उग्र बहस और विग्रहों को हटाने की धमकी के कुछ दिनों बाद, मिस्टर एन. की हृदयाघात से मृत्यु हो गई; लेकिन उसकी पत्नी के साथ लड़ाई जारी रही, जो नगरपालिका से मंदिर गिराने का आदेश प्राप्त करने में सफल हो गई थी। यह मामला लगभग समाप्त ही हो गया था, परंतु इस बीच शिवसेना के संस्थापक एवं पार्टी के मुख्य नीतिकार बाल ठाकरे के समक्ष इस मामले को प्रस्तुत कर दिया गया, जिन्होंने आदेश दिया कि जिस स्थान पर देवताओं की मूर्तियाँ रखी हुई हैं, उसकी पवित्रता को बनाए रखा जाए और उन्हें कोई क्षति न पहुँचाई जाए।

मंदिर का पुनर्निर्माण किया गया और उसके साथ ही बंबई में उनका मिशन पूरा हुआ। भूमि अधिग्रहण के अंतिम चरण में मिस्टर 'एन' की पत्नी श्रील प्रभुपाद के चरणों

में गिर पड़ी और उनसे क्षमा-याचना की।

मायापुर में उनकी योजनाएँ अत्यंत विशाल थीं। श्रील प्रभुपाद केवल मंदिरों के निर्माण का ही प्रयास नहीं कर रहे थे, बल्कि वह उनके पास छोटे नगरों का निर्माण भी करने के इच्छुक थे, ताकि जिन शिष्यों को उन्होंने उपदेश दिया था, वे वहाँ एकत्र होकर भगवान् श्रीकृष्ण के नाम का संकीर्तन कर सकें। उनका मानना था कि इसकी गूँज संपूर्ण विश्व में सुनाई देगी।

बहरहाल, उदाहरणार्थ सन् 1973 में लंदन में एक रथयात्रा निकाली जा रही थी, जिसने पिकाडिली और ट्राफलगर स्क्वायर के संपूर्ण क्षेत्र को अपने घेरे में ले लिया था। प्रभुपाद की आयु उस समय 77 वर्ष थी और वह अपनी अनवरत यात्राओं के कारण बार-बार बीमार पड़ जाते थे, क्योंकि उनके हृदय की स्थिति अत्यंत नाजुक बनी रहती थी। इन परिस्थितियों में भी वह भीड़ के बीच पहुँचने पर उसके साथ नाचना प्रारंभ कर देते थे, जिसने ब्रिटिश राजधानी को स्तब्ध कर दिया था।

उस समय श्रील प्रभुपाद इंग्लैंड के एक विशालकाय, परंतु एकांत स्थान 'भक्तिवेदांत मैनॉर' में ठहरते थे और उस दौरान उनसे अस्तित्वात्मक प्रश्न भी किए जाते थे। उन प्रश्नकर्ताओं में ब्रिटिश इतिहासकार एवं दार्शनिक अर्नोल्ड टॉयनबी जैसे लोग भी शामिल होते थे। उनकी प्रश्नोत्तरी के माध्यम से हमें श्रील प्रभुपाद की रुचियों एवं आंतरिक विचारों के बारे में जानने का अवसर मिलता था। उनकी सभाओं में अनेक सर्वाधिक बुद्धिमान पश्चिमी विद्वान् भी होते थे। उनका संवाद कुछ इस प्रकार होता था—

**प्रभुपाद :** जहाँ तक मैं सोचता हूँ, ब्रिटिश लोगों ने ब्रिटिश साम्राज्य का संगठन अत्यंत सुंदर विधि से किया था; परंतु किसी प्रकार से अब वह नष्ट हो गया है। परंतु अभी भी ब्रिटिश प्रतिष्ठा को सवंर्धित किया जा सकता है, बशर्ते कि उसे वैदिक निर्देशों के अनुसार किया जाए। आप अपने सामाजिक निर्माण, राजनीतिक संस्थान एवं आर्थिक विकास को वैदिक निर्देशों पर आश्रित करें।...वेदों में प्रत्येक चीज के लिए दिशा-निर्देश उपलब्ध हैं। अतः आप सब लोग महान् इतिहासकार हैं और आपके यहाँ अनेक राजनीतिज्ञ भी हैं। यदि आप वैदिक निर्देशों को थोड़ा गंभीरतापूर्वक लेंगे तो आप अपने राज्य को एक आदर्श राज्य बना सकते हैं और लोग आपका अनुसरण करने के लिए तैयार हैं। यदि आप ऐसा करेंगे तो संपूर्ण विश्व का इतिहास परिवर्तित हो जाएगा और यदि आप लोग सहमत हों तो मैं आपकी सहायता कर सकता हूँ। मैं सचमुच आपकी सहायता कर सकता हूँ।

**डॉ. अर्नोल्ड टॉयनबी :** हाँ, हाँ, हाँ (ठहराव)।

**प्रभुपाद :** आपके यहाँ प्रचुर मात्रा में खाद्यान्न एवं दुग्ध उत्पाद होने चाहिए।

उसके बाद आपकी सारी आर्थिक समस्या हल हो जाएगी और इसकी विधि भी आपके पास विद्यमान है। प्रचुर मात्रा में कृषि एवं दुग्ध उत्पाद कैसे प्राप्त किया जाए, इसके विषय में 'श्रीमद्भगवद्गीता' और 'श्रीमद्भागवत' में सबकुछ वर्णित है।···व्यावहारिक कार्यान्वयन के लिए हमें अनिवार्यतः इस विधि को स्वीकार करना होगा।

**डॉ. अर्नोल्ड टॉयनबी :** हाँ, जी हाँ, आप 'गीता' के उपदेशों को सभी मानव समाजों के लिए हर समय व्यवहार में ला सकते हैं। हाँ, जी हाँ।

**प्रभुपाद :** हाँ, हाँ; जी हाँ, मेरी भी यही अभिलाषा है कि 'गीता' की शिक्षाओं को मानव समाज द्वारा व्यावहारिक रूप से स्वीकार किया जाए और मुझे पूरा विश्वास है कि यदि वह ऐसा करेगा तो प्रसन्न रहेगा। अवश्य। यदा यदा हि धर्मस्य ग्लानिर्भवति भारत। 'श्रीमद्भगवद्गीता' (4.7) में ऐसा ही कहा गया है। आज प्रत्येक चीज दिग्भ्रमित है और आपके देश में या अन्य पश्चिमी देशों में लोग अत्यंत संगठित हैं। इसीलिए आप लोग अधिक भ्रम महसूस नहीं कर रहे हैं। लेकिन यह भ्रम आ रहा है। किंतु भारत या उसके जैसे अन्य देशों में बहुत भ्रम की स्थिति है। हाँ। उन्होंने अपनी निजी संस्कृति को खो दिया है और वहाँ के लोग पश्चिमी प्रकार की सभ्यता को आत्मसात् नहीं कर सकते हैं। अतः वे पराजित हो गए हैं। वस्तुतः वे पराजित हो गए हैं।

**डॉ. अर्नोल्ड टॉयनबी :** भारत में प्रत्येक व्यक्ति पराजित हो चुका है और भारतीय संस्कृति··· ?

**प्रभुपाद :** नहीं, प्रत्येक व्यक्ति नहीं।

**डॉ. अर्नोल्ड टॉयनबी :** नहीं, जी नहीं।

**प्रभुपाद :** प्रत्येक व्यक्ति नहीं, लेकिन लोगों का सामान्य समूह, कम-से-कम 5 से 10 प्रतिशत तथाकथित शिक्षित लोग अवश्य पराजित हो चुके हैं।

**डॉ. अर्नोल्ड टॉयनबी :** जी हाँ।

**प्रभुपाद :** जी हाँ, और यही तथाकथित शिक्षित लोग ही व्यावहारिक रूप से पथ-प्रदर्शन करते हैं। आप यह जानकर चकित होंगे कि सन् 1950 में मेरा एक शिष्य सांख्यिकी अधिकारी था। वह कुछ आँकड़े एकत्रित करने किसी गाँव में गया था और उसने लौटकर मुझे यह रिपोर्ट दी कि लोग मुझसे पूछ रहे थे कि 'बाबूजी, अगर अंग्रेज को वोट दिया यई पासाटेला' ( ?)"

**डॉ. अर्नोल्ड टॉयनबी :** जी हाँ।

**प्रभुपाद :** आप हिंदी समझते हैं ?

**डॉ. अर्नोल्ड टॉयनबी :** नहीं, मैं नहीं समझता। नहीं, नहीं, जी नहीं।

**प्रभुपाद :** नहीं। उससे यह पूछा जा रहा था कि "यदि हम एक बार फिर अंग्रेजों को वोट दें तो क्या वे आकर हमारा काम करेंगे!" (हँसते हैं)

**डॉ. अर्नोल्ड टॉयनबी :** हाँ, हाँ, जी हाँ।

**प्रभुपाद :** जी हाँ, अतः वे कुछ इसी तरह महसूस कर रहे हैं।…दरअसल…भारत में हम अपने बचपन से ही जानते हैं कि प्रत्येक भारतीय अत्यंत सुरक्षित महसूस करता था। उन्होंने कभी यह आशा नहीं की थी कि अंग्रेज जाएँगे। वे अत्यंत सहानुभूतिपूर्ण थे और अब वे उनके बारे में उस सांख्यिकी अधिकारी द्वारा अब ऐसी भावना महसूस की गई। वे सरकार की वर्तमान प्रणाली से बहुत अधिक संतुष्ट नहीं हैं। भारतीयों द्वारा ब्रिटिश प्रशासन को बहुत अधिक सराहा जाता था। यहाँ तक कि भक्तिवेदांत ठाकुर भी उसकी सराहना करते थे। भक्तिवेदांत ठाकुर ने कभी किसी चीज के बारे में कहीं लिखा था—'अंग्रेज लोग बहुत अच्छे हैं, क्योंकि वे धार्मिक मामलों में हस्तक्षेप नहीं करते हैं।' अतः उन्होंने जैसे ही अपने दृष्टिकोण में परिवर्तन किया और हिंदुओं व मुसलमानों को विभाजित करने का प्रयास किया, ब्रिटिश साम्राज्य का अंत हो गया। महारानी की घोषणा के अनुसार, 'अंग्रेजों ने वचन दिया है कि वे आप लोगों के धार्मिक मामलों में हस्तक्षेप नहीं करेंगे।' कालांतर में, राजनीतिक उद्देश्यों के लिए हिंदू-मुस्लिम का प्रश्न उठाकर हस्तक्षेप किया गया तो ब्रिटिश साम्राज्य समाप्त हो गया।

**डॉ. अर्नोल्ड टॉयनबी :** हाँ, जी हाँ। परंतु जो लोग आज भारत में शासन कर रहे हैं, उनमें से अधिकतर पश्चिमी शिक्षा प्राप्त हैं। जो भारतीय…

**प्रभुपाद :** जी हाँ। वे ठीक नेहरू की भाँति पथभ्रष्ट एवं धर्मांतरित हैं। नेहरू ने पश्चिम में शिक्षा प्राप्त की थी। उन्होंने लंदन में पढ़ाई की थी…

**डॉ. अर्नोल्ड टॉयनबी :** जी हाँ।

**प्रभुपाद :** जी हाँ, ऐसा ही था। अतीत में हमारे बचपन में हमने देखा था कि जो लोग यहाँ लंदन आ रहे थे, वे भारत वापस जाने के बाद भारतीय मिट्टी में घुलते-मिलते नहीं थे। वह…उन्हें 'इंग्लैंड-रिटर्न' कहा जाता था। अतः उन्होंने अपना एक अलग समाज बना लिया था। इसके बाद हमारे राजा राममोहन राय ने 'ब्रह्मो समाज' की स्थापना की और अनेक चीजें बदल गईं। लेकिन फिर से चीजें उलट पलट गई हैं। अतः वास्तव में, भारत की स्थिति यह है कि उसने अपनी संस्कृति तो खो दी, परंतु पश्चिमी संस्कृति को भी वह आत्मसात् नहीं कर पाया। लेकिन पश्चिमी देशों में यदि वे सभ्यता की वैदिक प्रक्रिया को स्वीकार करते हैं तो भी वे अपनी सभ्यता को पुनः ग्रहण कर सकते हैं।

**डॉ. अर्नोल्ड टॉयनबी :** जी हाँ।

**प्रभुपाद :** जी हाँ। (ठहराव)

**श्यामसुंदर :** नेल्सन के लिए प्रतिद्वंद्वी।

**प्रभुपाद :** हम्म…!

**श्यामसुंदर :** नेल्सन के लिए प्रतिद्वंद्वी।

**प्रभुपाद :** हाँ। वहाँ अखबार में एक फोटो छपी है। तुमने उसे देखा?

**श्यामसुंदर :** गार्जियन।

**प्रभुपाद :** गार्जियन। नेल्सन के लिए प्रतिद्वंद्वी। हाँ।

**डॉ. अर्नोल्ड टॉयनबी :** अच्छी बात है, पश्चिमी देश अधिकतर अर्थशास्त्र, धन एवं कोश के प्रति चिंतित रहते हैं…

**प्रभुपाद :** नहीं, वह तो…

**डॉ. अर्नोल्ड टॉयनबी :** यह तो ठीक ऐसा है, जैसे…

**प्रभुपाद :** उसे वे जारी रख सकते हैं, लेकिन वैदिक संस्कृति की भावना को स्वीकार किया जाना चाहिए। ऐसा कदापि नहीं है कि यदि कोई व्यक्ति वैदिक संस्कृति को स्वीकार करता है तो उसे अपने उद्योग अथवा भौतिक प्रगति को बंद करना होगा। ऐसा कदापि नहीं है। 'श्रीमद्‌भगवद्‌गीता' इसकी शिक्षा नहीं देती है। इसीलिए हमने अपनी सोसाइटी का नाम 'अंतरराष्ट्रीय कृष्ण भावनामृत संघ' रखा है। व्यक्ति को अंतरराष्ट्रीय कृष्ण भावनामृत संघ का सदस्य बनना होगा। उसके बाद सबकुछ व्यवस्थित हो जाएगा। जीवन-पद्धति को नहीं बदला जाना चाहिए। थोड़ा परिवर्तन करना होगा, जैसे कि हम प्रस्तावित करते हैं कि चार चीजों से बचने का प्रयास किया जाना चाहिए—अवैध शारीरिक संबंध (सेक्स), मांसाहार, नशाखोरी एवं द्यूत क्रीड़ा। इसलिए इन चार प्रकार की गतिविधियों को पापमय मानकर इन्हें निषिद्ध किया गया है। इन्हें त्यागना अधिक कठिन नहीं है। सचमुच यह अधिक कठिन नहीं है। ये अंग्रेज, मेरे कहने का आशय यूरोपियाई एवं अमेरिकी लड़कों से है, ये लोग युवा हैं। इन्होंने ये चारों चीजें छोड़ दी हैं। अतः यदि समाज में ये पापमय गतिविधियाँ जारी रहेंगी तो प्रतिक्रिया अवश्य होगी। इसीलिए इन चारों गतिविधियों को पापमय माना गया है—अवैध यौनाचार, मांसाहार, पशुओं की अनावश्यक हत्या एवं नशाखोरी तथा जुआ खेलना। यत्र पापश्चतुर्विधः। ये चार प्रकार के पापपूर्ण कृत्य हैं। अतः वैदिक सभ्यता का यह अर्थ है कि उन्हें इन चारों प्रकार की पापमय गतिविधियों से मुक्त होना चाहिए। इसके बाद अन्य परिवर्तन स्वयमेव आ जाएँगे।

**श्यामसुंदर :** मैं सोचता हूँ, मि. टॉयनबी…मैंने टेलीविजन पर, मैंने आपको एक बार न्यूयॉर्क में एक टी.वी. कार्यक्रम में देखा था।

**डॉ. अर्नोल्ड टॉयनबी :** हाँ, जी हाँ, अवश्य देखा होगा।

**श्यामसुंदर :** आपने निष्कर्षतः कहा था कि यदि वे लोग, जिन्होंने त्याग की भावना विकसित कर ली थी, भौतिक सुख की तलाश से वास्तविक परित्याग, वे बाहर आएँ, तो यह दुनिया को वर्तमान संकटपूर्ण स्थिति से बाहर निकालने में सहायक होगा।

**डॉ. अर्नोल्ड टॉयनबी :** हाँ, हाँ, जी हाँ। जी हाँ।

**श्यामसुंदर :** इसलिए...हाँ।

**डॉ. अर्नोल्ड टॉयनबी :** आप पश्चिमी जगत् में परिवर्तन के कोई लक्षण देखते हैं या नहीं?

**प्रभुपाद :** अच्छी बात है। परिवर्तन किसी भी क्षण आ सकता है, बशर्ते वे इस आंदोलन को थोड़ा गंभीरतापूर्वक लें। परिवर्तन अच्छाई के लिए होना चाहिए।

**डॉ. अर्नोल्ड टॉयनबी :** अच्छाई के लिए परिवर्तन। जी हाँ।

**प्रभुपाद :** हाँ। इसलिए हमारा आंदोलन और आप श्रीमान, हम एक साथ मिलकर लोगों की भलाई के लिए कार्य कर सकते हैं।

**डॉ. अर्नोल्ड टॉयनबी :** जी हाँ।

**श्यामसुंदर :** आप इस 'सच्चे वैराग्य की भावना,' जैसे आप संबोधित करते हैं, को कैसे देखते हैं...?

**डॉ. अर्नोल्ड टॉयनबी :** जी हाँ।

**श्यामसुंदर :** इस समय इतिहास में जो होने वाला है उसे आप किस प्रकार देखते हैं?

**डॉ. अर्नोल्ड टॉयनबी :** मेरे विचार से, पश्चिमी देशों से इस बात के संकेत मिल रहे हैं कि लोग अब केवल धन-कमाऊ व्यवसायों से विमुख हो रहे हैं। ये संकेत छोटे भले ही हों, परंतु शायद विशिष्ट संकेत हैं। लेकिन इसमें काफी समय लग सकता है और संभवत: लोगों के बड़े पैमाने पर कष्ट सहन करने के बाद ही यह परिवर्तन आएगा और लोग धीरे-धीरे जीवन के प्रति अपना दृष्टिकोण बदलना सीख जाएँगे। यह मेरा निजी विचार है। मैं सोचता हूँ कि वर्तमान में ब्रिटेन के सभी वर्गों के लोग अधिकाधिक धन प्राप्त करने के पीछे भाग रहे हैं। वे अधिक उन्नत मानक वाला भौतिक जीवन जीने का प्रयास कर रहे हैं। आमतौर पर, लोग कुछ इसी प्रकार से सोच रहे हैं और यही कारण है कि हर किसी को सच्ची प्रसन्नता कदापि प्राप्त नहीं हो सकती।

**श्यामसुंदर :** अनेक युवा लोग, खासतौर से नौजवान लोग।

**डॉ. अर्नोल्ड टॉयनबी :** जी हाँ।

**श्यामसुंदर :** आजकल अनेक लोगों को यह परित्याग पूर्णतया सादा एवं सरल लग रहा है।

**डॉ. अर्नोल्ड टॉयनबी :** हाँ, जी हाँ।

**श्यामसुंदर :** जैसा कि प्रभुपाद चार नियमों एवं अन्य गतिविधियों के बारे में बता रहे थे। कुछ कार्य तो हम सतह पर कर सकते हैं, लेकिन परित्याग तो हमारी चेतना में

समाहित है; क्योंकि हम अपनी प्रत्येक चीज श्रीकृष्ण की सेवा में अर्पित कर रहे हैं।

**डॉ. अर्नोल्ड टॉयनबी :** जी हाँ। अमेरिका के बारे में आपका क्या विचार है? (जहाँ गिलासों में पानी उड़ेलने की आवाजें सुनाई दे रही हैं।)

**श्यामसुंदर :** अरे, हाँ।

**डॉ. अर्नोल्ड टॉयनबी :** यह तो अच्छी बात है।

**भक्त :** थोड़ा जल लेंगे, डॉ. टॉयनबी?

**डॉ. अर्नोल्ड टॉयनबी :** जी नहीं, धन्यवाद। और जापान के बारे में आपका क्या विचार है?

वह एक एशियाई देश है, परंतु वह आजकल पश्चिमी तौर-तरीकों में अत्यंत सफल रहा है।

**श्यामसुंदर :** ठीक, वहाँ भी हमारे दो केंद्र हैं। जापान में हमारे और भी केंद्र हैं।

**डॉ. अर्नोल्ड टॉयनबी :** मुझे ऐसा लगता है कि जापानी लोग बहुत प्रसन्न नहीं हैं। वे अत्यंत…

**प्रभुपाद :** जीवन की इस पादार्थिक पद्धति में कोई भी प्रसन्न नहीं रह सकता है। यही सत्य है।

**डॉ. अर्नोल्ड टॉयनबी :** हाँ, हाँ, जी हाँ।[14]

यहाँ भारत में इस्कॉन (ISKCON) के स्वप्निल मंदिर बनकर तैयार होते जा रहे थे। वृंदावन में प्रभुपाद ने सामान्य राधा-कृष्ण मंदिर की बजाय कृष्ण-बलराम मंदिर के निर्माण की संभावना पर विचार किया। उनके पास जो भूमि थी, वह कोमल रेतीली भूमि थी, जहाँ कृष्ण-बलराम बचपन में क्रीड़ा किया करते थे और प्रभुपाद अपने नए मंदिर को उसी भूमि पर खड़ा करना चाहते थे। वह उसे अपने बहुरंगी वैश्विक आंदोलन की तरह अद्भुत बनाना चाहते थे।

मायापुर में, उससे भी विशाल मंदिर का निर्माण किया जा रहा था, और उसके समीप ही, इस्कॉन का एक पूर्ण विकसित नगर, उन सुदूर देशों से आये भक्तों के लिए बनाया जा रहा था जिन्होंने वैष्णववाद को अपना लिया था—भविष्यवाणी सच हो रही थी।

श्रील प्रभुपाद अक्सर सेवाओं से मुक्त होने की इच्छा प्रकट करते थे, अर्थात् जिससे उन्हें इस्कॉन की संपत्ति, विशालकाय निर्माणकार्यों, और विश्व के अनेक भागों में होने वाले अनेक कार्यक्रमों का प्रबंधन ना करना पड़े। वे उस संपूर्ण नगर को अपने सभी शिष्यों को सौंपकर कहीं एक एकांत कोने में जाकर शांतिपूर्वक लेखन कार्य करना चाहते थे। परंतु ऐसा नहीं हो सका।

प्रभुपाद को न केवल इस्कॉन के संचालन संबंधी प्रबंधकीय कार्यों में लिप्त होना पड़ा,

बल्कि उन्हें निर्माणाधीन मंदिरों के लेखा विवरणों की जाँच भी निरंतर करनी पड़ी, जिससे यह सुनिश्चित किया जा सके कि धन का उपयोग समुचित कार्यों में किया जा रहा है।

इसके समानांतर उन्हें अपने व्यक्तिगत व्याख्यानों में भी लगातार व्यस्त रहना पड़ता था; क्योंकि उनके प्रवचन हेतु कभी रोम से, कभी पेरिस से तो कभी जिनेवा, फ्रैंकफर्ट और मेलबर्न से निमंत्रण आते रहते थे, जिसके लिए उन्हें अथक यात्राएँ करनी पड़ती थीं। उन्हें मृदंगों की तीव्र ध्वनियों के बीच सुदूर जर्मन गाँवों में भी जाना पड़ता था और यह भी सुनिश्चित करना पड़ता था कि कहीं शोर-शराबे के बीच उनके संदेशों का गलत अर्थ न समझ लिया जाए। कई बार गलतफहमी में डूबे लोगों द्वारा कीर्तन के दौरान उनके ऊपर तीखे हमले भी कर दिए जाते थे, जो प्रभुपाद के जीवन का लगभग हमेशा के लिए अंग बन गए थे।

कुछ स्थानों पर कभी-कभी श्रोताओं का मूड बीभत्स रूप ले लेता था। एक बार पेरिस के एक विश्वविद्यालय में प्रभुपाद एवं उनके शिष्यों के कार्यक्रम में शोरगुल मचाकर उनका उपहास किया गया और मेलबर्न की एक ऐसी ही छात्र सभा में उनके ऊपर हमला भी किया गया था। एक बार एक व्यक्ति ने चाकू भी निकाल लिया था और जब प्रभुपाद एवं उनके शिष्यों का समूह कार्यक्रम-स्थल से निकलने में जल्दबाजी कर रहा था तो उनके वाहनों के ऊपर पत्थर और स्याही भी फेंकी गई थी। श्रील प्रभुपाद सदैव दृढ़ प्रतिज्ञ रहते थे कि सर्वोच्च दिव्य पुरुष कृष्ण हैं और उन्होंने मेलबर्न के छात्रों को यह कहकर शांत करने का प्रयास किया कि वह स्वयं 'यीशु के सेवक'[15] थे; परंतु उनके ऊपर कोई असर नहीं पड़ा। जैसे-जैसे आंदोलन में वृद्धि हो रही थी, उसी अनुपात में उनका धन भी बढ़ रहा था और समय-समय पर होनेवाले ऐसे हमले एवं आलोचनाएँ कुकुरमुत्ते की तरह पनपते जा रहे थे। यद्यपि प्रभुपाद ने अपने वैयक्तिक जीवन में कठोरता की गहन भावना बनाए रखी थी, तथापि उनका आंदोलन और उनके शिष्य इस्कॉन (ISKCON) के लिए अपने सामर्थ्य के अनुसार सर्वोत्तम चाहते थे (एक बार उन्होंने प्रभुपाद को लाने के लिए एक रॉल्स रॉयस कार भी उधार माँग ली थी)। श्रील प्रभुपाद की आयु बढ़ने और कमजोरी के साथ-साथ आवधिक तौर पर वित्तीय एवं विचारधारात्मक कटुता भी दिखाई देने लगी थी, फिर भी उनकी दृढ़ता में कोई कमी नहीं आई।

कई बार शिकागो एवं सैन फ्रांसिस्को में होनेवाली रथयात्राएँ बहुत बड़ा स्वरूप धारण कर लेती थीं और स्थानीय पुलिस तथा यातायात पुलिस को थका देती थीं; और लंदन, जो उनकी सर्वाधिक सफल रथयात्राओं का स्थल था, में स्थानीय अधिकारियों ने यह कहकर रथयात्रा की अनुमति देने से इनकार कर दिया था कि इससे यातायात में गंभीर व्यवधान उत्पन्न हो जाएगा। यह सबकुछ होना शायद अपरिहार्य था। श्रील प्रभुपाद का आंदोलन अत्यल्प समय में ही अत्यधिक तेजी से बहुत व्यापक हो गया था। न्यूयॉर्क में इस्कॉन (ISKCON) की स्थापना के मात्र पाँच या छह वर्षों के भीतर ही उनका

संगठन विश्व के सर्वाधिक महत्त्वपूर्ण शहरों में विशालतम धार्मिक सभाएँ आयोजित करने लगा था।* जैसा कि प्रभुपाद अकसर कहा करते थे, लोग गिरिजाघरों में नहीं जा रहे थे, परंतु वे इस्कॉन के कार्यक्रमों में भारी मात्रा में आते थे। ऐसी स्थिति में छिटपुट व्यवधानों से बच पाना असंभव था।

इस बीच, भारत में भव्य मंदिरों का निर्माण करना और वह भी तब, जबकि उसके निर्माण कार्यों का दैनिक प्रबंधन उनके अमेरिकी भक्तों के हाथों में था, जिन्हें भारत में स्थानांतरित किया गया था, उनके लिए यह कार्य करने से अधिक कहना सरल था।

वृंदावन में उस समय मुश्किल से उपलब्ध सीमेंट मिल गई थी और तीन गुंबदोंवाला मंदिर वहाँ खड़ा हो गया और उसके फर्श को संगमरमर से ढक दिया गया। वह विफल हो गया था, क्योंकि मंदिर का निर्माण कार्य निर्धारित समय पर पूरा नहीं हो सका था। वृंदावन लौटने और इस आकस्मिक पराजय का सामना करने के बाद श्रील प्रभुपाद गंभीर रूप से बीमार हो गए। जब तक वह स्वस्थ हुए, यह स्पष्ट हो गया था कि उन्होंने अपने मन में जो अंतिम तिथि निर्धारित की थी, उसका पालन नहीं किया जा सका था। इसी प्रकार की समस्याएँ बंबई में भी सामने आ रही थीं, जहाँ पर नगर निकाय की स्वीकृतियाँ गतिरोधों में फँस गई थीं।

लेकिन धीरे-धीरे वाक्पटुता एवं निस्संदेह ईश्वरीय हस्तक्षेप के कारण बंबई में सभी बाधाएँ दूर हो गईं और इस्कॉन (ISKCON) की भूमि पर पूर्व निर्मित पुरानी इमारतों की छतों पर अंततोगत्वा नए कमरों का निर्माण किया जा सका, ताकि भक्तों को प्लेग फैलानेवाले चूहों से युक्त झोंपड़ियों में न रहना पड़े और जिस भूमि पर मंदिर का निर्माण किया जाना था, अब उसे भी मुक्त कराया जा चुका था।

वृंदावन में सीमेंट की उपलब्धता अत्यल्प थी, तथापि तीन गुंबदोंवाला मंदिर वहाँ खड़ा हो गया और उसके फर्श को संगमरमर से ढक दिया गया। अनेक प्रकार से यह श्रील प्रभुपाद के लिए उनकी गृह-वापसी थी। यह वही नगर था, जहाँ उन्होंने अपने अनगिनत दिन व रातें संघर्ष करते हुए बिताई थीं। यद्यपि वह भक्त थे, किंतु उपेक्षित थे; विद्वान् थे, परंतु उन्हें कोई पढ़ता नहीं था। उन्हें अपने गुरु भाइयों या समान गुरु भक्तिसिद्धांत सरस्वती के संन्यासी बांधवों से बहुत कम सहायता प्राप्त हुई थी। इन सब घटनाओं से अविचलित रहते हुए उन्होंने वृंदावन में कुछ ऐसा निर्मित कर दिया था, जो असंभव प्रतीत होता था—उन्होंने एक वैश्विक वैष्णव आंदोलन खड़ा कर दिया था। लेकिन अभी भी उनके आगे का मार्ग आसान होने वाला नहीं था।

□

* उदाहरण के लिए, लगभग पंद्रह हजार लोगों ने 1974 की गरमियों में सैन फ्रांसिस्को में इस्कॉन रथ-यात्रा में भाग लिया था।

## 17

# महान् मुक्ति

न्यायाधीश जॉन जे. लेही ने व्यवस्था दी कि "इस न्यायालय के समक्ष समग्र व आधारभूत प्रश्न यह है कि इस वाद (मुकदमा) में आरोपित दो दोषियों एवं बचाव पक्ष को अपनी पसंद के धर्म का पालन करने की अनुमति दी जानी चाहिए अथवा नहीं, और इसका उत्तर भी अनिवार्यतः प्रतिध्वनित एवं सकारात्मक रूप से दिया जाना चाहिए।"

माननीय न्यायाधीश महोदय के समक्ष सन् 1977 में एक अत्यंत कुख्यात मामला आया था—इस्कॉन (ISKCON) के विरुद्ध धर्म-परिवर्तन एवं मानसिक नियंत्रण का अभियोग लगाया गया था।

यह ऐसी कीमत थी, जो श्रील प्रभुपाद और उनके विश्वविख्यात आंदोलन को विश्व के प्रथम वैष्णव संगठन के तीव्र विस्तार के लिए चुकानी पड़ रही थी।

वह एक विचित्र मुकदमा था। 22 वर्षीया एक बालिका ने शिकायत दर्ज कराई थी कि उसकी माँ ने उसके पसंदीदा धार्मिक संगठन इस्कॉन (ISKCON) से उसे अलग करने के लिए उसका अपहरण कर लिया था। इसके विपरीत, युवती की माँ एवं अन्य संबंधियों ने इस्कॉन (ISKCON) के विरुद्ध उसकी पुत्री का मानसिक नियंत्रण एवं बलात् धर्म-परिवर्तन का वाद दायर कर दिया था!

अंतरराष्ट्रीय कृष्ण भावनामृत संघ (ISKCON) की तीव्र प्रगति को उसके अपने ही जन्म-स्थान अमेरिका में एक विशालतम चुनौती का सामना करना पड़ रहा था। कई वर्षों से इस्कॉन (ISKCON) के कार्य में तेजी से विस्तार होने के कारण उस पर इस प्रकार का अभियोग, जिसमें प्राच्यवाद एवं नस्लवाद दोनों को शामिल किया गया था—पहले पश्चिम, यानी यूरोप में और अब अमेरिका में लगाया जा रहा था।

अमेरिका में पंजीकृत किए गए उस वाद के प्रति प्रभुपाद की त्वरित प्रतिक्रिया यह थी कि वह उसका सामना करेंगे और उसके विरुद्ध पूरी ईमानदारी एवं शक्ति से लड़ेंगे; क्योंकि उन्होंने अपने एक शिष्य को इस निर्णय की जानकारी वर्ष 1976 की सर्दियों

में दी थी। उन्होंने लिखा था—'जहाँ तक हमारे आंदोलन की प्रामाणिकता का प्रश्न है, इसके लिए तुम अधोलिखित तर्कों का उपयोग कर सकते हो। 'श्रीमद्भगवद्गीता' के अनेक संस्करण प्रकाशित हो चुके हैं। हमारे ग्रंथ 'बाइबल' से अधिक पुराने हैं। भारत में श्रीकृष्ण के लाखों मंदिर हैं। न्यायाधीशों व न्यायविदों को हमारे ग्रंथों का अध्ययन करने दो और उनके विषय में विद्वानों एवं व्याख्याताओं का मत ज्ञात करने दो। जहाँ तक अपने बच्चों पर माता-पिता के न्यायाधिकार का प्रश्न है, उसके बारे में कुछ सुझाव हैं। क्या माता-पिता की यह इच्छा है कि उनकी संतानें हिप्पी बन जाएँ? वे लोग इसे क्यों नहीं रोकते हैं? क्या ऐसे बच्चों के माता-पिता चाहते हैं कि उनकी संतानें वेश्यावृत्ति एवं नशाखोरी में लिप्त हो जाएँ? जब सरकार उनके बच्चों को सेना में भरती करना चाहती है तो यह कार्य न तो उनके अभिभावकों को पसंद आता है और न ही बच्चों को! यह प्रश्न अवश्य उठाया जाना चाहिए। 30 वर्ष से अधिक आयु के अनेक पुरुष हैं। क्या उन सबका 'मस्तिष्क-प्रक्षालन' (धर्मांतरण) किया गया है? वे आपके देश में अल्पसंख्यक हो सकते हैं, परंतु अन्य स्थानों पर वे बहुसंख्यक हैं। हीरा विक्रेता किसी अल्पसंख्यक की आवश्यकताओं का ध्यान रखता है। उन्हें हीरे बेचने की अनुमति क्यों दी जाती है? जब भी कहीं कोई मूल्यवान् चीज होगी, उसे आर्थिक रूप से संपन्न केवल एक अल्पसंख्यक समुदाय ही खरीदने में समर्थ होगा। हमारे ग्रंथ वाणिज्यिक नहीं हैं। वे धर्म और दर्शन के ग्रंथ हैं। वे लोग अब हमारे आंदोलन के महत्त्व को महसूस कर रहे हैं। वे सोचते थे कि हमारे जैसे लोग आएँगे और चले जाएँगे; परंतु अब वे देख रहे हैं कि हम तो वहाँ जम ही गए हैं। अब हमने अग्नि प्रज्वलित कर दी है। यह जलती रहेगी और कभी कोई इसे बुझा नहीं सकेगा। आप चाहे कितनी ही अग्निशमन कंपनियाँ ले आएँ, लेकिन अग्नि अपना कार्य करेगी। हमारे ग्रंथ वहाँ पूर्ववत् मौजूद हैं। यदि वे इस अग्नि को बाह्यतः शमित करने में सफल हो जाएँगे, तब भी इसकी आंतरिक लौ उद्दीप्त रहेगी। हमारा प्रथम श्रेणी का अभियान हमारा पुस्तक वितरण है। घर-घर जाओ। असली लड़ाई तो अब शुरू हुई है। कृष्ण तुम्हें संपूर्ण सुरक्षा प्रदान करेंगे। इसलिए 'हरे कृष्ण' का उच्चारण करो और लड़ो। एक फिल्म विशेषज्ञ ने राय दी है कि हमारे आंदोलन में अनेक विचार हैं। हमारे विचारों को फिल्मों में ले जाने का प्रयास करो। कुछ भारतीय व्याख्याताओं से परामर्श करो, उनकी राय लो। भारतीय विश्वविद्यालयों से उनके स्थायी आदेशों को प्राप्त करने का प्रयास करो। इस अवसर का लाभ उठाने के लिए इसे भरपूर विज्ञापित करो। वे भयभीत हैं। अनेक युवक प्रभावित हो रहे हैं। उन्होंने ठीक ही कहा है कि यह एक महामारी है। सभी भारतीय कहें कि यह प्रामाणिक है। प्रचुर प्रमाण एकत्रित करो। लंदन एवं टोरंटो में साक्ष्य एकत्रित करो। लोगों की ऐसी राय संगृहीत करो कि यह एक प्रामाणिक भारतीय संस्कृति है। ऐसा ही एक आक्रमण जर्मनी में भी हुआ था।

दुष्प्रचार के माध्यम से आप सत्य को नहीं दबा सकते हैं। आप प्रचार से आग को नहीं बुझा सकते हैं। अब हमें अपनी रक्षा हेतु अधिक सशक्त बनना होगा। लड़ाई अब कठिन हो गई है। परंतु यदि तुम कृष्ण के नियामक सिद्धांतों का पालन करोगे तो वे तुम सबको शक्ति प्रदान करेंगे। जो कुछ भी हो रहा है, वह कृष्ण की कृपा से हो रहा है। वे इस बात से भयभीत हैं कि एक भिन्न संस्कृति उनकी संस्कृति पर विजय प्राप्त कर रही है। परम द्रष्ट्वा निवर्तन्ते—यह प्राकृतिक है। यदि किसी को कोई अच्छी चीज मिलेगी तो वह पुरानी चीज को छोड़ देगा। उसे कैसे रोका जा सकता है? यह एक युद्ध है। तुम लोग लेशमात्र भी भयभीत न होओ।'[1]

इसलिए इस्कॉन (ISKCON) ने न्यायालय में इस मुकदमे को यह दिखाने के लिए लड़ा कि इसमें कोई जोर-जबरदस्ती नहीं है और इसके शिष्यों ने स्वेच्छा से इस मार्ग का चयन किया है। श्रील प्रभुपाद ने इस मुकदमे में कठोर रुख अपनाया और उन्होंने अपने एक शिष्य के साथ अत्यंत उत्तेजक वार्त्तालाप में अधोलिखित बात कही—

**रामेश्वर :** उनके पास पाँच या छह शर्तों की एक सूची है और वे कहते हैं कि यदि वे सारी शर्तें उसमें मौजूद हैं तो यह धर्म-परिवर्तन के लिए सर्वथा उपयुक्त वातावरण है और उनका आरोप है कि हम उन शर्तों को अपने सदस्यों पर थोप रहे हैं।

**प्रभुपाद :** हाँ, हम बुराई से अच्छाई के लिए उनका मन-परिवर्तन कर रहे हैं। यही तो हमारा मुख्य उद्यम है। हम सभी प्रकार की बुराइयों से उनके मस्तिष्क को साफ कर रहे हैं। यह हमारा कारोबार है। आप लोग···आपका मस्तिष्क सभी बुरी चीजों से भरा हुआ है—आप लोग मांसाहार करते हैं, अवैध शारीरिक संबंध स्थापित करते हैं और जुआ खेलते हैं। इसलिए हम उन्हें आपके मन से साफ कर रहे हैं। बरेजो-दर्पण-मर्जनम् (चैतन्य चरितामृत, अंत्य, 20.12)। शृण्वतं स्व-कथः कृष्णः पुण्य-श्रवण-कीर्तनः, हृदय अंतस्थो हि अभद्राणि। (श्रीमद्भागवत, 1.2.17) 'अभद्राणि' की धुलाई हो रही है। 'अभद्राणि' का अर्थ बुरी चीजें हैं। बुरी चीजों को अनिवार्यतः साफ किया ही जाना चाहिए। क्या आप अपने घर की सफाई नहीं करते हैं? अतः यदि आप अपने कमरे को धोकर अच्छी तरह स्वच्छ करते हैं तो आपको कौन दोषी ठहराएगा? लेकिन आप लोग इतने दुष्ट हैं कि हमसे कह रहे हैं कि हम यह कचरा क्यों साफ कर रहे हैं? आप लोग विरोध कर रहे हैं।

आप तो अत्यंत बुद्धिमान् लोग हैं। हम कचरे को धो रहे हैं और आप लोग विरोध करते हुए कह रहे हैं कि हम कचरा क्यों साफ कर रहे है? यही आपकी बुद्धिमत्ता है? लेकिन बुद्धिमान् लोग कचरे को साफ करते हैं। सफाई करना प्रकृति का नियम है। हम लोग वही कर रहे हैं।[2]

संभवत: यह ठीक वही तर्क नहीं है, जिसे अंतरराष्ट्रीय कृष्ण भावनामृत संघ (इस्कॉन) द्वारा न्यायालय में प्रस्तुत किया गया था। इसकी बजाय इस्कॉन (ISKCON) ने वे स्पष्टीकरण न्यायालय के समक्ष प्रस्तुत किए, जो उसके कुछ अपने ही भक्तों द्वारा दिए गए थे। इन भक्तों में एक प्रसिद्ध मनोरोग चिकित्सक भी शामिल था, जिसका मत निम्नानुसार था—

प्रिय डॉ. लुबिन : हमारे निकट अतीत की दूरभाषिक (फोन) वार्त्ता में आपने मुझसे उन प्रश्नों के संबंध में एक पत्र के माध्यम से स्पष्टीकरण भेजने का अनुरोध किया था, जो मत-परिवर्तन के ताजा विवादित मामलों से जुड़े हुए थे। मैं महसूस करता हूँ कि धार्मिक विषयों से जुड़े मामलों में रुचि लेनेवाले मनोरोग चिकित्सकों के लिए यह अत्यंत प्रासंगिक होगा। इसलिए जो लोग मनोरोग चिकित्सा की प्रगति के लिए बनी धार्मिक मामलों की मनोरोग चिकित्सकों की समिति में शामिल हैं, उनके लिए यह विषय चर्चा एवं अनुसंधान के लिए अत्यंत महत्त्वपूर्ण विषय हो सकता है। अपनी ओर से और अनौपचारिक रूप से हरे कृष्ण धार्मिक समिति की ओर से बोलते हुए मैं आपको सुझाव देना चाहूँगा कि यह मुद्दा मनोरोग चिकित्सा के क्षेत्र से जुड़े लोगों के लिए उनकी संभावित उपचार-शक्ति के दुरुपयोग से संबंधित कुछ गंभीर प्रश्न खड़े करता है। यह उन धार्मिक चिकित्सकों एवं आंदोलनों के विरुद्ध है, जिन्हें सामाजिक, राजनीतिक तथा विधिक कोई भी नाम दिया जा सकता है। अमेरिकी परिदृश्य में विगत दस वर्षों के अंदर बड़ी संख्या में नए धार्मिक समूहों, संप्रदायों एवं समुदायों तथा संगठनों का उदय हुआ है। उनमें से कुछ तो संगठनात्मक के साथ-साथ धार्मिक रूप से पूर्णतया नए हैं। अन्य संगठन हैं या उन पर होने का आरोप लगाया जाता है कि वे पूर्ववत् अस्तित्वमान आध्यात्मिक परंपरा पर आधारित हैं। मैं स्वयं विगत छह वर्षों से इंटरनेशनल सोसाइटी फॉर कृष्ण कॉन्शियसनेस (अंतरराष्ट्रीय कृष्ण भावनामृत संघ) एवं हरे कृष्ण आंदोलन का सदस्य हूँ। 'कृष्ण भावनामृत संघ' नामक शब्द 'भक्ति-योग' नामक शब्द का पर्यायवाची है, जो कि योग का एक धार्मिक स्वरूप है, जो अपना आध्यात्मिक प्राधिकार 'श्रीमद्भगवद्गीता' से प्राप्त करता है। जिस धार्मिक परंपरा का प्रतिनिधित्व पश्चिम में हरे कृष्ण आंदोलन कर रहा है, उसे 'वैष्णव धर्म' कहते हैं, जो भारत में कई शताब्दियों से करोड़ों हिंदुओं के जीवन में समाया हुआ है। इस विशिष्ट परंपरा ने विश्व के विशालतम एवं समृद्धतम आध्यात्मिक, दार्शनिक व रहस्यवादी साहित्य का सृजन किया है। आंदोलन के संस्थापक एवं आध्यात्मिक नेता ए.सी. भक्तिवेदांत स्वामी प्रभुपाद ने विगत दस वर्षों के दौरान इस परंपरा के प्रमुखतम पाठों—श्रीमद्भगवद्गीता, श्रीमद्भागवत एवं 'श्री चैतन्य चरितामृत' इत्यादि

के 50 से अधिक खंडों में अनुवाद व टीकाएँ प्रस्तुत की हैं। उनके इस कार्य को एक महत्त्वपूर्ण योगदान मानकर इस क्षेत्र के विशेषज्ञों द्वारा छात्रवृत्तियाँ दिए जाने योग्य माना गया है और इन्हें संपूर्ण विश्व में अनेक विश्वविद्यालयों में पढ़ाया भी जा रहा है। अखबारों में प्रकाशित पुस्तक समीक्षाओं को देखें, जिनमें कहा गया है कि 'अंतरराष्ट्रीय कृष्ण भावनामृत संघ का आंदोलन अधिकृत है।' हरे कृष्ण आंदोलन के सदस्य स्त्रियाँ व पुरुष दोनों, चाहे वे विवाहित हों या अविवाहित, अपने धार्मिक अनुष्ठानों के निष्पादन में वैदिक एवं वैष्णव सिद्धांतों का कठोरतापूर्वक पालन करते हैं और अपने धार्मिक आचरण के अंतर्गत शुद्धता, सौगंधों एवं भोजन इत्यादि के नियमों का पालन करते हैं। आंदोलन के लगभग एक सौ केंद्र हैं, जो अधिकतर शहरी विहारों एवं मठों में स्थापित हैं, जहाँ से उसके सदस्य वैष्णव परंपरा के अनुसार उत्साहपूर्ण ढंग से दीक्षायन गतिविधियों का संचालन करते हैं। हरे कृष्ण आंदोलन की प्रामाणिकता की पुष्टि पूर्व में भारत व अमेरिका दोनों में स्थित अनेक हिंदू धार्मिक शैक्षणिक व सांस्कृतिक संस्थाओं द्वारा की गई है। अनेक नए प्रमुख धार्मिक आंदोलन कथित रूप से या तो पश्चिमी धार्मिक परंपराओं—ईश्वर की संतानें एवं गिरजाघरों के एकीकरण जैसे विषयों पर आधारित हैं अथवा पूर्वी धार्मिक या दार्शनिक परंपराओं पर आधारित हैं। मुख्यत: जापान के बौद्ध समूह, योग समूह, हरे कृष्ण इत्यादि हैं। चाहे ये समूह पश्चिमी या गैर-पश्चिमी आध्यात्मिक परंपराओं पर आधारित हैं, इनमें से कुछ को इस रूप में देखा जाता है कि ये संगठन अपनी उन संबद्ध परंपराओं का समुचित ढंग से पालन नहीं कर रहे हैं, जिन पर ये प्रकटत: आधारित हैं। उदाहरण के लिए, अनेक ईसाई चर्च संगठन कहते हैं कि एकीकरण चर्च, अर्थात् चंद्रवादी एक असली ईसाई संगठन नहीं है। 'कृष्ण भावनामृत संघ' आंदोलन जैसे अन्य संगठनों को विद्वानों और परंपरा के अनुयायियों—दोनों द्वारा उसे वैधानिक मानकर स्वीकार किया जाता है। जैसे ही जनता का झुकाव इनकी ओर बढ़ने लगता है, ये सभी संगठनों को एक समुच्चय के रूप में देखने लग जाते हैं और चूँकि ये सामान्य से विचित्र प्रतीत होते हैं, इसलिए मीडिया ऐसे समूहों को एक अपमानजनक नाम 'पंथ' देकर संबोधित करने लगता है। वैधानिकता से संबंधित सभी प्रश्नों को एक तरफ रख दें तो ऐसे समूहों से जुड़े अनेक सदस्यों के अभिभावक किसी-न-किसी कारण से महसूस करते हैं कि उनके पुत्र या पुत्री का 'ब्रेनवॉश' किया गया है और यह भी कि वे उस पंथ के 'मानसिक नियंत्रण' में हैं। मूलत: चीनी कम्युनिस्टों द्वारा अपनी विचारधारा को आगे बढ़ाने के लिए इस विशेष तकनीक का प्रयोग किया गया था और इसके लिए वे कई बार व्यक्ति की वांछित इच्छा एवं जानकारी के विरुद्ध अत्यंत क्रूर मनोवैज्ञानिक व शारीरिक उत्पीड़न तक पर उतारू हो जाते थे। मत-परिवर्तन की शब्दावली को बोलचाल की भाषा में

उस तकनीक के रूप में परिभाषित किया जाता है, जो व्यक्ति विशेष की जानकारी एवं इच्छा के विरुद्ध प्रयोग में लाई जाती है। यह संदर्भ 'एनसाइक्लोपीडिया ब्रिटानिका' से लिया गया है।

लोकप्रिय समुपयोग में यह एक असंक्षिप्त सर्वव्यापक एवं निंदात्मक शब्द बन जाता है, जिसका प्रयोग किसी प्रकार की धारणा या व्यवहार के लिए किया जाता है, जिससे कोई व्यक्ति असहमत हो सकता है। मनोविज्ञान में मुझे बताया गया है कि वैधानिक नैदानिक शब्दावली में इसे सामान्यतया स्वीकार नहीं किया जाता है। कोई व्यक्ति किसी दूसरे के मन को साफ कैसे कर सकता है? अंतरराष्ट्रीय कृष्ण भावनामृत संघ के केस से जुड़े मामले में 'धर्मांतरण' की गतिकी पूर्णतया अनौपचारिक है। भक्तों के साथ बातचीत करना, धर्मग्रंथों का अध्ययन करना, ध्यान करना इत्यादि निश्चय ही किसी नौसिखिए भक्त की घोषित इच्छा, वसीयत अथवा जानकारी के बिना किसी प्रकार की मनोवैज्ञानिक जोर-जबरदस्ती की श्रेणी में नहीं आता है। यद्यपि हरे कृष्ण समुदाय में जीवन सामुदायिक एवं तपश्चर्यात्मक है, जिसमें व्यवहार एवं धार्मिक रीति को प्रभावित करनेवाले दिशा-निर्देश सुपरिभाषित हैं और यह वास्तव में अनेक अन्य प्रकार के आश्रम संबंधी समुदायों से अधिक उन्मुक्त है। हरे कृष्ण समुदाय का सदस्य अपनी इच्छा के अनुसार किसी भी समय समाज के साथ अपनी संलिप्तता को घटाने या बढ़ाने के लिए पूर्णरूपेण स्वतंत्र है। किसी भी अन्य धार्मिक परंपरा में पूर्ण प्रतिबद्धता के कारण यह आसान नहीं है। जो लोग किसी संस्था में आकस्मिक रूप से शामिल होते हैं, उनमें उन लोगों का प्रतिशत बहुत ऊँचा होता है, जो उसे अंततोगत्वा छोड़कर चले जाते हैं। हम लोग आज जो कुछ कर रहे हैं, यदि उसे मत-परिवर्तन (ब्रेनवॉशिंग) कहा जाएगा तो इसका अर्थ यह हुआ कि हम उसे करने में बहुत अच्छे नहीं हैं। उनके अपने जीवन-मूल्यों एवं जीवन-शैली के स्पष्ट तिरस्कार से उपजे तनाव के परिणामरूवरूप आए परिवर्तन को उनके बच्चों के जीवन में आए किसी क्रांतिकारी परिवर्तन की संज्ञा नहीं दी जा सकती है। ऐसे पंथों के कुछ सदस्यों के माता-पिता मान लेते हैं कि उनके पुत्रों या पुत्रियों का मत-परिवर्तन किया गया है और ऐसे माता-पिता द्वारा टेड पैट्रिक जैसे किसी व्यक्ति को उनकी संतानों का जबरन अपहरण करके उनका ब्रेनवॉश करने अथवा वापस अपने धर्म में लौटाने (गृह-वापसी) का ठेका दे दिया जाता है। इस गृह-वापसी के लिए न केवल अत्यंत उत्पीड़नकारी युक्तियाँ अपनाई जाती हैं, बल्कि उस व्यक्ति को अपने पंथ में वापस लौटाने के लिए भौतिक चोट पहुँचाने की धमकियाँ भी दी जाती हैं, ताकि लड़का या लड़की अपने धार्मिक विश्वासों एवं आचरणों को त्यागने के लिए विवश हो जाए (संलग्न शपथ-पत्र देखें)। गृह-वापसी की प्रक्रिया में ऐसे पीड़ित

व्यक्ति को उस विशेष धार्मिक समुदाय से अलग कर दिया जाता है और शरीर से उस पर कठोर अंकुश लगा दिए जाते हैं। उसका धार्मिक परिधान एवं अन्य संबंधित सामग्रियाँ, धर्मग्रंथ, प्रार्थना के उपादान इत्यादि या तो जब्त कर लिये जाते हैं या फिर उन्हें नष्ट कर दिया जाता है और उसकी धार्मिक मान्यताओं को अपमानित किया जाता है। एक मामले में एक गर्भवती स्त्री की शारीरिक रूप से पिटाई भी की गई थी। एक अन्य मामले में एक हरे कृष्ण भक्त को, जिसने ईश्वर के नाम का उच्चारण करने की अपनी धार्मिक शपथ का प्रतिकार करने से इनकार कर दिया था, उसके मुँह में बर्फ भरकर उसका गला घोंट दिया गया था। गृह-वापसी की यह उत्पीड़क प्रक्रिया कई बार कई सप्ताहों तक जारी रहती है और उसे अपने पुराने धर्म में वापस लानेवाले लोग पालियों में काम करते हैं। इस दौरान उस व्यक्ति को पूरी तरह सोने से भी वंचित कर दिया जाता है। यह सब इसलिए किया जाता है कि तथाकथित धर्मांतरित व्यक्ति अपनी सामान्य दशा में वापस लौट आए और वह एक बार फिर अपनी स्वतंत्र राय व्यक्त करने के योग्य बन सके। कई बार ऐसे तथाकथित धर्मांतरित व्यक्ति से एक वक्तव्य पर हस्ताक्षर भी कराए जाते हैं, जिसमें वह स्वीकार करता है कि उसका धर्मांतरण किया गया था। संभवत: यह आत्म-स्वीकार उन अभियुक्तों के अंगीकरण की भाँति होता है, जिनके ऊपर चुड़ैलें होने का आरोप लगाया जाता है और वे धार्मिक न्यायाधिकरण के समक्ष स्वीकार करती हैं कि वे जादू-टोने में लिप्त थीं। धार्मिक समूहों के उन सदस्यों द्वारा ऐसे अंगीकरण को धर्मांतरण के पर्याप्त साक्ष्य के रूप में देखा जाता है, जो ऐसे पांथिक धर्मांतरण को पांथिक दृष्टि से देखते हैं; लेकिन ऐसी युक्तियाँ मौलिक मानव एवं संवैधानिक अधिकारों का घोर उल्लंघन हैं।[3]

यही वे महत्त्वपूर्ण बिंदु थे, जो उन प्रश्नों पर प्रकाश डालते थे, जिनका इस्कॉन (ISKCON) ने पश्चिम में 1970 के दशक के मध्य से सामना करना प्रारंभ किया था।

ऐसे तर्कों और उसी साँस में इस्कॉन (ISKCON) के वकीलों द्वारा दिए गए कुछ अन्य साक्ष्यों ने न्यायाधीश को सहमत कर दिया कि उनका आंदोलन, जिसके उस समय अमेरिका में लगभग 2,000 से अधिक अनुयायी थे, एक प्रामाणिक धर्म था और उसकी जड़ें भारत में कई हजार वर्ष पहले से विद्यमान थीं।[4]

विद्वान् न्यायाधीश लेही ने अपने निर्णय में इंगित किया कि 'धार्मिक स्वतंत्रता को इसलिए नहीं संकुचित किया जा सकता, क्योंकि वह अपने विश्वासों एवं व्यवहारों में गैर-परंपरागत है, या इसलिए कि वह मुख्यधारा समाज द्वारा अथवा अधिक परंपरागत धर्मों द्वारा स्वीकृत या अस्वीकृत है।'[5]

उन्होंने कहा कि धर्मांतरण का आरोप सही नहीं था। 'इस न्यायालय को ऐसा प्रतीत

होता है कि लोग अपने मामलों को गलत एवं मामूली आधारों पर खड़ा करते हैं और भ्रामक निष्कर्ष पर पहुँच जाते हैं। अभियोजन पक्ष प्रतिवादियों के विरुद्ध किसी गलत प्रतिनिधित्व अथवा छलकारी कृत्य का कोई प्रामाणिक साक्ष्य प्रस्तुत नहीं कर पाया है।'[6]

इसलिए, विद्वान् न्यायाधीश ने व्यवस्था दी कि इस्कॉन (ISKCON) पर आक्रमण करना और उसे उसके कार्य से रोकना, 'चाहे वह घुमा-फिराकर किया जाए, प्रत्यक्ष या सुविचारित हो या नहीं, हमारे नागरिकों के अनंत रूप से आवश्यक अधिकार-धर्म की स्वतंत्रता पर प्रत्यक्ष एवं तात्कालिक रूप से विद्यमान एक संकट है।'[7]

ये आरोप और यह वाद इस्कॉन (ISKCON) और पश्चिमी देशों में रहनेवाले हिंदू समूहों की स्वतंत्रता के व्यापक प्रश्न दोनों के लिए ऐतिहासिक थे। इस मुकदमे ने सिद्ध कर दिया कि इस्कॉन (ISKCON) जो भी कार्य कर रहा था, वह पूरी तरह नियमों की परिधि एवं धर्म की स्वतंत्रता के ढाँचे में था; लेकिन यह उस विपत्ति का अपनी किस्म का एक उदाहरण भी था, जिसका सामना श्रील प्रभुपाद अपनी पूरी क्षमता से कर रहे थे और इससे यह भी प्रतीत होता था कि उनका वैश्विक आंदोलन दुनिया भर में और उससे भी महत्त्वपूर्ण यह कि वह भारत में खुलनेवाले अपने नए केंद्रों के साथ अपनी जड़ें मजबूत कर रहा था।

यह समाचार ऐसे समय में आया था, जबकि श्रील प्रभुपाद का स्वास्थ्य व्यापक रूप से गिरता जा रहा था। उन्हें बार-बार यह संदेह होता था कि संभवत: अब उनके जाने का समय आ चुका है, अर्थात् किसी भी दिन उनकी मृत्यु हो सकती थी। इसके बावजूद वह कई बार मौत के मुहाने पर जाकर वापस लौट आए। अब वह किसी की सहायता के बिना अधिक चल-फिर नहीं सकते थे और उनके मन में बारंबार यही विचार आता था कि उनका समय अब पूरा हो गया है।

शायद इसीलिए उनका पूरा ध्यान अब पुस्तकों के लेखन एवं प्रकाशन पर केंद्रित हो गया था। श्रील प्रभुपाद की कथा के दो पक्ष हैं—एक पक्ष वह है, जब वह दुनिया भर में निर्माण, प्रवचन एवं शिक्षा देने के लिए निकले थे और दूसरा पक्ष यह था कि वह रात के सन्नाटे में अपने सर्वाधिक प्रिय वैष्णव धर्म से जुड़ी आध्यात्मिक खोजों की तलाश में अपनी रात की नींद का भी बलिदान करने से नहीं हिचकिचाते थे।

अपने संपूर्ण जीवनकाल में अकसर अत्यंत विपरीत परिस्थितियों में कार्य करते हुए भी श्रील प्रभुपाद ने स्वयं 71 पुस्तकों का लेखन एवं प्रकाशन किया था। यह संख्या किसी भी अन्य लेखक को चौंका सकती थी। लेकिन प्रभुपाद के मामले में इसे इस संदर्भ में लिये जाने की आवश्यकता है कि उनका अधिकांश लेखन कार्य उनकी 70 वर्षीय आयु के अंतिम दशक में किया गया था, जबकि वह बार-बार बीमार पड़ने के साथ-साथ अपने वैश्विक आंदोलन के निर्माण में भी व्यस्त थे।

अपने जीवन के अंतिम दशक में, जब इस्कॉन (ISKCON) ने दुनिया भर में सौ से अधिक केंद्रों की स्थापना कर ली थी, श्रील प्रभुपाद कभी भी रात में दो घंटे से अधिक नहीं सोए। वह रात में केवल 10 बजे से लेकर अर्द्ध-रात्रि तक सोते थे, क्योंकि अर्द्ध-रात्रि में वह भोर होने तक लिखने, अनुवाद करने और उसे समेकित करने के लिए जाग जाते थे। यह ऐसा कार्य था, जिसे लिखित शब्दों के इतिहास में अत्यंत महानतम एवं महँगी कीमत वसूलनेवाले कार्य के रूप में देखे जाने की आवश्यकता है।

प्रभुपाद ने मैनहट्टन से शुरू हुई इस्कॉन (ISKCON) की विनम्र यात्रा से लेकर दुनिया भर में उसके करोड़ों डॉलर की लागत वाले मंदिरों की स्थापना के दौरान अपने आधारभूत उद्देश्य को कभी विस्मृत नहीं किया। वह श्रीकृष्ण के संदेश को संपूर्ण विश्व में प्रसारित करना चाहते थे।

इसलिए, जब उन्होंने अपने शिष्यों से पुस्तकों की अधिकाधिक प्रतियाँ प्रकाशित करने और बेचने का अनुरोध किया, उस समय श्रील प्रभुपाद ने इसे इस्कॉन (ISKCON) के आधारभूत आचरण के पक्ष के रूप में देखा था। पुस्तकें लेकर बाहर निकलने और उन्हें गली-मुहल्लों में बेचने का कार्य एक प्रकार से इस्कॉन (ISKCON) के संन्यासियों की रीति का गलियारा बन गया था।

वर्ष 1973 तक इस्कॉन प्रतिवर्ष अपनी पुस्तकों की 4 लाख से अधिक प्रतियों की बिक्री कर रहा था। अगले वर्ष उनकी प्रारंभिक पत्रिका 'बैक टु गॉडहेड' ने 4 लाख प्रतियों की बिक्री का आँकड़ा छू लिया था। एक स्वतंत्र इकाई के रूप में भक्तिवेदांत पुस्तक न्यास की स्थापना इस कठोर नियम के साथ की गई कि पुस्तकों की बिक्री से होनेवाली आय को दो भागों में आधा-आधा विभाजित किया जाएगा, जिसमें से आधी राशि पुस्तकों के प्रकाशन व वितरण पर व्यय की जाएगी और शेष राशि इस्कॉन (ISKCON) के मंदिरों एवं अन्य केंद्रों के निर्माण हेतु व्यय की जाएगी। जब अधिकाधिक लोग इस्कॉन (ISKCON) के आजीवन सदस्य बनने लग गए तो सदस्यता शुल्क के रूप में प्राप्त राशि का 50 प्रतिशत भाग पुस्तक न्यास के प्रकाशन व वितरण कार्यों के लिए आवंटित कर दिया गया और शेष भाग को अन्य कार्यों हेतु आरक्षित कर दिया गया। पुस्तकों की बिक्री जब अत्यधिक बढ़ गई तो पश्चिमी बाजारों के लिए पुस्तकों का प्रकाशन खासतौर से महँगे कागजों पर किया जाने लगा, ताकि उन्हें महँगी दरों पर बेचकर विकासशील संगठन के लिए अधिक धन एकत्रित किया जा सके।

भारत के बाहर जर्मन, स्पेनिश, जापानी एवं अन्य प्रत्येक भाषा में पुस्तकें प्रकाशित की गईं और स्वदेश में श्रील प्रभुपाद की रुचि जब भी जाग्रत् होती, वह अपनी पुस्तकों का प्रचार करते थे। वह चाहते थे कि ईश्वर के संदेश का प्रसार करनेवाली पुस्तकों को

प्रत्येक व्यक्ति की आँखों के समक्ष रखा जाना चाहिए।

जिस प्रकार गणेशजी ने अपने एक टूटे दाँत के साथ वेदव्यास के लिए महाभारत का अविरल लेखन किया था, उसी प्रकार श्रील प्रभुपाद भगवान् श्रीकृष्ण के लेखक थे।

आदर्शत: प्रभुपाद अपना ध्यान केवल लेखन पर केंद्रित करना चाहते थे; परंतु संचालन संस्था आयोग (गवर्निंग बॉडी कमीशन) की स्थापना के साथ आंतरिक क्लेश ने भी इस्कॉन (ISKCON) और उसके संस्थापक को अत्यधिक व्यथित करना प्रारंभ कर दिया, जो अधिकाधिक शांत बने रहना चाहते थे। फिर भी, उन्हें अपने संगठन के सदस्यों पर अंकुश लगाने और उनकी गतिविधियों पर निरंतर दृष्टि बनाए रखने की आवश्यकता महसूस हुई। निर्माण कार्य से लेकर पुस्तक वितरण तक प्रत्येक चीज उनके सामने समस्याएँ पैदा करने लग गई।

सन् 1971 में उन्होंने लिखा—'जी.बी.सी. (गवर्निंग बॉडी कमीशन) का अर्थ किसी केंद्र पर अपना नियंत्रण स्थापित करना नहीं है। जी.बी.सी. का अर्थ यह देखना है कि किसी केंद्र की गतिविधियाँ सुंदर ढंग से आगे बढ़ें। मुझे नहीं मालूम कि तमाला (एक अन्य शिष्य) अपने संपूर्ण अधिकार का प्रयोग क्यों कर रहा है। यह जी.बी.सी. का कार्य नहीं है। केंद्र के प्रबंधन के लिए अध्यक्ष, कोषाध्यक्ष एवं सचिव उत्तरदायी हैं। जी.बी.सी. का दायित्व यह देखना है कि सभी कार्य सुचारु रूप से निष्पादित हों, न कि अपने अधिकार की धौंस जमाना। यह जी.बी.सी. की शक्ति नहीं है। तमाला को ऐसा नहीं करना चाहिए। जी.बी.सी. के लोगों को तब तक कोई चीज नहीं लागू करनी चाहिए, जब तक कि वे पहले किसी केंद्र के जी.बी.सी. के सभी सदस्यों के साथ विचार-विमर्श न कर लें। जी.बी.सी. का कोई भी सदस्य अपने शक्ति के न्यायाधिकार-क्षेत्र के बाहर कदापि नहीं जा सकता है। वर्तमान में हम अभी प्रायोगिक चरण में हैं; परंतु जी.बी.सी. सदस्यों की अगली बैठक में उन्हें एक संविधान की रचना करनी चाहिए कि जी.बी.सी. के सदस्य संपूर्ण मामले की व्यवस्था किस प्रकार करें। लेकिन यह सर्वविदित तथ्य है कि स्थानीय अध्यक्ष जी.बी.सी. के नियंत्रण में नहीं हैं। हाँ, इस प्रकार की स्थितियों में सुधार लाने के लिए मुझे प्रत्येक तथ्य से अवश्य अवगत कराया जाना चाहिए।'[8]

उदाहरण के लिए, श्रील प्रभुपाद ने जनवरी 1975 में बंबई से अपने एक शिष्य ब्रुकलिन को पत्र लिखा, जिसमें उन्होंने लिखा कि पुस्तक वितरण की तकनीकों से संबंधित विवाद के मामले में तुम्हारा पक्ष सही है। हमारे व्यवसाय को अनिवार्यत: ईमानदार होना चाहिए। यदि हम कोई ऐसा कार्य करते हैं, जिससे सार्वजनिक दृष्टि में हमारे आंदोलन की लोकप्रियता धूमिल होती हो तो वह अच्छा नहीं है। हमें हर संभव प्रयास करना चाहिए कि हम जनता की दृष्टि में अलोकप्रिय न हों। इन गैर-ईमानदार पद्धतियों को अनिवार्यत: बंद हो जाना चाहिए। यह संपूर्ण जगत् में हमारी प्रतिष्ठा को

चोट पहुँचा रहा है। अन्न सहायता के नाम पर भारत में लोगों को अन्न उपलब्ध कराने हेतु एकत्रित किया जानेवाला धन अनिवार्यतः इस्कॉन (ISKCON) अन्न राहत के नाम पर होना चाहिए, किसी अन्य नाम पर नहीं। इस प्रकार, एकत्रित किए गए धन की प्रत्येक दमड़ी अनिवार्यतः भारत भेजी जानी चाहिए अथवा इससे अच्छा तो यह होगा कि तुम वहाँ अनाज खरीदकर उसे जहाज से भारत भेज दो और हम उसका वितरण कर देंगे। लेकिन यह सुनिश्चित किया जाना चाहिए कि एकत्रित धन की एक-एक पाई अनिवार्यतः उसी कार्य हेतु खर्च की जानी चाहिए, जिसके लिए वह एकत्रित किया गया है।'[9]

जो लोग अपने पारिवारिक संबंधों का तत्काल परित्याग नहीं कर सकते हैं, उनके लिए श्रील प्रभुपाद ने विवाहों की अनुमति प्रदान की है; परंतु ऐसे भक्तों के बच्चों की भीड़ इस्कॉन (ISKCON) के मंदिरों में बढ़ने लगी है। नए नियमों के निर्माण की आवश्यकता है। इस्कॉन (ISKCON) को उसके भक्तों के पारिवारिक जीवन का विस्तार नहीं बनना चाहिए। इसका प्रतिपादन केवल कृष्ण-भक्ति हेतु किया गया था और उसे उस दलदल में नहीं फँसना चाहिए, जिससे एक दिन अभय चरण डे बचकर निकल भागे थे।

लेकिन इस उत्तर का यह आशय कदापि नहीं है कि जो व्यक्ति कठोर संन्यासी का जीवन व्यतीत कर रहा हो, उसे भी वहाँ से भगा दिया जाए। यही इस्कॉन (ISKCON) का द्वैत था। अंतरराष्ट्रीय कृष्ण भावनामृत संघ (ISKCON) सभी लोगों के लिए था और आश्रम के अंदर सभी प्रकार के भक्त रह सकते थे, चाहे वे ब्रह्मचारी हों या विवाहित दंपती; परंतु इस व्यवस्था ने इस्कॉन (ISKCON) के मूल स्वरूप के बारे में भ्रम उत्पन्न कर दिया है।

यह इस्कॉन (ISKCON) के संगठन के लिए एक निर्णायक बिंदु था। कोई प्रचंड परिवर्तन किया जा सकता था। परंतु श्रील प्रभुपाद ने उन्मुक्तता का मार्ग अपनाया, जैसा कि उन्होंने कहा भी था। यदि वह रूढ़िवादी या कठोर रहे होते तो उन्हें वह उपलब्धि कभी प्राप्त न होती, जिसे उन्होंने प्राप्त किया है। उन्होंने उस घटना का उल्लेख किया, जिसके अंतर्गत उनके न्यूयॉर्क प्रवास के प्रारंभिक जीवन ने उन्हें उदार मनवाला व्यक्ति बना दिया था। वह एक हिप्पी के साथ वहाँ एक कमरा और एक फ्रिज साझा करते थे। वह आदमी अपनी बिल्ली के लिए फ्रिज में मांस के टुकड़े रखता था और किसी विकल्प के अभाव में प्रभुपाद जैसे मांस के सख्त विरोधी व्यक्ति को उसके साथ रहना और उसी फ्रिज में अपना शाकाहारी भोजन भी रखना पड़ता था।[10] फिर भी, उन्होंने वैसा किया। इसका कारण अत्यंत सरल था—कृष्ण भावनामृत संघ के प्रचार कार्य में जिंदगी उन्हें जहाँ ले गई, वह वहाँ गए और उसने उन्हें जिस किसी भी स्थिति में रखा, उसे उन्होंने गले लगा लिया।

चूँकि उन्हें निरंतर नस्ल एवं लिंग से जुड़े प्रश्नों का सामना करना पड़ता था और

यह स्पष्ट करने का प्रयास करना पड़ता था कि इस प्रकार के विभाजन इस भौतिक जगत् की परिधि में पहले से ही विद्यमान थे और इसमें नस्लवाद एवं पितृसत्तात्मक व्यवस्था पूर्ववत् चली आ रही थी। वह कहते थे कि कृष्ण की दृष्टि में सभी समान थे। 1970 के दशक के अमेरिका, जो कि नस्लीय समानता एवं लिंगीय विभाजन से ओत-प्रोत था, में इस प्रकार की शिक्षा देना कोई सरल कार्य नहीं था; परंतु श्रील प्रभुपाद की ईमानदारी एक उपदेशक की ईमानदारी थी। यदि उनसे आग्रह किया जाता था तो वे अपना अयोग्य एवं असावधानीपूर्ण मंतव्य प्रकट कर देते थे और यदि कोई व्यक्ति उनके मंतव्य को सुनने के लिए राजी न होता, तब भी उनके पास पलटकर यह कहने का विकल्प होता था कि तुम 'हरे कृष्ण, हरे कृष्ण, कृष्ण-कृष्ण, हरे-हरे/हरे राम, हरे राम, राम-राम हरे-हरे' का गान करो।[11] किसी सांस्कृतिक मुठभेड़ से बचने का यह उनके पास सरल समाधान था—कीर्तन करते समय कोई भी व्यक्ति वाद-विवाद नहीं कर सकता था!

संन्यासियों का ब्रह्मचर्य की शपथ भंग करना उन्हें सर्वाधिक व्यथित करता था। परंतु उन्होंने ऐसे लोगों को भी इस्कॉन (ISKCON) के मंदिरों में एक गृहस्थ संन्यासी के रूप में रहने और विवाह करने की अनुमति दे दी थी। भारत में "मेरे ईश्वर-भक्त बंधु एवं संन्यासी ब्राह्मणों को संन्यास की दीक्षा देने और पश्चिम में मूर्तियों की स्थापना करके मंदिरों में स्त्रियों को ठहरने की अनुमति देने के लिए मेरी आलोचना करते थे। लेकिन इन सब विसंगतियों के होते हुए भी मैं कृष्ण भावनामृत संघ का विस्तार कर रहा था और यहाँ भारत में वे लोग अपने कठोर नियमों के बावजूद कुछ नहीं कर पा रहे थे। यदि मैं उन लोगों के साथ भेदभाव करता तो बिल्कुल अलग-थलग पड़ जाता, जैसा कि वृंदावन में था और मैं एक बार फिर एक चूहा बन जाता।"[12]

और यदि मैं चूहा बन जाता तो मेरा काम चलनेवाला नहीं था। इसकी बजाय मैंने वैष्णव संन्यासियों के लिए परंपरागत रूप से संस्तुत नियमों का पालन किया, जिनमें कहा गया था कि संन्यासियों को गुलाब की तरह कोमल और बिजली की तरह कठोर होना चाहिए।[13] श्रील प्रभुपाद को इस्कॉन (ISKCON) के जलपोत को विवेकपूर्ण शब्दों के माध्यम से आगे बढ़ाना था और जहाँ आवश्यकता पड़ती थी, वहाँ वह दंड भी देते थे। चाहे फोर्ड ऑटोमोबाइल के धनी वंशज से मुलाकात का मामला हो या भारतीय प्रधानमंत्री इंदिरा गांधी के जीवन पर किया गया प्राणघातक आक्रमण अथवा उनके उत्तराधिकारी मोरारजी देसाई के साथ मिलने का मामला हो, प्रभुपाद को अपने आंदोलन की दीर्घायु के लिए अपने जीवन के अंतिम वर्षों में अत्यंत नाजुक एवं महत्त्वपूर्ण भूमिका निभानी पड़ी थी।

वह चाहे दुनिया के किसी भी कोने में रहे हों, उनका हमेशा यही सुनिश्चित करने का प्रयास होता था कि उनके द्वारा बनाई गई जी.बी.सी. उनके आंदोलन को बिना किसी

संघर्ष के और समझदारीपूर्ण तरीके से चलाने में सफल हो; परंतु उन्हें आजीवन एक पथ-प्रदर्शक की भूमिका निभानी पड़ी और वह कभी भी खुद को इस्कॉन (ISKCON) की रोजमर्रा की गतिविधियों से अलग नहीं कर पाए। चाहे सैन फ्रांसिस्को में रथयात्रा के रथों के लिए अच्छी किस्म के पहियों का सुझाव देना हो या बंबई में ठेकेदारों द्वारा धन ऐंठने का मामला हो, उन्हें हर मामले में अनिवार्यत: लिप्त होना ही पड़ा था।

इस्कॉन (ISKCON) एवं प्रभुपाद के गृह देश भारत दोनों के लिए वह अत्यंत उथल-पुथल भरा समय था। 25 जून, 1975 से 21 मार्च, 1977 तक भारत प्रधानमंत्री इंदिरा गाधी के शासन के अधीन था, जिन्होंने वहाँ आपातकाल की घोषणा कर दी थी और सभी राजनीतिक शक्तियों को अपने कार्यालय के अधीन कर लिया था। श्रील प्रभुपाद यद्यपि कभी कोई राजनीतिक व्यक्ति नहीं रहे थे, परंतु ऐसा प्रतीत होता है कि उन्होंने संक्षिप्त रूप से आपातकाल के बारे में रुचि लेते हुए उसकी चर्चा की थी। जब आपातकाल का अंत हुआ और इंदिरा गांधी ने आम चुनावों को घोषणा की तो उनकी पार्टी कांग्रेस की भारी पराजय हुई और वह संसद् में अपनी सीट भी हार गईं। प्रभुपाद के एक वरिष्ठ शिष्य द्वारा उन्हें बताया गया था कि आपातकाल के बाद हुए चुनावों में इंदिरा गांधी स्वयं अपना चुनाव भी हार गई थीं। प्रभुपाद ने भारत की घटनाओं के विषय में अत्यंत उत्सुकतापूर्वक जानकारी प्राप्त की थी।

प्रभुपाद यद्यपि राजनीतिक टिप्पणियाँ बहुत कम किया करते थे, परंतु ऐसा प्रतीत होता है कि उन्हें लोकतंत्र की मौलिक खामियों का ज्ञान पहले से था, जिसे आज लोकप्रिय राजनीति के रूप में वर्णित किया जाता है। वह जानते थे कि यदि मतदाता एवं राजनेता पूरी तरह से परिपक्व एवं नैतिक रूप से सशक्त न हों तो सत्ता की ओर ले जानेवाला यही लोकप्रिय समर्थन अत्यंत घातक हो सकता है। यह विचार कि जिस व्यक्ति के पास सत्ता हो, उसे अपने पद के साजो-सामान से ऊपर उठ जाना चाहिए, इसे प्रभुपाद सार्वजनिक जीवन के लिए उच्चतम आदर्श मानते थे। वह इस तथ्य से भी भलीभाँति परिचित थे कि बिना किसी आध्यात्मिक आधार के नेतृत्व, विशेषतया राजनीति में वास्तव में, अत्यंत हानिकारक हो सकता है।

श्रील प्रभुपाद इस तथ्य से भी पूरी तरह परिचित थे कि उनके शरीर की नैतिकता—ऐसा शरीर, जिससे वह अधिक लगाव नहीं रखते थे—'वह अकसर उस समय के बारे में चर्चा किया करते थे कि उनकी मृत्यु संभवत: कब होगी; लेकिन वह इस बात पर बल दिया करते थे कि क्या जीवित रहेगा। वह अत्यंत असंदिग्ध था, क्योंकि वह कहते थे, "मैं कभी नहीं मरूँगा। मैं अपनी उन पुस्तकों में जीवित रहूँगा, जिनका तुम लोग उपयोग करोगे।"[14] प्रभुपाद ने कहा था, "उनका शरीर एक पुरानी मशीन के समान था। आप लोग इसका जितना उपचार करेंगे, उतना ही यह बिगड़ता चला जाएगा; लेकिन मेरा कार्य कभी

नहीं रुकता है। वह सदैव जारी रहता है। मेरा मुख्य कार्य इन पुस्तकों का लेखन है और यह निरंतर चल रहा है।"[15] अब तक, अर्थात् 1977 के आसपास, इस्कॉन (ISKCON) द्वारा बिक्री की जानेवाली पुस्तकों की राशि में कई गुना वृद्धि हो चुकी थी और उससे होनेवाली प्रतिवर्ष की आय 65 करोड़ रुपए से अधिक हो चुकी थी। उनकी पुस्तकों की प्रतिवर्ष डेढ़ से दो करोड़ प्रतियाँ बिकने लगी थीं। इस्कॉन (ISKCON) विश्व के ज्ञात इतिहास में अब तक का सर्वाधिक विशाल एकल प्रकाशन संस्थान बन गया था।[16]

वर्ष 1977 की सर्दियों में श्रील प्रभुपाद का देहावसान हो गया। अपने अंतिम समय में वह हिमालय के तीर्थ नगर ऋषिकेश चले गए थे, जहाँ उन्होंने कल-कल करती गंगा के किनारे स्वच्छ पर्वत चोटियों पर कुछ आनंददायक दिन बिताए थे और उसके बाद उन्होंने खुद को अस्वस्थ महसूस करना प्रारंभ कर दिया था।

अंततोगत्वा, अविकल एवं भविष्यद्रष्टा प्रभुपाद ने आदेश दिया कि उनके इस मृतप्राय शरीर को तत्काल वृंदावन ले जाया जाए। वहाँ पहुँचने के बाद उन्होंने बताया कि उनकी अधिकतर 'स्थूल' गतिविधियाँ, जिनमें भोजन की आवश्यकता भी शामिल थी, क्षीण होने लगी थीं और उनके शब्दों में—श्रीकृष्ण अब उन्हें भौतिक जगत् से मुक्ति देने वाले थे। उन्होंने अपने जी.बी.सी. सदस्यों को एक बार फिर समझाया कि उन्हें अपना कार्य यह मानकर करना चाहिए कि अब मैं उनके बीच नहीं हूँ।[17]

लेकिन वहाँ ऐसे अनेक शिथिल बंधन थे, जिन्हें सशक्त किया जाना आवश्यक था। प्रभुपाद के चले जाने के बाद भारत में निहित स्वार्थी तत्त्वों द्वारा इस्कॉन (ISKCON) पर अधिकार किए जाने से कौन सा ढाँचा उसकी रक्षा करेगा? एक न्यास का ढाँचा। प्रभुपाद की अनुपस्थिति में (विशेषतया) भारत में ईर्ष्यालु समूहों द्वारा इस्कॉन (ISKCON) पर आक्रमण करने की कितनी संभावना थी और विदेश में उसकी क्या स्थिति होने वाली थी? महत्त्वपूर्ण। उनकी वैश्विक संपत्तियों एवं धन को किस प्रकार वितरित व संगठित किया जाएगा? समानतापूर्वक, उन्हें इस्कॉन (ISKCON) की छतरी के नीचे स्वतंत्र, किंतु सह-स्वामी बनाकर।

जी.बी.सी. समूह के साथ व्यापक विचार-विमर्श के बाद एक इच्छा-पत्र (वसीयतनामा) तैयार किया गया, ताकि यह सुनिश्चित किया जा सके कि भविष्य में कोई क्लेश न हो।

कुछ चिंताएँ हानिकारक रूप से सत्य सिद्ध हुईं। उनकी मृत्यु के कुछ सप्ताह बाद स्थानीय बदमाशों की भीड़ ने मायापुर के मंदिर पर आक्रमण कर दिया और वहाँ रहनेवाले कुछ संन्यासियों को क्रूरतापूर्वक घायल कर दिया। इस्कॉन (ISKCON) के स्थानीय कार्यकर्ताओं ने पलटकर वार किया और एक युवा संन्यासी ने हमला करनेवाली भीड़, जो कि पुरुष भक्तों को घायल करने और महिला भक्तों को निर्वस्त्र करने का

प्रयास कर रही थी, पर बंदूक से गोली दाग दी और अपने स्थानीय समर्थकों को साथ लेकर एक विरोध मार्च निकाला। लेकिन प्रभुपाद के जाने के बाद लोगों के मन में अपने जीवन के प्रति चिंता बनी रही।

वर्ष 1977 की वसंत ऋतु से ग्रीष्म ऋतु तक इस्कॉन (ISKCON) के भक्तों ने अपने गुरु के लिए अनवरत प्रार्थना एवं मंत्रोच्चार किया। वह पहले की अपेक्षा कहीं अधिक कमजोर हो गए थे। उनका आहार नगण्य हो गया था और उनकी निद्रा दूर हो गई थी। श्रील प्रभुपाद भावनात्मक रूप से पहले की अपेक्षा अधिक नाजुक स्थिति में पहुँच गए थे। देवता की मूर्ति के समक्ष प्रार्थना करते हुए उनकी आँखों में आँसू आ जाते थे और वह ध्यान व समाधि की अवस्था में पहुँच जाते थे। उन्हें ऐसा प्रतीत होता था, मानो वह ईश्वर को अपने समीप देख रहे थे और उनके निकट जा रहे थे।

अपने जीवन के अंतिम महीनों के दौरान श्रील प्रभुपाद ने अपने शिष्यों को शिक्षा दी थी कि यदि इस विश्व में एक भी सच्चा वैष्णव है, तो वह इस जगत् को बचा सकता है और वह एक वैष्णव प्रभुपाद स्वयं थे। उन्होंने अपने शिष्यों को सिखाया था कि तुम लोग मेरा 'अनुसरण' करो, 'नकल' नहीं। यह अंतर उनके अपने जीवन में उनके लिए निस्संदेह पूर्णतया सत्य था। उन्होंने अपने गुरु के बताए मार्ग का अनुसरण किया था; परंतु यदि वह उनकी नकल करते तो शायद वह सफलता की कोई वास्तविक रणनीति बनाए बिना अमेरिका जाने के लिए अपने कदम आगे न बढ़ाते।

उस ग्रीष्म ऋतु में जब श्रील प्रभुपाद ने थोड़ा अच्छा महसूस किया तो उन्होंने इंग्लैंड की एक अंतिम यात्रा की; यद्यपि उन्होंने कार के पीछे गद्दे पर लेटकर हवाई अड्डे तक की यात्रा की और उसके बाद वह व्हील चेयर पर बैठकर विमान पर सवार हुए।

इंग्लैंड में अनेक अंतरराष्ट्रीय भक्तों से मिलने के बाद प्रभुपाद को पता चला कि उनकी अन्य यूरोपियाई भाषाओं में छपी पुस्तकों की बिक्री ने अमेरिका में उनकी अंग्रेजी में छपी पुस्तकों की बिक्री को पीछे छोड़ दिया था। समस्त गणनाओं के आधार पर यह एक चौंकानेवाली उपलब्धि थी और श्रील प्रभुपाद ने उत्साहित होकर घोषणा की, "शेक्सपियर, मिल्टन, डिकेंस सहित दुनिया के किसी भी अन्य लेखक ने इतनी अधिक पुस्तकें नहीं लिखी थीं। न तो उनकी पुस्तकों को इतने बड़े पैमाने पर पढ़ा गया था और न ही उनकी प्रशंसा की गई थी।"[18]

लेकिन उनका तनाव बढ़ने लगा था। जो व्यक्ति हमेशा यह कहा करता था कि वह अपने रचनाकार से वृंदावन की पवित्र भूमि पर अपनी अंतिम मुलाकात करेगा, वह इस समय इंग्लैंड में था और उन्होंने इस तथ्य को स्वीकार भी किया कि वह भारत लौटने के इच्छुक नहीं थे। उन्होंने कहा, "भारत में मैंने जितनी भी योजनाएँ बनाईं, सरकार ने उनमें

हमेशा बाधाएँ खड़ी कीं। उनकी स्वीकृति के लिए मुझे अपने मस्तिष्क को बहुत अधिक खपाना पड़ा। संसद् के सदस्यों से लेकर गली की जनता तक सभी ने मेरे ऊपर यही संदेह व्यक्त किया कि मैं सी.आई.ए. (अमेरिकी गुप्तचर संस्था) को भारत ले आया था। उन्होंने मेरे बारे में ऐसा सोचकर बहुत भारी भूल की थी!"[19]

कुछ क्षेत्रों में दुर्लभ, परंतु चौंकानेवाला रहस्योद्घाटन किया गया था कि क्यों श्रील प्रभुपाद को अपनी इच्छित गति से इस्कॉन (ISKCON) के विस्तार में समस्याओं का सामना करना पड़ा, बावजूद इसके कि वह यहाँ भारतीयों की चापलूसी करने अमेरिका से वापस आ गए थे। उनके सपनोंवाले बंबई के मंदिर का उद्घाटन होना अभी शेष था।

श्रील प्रभुपाद ने अपना इक्यासीवाँ जन्मदिन लंदन में मनाया और उस समारोह में उन्होंने अपने अमेरिका जाने की भी चर्चा की थी; परंतु उनके स्वास्थ्य में निरंतर उतार-चढ़ाव आता रहा और यह स्पष्ट नहीं था कि वह इतनी लंबी यात्रा की थकान झेल भी पाएँगे या नहीं।

अमेरिका जाने की बजाय श्रीकृष्ण भावनामृत संघ (इस्कॉन) के आचार्य (श्रील प्रभुपाद) ने लंदन से बंबई की यात्रा की। ध्यातव्य है कि उन्होंने अपनी अमेरिका यात्रा स्वास्थ्य संबंधी समस्याओं के कारण स्थगित थी, क्योंकि वह किसी की सहायता या व्हील चेयर के बिना हिल-डुल पाने में भी असमर्थ थे और उनके गुरदों में भी कुछ दिक्कतें पैदा हो गई थीं। वह बंबई में अपने स्वप्न-मंदिर का उद्घाटन होते हुए देखने का प्रयास करना चाहते थे।

लेकिन श्रील प्रभुपाद जिस बंबई में उतरे, वहाँ अभी मंदिर अपनी पूर्णता के अंतिम दौर में था। निर्माण, गरमी एवं धूल ने उनके स्वास्थ्य को और भी अधिक संकट में डाल दिया। बंबई में उपलब्ध सर्वोत्तम आयुर्वेदिक चिकित्सकों-कविराजों को तत्काल उनके उपचार हेतु बुलाया गया; परंतु उनके स्वास्थ्य में अधिक सुधार नहीं हुआ। गुरु ने निर्णय लिया कि वह बंबई के मंदिर के उद्घाटन की अब और प्रतीक्षा नहीं करेंगे तथा वृंदावन वापस लौट जाएँगे। यद्यपि उनके भक्तों ने उन्हें इस तर्क के माध्यम से समझाने का प्रयास किया कि यदि आप बंबई में रहेंगे तो जीवित भी रहेंगे और मंदिर का उद्घाटन होता हुआ भी देख सकेंगे और यहाँ वृंदावन की अपेक्षा उनके स्वस्थ होने की अधिक आशा है। परंतु आध्यात्मिक गुरु जानते थे कि संसार से उनके जाने का समय आ चुका है। उन्हें ऐसा प्रतीत हुआ, मानो ग्रीष्म ऋतु शरद् ऋतु में परिवर्तित हो गई है और वह अपने प्रिय वृंदावन लौट आए।

श्रील प्रभुपाद के प्रमुख भक्तों के बीच उनके उपचार की चर्चाएँ इस बात का उत्तम उदाहरण थीं कि उनका स्वास्थ्य किस संकट से गुजर रहा था।* भाँति-भाँति के

---

* इस आदान-प्रदान में सभी वार्त्ताकार श्रील प्रभुपाद के प्रमुख शिष्य थे।

चिकित्सा-प्रयोगों का प्रभाव उनके गुरदों पर पड़ा था और उन्होंने काम करना लगभग बंद कर दिया था। वे आपस में इस विषय पर विचार-विमर्श कर रहे थे कि उनके उपचार के लिए किस चिकित्सक को बुलाया जाए। (कुछ लोग एलोपैथिक उपचार के बारे में विचार कर रहे थे, तो अधिकतर शिष्यों का मत था कि पारंपरिक आयुर्वेदिक औषधियाँ एवं चिकित्सक या कविराज उनका उपचार करने में सफल हो जाएँगे।)

**भगतजी :** तो फिर हमें किसी अच्छे आयुर्वेदिक चिकित्सक को बुलाना चाहिए?

**तमाल कृष्ण :** आपकी बात सही है; परंतु प्रभुपाद ने आज सुबह एक स्वप्न देखा था और उन्होंने अपने स्वप्न में किसी 'रामानुज' नामक वैद्य को मकरध्वज दवा तैयार करते देखा था। अत: प्रभुपाद का स्वप्न अनुभवातीत है। इसका एक आशय यह भी है कि कृष्ण ने उन्हें संकेत दिया है कि प्रभुपाद का उपचार किस विधि से कराया जाए। इसलिए हमने रात को रामानुज को वहाँ बुला लिया। मुझे नहीं पता कि उनके बीच क्या चर्चा हुई। मैं उनकी बातचीत का अर्थ नहीं समझ पाया, लेकिन किसी भी स्थिति में हमें यह एलोपैथिक दवा आजमानी चाहिए। यद्यपि प्रभुपाद कभी भी एलोपैथिक उपचार के पक्ष में नहीं थे, फिर भी उनके अन्य सभी शिष्यों ने एक स्वर में कहा कि हमें इसे आजमाना चाहिए। प्रभुपाद ने अब खुद को हमारे उपचार पर छोड़ दिया है। वास्तव में, आप सबने देखा है कि वह उल्टियाँ कर रहे थे। उन्हें चक्कर आ रहे थे और उन्हें नींद भी नहीं आ रही थी। इसलिए कल जब हमने उन्हें कोई दवा नहीं दी थी तो वह कुछ अच्छा महसूस कर रहे थे। आपने स्वयं सुना था कि वह किस प्रकार कठोरतापूर्वक बोल रहे थे। अत: हमें पहले ही संकेत मिल गया था। अंततोगत्वा हमने श्रील प्रभुपाद से निवेदन किया कि "अब आप ही हमें निर्देशित करें।"

प्रभुपाद ने कहा, "तो मैं तुम लोगों को जो निर्देश दूँगा, तुम उसका पालन करने के लिए तैयार हो?"

हमने कहा, "जी हाँ।"

उन्होंने कहा, "तब तो कोई एलोपैथिक इलाज नहीं। सबकुछ समाप्त हो चुका है। हम अपनी ओर से एलोपैथिक दवाएँ आजमा रहे हैं, परंतु वे काम नहीं कर रही हैं। तत्त्वत: उनसे कोई लाभ नहीं हो रहा है। डॉ. गोपाल (एक एलोपैथिक डॉक्टर) ने हमसे वादा किया है कि आप चार दिनों में उठकर बैठ जाएँगे।"

उसके बाद डॉ. घोष ने हमसे कहा कि "यह सब बकवास है।"

उन्होंने कहा, "यह कैसे हो सकता है! डॉ. गोपाल रोगी का आत्मविश्वास जाग्रत् करना चाहते हैं।" परंतु इस प्रकार के वादे करना केवल बचपना है। कोई भी समझ सकता है कि प्रभुपाद चार दिनों में उठकर बैठने वाले नहीं हैं। डॉ. घोष अत्यंत सक्षम

व योग्य डॉक्टर हैं, इसमें कोई संदेह नहीं है। लेकिन संपूर्ण पाश्चात्य चिकित्सा विज्ञान अत्यंत अनुमानात्मक है। यह अनुमान लगाने का कार्य है। बहरहाल, अनेक भक्त अपनी-अपनी कहानियाँ सुना रहे थे। मैंने बताया कि मेरे पिताजी को छह महीने पहले कूल्हे में गठिया रोग (आर्थराइटिस) हो गया था तो उन्होंने नया कूल्हा लगा दिया। उसके बाद उनका रोग दूसरी ओर आ गया तो उन्होंने वह कूल्हा भी बदल दिया। इस प्रकार, वह आठ सप्ताह तक अस्पताल में रहे थे।

डॉक्टरों ने कहा, "अब आप पहले से बेहतर हैं। हम आपको खड़ा करेंगे और आप चलने लग जाएँगे।" आठ सप्ताह तक अनेक ऑपरेशन करने के बाद डॉक्टरों ने मेरे पिताजी को खड़ा कर दिया, किंतु उन्हें तत्काल दिल का दौरा पड़ा और उनकी मृत्यु हो गई। आप लोग स्वयं समझ सकते हैं कि वे लोग इतने दक्ष डॉक्टर थे कि उन्होंने उनकी जान ले ली। हम न्यूयॉर्क में एक ऐसे भक्त को जानते हैं, जो एक नर्स थी, मुख्य नर्स थी और सबसे बड़े डॉक्टर की सहायता किया करती थी, जो अमेरिका के राष्ट्रपतियों के ऑपरेशन करता था। उसने बताया था कि हम लोग ऑपरेशन के दौरान एक-दूसरे से हँसी-मजाक करते रहते थे। एक दिन एक आदमी आया और शिकायत की, "मुझे शरीर में एक ओर दर्द है।" उसका एक्स-रे किया गया तो उन्होंने पाया कि ऑपरेशन के दौरान उन लोगों ने अंदर एक कैंची छोड़ दी थी। ऐसे लोगों की यही मानसिकताएँ हैं। इनका समूचा विज्ञान अत्यंत…"

**हंसदत्त :** संदेहास्पद है।

**तमाल कृष्ण :** संदिग्ध, संदेहास्पद। इसीलिए प्रभुपाद को आयुर्वेदिक चिकित्सकों पर अधिक विश्वास था। साथ ही एक बात और, कविराज की औषधि हानिकारक नहीं है। जबकि ये लोग, आप स्वयं देख सकते हैं कि इन पश्चिमी दवाओं के कितने आनुषंगिक प्रभाव हैं। प्रभुपाद को चक्कर आ रहे हैं, वह सो नहीं सकते हैं और उल्टियाँ कर रहे हैं और हम लोग जल्दी-से-जल्दी केवल इनका एक्स-रे करा सकते हैं; लेकिन एक्स-रे केवल पहला कदम है। उसके बाद कभी यह, कभी वह और कभी कुछ और। जब आप किसी डॉक्टर को बुलाते हैं तो उसका यह अर्थ है कि आप उससे इलाज कराने के लिए तैयार हैं। यदि आप एक्स-रे करने का अनुरोध करते हैं तो उसका यह अर्थ है कि आप एक्स-रे के बाद वे जो कुछ भी परामर्श आपको देंगे, आप उसे स्वीकार करेंगे। अन्यथा आप एक्स-रे करने के लिए कहेंगे ही क्यों! सारी बात यही है। इसलिए हमारे समक्ष असली विषय यह निर्णय करना है कि प्रभुपाद एलोपैथिक दवा लेना चाहते हैं या नहीं? यदि वह कह देते हैं कि मुझे एलोपैथिक दवा की आवश्यकता नहीं है, तो फिर एक्स-रे कराने का क्या लाभ है? क्योंकि कविराजों को एक्स-रे की चिंता नहीं होती है। वे कहते हैं कि वे नाड़ी देखकर सबकुछ समझ सकते हैं। ठीक उसी वैद्य की भाँति उसने

उनकी नाड़ी देखी और तत्काल गुरदों पर पहुँच गया। हमने उसे कोई चीज नहीं बताई थी, लेकिन वह नाड़ी देखते ही तत्काल गुरदों और पेट तक पहुँच गया। उसने तत्काल अपना निष्कर्ष दे दिया कि "गुरदे पूरी तरह निष्क्रिय हो गए हैं और जठराग्नि लगभग बुझ चुकी है।" यदि आप इस विषय में सोचें तो मेरे विचार से यह पूर्णतया व्यावहारिक वक्तव्य है। प्रभुपाद मूत्र-त्याग कर रहे हैं, वह मल विसर्जन कर सकते हैं; परंतु असली समस्या क्या है? सबसे बड़ी समस्या क्या है? न तो उन्हें भूख लग रही है और न ही उन्हें किसी चीज में स्वाद आ रहा है। डॉ. गोपाल स्वयं स्वीकार करेंगे कि उन्हें भूख नहीं लग रही है। उन्हें सचमुच कोई अंदाजा नहीं है। वह कभी यह सोच रहे हैं, कभी वह। वह तो यद्यपि यह भी नहीं जानते हैं कि जठराग्नि भी कोई चीज होती है। इस बात का उल्लेख कहाँ किया गया है कि कृष्ण आपके पेट में जठराग्नि के रूप में बैठे हुए हैं? इन एलोपैथिक चिकित्सा की पुस्तकों में जठराग्नि के बारे में कहाँ लिखा हुआ है? (हँसता है) ऐसा नहीं है। लेकिन प्रभुपाद ने प्रारंभ में ही कह दिया था कि उनका खाना नहीं पच रहा है। अतः अब प्रश्न यह है कि उनकी जठराग्नि किस तरह उत्पन्न की जाए और ये एलोपैथिक डॉक्टर इस कार्य को नहीं कर सकते हैं। संभव है कि कविराजगण ऐसा कर पाएँ।

**भगतजी :** मेरे विचार से, मथुरा में एक वैदिक कविराज हैं। क्या मुझे उन्हें यहाँ लाना चाहिए?

**तमाल कृष्ण :** मैं नहीं जानता। सबसे पहली बात यह कि यहाँ पहले ही दो कविराज उनकी चिकित्सा में लिप्त हैं। संभवतः हमें पहले इन रामानुजजी को अपना कार्य करने देना चाहिए।

**भगतजी :** आज···वह आज ही आए हैं।[20]

जिस समय प्रभुपाद ने बंबई से प्रस्थान किया था, तभी से यह प्रश्न हवा में झूल रहा था कि क्या उन्हें किसी अच्छे अस्पताल में नहीं ले जाया जाना चाहिए? लेकिन प्रभुपाद अस्पताल न जाने की जिद पर अड़े हुए थे। वह अपने जीवन के शेष भाग को अस्पतालों और आधुनिक चिकित्साओं के हवाले नहीं करना चाहते थे। वह खुद को कृष्ण के समक्ष अर्पित करना चाहते थे।

वृंदावन पहुँचने के बाद उनके एक भक्त ने उन्हें ताजा छपी रंग-बिरंगी पुस्तकें दिखाईं, जिससे प्रभुपाद की आँखें खुशी से चमक उठीं और उनके चेहरे पर मुसकान आ गई। भक्त ने उन्हें बताया कि 'कृष्ण त्रयी' की 1 लाख 20 हजार प्रतियाँ, 'श्रीमद्भागवत' (द्वितीय सर्ग) की 60 हजार प्रतियाँ और 'ईशोपनिषद्' की 10 हजार प्रतियाँ प्रकाशित की गई थीं। ये सभी पुस्तकें यूगोस्लाविया में वितरण के लिए थीं।

अमेरिका में बनाए गए 'नए वृंदावन' का समाचार भी उसी रूप में आया था, जैसे

कि उनकी सफलता की कहानियाँ कहीं से भी आती थीं। फिर भी, श्रील प्रभुपाद के वृंदावन के भक्तों ने उनसे वहीं ठहरने की प्रार्थना की। अंत तक गुरु के समक्ष इस्कॉन (ISKCON) की विभिन्न परियोजनाओं, धन व संपत्तियों से संबंधित मामले उठाए जाते रहे। उदाहरण के लिए, श्रील प्रभुपाद की मृत्यु से कुछ दिन पूर्व उनके एक वरिष्ठ भक्त एवं प्रभुपाद के पुत्र वृंदावन डे और स्वयं प्रभुपाद के बीच चर्चा हुई। वह मामला इस्कॉन से लिये गए भुगतानों एवं पुस्तकों के वितरण में व्यय होनेवाले धन से जुड़ा था (जिसमें वृंदावन डे अत्यंत प्रमुख भूमिका निभाते थे)—

**वृंदावन डे :** मुझे वह ऋण कुछ समय के लिए चाहिए। मैं उसे वापस लौटा दूँगा।

**तमाल कृष्ण :** लेकिन वह ऋण…आपको कुछ समझना होगा। यह समिति कोई ऋण नहीं दे सकती है।

**प्रभुपाद :** वह सारा पैसा ऋण के रूप में ले सकता है।

**तमाल कृष्ण :** उस पैसे के आधार पर।

**वृंदावन डे :** वह ऋण एक महीने या अधिकाधिक तीन-चार माह के लिए होगा।

**तमाल कृष्ण :** नहीं, नहीं, प्रभुपाद के कहने का तात्पर्य वह नहीं है। उनके कहने का अर्थ यह है कि आप डाक रसीदों के आधार पर वह ऋण ले सकते हैं। क्या आप ऐसा ही कह रहे हैं न, श्रील प्रभुपाद? आप उन डाक रसीदों और उसमें लिखित धन को बैंक में गिरवी रख सकते हैं और उसके बदले बैंक आपको ऋण के रूप में धन जारी कर देगा।

**वृंदावन डे :** मैं ऐसा नहीं सोचता हूँ। मुझे नहीं पता, क्योंकि वास्तव में मुझे इस विषय की कोई जानकारी नहीं है।

**तमाल कृष्ण :** क्योंकि श्रील प्रभुपाद, हमारी समिति इस प्रकार के किसी व्यापार के लिए ऋण नहीं दे सकती है। यह हमारी समिति का कार्य कदापि नहीं है। हम इस प्रकार के कारोबार के लिए ऋण देने की शुरुआत नहीं कर सकते हैं। यह समिति के ज्ञापन एवं नियमों के विरुद्ध है कि किन्हीं व्यक्तियों को उनके निजी कारोबारों के लिए ऋण दिया जाए। यह एक धर्मादा समिति है। यह समिति के धर्मादा नियमों से बँधी हुई है। मेरे कहने का तात्पर्य यह है कि यदि हम ऐसा करेंगे तो अपना धर्मादा स्तर खो देंगे; क्योंकि हमारे लेखों का प्रतिवर्ष वार्षिक अंकेक्षण किया जाता है। अत: यह अत्यंत स्पष्ट दिखाई देगा…वास्तव में, यदि हम ऐसा करेंगे तो वे भक्तों के बारे में आपत्ति भी उठा सकते हैं। ऐसी स्थिति में हमें दिए गए ऋण पर ब्याज वसूल करना होगा और यदि हम ब्याज लेते हैं तो हमें भारी कठिनाइयों का भी सामना करना पड़ेगा। एक समिति के रूप में हमसे व्यापार, लाभ अर्जित करनेवाला व्यापार, करने की अपेक्षा नहीं की जाती है।[21]

श्रील प्रभुपाद ने बहुत प्रयास किया कि वे इस प्रकार के महत्त्वपूर्ण मामलों से निपटने का दायित्व अपने वरिष्ठ शिष्यों को सौंप दें; परंतु उन्होंने उन्हें अंत तक उलझाए रखा। यह स्पष्ट हो चुका था कि श्रील प्रभुपाद अपने पारलौकिक धरातल पर थे और अपने प्रिय प्रभु के संपर्क में थे। वह कृष्ण के संगठन के कल्याण के लिए अपने जीवन के अंत तक अपने सुझाव देने के इच्छुक थे।

उनकी निजी प्राथमिकता अन्न व जल का परित्याग करके यथासंभव अवधि तक जीवित रहने की थी। अधिक स्पष्ट रूप से कहें तो वह अन्न व जल के बिना न्यूनतम संभव समय तक जीवित रहने के इच्छुक थे। उन्होंने इस संसार से जाने का मन बना लिया था।

श्रील प्रभुपाद के व्यवहार को शायद उनके अंतिम दिनों या सप्ताहों में समझने का सर्वोत्तम तरीका यह था कि कोई भी पिता जानता है कि उसके बच्चों के साथ बिताए जानेवाले समय का अब अंत होने वाला है। फिर भी, अपने बच्चों व परिवार के प्रति उसका प्यार एवं उनकी सुरक्षा की भावना उसे अपने परिवार से जोड़े रखती है।

अपने भक्तों के अनुरोध पर वह एक या दो बार थोड़ा जल पीने एवं खाने के लिए राजी हो गए, ताकि उनके प्रमुख अंग कार्य करते रहें; परंतु उनका हृदय इस बारे में लेशमात्र भी सोचने के लिए तैयार नहीं था। उन्होंने अपने शिष्यों एवं समर्थकों से अपने 'उत्तेजक आचरण' के लिए अंतिम क्षमा-याचना की। (उदाहरणार्थ, उन्होंने कई बार अपने शिष्यों को 'दुष्ट' कहकर संबोधित किया था)।

अंततोगत्वा, 14 नवंबर, 1977 को जब वह भगवान् के पास वापस गए तो मूर्च्छावस्था में भी उनके होंठ केवल 'हरे कृष्ण, हरे कृष्ण, कृष्ण-कृष्ण, हरे-हरे/हरे राम, हरे राम, राम-राम, हरे-हरे' के उच्चारण में हिल रहे थे।

□

# 18

# निष्कर्ष : घर वापसी

श्रील प्रभुपाद बहुधा कहा करते थे, "हमारा लक्ष्य घर वापस जाना है, वापस भगवान् के पास जाना है।"[1]

इसे उनके जीवन की विषय-वस्तु कहा जा सकता था। प्रभुपाद ने अपने अनुयायियों से सदैव यही अनुरोध किया था कि हमेशा एक यात्रा में बने रहो और तुम्हारा प्रत्येक पग तुम्हें अपने अंतिम लक्ष्य—अपने घर, अपने कृष्ण के पास वापस ले जाएगा।

वह प्रभुपाद के आध्यात्मिक जीवन की दिशा थी; यद्यपि उन्होंने कृष्ण-भक्ति की उपासना एवं प्रचार के लिए एक विश्व व्यापी आंदोलन बनाने के लिए बहुत संघर्ष किया था। यद्यपि मंत्रोच्चार एवं कीर्तन तथा पुस्तकों एवं 'प्रसादम्' का वितरण प्रभुपाद के बाह्य जीवन का महत्त्वपूर्ण अंग बन गया था, परंतु उनका आंतरिक जीवन रात्रि की नीरवता में उन्हें वापस ले आता था, जहाँ वह स्याही एवं डिक्टाफोन की सहायता से अपना लेखन किया करते थे। वह विश्व को वैदिक धर्मग्रंथों का अभिप्राय समझाने के लिए—घर-वापसी, वापस कृष्ण की ओर लौटने का उपक्रम करते थे।

श्रील प्रभुपाद न केवल घर-वापसी हेतु विषम मार्गों पर चले, बल्कि उन्होंने अपनी यात्रा के लिए भी शब्दों का चयन किया। उसके लिए मार्ग में की जानेवाली प्रार्थनाओं का भी मानचित्रण किया और अपने कृष्ण को अपनी अनंत भेंट के रूप में 10 हजार से भी अधिक शब्दों का एक मानचित्र तैयार किया और वह अपना अनुसरण करनेवालों के लिए पथ-प्रदर्शक भी बने।

उनकी सफलता उनकी विफलताओं थीं। उन्होंने अपने परिवार को यह समझाने का भरसक प्रयास किया कि वह अपना तात्कालिक आकर्षण कृष्ण की उपासना के प्रति महसूस कर रहे थे और उन्होंने अनुरोध किया कि वे भी उसका एक अंग बन जाएँ। उन्होंने अपने परिवार को यह समझाने का उत्साहपूर्वक प्रयास किया कि यदि वह उनकी यात्रा का एक अंग बन जाता है तो उसका परिणाम उसकी मुक्ति होगा। उन्होंने उन्हें यह समझाने का प्रयास भी किया कि उनके बचपन से ही उनकी कृष्ण-सेवा की भूख बढ़ती

जा रही थी। यह बात अलग है कि उन्होंने राष्ट्रवाद से लेकर पूँजीवाद तक के अनेक मार्गों पर चलने का प्रयास किया था। उन्होंने अपने परिवार को उसमें शामिल करने का प्रयास किया था।

यद्यपि उनका वह प्रयास विफल हो गया, परंतु उस प्रक्रिया ने अभय चरण डे को स्वामी भक्तिवेदांत एवं तत्पश्चात् श्रील प्रभुपाद बनने हेतु स्वतंत्र कर दिया।

वह अमेरिका में किसी गुरु की तलाश में नहीं पहुँचे थे। वह मुख्यतः वहाँ अपनी पुस्तकों के वितरण के माध्यम से वैदिक ज्ञान साझा करने के लिए गए थे। उन्हें आशा थी कि कोई तो उनकी बात सुनेगा; वास्तव में, वह गुरु बनने के प्रति सचेत थे। जैसा कि उन्होंने कहा भी था, "व्यक्ति को गुरु के पास अपने जीवन के आध्यात्मिक उत्थान हेतु जाना चाहिए, न कि फैशन के रूप में। लोग गुरु के पास दिखावा करने के लिए जाते हैं। मेरे गुरु महाराज अकसर कहा करते थे कि किसी को इस रूप में गुरु मत बनाओ, जैसे तुमने फैशन के लिए कोई कुत्ता पाल लिया हो।" आजकल कुत्ता पालना एक फैशन बन गया है। यूरोपीय व अमेरिकी देशों में कुत्ता पालना एक अनिवार्य फैशन बन गया है। प्रत्येक व्यक्ति अपने पास एक कुत्ता रखता है। वे किसी भी अन्य चीज से अधिक प्यार अपने कुत्ते से करते हैं![2]

लेकिन वह गुरु बने, उन लोगों के, जिन्हें सर्वाधिक असभ्य माना जाता था। भारत में एक आंदोलन के निर्माण हेतु अपने प्रयासों में असफल हो जाने के बाद प्रभुपाद ने यह सबक सीख लिया था कि पश्चिमी देशों में रहनेवाले भारतीय समुदाय के पास जाने की बजाय उन्हें पाश्चात्यों, अमेरिकियों, ब्रिटिश, फ्रांसीसी एवं जर्मन लोगों को शिक्षित करने के लिए संपर्क करना चाहिए।

इस प्रक्रिया में वह अपने सुविचारित स्वप्नों से कहीं अधिक प्रभावशाली ढंग से सफल हुए।

जिस प्रकार किसी ब्रिटिश उपनिवेश में पला-बढ़ा व्यक्ति स्वतंत्रता के लिए संघर्ष करता है, प्रभुपाद उस परंपरा की सीमाओं के प्रति सचेत थे। उन्होंने कलकत्ता उच्च न्यायालय के एक न्यायाधीश की कहानी सुनाई। सन् 1914 में ब्रिटिश शासक वर्ग के एक सदस्य ने उनसे पूछा कि यदि जर्मन लोग भारत में आ गए तो वह क्या करेंगे? न्यायाधीश मुखर्जी ने उत्तर दिया कि वह उनका स्वागत करेंगे। जब उस अधिकारी ने उनसे पूछा कि आप ऐसा क्यों करेंगे, तो न्यायाधीश ने उत्तर दिया, "आपने (अंग्रेजों ने) हमें यही करना सिखाया है, अतः हम यही करेंगे; क्योंकि आपने हमें सामान्यतया यही सिखाया है कि आपके आदेशों का पालन कैसे किया जाना चाहिए! अतः यदि यहाँ कोई भी आएगा तो हम यही करेंगे।" इस कथा के पीछे निहित विचार में दास मानसिकता है। अंग्रेजों ने एक संगठित तरीके से भारतीयों को यही सिखाया था कि भारतीयों को कैसे

अंग्रेजों का सेवक बनना था। हमने वह दौर देखा है। वह तो गांधी का आंदोलन था, जिसने गोरों की प्रतिष्ठा को ध्वस्त कर दिया, अन्यथा हमें उसी प्रकार सिखाया गया था। इससे पूर्व, हमारे बचपन में यदि कोई व्यक्ति अंग्रेजी फैशन की नकल करता था तो उसे सभ्यता का विकास माना जाता था। इसलिए हमें इसे फैशन नहीं बनाना चाहिए। गुरु कोई फैशन नहीं है।'[3]

इसलिए, श्रील प्रभुपाद ने एक ऐसे शिष्यों का समूह और एक ऐसे संगठन के निर्माण का प्रयास किया, जहाँ वे उसकी व्यापक परिधि के भीतर अपना निजी निर्णय लेने हेतु स्वतंत्र हों। इस प्रक्रिया में वह केवल आंशिक रूप से सफल हुए, क्योंकि उन्हें अंतिम समय तक अपने शिष्यों को निरंतर यह स्मरण कराने की आवश्यकता पड़ी कि इस्कॉन (ISKCON) की पवित्रता बनाए रखना आप लोगों का ही दायित्व है और आप लोग यह भी सुनिश्चित करें कि यह संगठन अपने सही मूल्यों के लिए जाना जाए और बिना किसी विवाद के अपना संचालन कर सके।

अंत तक इस्कॉन (ISKCON) को अनेक प्रकार से उनके मार्गदर्शन की आवश्यकता पड़ी; परंतु इस प्रक्रिया के माध्यम से श्रील प्रभुपाद वे उपलब्धियाँ प्राप्त कर सके, जो कभी असंभव दिखाई देती थीं। चाहे मायापुर, बंबई और वृंदावन में भूमि खरीदने में समर्थ होने का मामला हो या अपनी इच्छानुसार वैष्णवों के हृदय-स्थल में अपने मंदिरों का निर्माण करना हो, इन सभी मामलों में उन्होंने चमत्कारिक उपलब्धियाँ प्राप्त कीं। इन सबके बावजूद वह अपने शिष्यों से बार-बार यह आग्रह करते रहे कि आप सीखें कि काम किस प्रकार किया जाता है? चाहे कोई कानूनी लड़ाई जीतने का मामला हो या यह सुनिश्चित करना हो कि काम निर्धारित अवधि में पूरा हो—वह प्रत्येक पग और मामले में अपना हस्तक्षेप एवं पकड़ बनाए रखते थे। अपने इन्हीं प्रयासों के परिणामस्वरूप वह अंततोगत्वा इस्कॉन (ISKCON) के लिए मंदिरों की निर्णायक श्रृंखला का निर्माण कर पाए।

"आज आपके पास मेरे द्वारा दिया गया सम्मान, दर्शन, धन, मंदिर, पुस्तकें इत्यादि सभी चीजें हैं; परंतु मैं एक वृद्ध व्यक्ति हूँ और मेरी प्रत्येक सूचना आपके पास उपलब्ध है। अब यह आप सब पर निर्भर है कि उसका प्रबंधन कैसे करेंगे? यदि आप लोग उसमें वृद्धि नहीं कर सकते हैं तो कम-से-कम इतना तो अवश्य कीजिए कि जो कुछ मैंने आप लोगों को दिया है, उसे सुरक्षित बनाए रखिए। आप मुझ पर यह आरोप नहीं लगा सकते कि मैंने आपको कुछ नहीं दिया है। इसलिए आप लोगों पर भारी जिम्मेदारी है।"[4] प्रभुपाद ने ये सारी बातें लॉस एंजेलेस स्थित अपने एक प्रमुख शिष्य को वर्ष 1975 की ग्रीष्म ऋतु में एक पत्र में लिखी थीं।

प्रभुपाद ने अपनी मृत्यु से पूर्व, सन् 1976 में, अपने एक व्याख्यान में कहा था, "तो

यह परंपरा प्रणाली द्वारा कहा गया है"'किसी से मित्रता मत करो अथवा'''मन के साथ समझौता न करो, यह मत करो। जैसा कि मैं आपसे कल कह रहा था, मेरे गुरु महाराज अकसर कहा करते थे कि जब तुम सोकर उठो तो अपने मन को सौ जूते मारो और जब तुम सोने के लिए बिस्तर पर जाओ तो अपने मन को झाड़ू से सौ बार मारो।" यदि आप अपने मन की पिटाई करेंगे तो इसके बाद कोई समझौता नहीं होगा। इसकी आवश्यकता है। यह एक वैदिक प्रणाली है। अतः परामर्श दिया जाता है, "चाहे आपका पुत्र हो या शिष्य, आपको हमेशा उसे अनुशासित करना चाहिए। उसके साथ कभी अधिक ढिलाई मत करो।" आप जरा सी भी ढिलाई बरतेंगे तो अनेक गलतियाँ होनी शुरू हो जाएँगी। जहाँ तक हमारे व्यावहारिक जीवन का प्रश्न है, हम संपूर्ण जगत् में मुंडित शीशवाले संन्यासी के रूप में जाने जाते हैं। क्या ऐसा नहीं है ? अब हम सिर पर बाल रखनेवाले बन रहे हैं। हम अपना मुंडन करवाना भूल रहे हैं, क्योंकि थोड़ी ढिलाई है। यह एक भिन्नता है। यह वांछित नहीं है कि आपको प्रौढ़ हो जाने के बाद भी धमकाने की जरूरत पड़े। यह कदापि वांछित नहीं है। ऐसा करना कठिन भी है, क्योंकि जब आपका पुत्र या शिष्य प्रौढ़ हो जाता है तो वह धमकाने से टूट जाता है। अतः इससे पहले कि आपको धमकाने की जरूरत पड़े, आप स्वयं सावधान हो जाएँ कि ये हमारे निर्धारित नियम व विनियम हैं।[5]

प्रभुपाद यह भलीभाँति समझते थे कि जब उनका आंदोलन आशातीत सफलता प्राप्त करने में सफल हो गया तो एक दशक पूर्व उन्होंने इतनी अद्भुत सफलता की कल्पना भी नहीं की थी। उनकी तीव्र सफलता का अर्थ यह है कि यद्यपि इस्कॉन (ISKCON) के प्रौढ़तम शिष्य भी अभी वैष्णव जीवन के लिए बिल्कुल नए थे। उनके कोमल शब्दों में कहें तो वे 'नौसिखिए' थे। उनकी यह एक ऐसी चिंता थी, जो अंत तक बनी रही।

लेकिन श्रील प्रभुपाद स्वयं को अपनी आध्यात्मिक यात्रा एवं संदेश से पृथक् कर पाने में सफल हुए और अपने उस आंदोलन की भौतिक सीमाओं से दूर होने में सफल रहे, जिसे स्वयं उन्होंने ही जन्म दिया था। इसी में उनकी आध्यात्मिक शक्ति का साक्ष्य छिपा है। उन्होंने वर्ष 1977 की ग्रीष्म ऋतु में अपनी मृत्यु तक इस्कॉन (ISKCON) का नेतृत्व किया और बीच-बीच में वह अपने आंदोलन के वैभव एवं कोलाहल से खुद को अलग भी करते रहे।

प्रभुपाद की कहानी नाटकीय घटनाओं एवं विस्मयकारी पलों से परिपूर्ण है; परंतु संभवतः उनकी वास्तविक आभा प्रभुपाद के स्वयं को जीवित बनाए रखने एवं अपनी व्यक्तिगत निष्ठा तथा भक्ति को घनीभूत करने के अनवरत प्रयासों में निहित है।

इस्कॉन (ISKCON) के दैनिक विश्वव्यापी संचालन से जुड़े विषयों एवं समस्याओं में प्रतिदिन बारंबार उन्हें पीछे की ओर खींचा जाता रहा; जबकि वह एकांत में शांतिपूर्वक

बैठकर अपनी पुस्तकें लिखने के इच्छुक थे, परंतु एक उत्सुक तरीके ने उन्हें लिखने के लिए और भी अधिक दृढ़ निश्चयी व अत्यावश्यक बना दिया। वह जानते थे कि उन्हें अपना काम पूरा ही करना होगा।

प्रभुपाद इस तथ्य से भलीभाँति परिचित थे कि इस्कॉन (ISKCON) की सांस्थानिक समस्याएँ और उनके वरिष्ठ प्रमुख शिष्यों के बीच होनेवाले दैनंदिन वाद-विवाद चाहे कितने ही प्रबल क्यों न हों, उनके परिस्थितिजन्य लेखन के माध्यम से उनका कार्य निरंतर जारी रहेगा।

एक अथवा अधिक रूपों में श्रील प्रभुपाद के जीवन को उनके द्वारा स्थापित इस्कॉन (ISKCON) के इतिहास एवं विरासत से ऊपर तथा आगे माना जाना चाहिए। प्रभुपाद बीसवीं शताब्दी में उभरनेवाले सर्वाधिक प्रभावशाली आध्यात्मिक नेता थे। पश्चिमी जगत् में उनके प्रभाव के पैमाने को स्वामी विवेकानंद द्वारा हिंदुत्व के उत्थान हेतु किए गए कार्य से अधिक व्यापक माना जाना चाहिए। यह बात अलग है कि इस्कॉन (ISKCON) का इतिहास अभी रामकृष्ण मिशन के इतिहास जितना पुराना नहीं है।

प्रभुपाद भारत के महेश योगी एवं परमहंस योगानंद जैसे अन्य हिंदू आध्यात्मिक नेताओं के समकालीन थे; परंतु इस्कॉन (ISKCON) के प्रसार एवं उसके व्यापक प्रकाशन प्रयासों ने जो छाप छोड़ी थी, उसने महेश योगी* अथवा योगानंद† द्वारा किए गए कार्यों को पीछे छोड़ दिया था। यद्यपि आध्यात्मिक सहायता प्राप्त करने के लिए 'द बीटल्स' सर्वप्रथम महेश योगी की ओर मुड़ा था, लेकिन वह श्रील प्रभुपाद ही थे, जिनके साथ जॉर्ज हैरिसन का संबंध उनके जीवन के अंत तक बना रहा था। आकार एवं गहनता दोनों मामलों में श्रील प्रभुपाद ने अपने इन दोनों समकालीन गुरुओं से अधिक उपलब्धियाँ प्राप्त की थीं।

जिस समय इस्कॉन (ISKCON) की स्थापना की गई थी, वह राजनीतिक रूप से अत्यंत विस्फोटक दौर था। फिर भी, श्रील प्रभुपाद ने अपने आंदोलन एवं स्वयं को राजनीतिक रूप से अधिक लिप्त नहीं किया था। इस तथ्य पर विचार करना संभवत: महत्त्वपूर्ण होगा कि श्रील प्रभुपाद ने भी अपने आसपास होनेवाली राजनीति के प्रति अपनी अनुक्रिया की थी; परंतु यह कार्य उन्होंने अत्यंत असामान्य ढंग से किया था। यद्यपि इस्कॉन (ISKCON) के एक धनी संगठन बन जाने के बावजूद श्रील प्रभुपाद ने उपदेश देने एवं उन्हें गले लगाने के लिए सदैव निर्धनतम समुदायों पर अपना ध्यान केंद्रित किया और जन-सेवा के प्रति अपनी वचनबद्धता को जीवित बनाए रखा। उदाहरण के लिए, उन्होंने अपने शिष्यों एवं प्रबंधकों को आदेश दिया कि किसी भी इस्कॉन (ISKCON)

---

* 1918–2008.

† 1893–1952.

मंदिर की 10 कि.मी. की परिधि के भीतर कोई भी व्यक्ति भूखा नहीं रहना चाहिए। आज इस्कॉन (ISKCON) बेंगलुरु ने 'अक्षय पात्र' नामक दुनिया का सबसे बड़ा अपराह्न भोजन (मिड डे मील) कार्यक्रम शुरू किया है, जिसके अंतर्गत उपेक्षित विद्यार्थियों को वह भोजन निःशुल्क परोसा जाता है, जिसकी पाक विधि स्वयं प्रभुपाद द्वारा तैयार की गई थी, जिसके अंतर्गत लोगों के लिए उनका प्रिय शाकाहारी भोजन तैयार किया जाता है। श्रील प्रभुपाद जानते थे कि आध्यात्मिक संतोष सबसे पहले हिप्पी जैसे लोगों को प्रदान किया जाना चाहिए, जिनके साथ उन्होंने अपने कार्यक्रम की शुरुआत की थी और शायद उन्हें ही इसकी सर्वाधिक आवश्यकता है। यह ऐसा सबक था, जिसे न तो वह स्वयं कभी भूले और न ही उन्होंने अपने संगठन को इसे विस्मृत करने की अनुमति दी। वह अपनी अंतरात्मा एवं अनुभव के आधार पर इस तथ्य को समझते थे कि आध्यात्मिक मंतव्यों या संकल्पनाओं को तत्कालीन राजनीति पर निर्भर रहकर स्वीकार नहीं किया जा सकता था। इसलिए उन्होंने अपने संदेश को साधारण विचारों के आचरण पर आधारित किया, जिसमें सामान्य मंत्रोच्चार या गायन एवं भूखों को भोजन कराना शामिल था।

आध्यात्मिक यात्रा के विवरणों के संदर्भ में श्रील प्रभुपाद का जीवन अत्यंत सूचनाप्रद भी है। उसमें लौकिक एवं पारलौकिक दोनों प्रकार की जानकारियाँ शामिल हैं। विवेकानंद, महेश योगी एवं योगानंद, जिन्होंने अपने बचपन में आध्यात्मिक जीवन में प्रवेश किया था, के विपरीत प्रभुपाद की यात्रा अधिक जटिल थी और शायद इसीलिए वह वास्तविक भी थी। निश्चय ही, न तो विवेकानंद और न ही महेश योगी या योगानंद विवाहित थे अथवा उनके बच्चे थे। उनमें से किसी पर भी कोई पारिवारिक जिम्मेदारियाँ नहीं थीं या उन्होंने एक परिवार के भरण-पोषण के लिए कभी कोई गंभीर प्रयत्न किया था। केवल विवेकानंद अपनी माँ के वित्तीय संसाधनों के प्रति चिंतित होते थे और चाहते थे कि उनकी माँ पूर्णतया कंगाल न हों। परंतु उनकी चिंता महत्त्वपूर्ण होने के बावजूद उसकी तुलना श्रील प्रभुपाद की उन कठिनाइयों एवं पारिवारिक जिम्मेदारियों से नहीं की जा सकती, जिनसे उन्हें निपटना पड़ा था। कम-से-कम उनके बच्चों में से एक वृंदावन डे उनके संपूर्ण जीवनकाल में उनसे जुड़े रहे थे।

जबकि उन्होंने अपने जीवन के प्रारंभ में अपनी आध्यात्मिक हलचल को महसूस कर लिया था। वास्तव में, प्रभुपाद ने हिंदू जीवन-पद्धति का अनुसरण किया। उन्होंने संन्यास आश्रम में प्रवेश करने हेतु अपने परिवार को बहुत पहले वस्तुतः लगभग 'अवकाश ग्रहण की आयु' में ही छोड़ दिया था। जिस समय उन्होंने अपने संन्यास जीवन की शपथ ली, अभय चरण डे ने अपने पारिवारिक जीवन का लगभग एक संपूर्ण चक्र पूरा कर लिया था।'

अपने आंतरिक जीवन की आवश्यकताओं के साथ-साथ वह ईश्वर-भक्त बने

रहकर अपनी पारिवारिक गतिविधियों एवं जिम्मेदारियों को भी पूरा करते रहते थे। सांसारिक गतिविधियों में उलझे रहने के बावजूद श्रील प्रभुपाद की यात्रा के माध्यम से हमारे अपने पारिवारिक जीवन की अनुगूँज सुनाई देती है और पारिवारिक आवश्यकताओं की पूर्ति के लिए हम अपनी आंतरिक पुकार को अनसुना कर देते हैं।

सांसारिक व आध्यात्मिक जीवन को अकसर एक-दूसरे की विरोधी शक्तियों के रूप में प्रस्तुत किया जाता रहा है और वास्तव में वे बहुधा हैं भी; लेकिन श्रील प्रभुपाद का जीवन हमें दरशाता है कि पारिवारिक दायित्वों के निर्वहण के बावजूद आध्यात्मिक मुक्ति संभव है और एक सामान्य व्यक्ति के लिए भी संन्यास का मार्ग खुला है।

श्रील प्रभुपाद की यात्रा कोई कालपूर्व अथवा बाल-विलक्षणता की यात्रा नहीं है; बल्कि वह एक दृढ़ निश्चयी मार्ग पर चलने की एक दृढ़ व्यक्ति की यात्रा है, जिसकी निष्ठा उसे असाधारण ऊँचाइयों पर ले जाती है। इस प्रकार, हम केवल माइक पर खड़े होकर ही बातें नहीं करते हैं। यद्यपि यह सत्य है कि वह इसी लायक थे और जिंदगी आखिरकार उन्हें उस स्थान पर ले भी गई, परंतु वह स्थान उन्होंने भीड़ के धक्के-मुक्के और शोरगुल के बीच रहते हुए प्राप्त किया था।

एक वैश्विक आंदोलन के निर्माण और उसके संचालन की दौड़-धूप के बीच श्रील प्रभुपाद ने इस तथ्य को पहचान लिया था कि उनके लिए कृष्ण-संचेतना को आगे बढ़ाने के लिए संसाधनों का होना आवश्यक था। जैसे-जैसे उनका ओदोलन बढ़ता गया, वैसे-वैसे उसके कार्य को आगे बढ़ाने के लिए अधिक समय एवं ऊर्जा की आवश्यकता भी बढ़ती गई, जो संभवत: विडंबनात्मक रूप से उन्हें ईश्वर के मार्ग पर चलने से भटका सकती थी।

यही मान्यता उनके जीवन की अंतर्निहित लय है और शायद उनका महानतम संदेश भी यही है कि अपने स्वार्थ की लेशमात्र चिंता किए बिना भगवान् कृष्ण की सेवा करो और ईश्वर के प्रेम की आसक्ति से प्रेरित होकर तथा विशेष रूप से उनकी सेवा के उद्देश्य से उन्होंने भगवान् कृष्ण के नाम पर यह संगठन खड़ा किया।

इसी में उनकी महानता निहित है।

□

# ग्रंथ-सूची


- सत्स्वरूप दास गोस्वामी, 'श्रील प्रभुपाद लीलामृत', भक्तिवेदांत बुक ट्रस्ट, 1980, खंड 1-6
- जॉन मैरिअट, 'दि अदर एंपायर : मेट्रोपोलिस, इंडिया एंड प्रोग्रेस इन कॉलोनियल इमैजिनेशन', मैनचेस्टर यूनिवर्सिटी प्रेस, 2003
- थॉमस आर. ट्राटमैन, 'आर्यंस एंड ब्रिटिश इंडिया' (द्वितीय भारतीय संस्करण सं.), नई दिल्ली : वाई.ओ.डी.ए. प्रेस, 2006 (1997), पृ. 117
- रिबेका जे. मैनरिंग, 'रिकंस्ट्रक्टिंग ट्रेडिशन : अद्वैत आचार्य एंड गौड़ीय वैष्णविज्म एट द कस्प ऑफ द ट्वेंटीथ सेंचुरी', कोलंबिया यूनिवर्सिटी प्रेस
- माइकल एडवर्डेस, 'रेड इयर', लंदन : स्फेयर बुक्स, 1975
- पॉल ओलिवर, 'हिंदुइज्म एंड द 1960 'स : दि राइज ऑफ ए काउंटर-कल्चर', लंदन, ब्लूम्सबरी, 2014
- डेविड लॉकवुड, 'कैलकटा अंडर फायर : द सेकंड वर्ल्ड वार इयर्स', रूपा पब्लिकेशंस
- जेफ्री डी. लॉन्ग, 'हिंदुइज्म इन अमेरिका : ए कन्वर्जेंस ऑफ वर्ल्ड्स, लंदन : ब्लूम्सबरी एकेडमिक
- मार्टिन ए. ली एवं ब्रूस श्लेन, 'एसिड ड्रीम्स : द कंप्लीट सोशल हिस्टरी ऑफ एल.एस.डी. : द सी.आई.ए., द सिक्स्टीज एंड बियॉण्ड', ग्रोव प्रेस, 1992, पृ. 97
- लूसी सैंटे, 'द नटी प्रोफेसर', द न्यूयॉर्क टाइम्स बुक रिव्यू, टिमोथी लैरी : ए बायोग्राफी बाय ग्रीनफील्ड, हारकोर्ट, इनकॉरपोरेटेड, 2006
- एरिक फोनर, 'रिकॉन्सट्रक्शन : अमेरिका'ज अनफिनिश्ड रिवॉल्यूशन, 1863-1877', द न्यू अमेरिकन नेशन, न्यूयॉर्क, हार्पर एंड रो, 1988
- जोशुआ एम. ग्रीनी, 'हियर कम्स द सन', न्यू जर्सी : जॉन वाइले एंड संस, 2010
- ऐशले कॉन (सं.), 'जॉर्ज हैरिसन ऑन जॉर्ज हैरिसन : इंटरव्यूज एंड एनकाउंटर्स', शिकागो, आई.एल. : शिकागो रिव्यू प्रेस, 2020
- ई. बर्के रॉशफोर्ड जू., 'हरे कृष्ण इन अमेरिका', रुत्जर्स यूनिवर्सिटी प्रेस

- 'फोर्टी इयर्स ऑफ चैंटिंग : ए स्टडी ऑफ द हरे कृष्ण मूवमेंट फ्रॉम इट्स फाउंडेशन टु प्रजेंट डे इन द हरे कृष्ण मूवमेंट : फोर्टी ईयर्स ऑफ चैंट एंड चेंज', ग्राहम डियर एवं रिचर्ड जे. कोल द्वारा संपादित, लंदन : आई.बी. टॉरिस, 2007
- एडविन एफ. ब्रिएंट एंड मारिया एल. एक्सट्रैंड, 'द हरे कृष्ण मूवमेंट : द पोस्टकरिस्मेटिक फेट ऑफ ए रिलीजिअस ट्रांसप्लांट', न्यूयॉर्क : कोलंबिया यूनिवर्सिटी प्रेस।
- रवि एम. गुप्ता (2014) रवि एम. गुप्ता (सं.), 'चैतन्य वैष्णव फिलॉसफी : ट्रेडिशन, रीजन एंड डिवोशन', बर्लिंगटन, वी.टी. : एशगेट
- फर्डिनांडो सर्डेल्ला (2013), 'मॉडर्न हिंदू पर्सनलिज्म : द हिस्टरी, लाइफ एंड थॉट ऑफ भक्तिसिद्धांत सरस्वती', (पु.सं.) न्यूयॉर्क, एन.वाई. : ऑक्सफोर्ड यूनिवर्सिटी प्रेस
- फिलिप मर्फी, रॉल गोफ (सं.), 'प्रभुपाद सरस्वती ठाकुर : द लाइफ एंड प्रिसेप्ट्स ऑफ श्रील भक्तिसिद्धांत सरस्वती' (प्र.सी.सं), 1997, यूजीन।

# टिप्पणियाँ

## प्रस्तावना : जीने और मरने की कला

1. जोशुआ एम. ग्रीनी, हियर कम्स द सन, न्यू जर्सी : जॉन वाइली एंड संस, 2010, पृ. 91
2. वही, पृ. 87–88
3. देखें : https://yoiutube/GXfkdLZq Xg
4. वही
5. उन्होंने अपने हाथ में सुलगती हुई अगरबत्ती लेकर मंत्रोच्चार करते हुए 'हरे कृष्ण' कहा और प्रस्थान कर गए। जॉर्ज के आगामी जीवन-यात्रा में सहायता करने हेतु दो लोग विमान द्वारा लंदन से पधारे। द फ्री लाइब्रेरी (एन.डी.) पुनः प्राप्ति 24 जनवरी, 2022 www.thefreelibrary.com/वातावरण में अगरबत्ती की सुगंध एवं मंत्रोच्चार की ध्वनि गुंजरित हो रही थी। उन्होंने 'हरे कृष्ण' का उच्चारण किया और वहाँ से प्रस्थान कर गए—08.05.2017
6. श्रील प्रभुपाद, ईजी जर्नी टू अदर प्लानेट्स, अध्याय 2, 'वैरायटीज ऑफ प्लानेटरी सिस्टम्स'
7. देखें : बैक टु गॉडहेड, 20 अप्रैल, 1967, प्रासंगिक पूछताछ
8. सत्स्वरूप दास गोस्वामी, श्रील प्रभुपाद लीलामृत, द भक्तिवेदांत बुक ट्रस्ट, 1980, खंड 1, पृ. 3–4
9. भगवान् विष्णु के दस अवतार बताए गए हैं। ये दशावतार हैं—मत्स्य, कूर्म, वाराह, नरसिंह, वामन, परशुराम, राम, बलराम, कृष्ण एवं कल्कि
10. गोस्वामी सत्स्वरूप दास (2017), श्रील प्रभुपाद लीलामृत : देवतुल्य ए.सी. भक्तिवेदांत स्वामी श्रील प्रभुपाद का जीवन-चरित, भक्तिवेदांत बुक ट्रस्ट
11. देखें : https://www.deccanchronicle.com/lifestyle/viral-and-trending/191217/significance-of-feet.html
12. तत्पश्चात् उड़ीसा के पुरी एवं तदनंतर वृंदावन में

13. सत्स्वरूप दास गोस्वामी, श्रील प्रभुपाद लीलामृत, द भक्तिवेदांत बुक ट्रस्ट, 1980, खंड 2, पृ. 6–7
14. वह भोजन, जो सर्वप्रथम ईश्वर को अर्पित करने के पश्चात् भक्तों में वितरित कर दिया जाता है

## अध्याय 1 : कलकत्ता का लड़का

1. सत्स्वरूप दास गोस्वामी, श्रील प्रभुपाद लीलामृत, द भक्तिवेदांत बुक ट्रस्ट, 1980, खंड 1, पृ. 8
2. देखें : http://www.iskconbangalore/srila-prabhupada/childh00d-in-calcutta
3. देखें : http://www.backtogodhead-in/the-mango-season-by-syamananda-dasa/

## अध्याय 2 : एक भिन्न क्रांतिकारी

1. सत्स्वरूप दास गोस्वामी, श्रील प्रभुपाद लीलामृत, द भक्तिवेदांत बुक ट्रस्ट, 1980, खंड 1, पृ. 25
2. 'अर्बन सेग्रेगेशन लेवल्स इन द ब्रिटिश ओवरसीज एंपायर एंड इट्स सक्सेसर्स इन द ट्वेंटीथ सेंचुरी', ट्रांजेक्शंस ऑफ द ब्रिटिश ज्योग्राफर्स, 1992, खंड 17, संख्या 1 (1992), पृ. 1021
3. जॉन मैरियट, द अदर एंपायर : मेट्रोपॉलिस, इंडिया एंड प्रोग्रेस इन द कॉलोनियल इमैजिनेशन, मैनचेस्टर यूनिवर्सिटी प्रेस, 2003, पृ. 133
4. थॉमस आर. ट्रॉटमैन, आर्यंस एंड ब्रिटिश इंडिया (द्वितीय भारतीय संस्करण), नई दिल्ली : वाई.ओ.डी.ए. प्रेस, 2006 (1997), पृ. 117
5. सत्स्वरूप दास गोस्वामी, श्रील प्रभुपाद लीलामृत, द भक्तिवेदांत बुक ट्रस्ट, 1980, खंड 1, पृ. 30
6. वही
7. श्यामल चक्रवर्ती, 'शेपिंग द केमिकल इंडस्ट्री एंड सेविंग द कॉटन इंडस्ट्री : रोल ऑफ सर पी.सी. रे, अ विजनरी आंत्रप्रेन्योर ऑफ ब्रिटिश इंडिया', इंडियन जर्नल ऑफ हिस्टरी ऑफ साइंस, खंड 53, 4 (2018), पृ. 103

## अध्याय 5 : वृक्ष जैसी सहिष्णुता, तृण जैसी विनम्रता

1. सत्स्वरूप दास गोस्वामी, श्रील प्रभुपाद लीलामृत, द भक्तिवेदांत बुक ट्रस्ट, 1980, खंड 1, पृ. 70
2. वही

3. वही, पृ. 71
4. वही, पृ. 85
5. वही, पृ. 85–86
6. वही, पृ. 105
7. रेबेका जे. मैनरिंग, रिकॉन्स्ट्रक्टिंग ट्रेडिशन : अद्वैत आचार्य एंड गौड़ीय वैष्णविज्म ऐट द कस्प ऑफ ट्वेंटीथ सेंचुरी, कोलंबिया यूनिवर्सिटी प्रेस, 2005, पृ. 6
8. सत्स्वरूप दास गोस्वामी, श्रील प्रभुपाद लीलामृत, द भक्तिवेदांत बुक ट्रस्ट, 1980, खंड 1, पृ. 105
9. वही, पृ. 106
10. वही, पृ. 107

## अध्याय 6 : मीठी गोली

1. श्रीमद्भागवत ज्ञानानंद प्रभु, रिकॉर्डेड इंटरव्यू, 20–22 मई, 1977
2. दैन कैलकटा अंडर फायर : द सेकंड वर्ल्ड वार ईयर्स, रूपा पब्लिकेशंस, पृ. 1
3. वही, पृ. 9–10
4. उपसला विश्वविद्यालय, स्टॉकहोम में गुरुवस्तकम पर 9 सितंबर, 1973 को दिया गया व्याख्यान
5. सत्स्वरूप दास गोस्वामी, श्रील प्रभुपाद लीलामृत, द भक्तिवेदांत बुक ट्रस्ट, 1980, खंड 1, पृ. 125–27
6. वही
7. वही, पृ. 128–29
8. वही, पृ. 133
9. वही, पृ. 130
10. वही, पृ. 130–31

## अध्याय 7 : सड़ी हुई राजनीति

1. सत्स्वरूप दास गोस्वामी, श्रील प्रभुपाद लीलामृत, द भक्तिवेदांत बुक ट्रस्ट, 1980, खंड 1, पृ. 125–27
2. वही, पृ. 128
3. वही, पृ. 87
4. वही, पृ. 130
5. वही, पृ. 149
6. वही, पृ. 150–51
7. वही, पृ. 151–52

## अध्याय 8 : उदासीन दवा विक्रेता

1. मिशेल एडवर्ड्स, रेड ईयर, लंदन : स्फेयर बुक्स, 1975, पृ. 119, उल्लेख विष्णु भट्ट गोडसे माझा प्रवास, पूना 1948 मराठी में, पृ. 67
2. देखें : https://niti.gov.in/planningcommission.gov.in/docs/reports/report/ser/stdy_mythpvty.,pdf
3. सत्स्वरूप दास गोस्वामी, श्रील प्रभुपाद लीलामृत, द भक्तिवेदांत बुक ट्रस्ट, 1980, खंड 1, पृ. 314
4. वही, पृ. 316–17

## अध्याय 9 : शहरी संन्यासी

1. देखें : https://www.migrationpolicy-org/article/emigration-immigration-and-diaspora-relations-india-
2. श्रील प्रभुपाद की जलदूत डायरी, रविवार, 22 सितंबर, 1965
3. पॉल ऑलिवर, हिंदूइज्म एंड द 1960'ज, लंदन, ब्लूम्सबरी, 2014, पृ. 4
4. देखें : https://rodpush.wordpress.com/2015/08/16/srila-prabhupadas- butler-eagle-article-srila-prabhupadas-first-article-writen about-his mission-in-the-west-sept-22-1965-butler-eagle-pennynsylvania/
5. वही
6. वही
7. सत्स्वरूप दास गोस्वामी, श्रील प्रभुपाद लीलामृत, द भक्तिवेदांत बुक ट्रस्ट, 1980, खंड 2, पृ. 18
8. वही
9. श्रील प्रभुपाद की डायरियों में दर्ज 9 सितंबर, 1976 को वृंदावन में हुई कक्ष वार्त्ता का संक्षिप्त अंश
10. सत्स्वरूप दास गोस्वामी, श्रील प्रभुपाद लीलामृत, द भक्तिवेदांत बुक ट्रस्ट, 1980, खंड 2, पृ. 31
11. श्रील प्रभुपाद की डायरियों के उद्धरण
12. सत्स्वरूप दास गोस्वामी, श्रील प्रभुपाद लीलामृत, द भक्तिवेदांत बुक ट्रस्ट, 1980, खंड 2, पृ. 45
13. इस्कॉन अभिलेखागार में श्रील प्रभुपाद द्वारा लिखित अन्य पुस्तकें 'लाइफ कम्स फ्रॉम लाइफ, द ट्वेल्थ मार्निंग वाक' 17 मई, 1973
14. देखें : https://www.bygonely.com/polluted-new-york-city-1970s/
15. देखें : https://collectorsweekly.com/articles/when-new-yorkers-lived-knee-deep-in-trash/

16. जिम डायर, 'रिमेंबरिंग ए सिटी व्हेयर दि स्मॉग कुड किल', द न्यूयॉर्क टाइम्स, 28 फरवरी, 2017

## अध्याय 10 : हिप्पियों के बीच एक स्वामी

1. देखें : https://web.archive/web/20111051431701/http://www.upress
umn.edu/ sles/Chapter5/ch5-1.html
2. देखें : https://vanishingnewyork.blogspot.com/2010/03/64-e-7th.html
3. वही
4. https://ny.curbed.com/2017/10/4/16413696/bowery-nye-history-lower-east-side
5. वही
6. अप्रैल, 1966 में उनके बावेरी प्रवास के दौरान श्रील प्रभुपाद की डायरियों का संक्षिप्त अंश
7. वही, जून 1966
8. भारतीय शैली की रोटी
9. सत्स्वरूप दास गोस्वामी, श्रील प्रभुपाद लीलामृत, द भक्तिवेदांत बुक ट्रस्ट, 1980, खंड 2, पृ. 75
10. देखें—https://www.nber.org/digest/sep04/how-1960s-riots-gurt-african-americans
11. देखें : https://www.encyclopedia.com/history/emcyclopedias-almanacs-transcripts-and-maps/riots-1960s
12. देखें : https://scholar.library-miamy-edu/sisties/urbanRiots.php
13. मई 1966 में उनके बावेरी प्रवास के दौरान श्रील प्रभुपाद की डायरियों का संक्षिप्त अंश
14. अप्रैल–जून 1966 में उनके बावेरी प्रवास के दौरान श्रील प्रभुपाद की डायरियों का संक्षिप्त अंश
15. वही

## अध्याय 11 : सामी कृष्ण

1. सत्स्वरूप दास गोस्वामी, श्रील प्रभुपाद लीलामृत, द भक्तिवेदांत बुक ट्रस्ट, 1980, खंड 2, पृ. 157
2. पॉल ऑलिवर, हिंदुज्म एंड द 1960'ज : द राइज ऑफ ए काउंटर कल्चर,

लंदन : ब्लूम्सबरी, 2014, पृ. 5

3. जेफ्री डी. लॉन्ग, हिंदुइज्म इन अमेरिका : ए कन्वर्जेंस ऑफ वर्ल्डस, लंदन : ब्लूम्सबरी एकेडमिक, पृ. 124
4. वही, पृ. 124
5. सत्स्वरूप दास गोस्वामी, श्रील प्रभुपाद लीलामृत, द भक्तिवेदांत बुक ट्रस्ट, 1980, खंड 2, पृ. 152
6. वही, पृ. 166
7. इस्कॉन कुक बुक्स, ग्रेट वेजीटेरियन डिशेज
8. वही
9. वही
10. सत्स्वरूप दास गोस्वामी, श्रील प्रभुपाद लीलामृत, द भक्तिवेदांत बुक ट्रस्ट, 1980, खंड 2, पृ. 152 एवं वही, पृ. 203
11. वही, पृ. 204
12. वही
13. वही, पृ. 214–15
14. https://www.poetryfoundation.org/poems/49303/howl
15. https://harekrishnarevolution.wordpress.com/2017/05/04/industrialism-and-capitalism-is-no-material-advancement-it-is material-exploitation/ 14 मार्च, 1969 को रामानुजा दास को लिखे गए एक पत्र का संक्षिप्त अंश

## अध्याय 12 : श्रीकृष्ण की रस-माधुरी

1. सत्स्वरूप दास गोस्वामी, श्रील प्रभुपाद लीलामृत, द भक्तिवेदांत बुक ट्रस्ट, 1980, खंड 2, पृ. 217–18
2. देखें : https://www.prabhupadaconnect.com/Allen-Ginsberg-on-srila-prabhupada.html
3. देखें : https://news.gallup.com/poll/6331/decades-drug-use-data-from-60s-70s.aspx
4. डोनाल्ड आर. वैसन, 'साइकोडेलिक ड्रग्स, हिप्पी काउंटरकल्चर, स्पीड जर्नी टु द हाइट एशबरी इन द सिक्सटीज', साइकोएक्टिव ड्रग्स, अप्रैल–जून 2011, 43 (2):153–64
5. देखें : https://www.bbc.com/culture/article/20181016-how-lsd-influenced-western-culture
6. देखें : https://psychology.fas.harvard.edu/people/timothy-leary
7. वही

8. देखें : नेटफ्लिक्स, 'राम दास गोइंग होम', https://bit.ly/34cRVTs
9. राम दास : बी हियर नाउ आर.एच.यू.एस.; नवीन संस्करण, 12 अक्तूबर, 1971
10. मार्टिन ए. ली एवं ब्रूस शेलिन, एसिड ड्रीम्स : दि कंप्लीट सोशल हिस्टरी ऑफ एलएसडी : द सी.आई.ए., द सिक्सटीज एंड बियॉण्ड, ग्रोव प्रेस, 1992, पृ. 97
11. लकी सैंटे, 'द नटी प्रोफेसर', द न्यू यॉर्क टाइम बुक रिव्यू, टिमोथी लैरी ए बायोग्राफी द्वारा राबर्ट ग्रीनफील्ड, 26 जून 2006
12. सत्स्वरूप दास गोस्वामी, श्रील प्रभुपाद लीलामृत, द भक्तिवेदांत बुक ट्रस्ट, 1980, खंड 2, पृ. 237
13. श्रील प्रभुपाद का पत्राचार, दिल्ली से 3 दिसंबर, 1971 को दामोदर को लिखित पत्र
14. एरिक फोनर, रिकंस्ट्रक्शन : अमेरिका'ज अनफिनिश्ड रिवॉल्युशन, 1863-1877, द न्यू अमेरिकन नेशन, न्यूयॉर्क : हार्पर एंड रो, 1988, पृ. 32
15. सत्स्वरूप दास गोस्वामी, श्रील प्रभुपाद लीलामृत, द भक्तिवेदांत बुक ट्रस्ट, 1980, खंड 2, पृ. 257
16. वही
17. वही, पृ. 261
18. वही, पृ. 264
19. वही, पृ. 293
20. वही, पृ. 308

## अध्याय 13 : मैं किसी का गुरु नहीं हूँ, मैं सबका सेवक हूँ

1. एंथनी ऐशबोल्ट, 'गो आस्क एलीस' : रिमेंबरिंग द समर ऑफ लव फोर्टी ईयर्स ऑन', ऑस्ट्रेलेशियन जर्नल ऑफ अमेरिकन स्टडीज, दिसंबर, 2017, खंड 26, सं. 2 (दिसंबर 2007), पृ. 35
2. सत्स्वरूप दास गोस्वामी, श्रील प्रभुपाद लीलामृत, द भक्तिवेदांत बुक ट्रस्ट, 1980, खंड 3, पृ. 5
3. वही, पृ. 10
4. वही, पृ. 11
5. प्रभुपाद की कहानियाँ, गोविंद दासी, 2003, इस्कॉन अभिलेखागार, कहानी 6, बृहत् कीर्तन
6. ई. बर्के रॉशफोर्ड जूनियर, हरे कृष्णा इन अमेरिका, रुजर्स यूनिवर्सिटी प्रेस, 1985, पृ. 66
7. सत्स्वरूप दास गोस्वामी, श्रील प्रभुपाद लीलामृत, द भक्तिवेदांत बुक ट्रस्ट, 1980, खंड 3, पृ. 49

8. शीला वैलर, 'सडनली दैट समर', वैनिटी फेयर, 14 जून, 2012, https://www-vanityfair.com/culture/2012/07/lsd-drugs-summer-of-love-sixties.
9. देखें : https://www.theguardian.com/travel/2007/may/27/escape
10. एक आधुनिक संत के संस्मरण, खंड 3 सिद्धांत दास द्वारा
11. प्रभुपाद की कहानियाँ, गोविंद दासी, 2003, इस्कॉन अभिलेखागार, कहानी 13, ड्राफ्ट बोर्ड

## अध्याय 14 : गिंसबर्ग एवं जॉर्ज

1. सत्स्वरूप दास गोस्वामी, श्रील प्रभुपाद लीलामृत, द भक्तिवेदांत बुक ट्रस्ट, 1980, खंड 3, पृ. 203-204
2. वही, पृ. 240
3. सत्स्वरूप दास गोस्वामी, श्रील प्रभुपाद लीलामृत, द भक्तिवेदांत बुक ट्रस्ट, 1980, खंड 7, पृ. 91
4. देखें : https://www.enochpowell.net/fr-79.html
5. देखें : https://www.youtube.com/watch?v=vBpoZBhvBa4
6. वही
7. वही
8. देखें : https://back2godhead.com/c-bhaktivedanta-swami-prabhupada-poet-allen-ginsberg-conversations/
9. वही
10. देखें : https://krishna.org/george-harrison-interview-hare-krishna-mantra-theres-nothing-higher-1982/
11. रिचर्ड जे. कोल (राधा मोहन दास) द्वारा जून 2003 में इंग्लैंड स्थित भक्तिवेदांत गढ़ी में संकलित संस्मरण, जिसे 'भजन के चालीस वर्ष' हरे कृष्ण आंदोलन की स्थापना से अद्यतन अध्याय में प्रकाशित पुस्तक हरे कृष्ण मूवमेंट : फोर्टी इयर्स ऑफ चैंट एंड चेंज' में प्रकाशित किया गया। इस पुस्तक का संपादन ग्राहम डायर एवं रिचर्ड जे. कोल द्वारा किया गया। लंदन : आई.बी. टॉरिस, 2007, पृ. 30
12. सत्स्वरूप दास गोस्वामी, श्रील प्रभुपाद लीलामृत, द भक्तिवेदांत बुक ट्रस्ट, 1980, खंड 4, पृ. 36
13. वही, पृ. 37
14. देखें : https://www.lyrics.com/lyric/4372752/ Within+You+Without+You
15. देखें : https://www.lyrics.com/lyric/33953569/ The+Beatles/ I+Me+Mine

16. देखें : https://genius.com/George-harrison-all-things-must-pass-lyrics
17. देखें : https://www.lyrics.com/track/743153/George+Harrison/My+Sweet+Lord
18. एडविन एफ. ब्रैंट एंड मारिया एल. एक्सट्रेंड, द हरे कृष्णा मूवमेंट : द पोस्ट कैरिस्मैटिक फेट ऑफ ए रिलीजियस ट्रांसप्लांट, न्यूयॉर्क : कोलंबिया यूनिवर्सिटी प्रेस, पृ. 431-41
19. सत्स्वरूप दास गोस्वामी, श्रील प्रभुपाद लीलामृत, द भक्तिवेदांत बुक ट्रस्ट, 1980, खंड 4, पृ. 74
20. वही, पृ. 74-75
21. वही, पृ. 78-79
22. बी.बी.टी. आर्काइव्ज—सत्स्वरूप को पत्र, लॉस एंजेलेस, 31 दिसंबर, 1968
23. बी.बी.टी. आर्काइव्ज—सत्स्वरूप को पत्र, लॉस एंजेलेस, 24 दिसंबर, 1968
24. सत्स्वरूप दास गोस्वामी, श्रील प्रभुपाद लीलामृत, द भक्तिवेदांत बुक ट्रस्ट, 1980, खंड 7, पृ. 151
25. बी.बी.टी. आर्काइव्ज—केंटरबरी के मुख्य पादरी को पत्र, लॉस एंजेलेस, 1969
26. ग्रीनी जोशुआ एम., हियर कम्स द सन, न्यू जर्सी : जॉन वाइली एंड संस, 2010, पृ. 198-99
27. ऐशले कॉन (सं.) जॉर्ज हैरीसन ऑन जॉर्ज हैरीसन : इंटरव्यूज एंड एनकाउंटर्स, शिकागो, आई.एल. : शिकागो रिव्यू प्रेस, 2020, पृ. 543

## अध्याय 15 : आग पकड़ती हुई सूखी घास

1. सत्स्वरूप दास गोस्वामी, श्रील प्रभुपाद लीलामृत, द भक्तिवेदांत बुक ट्रस्ट, 1980, खंड 4, पृ. 124
2. वही, पृ. 119-20
3. बी.बी.टी. आर्काइव्ज—चिदानंद को पत्र, लॉस एंजेलेस, 23 जनवरी, 1969
4. सत्स्वरूप दास गोस्वामी, श्रील प्रभुपाद लीलामृत, द भक्तिवेदांत बुक ट्रस्ट, 1980, खंड 4, पृष्ठ 127
5. वही, पृ. 128
6. वही, पृ. 248
7. वही, पृ. 259
8. वही, पृ. 191-192
9. वही, पृ. 205
10. वही, पृ. 223

11. वही, पृ. 238
12. फ्रॉम ब्रिंगिंग द लॉर्ड्स सांग टु ए स्ट्रेंज लैंड : श्रीला प्रभुपादा'ज स्ट्रेटजी ऑफ 'कल्चरल कॉन्क्वेस्ट' एंड इट्स प्रॉस्पेक्ट्स, विलियम एच. डेडवाइलर (रवींद्र स्वरूप दास), फोर्टी ईयर्स ऑफ चैंटिंग : ए स्टडी ऑफ द हरे कृष्णा मूवमेंट फ्रॉम इट्स फाउंडेशन टु प्रेजेंट डे इन द हरे कृष्णा मूवमेंट : फोर्टी ईयर्स ऑफ चैंट एंड चेंज ग्राहम डायर एवं रिचर्ड जे. कोल द्वारा संपादित, लंदन : आई.बी. टॉरिस, 2007, पृ. 104
13. ए.सी. भक्तिवेदांत स्वामी प्रभुपाद द्वारा रचित श्रीमद्भागवतम : प्रथम भाग, वृंदावन एवं दिल्ली : दि लीग ऑफ डिवोटीज, 1962, पी.आई.
14. श्रीमद्भागवतम्, कैंटो, खंड 2, 1964
15. सत्स्वरूप दास गोस्वामी, श्रील प्रभुपाद लीलामृत, द भक्तिवेदांत बुक ट्रस्ट, 1980, खंड 4, पृ. 127
16. सत्स्वरूप दास गोस्वामी, श्रील प्रभुपाद लीलामृत, द भक्तिवेदांत बुक ट्रस्ट, 1980, खंड 4, पृष्ठ 252

## अध्याय 16 : युद्ध एवं शांति में कृष्ण

1. देखें : https://www.youtube.com/watch?v=ezr3UNOryFw
2. सत्स्वरूप दास गोस्वामी, श्रील प्रभुपाद लीलामृत, द भक्तिवेदांत बुक ट्रस्ट, 1980, खंड 4, पृ. 26
3. बी.बी.टी. अभिलेखागार, सायंकालीन वार्त्ता, 8 अगस्त, 1976, तेहरान
4. बैक टु गॉडहेड पत्रिका, #68, 1974, एक शुद्ध भक्त का सचिव, 21 जून, मेलबर्न, ऑस्ट्रेलिया
5. सत्स्वरूप दास गोस्वामी, श्रील प्रभुपाद लीलामृत, द भक्तिवेदांत बुक ट्रस्ट, 1980, खंड 5, पृ. 12-13
6. वही, पृ. 110
7. देखें : https://www.youtube.com/watch?v=8fk5J8xzsTA
8. वही
9. बी.बी.टी. अभिलेखागार, सत्यभामा को पत्र, हवाई, 30 मार्च, 1969
10. सत्स्वरूप दास गोस्वामी, श्रील प्रभुपाद लीलामृत, द भक्तिवेदांत बुक ट्रस्ट, 1980, खंड 5, पृ. 121।
11. बी.बी.टी. अभिलेखागार, श्रीमद्भागवतम्-5.6.2, वृंदावन, 24 नवंबर, 1976
12. बी.बी.टी. अभिलेखागार, श्रीमद्भागवतम्-1.16.20, लॉस एंजेलेस, 10 जुलाई, 1974

13. सत्स्वरूप दास गोस्वामी, श्रील प्रभुपाद लीलामृत, द भक्तिवेदांत बुक ट्रस्ट, 1980, खंड 5, पृ. 152
14. बी.बी.टी. अभिलेखागार, डॉ. अर्नाल्ड टॉयनबी के साथ कक्ष वार्त्तालाप, 22 जुलाई, 1973, लंदन
15. सत्स्वरूप दास गोस्वामी, श्रील प्रभुपाद लीलामृत, द भक्तिवेदांत बुक ट्रस्ट, 1980, खंड 5, पृ. 271

## अध्याय 17 : महान् मुक्ति

1. तमाल कृष्ण गोस्वामी, सेवकों का सेवक, 'एस.ओ.एस. 15 : बड़े मृदंग की ताल पर नृत्य
2. सत्स्वरूप दास गोस्वामी, श्रील प्रभुपाद लीलामृत, द भक्तिवेदांत बुक ट्रस्ट, 1980, खंड 6, पृ. 275
3. बी.बी.टी. अभिलेखागार, कक्ष वार्त्तालाप, 26 दिसंबर, 1976, बंबई
4. दे खे : https://www.washingtonpost.com/archive/politics/1977/03/21hare-krishna-cleared-of-mind-control/52548dea-08e0-4154-97cd00122cd6895c/
5. वही
6. वही
7. वही
8. बी.बी.टी. अभिलेखागार, गिरिराज को पत्र, लंदन, 12 अगस्त, 1971
9. बी.बी.टी. अभिलेखागार, रूपानुज को पत्र, लंदन, 9 जनवरी, 1975
10. सत्स्वरूप दास गोस्वामी, श्रील प्रभुपाद लीलामृत, दि भक्तिवेदांत बुक ट्रस्ट, 1980, खंड 6, पृ. 213
11. वही, पृ. 90
12. वही, पृ. 243
13. वही, पृ. 171
14. वही, पृ. 122
15. वही, पृ. 377
16. वही, पृ. 394
17. वही, पृ. 383
18. वही, पृ. 461-462
19. वही, पृ. 463-464
20. बी.बी.टी. अभिलेखागार, कक्ष वार्त्तालाप, वृंदावन, 20 अक्तूबर, 1977
21. बी.बी.टी. अभिलेखागार, कक्ष वार्त्तालाप, वृंदावन, 28 अक्तूबर, 1977

## अध्याय 18 : निष्कर्ष : घर वापसी

1. बी.बी.टी. अभिलेखागार, प्रस्थान संबोधन, लॉस एंजेलेस, 15 जुलाई, 1974
2. बी.बी.टी. अभिलेखागार, जगन्नाथसुत दास को पत्र, लॉस एंजेलेस, 26 अगस्त, 1975
3. वही
4. बी.बी.टी. अभिलेखागार, जगन्नाथसुत दास को पत्र, लॉस एंजेलेस, 26 अगस्त, 1975
5. देखे : https://www.youtube-com/watch?v=K4PQ5 WiiNfY